TEMAS DA POLÍTICA
INTERNACIONAL

VASCO MARIZ

TEMAS DA POLÍTICA
INTERNACIONAL

ENSAIOS, PALESTRAS E RECORDAÇÕES DIPLOMÁTICAS

Copyright © 2008 Vasco Mariz

Direitos de edição da obra em língua portuguesa no Brasil adquiridos pela TOPBOOKS EDITORA. Todos os direitos reservados. Nenhuma parte desta obra pode ser apropriada e estocada em sistema de banco de dados ou processo similar, em qualquer forma ou meio, seja eletrônico, de fotocópia, gravação etc., sem a permissão do detentor do copyright.

Editor
José Mario Pereira

Editora-assistente
Christine Ajuz

Revisão
O autor
Maria Alice Paes Barretto
Luciana Messeder

Capa
Miriam Lerner

Diagramação
Arte das Letras

TODOS OS DIREITOS RESERVADOS POR
Topbooks Editora e Distribuidora de Livros Ltda.
Rua Visconde de Inhaúma, 58 / gr. 203 – Centro
Rio de Janeiro – CEP: 20091-000
Telefax: (21) 2233-8718 e 2283-1039
E-mail: topbooks@topbooks.com.br

Visite o site da editora para mais informações
www.topbooks.com.br

SUMÁRIO

Introdução 11

TEMAS DO ORIENTE MÉDIO

1 – O DRAMA DO ORIENTE MÉDIO 17
   VARIAÇÕES: Recordando Moshe Dayan; Menachem Begin; Anuar el-Sadat; Itzahk Rabin; Shimon Peres; Itzahk Shamir; Golda Meir; Ytzahk Navon; Efraim Katzir e Ariel Sharon 47

TEMAS EUROPEUS

1 – A ALEMANHA UNIFICADA – O muro invisível 19 anos depois 61
   VARIAÇÕES: O Brasil no quadro de honra no Cecilienhof; Erich Honecker e os enigmas da Alemanha Oriental; Adeus, Lênin! 79

2 – PORTUGAL – BRASIL: ONTEM E HOJE 89
   VARIAÇÕES SOBRE PERSONALIDADES E TEMAS EUROPEUS: Oliveira Salazar, o austero ditador; O general De Gaulle no Rio de Janeiro; O papa Paulo VI e a conferência de embaixadores brasileiros em Roma; O candidato François Mitterand, em Israel; O *prémier* Emilio Colombo e o decanato em Israel; Mário Soares, o *charmeur*; Nicolae Ceausescu no Brasil, Jacques Chirac no Rio de Janeiro 96

3 – O DIA EM QUE O BRASIL SALVOU O MARECHAL TITO 111

4 – A FRAGMENTAÇÃO DA IUGOSLÁVIA 115

5 – A ADMISSÃO DA TURQUIA NA UNIÃO EUROPÉIA E A QUESTÃO DE CHIPRE 121
   VARIAÇÕES: Minha experiência como mercador de armas; Dom Helder Câmara e o Prêmio Nobel que o Brasil não quis ganhar; A Palma de Ouro do Festival de Cannes que o Brasil não levou 136

TEMAS ASIÁTICOS E AFRICANOS

1 – A NOVA CHINA, PARCEIRA ESPECIAL DO BRASIL? 145
2 – JÂNIO QUADROS E A INCORPORAÇÃO DE ANGOLA
AO BRASIL 171
  VARIAÇÕES: Respondendo a Salazar sobre a missão do Brasil na África 174

TEMAS INTER-AMERICANOS

1 – A CRÔNICA DE UM FRACASSO – O ataque norte-americano
a Cuba 179
2 – NA CÔRTE DO PRESIDENTE KENNEDY: Roberto Campos,
o diplomata 187
  VARIAÇÕES: A Boina; Recordando John F. Kennedy; Lyndon Johnson;
  Richard Nixon e Henry Kissinger. Uma estranha despedida em
  Washington; Ajudando a redigir a plataforma do Partido Democrático
  em 1968; O general Vernon Walters no Brasil 202

TEMAS LATINO-AMERICANOS

1 – O CONFLITO PERUANO-EQUATORIANO. A mediação do Brasil
e o tratado de Brasília de 1998 221
  VARIAÇÕES: *Equador* – Os presidentes Velasco Ibarra, Rodríguez Lara,
  Sixto Durán Ballén e Galo Plaza Lasso. *Peru* – O presidente Fernando
  Belaúnde Terry; Navegando o Cassiquiare, o presidente Morales
  Bermúdez; Alan Garcia, o aprista; Defendendo no Peru os empregos
  de operários brasileiros da Volkswagen; Tentando vender armas
  ao Peru 239
2 – O MÉXICO A CAMINHO DO PRIMEIRO MUNDO? 263
  VARIAÇÕES: Recordando outros presidentes latino-americanos:
  O general Eduardo Lonardi e os presidentes Salvador Allende,
  Augusto Pinochet, Alfredo Stroessner e Daniel Ortega 280
3 – "A JANELA PARA O CARIBE", de Jânio Quadros 293

TEMAS GERAIS DE POLÍTICA INTERNACIONAL
1 – SESSENTA ANOS DE POLÍTICA EXTERNA (1945-2002)............ 299

A DIPLOMACIA MULTILATERAL
1 – UM JOVEM DIPLOMATA NAS NAÇÕES UNIDAS 323
   VARIAÇÕES: A cotovelada em Nikita Kruschev; A noite em que o mundo não acabou... 330

2 – TRABALHANDO NAS AGÊNCIAS ESPECIALIZADAS DA ONU 335
   VARIAÇÕES: O Brasil na UNESCO; Tentando dirigir a política comercial do Brasil: a guerra entre os *gatófilos e gaticidas* na UNCTAD; Negociando as contribuições do Brasil aos organismos internacionais; Defendendo Portugal na FAO; Na chefia da Missão junto à OEA 340

APÊNDICES:
1 – O ASSESSOR PARLAMENTAR DO ITAMARATY NO CONGRESSO NACIONAL (1974-1977)................................. 349

2 – RECORDANDO ALGUNS PRESIDENTES E PRIMEIROS MINISTROS BRASILEIROS 358
   Getúlio Vargas; Juscelino Kubitschek; João Goulart; San Tiago Dantas; Castello Branco; Ernesto Geisel; João Batista Figueiredo; Tancredo Neves; José Sarney; Itamar Franco e Fernando Henrique Cardoso. O sindicalista Lula na RDA.. 380

ANEXOS
RECORDANDO ALGUNS GRANDES ESCRITORES E ARTISTAS....... 385
   Guimarães Rosa; Manuel Bandeira; Carlos Drummond de Andrade; Cecília Meireles; Vinicius de Moraes; Clarice Lispector; Antônio Houaiss; Villa Lobos; Roberto Burle-Marx.

VASCO MARIZ, UM POUCO 413
LIVROS PUBLICADOS PELO AUTOR 415
ÍNDICE ONOMÁSTICO...421

INTRODUÇÃO

Desde que atingi o limite de idade para a aposentadoria, em 1987, tenho escrito numerosos artigos em jornais e revistas e proferido conferências sobre temas de política internacional, que antes não podia comentar em público em virtude das rígidas normas da carreira diplomática. Alguns destes artigos, ensaios e palestras ora publicados neste livro têm interesse permanente e poderão representar depoimentos de utilidade e interesse histórico para jovens diplomatas, estudantes universitários, além do público em geral interessado em política internacional.

Nesta altura da vida, posso revelar que não fui tão fiel assim às regras do Itamaraty. De 1961 a 1963 inclusive, escrevi semanalmente na página "Opinião" do *Jornal do Brasil*, sob o pseudônimo de "Um observador em Washington", sobre temas de política interna e externa norte-americana. O segredo era total e só eu, o meu chefe Roberto Campos e o dono do jornal, Manuel Francisco do Nascimento Brito, sabíamos da identidade desse observador.

Outra leve infidelidade ao Itamaraty foi por motivos financeiros, já que, na época, o salário de um jovem 1º secretário da embaixada em Washington nada tinha de polpudo. Trata-se da minha colaboração regular no jornal especializado norte-americano *The American Banker*, de 1961 a 1964. Sob o pseudônimo de José da Silva, eu escrevia artigos sobre os principais bancos brasileiros, a situação econômica e financeira de nosso país, dando sempre um toque otimista aos artigos, de modo a estimular operações bancárias e investimentos no Brasil. Creio que fui útil ao país nessa atividade.

De regresso definitivo ao Rio de Janeiro, em 1987, escrevi mensalmente no prestigioso caderno "Cultura" de *O Estado de S. Paulo*, abordando temas literários e musicais. Em 1991, já aposentado, colaborei quinzenalmente, durante alguns meses, na página "Opinião" do *Jornal do Brasil*, escrevendo sobre temas de política internacional. Como não me pagavam nada, perdi o estímulo. No início dos anos 2000 escrevi também em *O Globo*, sobre política internacional e temas culturais. Alguns desses artigos estão reproduzidos neste livro, pois ainda podem ser considerados atuais.

Minha carreira diplomática não foi espetacular, nem representei o Brasil como embaixador em nenhum país do chamado "circuito Elizabeth Arden".[1] Tampouco servi em postos remotos, sem maior interesse para o Brasil, ou de sacrifício. Meu itinerário diplomático foi o Portugal de Salazar, a importante Iugoslávia do marechal Tito dos anos 50 e 60, a Argentina de Perón, o delicioso consulado em Nápoles, Washington duas vezes, a primeira na época de Camelot[2], três Assembléias Gerais das Nações Unidas (1960, 1961 e 1962), Equador, Israel em período fascinante, o belíssimo Chipre onde o Brasil intermediou a paz, Peru e Alemanha Oriental, no final de uma era. Entreguei credenciais cinco vezes como embaixador do Brasil, o que aconteceu a poucos diplomatas da minha geração. Quando fui comissionado embaixador do Brasil em Quito, Equador, em 1969, pelo chanceler Mário Gibson Barboza, eu era o embaixador mais jovem em serviço. Embora

---

[1] No Itamaraty dá-se o título de circuito Elizabeth Arden aos postos diplomáticos em Nova York, Londres, Paris, Roma e Madri. Em verdade, servi duas vezes em Washington e em três Assembléias Gerais da ONU, em Nova York.

[2] A presidência de John F. Kennedy era comparada a *Camelot*, o reino lendário do rei Arthur, da Inglaterra.

nunca tenha chegado a desempenhar em nossa diplomacia um papel de primeira linha, várias vezes assisti e até participei, direta ou indiretamente, de fatos de importância histórica, ou de episódios altamente interessantes em sua época.

Este livro, decididamente, *não é um livro de memórias*, embora contenha muitas recordações pontuais. É uma coleção de ensaios e palestras sobre diversos temas relevantes de política internacional, ilustrados por pequenas vinhetas para tornar a leitura mais leve e, por vezes, fazer o leitor sorrir... Hesitei ao incluir alguns episódios que ainda podem ser considerados confidenciais, ou que sejam do conhecimento de algumas poucas pessoas no Brasil. Creio, porém, que já é tempo de o público brasileiro tomar conhecimento de alguns desses fatos que ocorreram, ou quase ocorreram, e continuam até hoje na sombra. Passados mais de 30 anos, agora como historiador – sou sócio emérito do Instituto Histórico Geográfico Brasileiro, o IHGB – sinto-me à vontade para comentá-los.

Só para aguçar a curiosidade do leitor, saliento que – entre outros fatos interessantes e pouco conhecidos – vou abordar as insensatas iniciativas do presidente Jânio Quadros de tentar anexar Angola ao Brasil e de abrir uma janela para o Caribe, provocando uma rebelião no Suriname, a compra da Guiana francesa e a partilha da Guiana inglesa com a Venezuela. Relatarei ainda os meandros da votação do Brasil contra o sionismo nas Nações Unidas, comentarei que o Estado Maior das Forças Armadas EMFA, em 1986, não quis que o nome do Brasil figurasse no histórico quadro de honra da paz mundial do palácio Cecilienhof, na Alemanha Oriental, entre os países que combateram o nazismo. Relatarei pormenores das gestões do governo Médici junto aos países escandinavos para impedir que o Prêmio Nobel da Paz de 1969 fosse concedido a Dom Helder Câmara, e outras estórias interessantes pouco conhecidas do público em geral.

Por isso decidi reproduzir nesta obra, reunidos de forma regional, alguns ensaios, palestras, conferências e artigos de bastante interesse permanente, entremeados de pequenos episódios curiosos que me parecem merecer ser recordados, além de comentários impressionistas sobre algumas altas personalidades que conheci, mais ou menos de perto. Dei o nome de *Variações* a esses comentários, em contraposição aos *Temas* de política internacional que abordei. Conheci pessoalmente, com maior ou menor proximidade, mais de 50 chefes de Estado – presidentes ou primeiros-ministros – além de altas personalidades brasileiras e estrangeiras, e políticos nacionais, já que também atuei intensamente no Congresso Nacional durante três anos.

Esclareço, porém, que estes estudos e recordações saem da cabeça de um homem de 87 anos, que jamais tomou quaisquer notas sobre o que vai contar. É verdade que consultei arquivos e pessoas relacionadas com os temas expostos, a fim de esclarecer dúvidas, datas e pormenores. Sempre tive vontade de publicar um livro sobre política internacional, que foi a minha profissão por 42 anos no Itamaraty. É claro que numerosos diplomatas brasileiros tiveram experiências mais importantes do que as minhas, mas a grande maioria prefere guardar para si mesmos as suas recordações, ou para um pequeno grupo de parentes e amigos. No meu caso, senti necessidade de partilhar com um público mais amplo as minhas lembranças diplomáticas e comentar alguns fatos interessantes que presenciei de perto. A 31 de julho de 2008, tive de encerrar a atualização de diversos temas deste livro que estão em evolução constante, em vista da necessidade de fechar o livro para impressão. Se entre meados de maio e o lançamento da obra ocorreram fatos importantes não comentados no livro, o leitor me relevará, pois era indispensável adotar um ponto final para os comentários.

Agradeço as contribuições de diversos colegas e amigos mencionados nesta obra, como os ex-chanceleres Ramiro Saraiva Guerreiro e Mário Gibson Barbosa, e muito em especial aos embaixadores Antônio Fantinato, João Clemente Baena Soares e ao saudoso coronel Luiz Paulo Macedo Carvalho, que tiveram a gentileza e a paciência de ler parte dos originais e oferecer-me valiosas sugestões. Uma palavra final de reconhecimento a José Mario Pereira, editor deste livro.

I
O DRAMA DO ORIENTE MÉDIO

A situação no Oriente Médio sempre me fascinou, uma vez que lá residi por quase cinco anos como embaixador do Brasil em Israel e conheci pessoalmente as mais altas personalidades da região, algumas das quais ainda continuam na primeira linha, como Shimon Peres. O ex-primeiro ministro Itzahk Rabin foi meu amigo pessoal, pois já o conhecera em Washington quando embaixador de seu país. Em Tel Aviv tínhamos o hábito de almoçar a sós mensalmente e isso ajudou muito a minha missão, pois ele me fez valiosas confidências. Aliás devo dizer que Israel, pelo menos no meu tempo, era um país no qual os embaixadores tinham fácil acesso às mais altas personalidades do país. Ao contrário, na Alemanha, meu último posto, os diplomatas ficavam bastante isolados, o que dificultava o envio de informações que não estavam nos jornais. Cheguei a decano do corpo diplomático em Israel, o que me deu bastante intimidade com o primeiro-ministro Menachem Begin e os chanceleres Moshé Dayan e Itzahk Shamir.

Já são quase 60 anos que Israel e os palestinos estão em guerra permanente e não vemos ainda a paz no fim do túnel. Ao contrário, a "guerra santa" islâmica parece estender-se após os atentados de Nova York, Madri e Londres e o seu principal incentivo é sempre a questão palestina. Por isso vou começar com algumas considerações gerais sobre o mundo muçulmano e suas relações com o Ocidente, que parecem explicar até certo ponto os fatos que continuam a se desenrolar, sem esperança de um acordo definitivo.

O que precisamos aceitar, em primeiro lugar, é que o ódio dos muçulmanos aos cristãos e judeus não é recente e vem de muito longe. Não vem da criação do Estado de Israel em 1948, ou das guerras de 1956, 1967 e 1972 entre árabes e judeus, nem da guerra do Golfo ou da invasão do Afeganistão e do Iraque. Os árabes sempre julgaram ter uma missão de caráter religioso, desde a Idade Média, para divulgar o islamismo, submeter os infiéis e dominar o mundo. Eles conquistaram o norte da África, a Espanha e Portugal, chegaram até Poitiers, na França, no século VIII. Portanto, o choque das duas religiões vem ocorrendo há cerca de 12 séculos. Os progressos científicos e culturais do Ocidente deixaram para trás a civilização islâmica, que pouco evoluiu nesse período e os muçulmanos não se conformam com essa realidade. A cada oportunidade, pelos motivos mais diferentes, brota o ódio ao infiel, que está sempre latente.

As cruzadas, as expedições militares dos séculos XI e XII para expulsar as tropas islâmicas da Palestina, são vistas hoje pelos muçulmanos como os primeiros atos de violência e agressão ocidental contra o mundo árabe. Os líderes atuais falam em *jihad* (guerra santa) contra os cristãos. O papa João Paulo II, ao celebrar o ano santo de 2000, pediu oficialmente desculpas aos muçulmanos pelas cruzadas. Já o papa Bento XVI visitou a Turquia no final de 2006 e lá fez novo apelo ao diálogo com os muçulmanos.

É inegável que as cruzadas constituem um bom argumento para os muçulmanos na luta verbal contra o cristianismo, mas também nós podemos revidar que os turcos chegaram duas vezes às portas de Viena no século XVI. Nosso bem conhecido Villegagnon, em sua juventude e depois na sua velhice, esteve duas vezes em Budapeste como observador dos reis de França para avaliar o perigo que as forças turcas realmente traziam à Europa ocidental, ao ocupar a Hungria em meados do século XVI. Por um triz a história da humanidade seria bem diferente.

Árabes, persas, turcos e muçulmanos em geral tentaram absorver muitas das invenções e da cultura do Ocidente, mas a simples adoção de métodos ocidentais pelos muçulmanos não produziu os efeitos esperados. Até hoje, se excluirmos as exportações de petróleo, o mundo muçulmano exporta menos do que a pequenina Finlândia, que tem apenas 4 milhões de habitantes. Em 1982, quando eu ainda estava em Israel, por ocasião da invasão do Líbano, as batalhas aéreas entre caças israelenses e sírios tiveram resultado catastrófico: Israel derrubou 82 caças adversários enquanto a Síria abateu apenas um avião israelense!

Infelizmente, os muçulmanos não se conformam com essas humilhações e aos poucos foi se firmando no Oriente Médio a idéia de que deveriam aproveitar melhor os ensinamentos dos infiéis, noção antes desprezada e até condenada. Uma das táticas atuais é a de enviar milhares de estudantes muçulmanos para os EUA e Europa e o que eles estão aprendendo agora será lançado amanhã contra o Ocidente. Não é possível para os muçulmanos viver uma "vida muçulmana" em terra de infiéis, pois seus líderes temem o perigo da miscigenação e da apostasia. E os muçulmanos continuam a se perguntar se é lícito imitar os infiéis. A resposta é afirmativa: devem sim, imitar os infiéis para poder lutar mais eficazmente contra eles. A Europa está se tornando o principal campo de batalha para as duas fés rivais na luta pelo domínio do mundo. Já estão instalados milhões de muçulmanos na França, Alemanha, Inglaterra, Itália e Espanha e cada dia chegam mais imigrantes islâmicos dos lugares mais remotos, da Foz do Iguaçu à Indonésia.

Os muçulmanos estão habituados a encarar o cristianismo como uma espécie de versão primitiva e corrompida da fé verdadeira, da qual o Islã é a perfeição máxima. Hoje os líderes muçulmanos temem especialmente a televisão e a *internet*, que não podem controlar, e as consideram uma nova abertura perversa para solapar a sociedade fechada que sustenta as autocracias da maioria dos países islâmicos. Em 2005, quando os analistas políticos julgavam que um presidente mais liberal seria eleito no Irã, o resultado das eleições surpreendeu a todos com a fácil vitória de um candidato defensor dos dogmas do Islã. Ele está agora governando segundo as leis de Maomé e insiste com firmeza no direito de dominar todo o ciclo nuclear. Afinal, se seus vizinhos China, Índia e Paquistão já têm suas bombas atômicas, mais ou menos primitivas e difíceis de transportar, por que não os iranianos? A 26 de outubro de 2005, o novo presidente do Irã negou a existência do holocausto e declarou à mídia internacional que "é preciso varrer Israel do mapa".

Precisamos aceitar que as palavras "livre", "liberdade", "democracia" e "independência" têm significado muito diferente para os muçulmanos do habitualmente entendido no Ocidente. Hoje os intelectuais do Oriente Médio pretendem combater o Ocidente com suas próprias armas intelectuais. Em uma *jihad* o sangue dos muçulmanos deve correr até que a vitória seja alcançada e a qualquer preço. Por isso não faltam homens ou mulheres-bomba na Palestina, no Afeganistão, no Iraque, em Madrid, em Londres e até mesmo em Sharm-el-Sheik. A Al-Qaeda é apenas um dos instrumentos dessa mentalidade do ódio permanente contra o Ocidente. Prender ou matar Osama Bin Laden pouco significará, pois no mesmo dia será escolhido um sucessor talvez ainda mais determinado e mais sanguinário.

Dos estados que possuem uma constituição escrita no Oriente Médio, apenas a Turquia e o Líbano não têm religião oficial. O Líbano tem se esforçado por ser um modelo de tolerância religiosa e de secularização, mas por isso talvez continue a sofrer renovados episódios de guerra civil com fundo religioso. No Irã a religião tem um papel central; na Síria a Constituição menciona que as leis do Estado devem se inspirar na *sharia*. Na Arábia Saudita, que não tem Constituição, a religião tem influência sensível nas leis. Por outro lado, em Israel o clero judaico continua a exercer notável influência política e raramente um governo israelense pode ser formado sem o apoio dos partidos religiosos, que fazem sempre chantagem política e financeira para impor seus interesses. Em Israel há um pequeno partido religioso que sequer reconhece a existência do Estado de Israel, o qual só existirá quando chegar o messias. O fanatismo de ambas as partes não é muito diferente.

Muitas das conquistas científicas e culturais do Ocidente foram parcialmente absorvidas pelo mundo muçulmano. No entanto, persistem as resistências à música ocidental. A influência da música erudita ou popular dos diversos países do Ocidente continua mínima na região. A fotografia avançou um pouco mais, a despeito da proibição islâmica da reprodução de imagens humanas. Só a medicina ocidental e os esportes, como o futebol, foram bem-vindos no mundo muçulmano. Na Turquia a ocidentalização avançou bastante graças ao esclarecido governo Ataturk, mas ainda assim esse avanço atinge apenas uma minoria culta da sociedade. Se admitirem na União Européia esse país muçulmano de mais de 75 milhões de habitantes, o risco será enorme.

Em entrevista à revista francesa *L'Express* (04/01/2007), David Rumsfeld relatou que há tempos ouviu do sultão de Oman que "certas forças no mundo estão decididas a desestabilizar os regimes muçulmanos modernos, a fim de estabelecer um califato planetário, e quem quiser saber mais, basta ir à *internet* e ler as suas intenções". O referido sultão considerou que o ataque de 11 de setembro de 2001 foi apenas um "aviso benéfico", pelo qual o Ocidente deveria ser grato!

O jornalista David Brooks, do *New York Times*, afirmou em 20 de julho de 2005 que "75% dos terroristas anti-ocidentais vêm de lares da classe média e da elite muçulmanas, 65% fizeram faculdade e 75% têm qualificação profissional. São educados e poliglotas, rejeitam o esforço burguês de seus pais e as versões moderadas do Islã e suas vidas confortáveis. Procuram uma causa utópica, desistem do *baseball*, críquete ou do tênis, da faculdade de medicina, e adotam a *jihad*. O conflito Ocidente *versus* Islã é um conflito dentro do mundo moderno globalizado. Seus adeptos se assemelham bastante aos terroristas dos anos 30 e apontam os mesmos inimigos: o imperialismo e o capitalismo. Ao contrário do que pensam os norte-americanos, a eventual e ainda tão improvável democratização do Oriente Médio não vai estancar o terrorismo, pois esses jovens falam pelas massas muçulmanas, como antes falavam pelo proletariado os anarquistas e os militantes comunistas. Os países europeus que não encorajam com determinação a rápida assimilação dos imigrantes muçulmanos estarão criando graves problemas para si próprios e para outros mundos afora".

Por outro lado, devemos admitir que os Estados Unidos e a Inglaterra estão colhendo agora o que semearam na região desde o início do século XX. As violências praticadas, sobretudo no Irã, Iraque e Arábia Saudita, para assegurar a exploração de petróleo, não foram esquecidas. As empresas petroleiras internacionais manipularam governos e humilharam seus cidadãos de maneira inesquecível. A Operação Ajax no Irã foi clamorosa e os ingleses e norte-americanos estimularam a rivalidade entre xiitas e sunitas, seguindo aquele velho lema de "dividir para reinar". Os iranianos acabaram por reagir e o presidente Carter terminou seu governo de forma ignominiosa, atrapalhando sua reeleição. Por isso os norte-americanos armaram Saddam Hussein e agora estamos vendo as conseqüências. A extrema gravidade da guerra civil no Iraque já tem feito alguns comentaristas dizer que somente líderes como Saddam podem controlar o país. As retiradas americanas do Líbano e da Somália foram humilhantes e os muçulmanos começaram a ganhar confiança de que podem enfrentar as velhas potências coloniais. O paroxismo atual do terrorismo é uma evolução explicável de velhos rancores reprimidos, tanto mais que ora se esboçam manobras evidentes das grandes empresas petroleiras para aproveitar as riquezas da Ásia Central e fazê-las sair pelo Golfo Pérsico. Russos, ingleses e norte-americanos se digladiam nesses propósitos mais ou menos obscuros.

O Islã é enorme, vai da Foz do Iguaçu ao Marrocos e à Indonésia, com mais de um bilhão de fiéis. As tentativas de implantar a democracia no Afeganistão e no Iraque estão se mostrando inoperantes e muito breve tudo voltará a ser como dantes. As perspectivas não são nada animadoras e não deverão faltar homens ou mulheres-bomba para tentar desestabilizar o Ocidente. Os Estados Unidos e a Europa tentam conciliar direitos humanos com segurança coletiva e o que aconteceu em Londres e em Madri é apenas a evidência de que essa conciliação é inviável. A morte do brasileiro em Londres é sintomática: se ele fosse louro, a polícia talvez não tivesse atirado nele. Por outro lado, as comunidades muçulmanas na Europa e nos EUA estão alarmadas e cada vez mais ressentidas com a discriminação crescente.

Após esse comentários gerais, começo por recordar os dois períodos em que trabalhei em Washington como diplomata, quando observei com interesse a intensa atuação do *lobby* israelense junto ao Congresso americano e às altas autoridades do país. Em 1967 tive a sorte de lá fazer amizade com Itzhak Rabin, então embaixador de seu país nos EUA e que se tornaria, mais tarde, duas vezes primeiro-ministro de Israel. Aprendi com ele o principal segredo que é a chave da política do Oriente Médio: mais de seis milhões de judeus vivem nos EUA, menos de 2% da população do país, mas a sua maioria habita em alguns Estados que têm peso decisivo nas eleições presidenciais. E não se trata tanto do número de eleitores, mas sobretudo da qualidade dos mesmos: os judeus norte-americanos exercem considerável influência na imprensa, televisão, rádio, cinema, meios bancários, financeiros, científicos e universitários. Os ministros ou personalidades israelenses costumam ir a Washington e pressionam senadores, deputados e as mais altas autoridades do país sem o menor constrangimento. Recordo que o *lobby* israelense no Congresso norte-americano tinha, na minha época, mais de 150 parlamentares. Esse fato tão especial deixa qualquer presidente norte-americano em situação embaraçosa para tentar fazer qualquer tipo de pressão sobre o governo israelense. Numerosas personalidades de primeiro e segundo escalão nos EUA foram ou são judeus norte-americanos, em geral gente de alta competência. Kissinger, judeu alemão naturalizado, chegou a secretário de Estado e teve atuação decisiva no cenário mundial. Essa enorme influência judaica na política norte-americana é essencial para entendermos os meandros da atual questão árabe-israelense.

Outro fator a ser levado em conta é a permanente guerra da desinformação. É preciso dar desconto a tudo o que se lê nos jornais. As notícias aparecem e desaparecem dos jornais internacionais de forma estranhíssima, tal como aconteceu em 2004 com a informação requentada de que 27 aviadores israelenses se recusaram a bombardear alvos na Cisjordânia. Na Europa a influência judaica também é importante, embora menos preponderante. Almocei com François Mitterand em Tel Aviv, por ocasião do enterro de Golda Meir, em 1980, e ele me disse francamente que todo candidato a presidente da França tem de visitar Israel para tentar angariar os votos dos 800 mil judeus franceses, muitos deles altamente influentes. No Brasil, a situação é curiosa: os 150 mil judeus brasileiros tiveram bastante influência política no governo Fernando Henrique. Agora com Lula essa influência parece ser menor. Já os 3 milhões de muçulmanos e descendentes de árabes no Brasil, em sua maioria católicos, protestantes ou maronitas, não têm apoiado os fundamentalistas palestinos. Entretanto, a mídia brasileira tem sido muito influenciada por jovens jornalistas de esquerda, que tendem a apoiar os pontos de vista palestinos. Em 2004, Lula desejou visitar Israel, mas condicionou sua ida a uma entrevista com Arafat, o que era inaceitável para o governo Sharon, que o havia isolado em Ramala. Esteve em Jerusalém um enviado diplomático que nada conseguiu e depois o senador Eduardo Suplicy tentou novamente, também sem resultado. Por isso a viagem de Lula ao Oriente Médio se limitou à Síria e ao Egito.

Israel é um país pequeno. De norte a sul, pela estrada litorânea, são apenas 400 km, o equivalente à rodovia Presidente Dutra, entre o Rio de Janeiro e São Paulo. De leste a oeste, entre a cidade marítima Tel Aviv e o Mar Morto, são cerca de 80 km apenas, isto é, a distância entre o Rio de Janeiro e Petrópolis. Por isso, devemos procurar entender como os residentes em Israel se sentem inseguros e vulneráveis, cercados por milhões de árabes.

Creio que não preciso lembrar a história antiga do Oriente Médio, mas enfatizo que não se deve comparar a invasão do Kuwait pelo Iraque de Saddam Hussein com a ocupação israelense da Cisjordânia. O Kuwait não atacou o Iraque, apenas cobrava as dívidas de Sadam Hussein, e sabemos o que aconteceu. Já os árabes atacaram Israel quatro vezes (1948, 1956, 1967 e 1973), embora só na Guerra do Yom Kippur tenha ficado bem caracterizada a iniciativa agressiva árabe. Perderam as quatro vezes e Israel ocupou militarmente as áreas que lhe convinham. Era o direito do vencedor. Disso resultou que hoje há mais de 2 milhões de árabes sob a dominação israelense. Só que essa ocupação, inicialmente provisória, já dura quase 60 anos O motivo principal? Depois de uma guerra, sempre deve haver um tratado de paz, o que até hoje não foi possível acertar, em virtude da repetida negativa palestina de reconhecer o chamado "estado sionista".

Em outubro de 1977 eu já estava em Paris a caminho de meu novo posto de embaixador do Brasil em Israel quando o mundo leu com estupefação a notícia da próxima visita do presidente egípcio Anuar el-Sadat a Jerusalém. Encurralado pela inesperada união de Washington e Moscou, Sadat corajosamente tomou a decisão histórica de visitar Israel, o que foi a primeira reviravolta na conjuntura do Oriente Médio. Conheci pessoalmente Anuar el-Sadat em Haifa e conversamos novamente em Beersheva. Tinha por ele a maior admiração. Sadat estava cansado de ser o bode expiatório das aventuras militares árabes na região, pois ao final de cada guerra quem mais perdia, em vítimas e territórios, era sempre o Egito. Graças à persistência do presidente Carter, foram assinados em 1979 os acordos de Camp David e, desde então, o Egito tem mantido uma paz em separado com Israel, que o presidente Mubarak vem sustentando com oportunismo, apesar de tudo o que vem ocorrendo ultimamente. Entretanto, essa frágil paz, assinada e mantida entre a cúpula política egípcia e o Estado de Israel, nunca foi digerida pelos dois povos. O povo egípcio jamais aceitou tal acordo e este é um risco considerável. Pela sua moderação, o governo egípcio recebe anualmente uma subvenção norte-americana de US$ 3 bilhões. Mubarak reelegeu-se pela sexta vez em 2005, mas se os fundamentalistas algum dia prevalecerem no Egito, o Oriente Médio vai sofrer outra reviravolta.

Israel passou depois a ser governado pelo grupo mais direitista da sua história. Itzhak Shamir, que conheci muito bem quando ele era o presidente do Knesset, o parlamento israelense, e depois como ministro das Relações Exteriores, era um "duro". A rainha da Inglaterra jamais o recebeu, porque ele fora membro do IRGUN (sociedade secreta israelense no período inglês na Palestina), que antes da independência de Israel explodiu o Hotel King David de Jerusalém, atentado em que morreram mais de 100 ingleses. No entanto, ele era do LIKUD, o mesmo partido conservador de Bégin, que fizera a paz com o Egito pagando um alto preço – a devolução do Sinai. Mais tarde, com a vitória eleitoral dos trabalhistas em 1992, as chances de paz pareciam mais viáveis, até que aconteceu o odioso assassinato de Rabin, pelas mãos de um fanático israelense. Seguiu-se nova experiência com a extrema direita, o governo de Benyamin Netanyahu, e foi dado um passo atrás nas negociações com os palestinos.

Tema importante na região são as relações Síria / Israel. O objetivo de Israel em suas conversações com a Síria, no momento interrompidas, é negociar o fim do estado de guerra, a abertura das fronteiras e o estabelecimento de relações diplomáticas. Em 1995, o ex-presidente Hafez El-Assad apresentou um documento de trabalho que Rabin considerou "um grande avanço". Damasco desejava que Israel reconhecesse a soberania síria sobre todo o território do Golán, para que, posteriormente, os dois países pudessem discutir o arrendamento de parte do território, uma estreita faixa que proteja os habitantes israelenses das margens do lago de Tiberíades. A Síria, que ocupava militarmente até há pouco uma parte do Líbano e conduzia sua política externa, não ousa enfrentar Israel pelas armas, mas subvenciona e dá apoio logístico ao HEZBOLLAH, que tanto incomoda Israel com sua persistente guerrilha. No seu discurso do Estado da União, de fevereiro de 2005, o presidente Bush advertiu a Síria que não mais tolerará as atividades subversivas no Iraque e no norte de Israel e impôs-lhe sanções econômicas. No entanto, continua a infiltração de estrangeiros perigosos no Iraque através da Síria.

Para melhor compreender a gravidade dessas negociações com a Síria, recordo que, desde as conversações iniciadas em Madri, em 1991, há um comitê que estuda soluções para a crescente escassez de água no Oriente Médio. Em nenhum outro lugar no mundo a água tem maior significação. Os árabes dos territórios ocupados não podem sequer perfurar poços para obter mais água potável para beber. Até os esgotos de Tel Aviv, devidamente tratados, estão alimentando as culturas agrícolas das zonas mais áridas.

O problema da escassez da água no Oriente Médio é mesmo muito grave. No entanto, a Turquia e o Líbano detêm a solução definitiva para Israel, pois das suas montanhas fluem para o mar rios inaproveitados, que são essenciais para resolver o problema. O Líbano tem a solução para Israel, mas dependia até há pouco de autorização da Síria. Um pequeno aqueduto ligaria o rio Litani, no sul do Líbano, ao sistema hídrico de Israel com gastos modestos. Já a Turquia tem dois planos ambiciosos, mas plenamente realizáveis. O governo de Âncara está terminando a construção da grande represa de Ataturk, que regulará o fluxo dos rios Tigre e Eufrates, no Iraque. Infelizmente, no Oriente Médio ainda se pensa em água como uma arma militar, e o poder que deteria a Turquia, país muçulmano moderado e amigo dos EUA, assusta seus vizinhos da jusante. Dois longos aquedutos estão planejados e os gastos serão elevados, mas mesmo assim o plano já obteve promessa de apoio do Banco Mundial. O primeiro aqueduto viria junto à costa do Mediterrâneo, irrigando a Síria, o Líbano, Israel, Jordânia, a península do Sinai e a zona ocidental da Arábia Saudita. O segundo aqueduto seria interno e irrigaria o Iraque, o Kuwait, a Arábia Saudita oriental e os Emirados árabes. Até o Egito planeja irrigar o Sinai e uma unidade de desalinização está em construção, utilizando tecnologia moderna mais barata.

A 20 de fevereiro de 2005 li no *Jornal do Brasil* um resumo do interessante relatório da ONG *Care International* sobre a atual situação da escassez de água na Palestina, que passo a condensar. Das 600 comunidades da Cisjordânia cerca de 220 não têm rede de água. O número das famílias que compram água de terceiros é de 81% e o consumo máximo determinado pelos acordos de Oslo para a região é de 60 litros diários, quando a Organização Mundial da Saúde (OMS) recomenda um consumo mínimo de 100 litros diários. Em Yabad o consumo diário é de apenas 27 litros. Por isso, nas residências palestinas é comum fazer a descarga dos sanitários apenas uma vez por dia. Nas escolas palestinas as crianças habitualmente não usam o banheiro. O líquido usado para lavar a louça suja é trocado cada dois dias, antes de servir para regar as pequenas hortas caseiras. O território de Israel e da Cisjordânia é servido por três aqüíferos, dos quais Israel retém 83% do volume de água potável disponível. A região de Jenin, berço de terroristas, é a menos servida de água potável. A situação é crítica, pois a quantidade da água alocada aos palestinos de suas próprias fontes, e disponibilizada pela empresa israelense Mekorot, é insuficiente. A quota palestina anual é de 250 milhões de litros, quando a demanda já estaria em 350 milhões de litros.

As negociações de paz têm sido perturbadas pela intransigência recíproca e por um novo fato importante: os EUA já não precisam tanto de Israel para controlar o Oriente Médio. A Arábia Saudita, o Kuwait, o Bahrain, o Iraque, o Afganistão, o Paquistão e algumas das ex-repúblicas muçulmanas soviéticas concederam bases aéreas militares aos norte-americanos. Após a guerra do Golfo, a Rússia deixou de ser a grande potência que ameaçava os interesses ocidentais na região. Hoje o grande inimigo do Ocidente na região é o Irã, que comanda o terrorismo religioso do Marrocos à Indonésia e influencia as novas repúblicas muçulmanas da antiga União Soviética. Por isso, o Ocidente fortalece a Turquia moderada e laica, tenta controlar melhor o Afeganistão, protege o governo do Paquistão e se esforça por reerguer o Iraque do pós-guerra.

Os ingredientes para um grande conflito regional estão no horizonte e as conseqüências são imprevisíveis. Desde a época em que servi em Israel (1977-1982) sei que o governo israelense dispõe de uma centena de bombas atômicas, que só serão utilizadas em situação extrema. Mas como conceber o uso desses artefatos nucleares? O risco para os israelenses seria enorme, já que as distâncias são tão pequenas no Oriente Médio que os ventos poderiam levar de volta, em poucas horas, a mortal radiação em direção do próprio território israelense.

Cerca de 600 mil refugiados judeus na Europa e em outros países mudaram-se para Israel depois da independência. Setecentos mil refugiados árabes deixaram Israel. Hoje vivem em Israel cerca de 1,2 milhões de árabes, ou seja 1/5 da população do país, que é de 6 milhões. Haveria hoje mais de 3 milhões de palestinos no exterior que teriam o direito de regressar a Israel, de acordo com a Resolução 194 da Assembléia Geral da ONU. É evidente que um país com 6 milhões de habitantes, dos quais 1,2 milhão já são árabes, não poderá receber mais três milhões de palestinos residentes no exterior, pois isso descaracterizaria o país como nação judaica. Israel aceita apenas o retorno daqueles que de lá saíram, hoje idosos e pouco numerosos, e não os seus descendentes.

Outro empecilho importante para um acordo final entre as partes é o *status* de Jerusalém. A capital de Israel não é negociável para 90% dos israelenses. Pressionado pelos americanos, o ex-primeiro-ministro Ehud Barak, nas conversações de Camp David II, fez uma proposta extremamente generosa: a ampliação do perímetro urbano de Jerusalém, de modo a abarcar duas ou três pequenas aldeias palestinas vizinhas e lá instalar a capital do novo estado palestino, Al Quds. Foi uma proposta extraordinária, que jamais será reiterada. Arafat estupidamente recusou a oferta. Agiu com a mentalidade árabe de que quem oferece algo, sempre pode dar mais, ou talvez tenha tido medo de ser assassinado pelo HAMAS. Foi um erro gravíssimo de que eles agora se dão conta tarde demais. Os palestinos não ficaram satisfeitos porque eles querem controlar o *centro* de Jerusalém, a esplanada onde estão localizadas as mesquitas sagradas de El Aqsa e de Omar. Isto é inaceitável para os israelenses.

Focalizando agora o lado palestino, direi que vivem em alto grau de dependência de Israel. O comércio da Autoridade Nacional Palestina (ANP) com Israel representa 90% de suas transações. Cerca de ¼ da mão-de-obra palestina trabalha em Israel, 120 mil operários, dos quais os mais qualificados ganham bons salários. A nova residência do embaixador do Brasil em Herzlía foi construída em 1980 por operários palestinos dirigidos por um arquiteto israelense. Os operários vinham trabalhar diariamente em uma *van* especial e regressavam à tardinha para suas casas em Gaza, uma viagem de cerca de 50 minutos apenas. Quando Israel fecha as fronteiras por motivo de atos de terrorismo dos palestinos, o desemprego na Cisjordânia e em Gaza sobe para 40%. Um pacote de café brasileiro destinado à Cisjordânia tem que entrar pela alfândega israelense e recolher impostos à economia de Israel, antes de ir parar em um bar de Ramála ou em um restaurante de Hebrón.

A Autoridade Nacional Palestina emprega atualmente um absurdo contingente de 100 mil pessoas, com uma folha de pagamentos que leva em conta o altíssimo nível de desemprego na região. A corrupção é generalizada e o novo presidente Mahmoud Abbas vem tentando combatê-la severamente. Em 1994, a ANP tinha 14 ministérios em sua administração e agora tem 33, o que é até ridículo. Creio que só o Brasil de Lula tem mais ministérios... A energia e a água dos territórios ocupados provêm de Israel e isso deixa a ANP à mercê de eventuais pressões do governo israelense. Na realidade, os países árabes sempre desconfiaram bastante dos imigrantes palestinos e talvez por isso contribuem relativamente pouco para o orçamento do Estado Palestino. Toda a ajuda árabe somada não chegava a US$ 200 milhões anuais. Em julho de 2005, o grupo dos países ricos G-8 aprovou uma ajuda à Palestina de E$ 3 bilhões, mas a vitória do HAMAS nas recentes eleições estancou o repasse de fundos como forma de pressão.

Acrescento alguns números eloqüentes: a Cisjordânia tem cerca de 2 milhões de habitantes com um PIB de US$ 5 bilhões. A ANP exporta anualmente US$ 600 milhões e importa quatro vezes mais. A renda *per capita* do trabalhador palestino é de pouco mais de US$ 100 (R$ 160,00) Estas informações provêm do *Central Bureau of Statistics* de Israel, edição de 2005.

O grande complicador no Oriente Médio é a atuação dos grupos fundamentalistas islâmicos, que desafiam o poder central da ANP, relativamente moderado. Criado em 1982 com o propósito de combater as forças israelenses que haviam chegado até Beirute, o HEZBOLLAH, é cada vez mais visto nas manifestações de rua do norte da Cisjordânia. Entretanto, a Síria concede limitada autonomia a esse grupo, evitando cuidadosamente qualquer risco de enfrentamento militar direto com Israel. No recente entrevero entre os israelenses e libaneses em 2006, o HEZBOLLAH saiu muito fortelecido.

Os outros dois grupos radicais, o HAMAS e o JIHAD ISLÂMICO têm estado também muito ativos no combate a Israel e desafiavam abertamente a autoridade de Arafat, que consideravam influenciado pelos norte-americanos. Aceitaram uma trégua provisória até o final da retirada israelense de Gaza e de alguns postos na Cisjordânia, mas já recomeçaram suas atividades. O FATAH era o principal grupo e centro do poder da Autoridade Nacional Palestina (ANP) e da Organização para a libertação da Palestina (OLP). Existe desde os anos 70 e seu chefe era Yasser Arafat, falecido no final de 2004. Hoje o FATAH tem recebido apoio do Ocidente na disputa pela liderança da Palestina com o HAMAS.

O grupo mais poderoso atualmente, o HAMAS, foi fundado em 1987 sob a liderança do *sheik* Ahmed Yassim, que esteve em prisão domiciliar e faleceu em bombardeio israelense. Provém da Irmandade Muçulmana, movimento egípcio criado em 1928. O HAMAS vem assumindo a responsabilidade de muitos dos atentados suicidas recentes. Sua vitória nas eleições do início de 2006 foi um desastre para as negociações de paz, já que Israel considera o grupo como terrorista. Hoje o HAMAS domina completamente a fronteira sul com o Egito e o território de Gaza, mas tem sofrido bastante com as restrições que lhe são impostas pelo Ocidente.

O JIHAD tem objetivos semelhantes, embora seja bem menor em número de adeptos. Seu líder é Maruan Barghouti, importante líder palestino ora preso em Israel. Finalmente, a OLP, Frente Popular para a Libertação da Palestina, nascida em 1967 após a Guerra dos Seis Dias, combate não só Israel como outros regimens muçulmanos ditos conservadores. Fez seqüestros de aviões e outros atos terroristas. Seu chefe é George Habash.

A direita de Israel era capitaneada pelo velho general Ariel Sharon, notável herói da guerra de 1973 e primeiro-ministro até janeiro de 2006. Essa direita israelense abrange várias tendências, desde as mais radicais até as mais realistas, que aceitam a idéia de negociar com os palestinos. Recordo ainda que o mundo político israelense está, *grosso modo*, dividido em dois grandes grupos: a direita chefiada pelo LIKUD e a centro-esquerda, liderada pelo KADIMA e os trabalhistas. Normalmente esses dois grupos se equivalem e daí a enorme força dos pequenos partidos religiosos, que representam apenas cerca de 10% dos eleitores. Pouco antes de seu afastamento, Sharon criara o partido KADIMA, integrado pelos moderados do LIKUD. O KADIMA dirige hoje o Estado de Israel em coalisão com os trabalhistas, aliança enfraquecida pelo relativo fracasso da invasão do Líbano em 2006.

Os lugares santos em Jerusalém constituem o ponto nevrálgico da disputa política: Israel quer manter sob sua soberania não somente o Muro das Lamentações como também o Monte do Templo, que para os judeus tem esse nome por haver abrigado o antigo templo de Salomão, destruído há 2.000 anos pelos romanos. Na realidade, essa área esteve sob o domínio muçulmano durante 700 anos e só em 1967 passou à jurisdição israelense, depois da Guerra dos Seis Dias. Os palestinos exigem para a sua soberania o Monte do Templo, que chamam de Haram-a-sharif, e também a esplanada das mesquitas (onde se encontram as mesquitas de El Aqsa e de Omar). Ora, o Muro das Lamentações está situado exatamente ao lado dessas mesquitas, em nível ligeiramente inferior. Há um desnível de uns 20 metros apenas. Por isso, é difícil conceber como palestinos e judeus poderão transigir em tema tão caro a seus corações religiosos.

Infelizmente, em setembro de 2000, o líder conservador Ariel Sharon fez questão de desfilar com seus seguidores pela esplanada das mesquitas, o que resultou em graves e justos protestos dos palestinos. Vários líderes judeus importantes condenaram essa iniciativa como uma provocação e estavam certos. Os terroristas do HAMAS aproveitaram o pretexto e as desordens dos últimos quatro anos já causaram perto de mil mortos entre os israelenses, que por sua vez mataram cerca de 3.500 palestinos, além de mais de 10 mil feridos. Foi o maior confronto dos últimos anos na região. Israel usou, pela primeira vez, balas de verdade, helicópteros, carros de combate e foguetes de curto alcance.

No meu entender, a única solução viável para a questão de Jerusalém é oficializar o *statu quo*, que dá acesso aos crentes das três religiões aos seus lugares santos. Atualmente eles são administrados pelos respectivos funcionários religiosos, embora sob fiscalização israelense, mais ou menos discreta. Os árabes argumentam que os cristãos têm realmente livre acesso ao Santo Sepulcro, ao Monte das Oliveiras, a Belém, a Nazaré e a outros lugares santos de sua religião, enquanto o mesmo não acontece com os cidadãos muçulmanos, que sofrem revistas humilhantes da parte dos policiais israelenses. Quarenta anos atrás, o Vaticano propôs a internacionalização dos lugares santos de Jerusalém, o *Corpus Separatum*, sob a jurisdição das Nações Unidas, mas nem judeus nem árabes examinaram a proposta com seriedade. A alternativa seria a formação de um estado federativo com a Jordânia, ou seja, a antiga sugestão de Rabin e Shimon Peres conhecida como a "opção jordaniana". Destarte, os crentes das três religiões teriam realmente pleno e livre acesso aos lugares santos de Jerusalém, sem constrangimentos, e a região poderia finalmente beneficiar-se de um período de paz completa e prosperidade.

O ex-*premier* Ariel Sharon, que conheci bem durante a minha estada em Israel, era um ex-militar brilhante, que se cobriu de glória na Guerra do Yom Kippur de 1973. Entretanto, como ministro da Defesa de Menahem Begin durante a campanha do Líbano, em 1982, teve sua imagem política comprometida por se haver omitido quando as milícias cristãs libanesas realizaram um verdadeiro massacre de palestinos nos acampamentos de Sabra e Chatila. Devemos reconhecer, no entanto, que ele não mandou efetuar o massacre, embora estivesse claro que isso poderia acontecer. Foi assim responsabilizado indiretamente. Continuou como um dos líderes do LIKUD e só emergiu em 2001 como candidato do partido porque o ex-primeiro ministro Netanyahu deixara de ser parlamentar e, por isso, estava impedido de concorrer às eleições.

Equivocadamente, os palestinos estão deixando perceber que exigem a expulsão definitiva de todos os judeus da Palestina, o que é inaceitável para os EUA, União Européia e o Ocidente em geral. Assim sendo, a posição palestina não é nada realista. Uma vez afastado Arafat por seu falecimento e em quem israelenses e norte-americanos não tinham a menor confiança, a primeira etapa dessas negociações começou em fevereiro de 2005 em Sharm-el-Sheik. Era indispensável criar uma atmosfera de confiança mútua, o que até hoje não foi possível obter. Lembro que Sharon, logo após as eleições de 2001, reduziu a oferta de Barak de retirar-se de 95% da Cisjordânia para 45% apenas, e retirou totalmente Jerusalém de quaisquer negociações. Até hoje prevalece essa orientação no governo israelense.

A verdade é que o turista ao chegar hoje a Israel encontra um país dividido e apreensivo. Já são quase 1.200 israelenses mortos pela *Intifada*. Na política, Sharon tinha o apoio da maioria, mas a guerra está afogando a indústria israelense, os investimentos cessaram e o turismo também. Algumas indústrias de ponta estão deixando o país, assim como numerosas famílias. Existe no ar uma sensação de traição dos países europeus em relação a Israel e de agradecimento em relação ao apoio sempre hesitante dos norte-americanos. Do lado palestino, o desemprego já atingiu os 80% e há um temor de que o pior ainda esteja por vir.

A construção do muro ou cerca metálica separando Israel da Cisjordânia foi uma decisão unilateral de Sharon para tentar construir uma fronteira segura. A barreira está avançando e criando sérios problemas sobretudo para os agricultores palestinos, muitos dos quais tiveram suas propriedades divididas e não lhes é permitido cultivar as terras que ficaram dentro do território de Israel. Como eles irão sobreviver? Por outro lado, o gabinete Olmert decidiu a continuação do trajeto do muro, contornando os grandes assentamentos judaicos na Cisjordânia. Em alguns lugares, o avanço na Cisjordânia é de mais de 20 km. Os maiores assentamentos judaicos estão recebendo uma cerca metálica com sensores remotos que os circunda totalmente. Embora afirmem que o muro, ou cerca, não é uma fronteira definitiva e poderá ser destruído conforme os termos de um acordo final, o governo israelense está na verdade instituindo uma nova linha divisória entre Israel e a Cisjordânia, o que é ilegal, embora compreensível. Ao chegarem à capital, como irão dividir o centro da cidade? Como separar o Muro das Lamentações da Esplanada das Mesquitas, em níveis diferentes?

Em meados de 2004 o *prémier* Sharon anunciou um plano de retirada israelense de Gaza, terra dos filisteus, de Sansão e Dalila, que nunca foi Israel e que Begin me contou pessoalmente haver Sadat recusado o controle dessa região por ele oferecido. A idéia foi oportuna e bem concebida como estratégia militar, tal como ocorreu com a retirada israelense do sul do Líbano. A retirada de Gaza afinal ocorreu em agosto de 2005 e, ao contrário do que se temia, foi um êxito inicial e os incidentes foram bem menos graves do que por ocasião da retirada do Sinai, na época de Begin. Em 2006 ressurgiram os incidentes na fronteira com Gaza e as excursões punitivas de Israel. Afinal, pouco adiantou a retirada, que deixou mais vulnerável o sul de Israel a mísseis palestinos.

A maioria dos países muçulmanos tem grandes interesses financeiros ligados ao petróleo e não apreciam os arroubos dos países árabes mais radicais. A morte de Arafat estava a exigir a eleição de um líder palestino moderado e estável, que seja um confiável negociador, capaz de implementar acordos acertados entre as partes. A eleição de Mahmoud Abbas em janeiro de 2005 prometia preencher esse vazio e por isso o presidente Bush se decidiu a pressionar pelo acordo inicial alcançado a 8 de fevereiro, mas que continua inócuo. A Síria, temerosa de sanções dos EUA, retirou-se do Líbano, mas não está segurando mais as rédeas do HEZBOLLAH, controlado pelo Irã. As recentes disputas sangrentas entre o HAMAS e o FATAH inviabilizam qualquer tipo de negociação com Israel, que agora tem uma boa desculpa para não prosseguir as negociações enquanto não houver um interlocutor palestino confiável e com suficiente autoridade, que lhe dê plenas garantias de que um eventual acordo será cumprido.

No ínterim, a mentalidade do mundo árabe está mudando graças à *internet* e sobretudo à TV a cabo. A *internet* é mais perigosa nos *sites* fundamentalistas e serve para agravar os sentimentos e atitudes extremadas contra os cristãos e o mundo ocidental em geral. Já a TV a cabo está realizando milagres no sentido de um maior esclarecimento do mundo árabe, abrindo-lhe os olhos para os problemas regionais e globais. O principal veículo de televisão informativa do Oriente Médio é a TV Al Jazira, baseada no Qatar, pequeno país da península arábica, que já evoluiu para a ampliação da mentalidade árabe em relação ao mundo moderno. A estação Al Jazira é estatal do Qatar, mas seus governantes aceitam e permitem considerável modernização, como por exemplo as cenas de TV com mulheres dirigindo automóveis, o que é impensável na vizinha Arábia Saudita.

A emissora Al Jazira mantém cerca de 80% da audiência de cerca de 40 a 50 milhões de árabes da região e está contribuindo bastante para uma maior unificação dos países muçulmanos. Sua cobertura política é habitualmente anti-ocidental, em tons dramáticos e melancólicos. A TV por satélite parece estar criando a sensação de maior participação árabe coletiva, que os governos regionais antes não encorajavam. Um problema inicial para a Al Jazira foi a escolha da língua de transmissão, pois os povos árabes falam seus dialetos regionais e nem sempre compreendem bem o árabe moderno, usado no mundo dos negócios. O seu uso corrente na TV a cabo está transformando o árabe *standard* em língua falada, acessível não só à população educada, mas também ao povão dos diversos países muçulmanos, por vezes tão diferentes.

A Al Jazira oferece cerca de 150 canais que, segundo a revista *Economist* de 26/02/2005, têm perto de 50 milhões de telespectadores. Uma rival da Al Jazira é a TV Futura, de Beirute, que teria cerca de 15 milhões de clientes. A Al Jazira começou a operar em 1996 graças a subvenções do esclarecido emir de Qatar e essa abertura liberal cativou os telespectadores muçulmanos de toda a região do Oriente Médio, que passaram então a ver os acontecimentos mundiais sob uma perspectiva completamente nova, à qual não estavam habituados. Lembro que os árabes não tinham acesso ao noticiário dos países democráticos ocidentais, pois as emissoras de TV eram todas controladas por estados reacionários ou fundamentalistas. A popularidade de Al Jazira aumentou espetacularmente após o início da *Intifada* na Palestina no ano 2000, mas atualmente parece haver estabilizado seu campo de influência.

Depois da derrubada das torres gêmeas de Nova York e da invasão norte-americana no Afeganistão, a Al Jazira ganhou novo impulso anunciando os pontos de vista de Osama Bin Laden. A princípio ela procurou disfarçar seu viés anti-americano, mas depois da invasão do Iraque passou a atacar vigorosamente os EUA. Curiosamente, seu enfoque é mais a favor dos sunitas do que dos xiitas. Outra emissora importante é a Al Manar, dos xiitas do HEZBOLLAH libanês, extremamente agressiva e perante a qual Al Jazira apresenta uma face moderada. Os norte-americanos criaram a emissora a Al Hurra, que ainda não conseguiu boa penetração no mundo árabe. Por sua vez a Arábia Saudita lançou a Al Arabiya, que pertence ao cunhado do ex-rei Fahd. Sua linha é semelhante à da Al Jazira, mas recentemente passou a apoiar discretamente os norte-americanos. O importante a sublinhar é que as eleições no Afeganistão, na Palestina e no Iraque, com mulheres votando ao lado dos homens, teve um impacto notável no mundo árabe. No Iraque a emissora Al Arabiya tem a preferência; já no Egito a Al Jazira obtém quase 90% de audiência. Os comerciais nessas emissoras são limitados e pouco criativos e os custos de produção ainda bastante elevados, cerca de US$75 milhões anuais. A Al Jazira trouxe prestígio regional para o emir de Qatar e a seu pequeno país, mas o custo operacional da emissora tem crescido demasiado e poderá levar à privatização e à provável venda aos sauditas.

A revista parisiense *L'Express*, de 16/03/2006, anunciou que a Al Jazira se instalou em Washington com cerca de 100 empregados norte-americanos e de várias nacionalidades, para de lá transmitir o seu novo canal em inglês. Suas transmissões são feitas das 16h às 20h, hora da capital americana, e o resto do dia seus programas serão transmitidos por suas emissoras de Londres, Kuala Lumpur (Malásia) e Doha, no Qatar, sede da organização. O tempo dirá se as autoridades norte-americanas vão tolerar os noticiários muçulmanos da Al Jazira de Washington.

Aspecto interessante de Israel de hoje é que, apesar da crise atual, tornou-se o segundo maior país do mundo em número de empresas de

NASDAQ, a bolsa de valores norte-americana que concentra ações do mercado de tecnologia. O Fórum Econômico Mundial elegeu Israel como o primeiro país em proporção de trabalhadores na indústria da alta tecnologia (140 empregados técnicos para cada 10 mil postos de trabalho) e só perde para a Coréia do Sul em número de residências com banda larga. São mais de 3.000 mil empresas de alta tecnologia com dezenas de milhares de especialistas nas áreas de biotecnologia, telecomunicações e nano tecnologia. Os programas de mensagem instantânea foram criados em Israel.

Outro fator de acirrada disputa entre israelenses e palestinos é a propaganda internacional, a guerra de relações públicas. Dos dois lados do conflito dezenas de funcionários e jornalistas profissionais escrutinam cada notícia publicada na mídia dos principais países do Ocidente. Curiosamente, duas entidades de título muito semelhante atuam intensamente no campo da propaganda: *Independent Media Watch* em favor de Israel e a *Palestine Media Watch*, que defende os interesses dos palestinos e distribui violento material contra Israel. De um modo geral, pode-se dizer que a propaganda pró-Israel é mais eficaz do que a da agência palestina. Cada embaixada ou consulado israelense tem jornalistas especializados prontos a rebater qualquer notícia negativa a respeito de Israel. Já os escritórios palestinos no exterior, que são poucos e mal equipados, esforçam-se denodadamente por responder às notícias veiculadas pelos israelenses. No entanto, Israel tem a desvantagem de que no mundo ocidental a maioria dos jornalistas é formada por elementos de esquerda, ou até mesmo anti-semitas, que têm a tendência natural de apresentar os fatos no Oriente Médio contra os interesses de Israel.

Aliás essa batalha de propaganda se estende até mesmo dentro do exército israelense, pois os soldados são instruídos a como atuarem defronte às câmaras dos cinegrafistas internacionais, sempre com a maior discrição. Já os palestinos também deram instruções à população, sobretudo aos jovens, para fazerem manifestações agressivas contra os soldados judeus, atirando-lhes pedras, somente quando as câmaras dos cinegrafistas estrangeiros estejam por perto. Dois anos atrás um jornalista da RAI italiana comprovou esse fato e causou escândalo internacional.

Do lado palestino a propaganda é menos eficiente e há má coordenação de esforços. As autoridades palestinas por vezes deixam escapar excelentes oportunidades de denegrir os israelenses e obter assim vantagem importante junto à opinião pública internacional. Isso aconteceu, por exemplo, por ocasião da condenação de Israel pela Corte de Justiça Internacional de Haia pela construção do muro que está começando a separar o país da Cisjordânia. A repercussão mundial foi mínima e Israel ignorou a decisão da Corte. Uma entidade palestina que tem péssimas relações públicas é o HAMAS e Israel se rejubila por isso. Em Londres existe uma *Arab Media Watch* que é um pouco mais eficiente, mas seu trabalho nem sempre agrada a todos os países árabes, pois nem todos têm a mesma opinião sobre os problemas da Palestina.

O que mais assusta os governos muçulmanos do Oriente Médio no momento é a crescente pressão interna pela democratização do Islã. A televisão, de um modo geral, sobretudo com a apresentação de cenas de mulheres dirigindo automóveis e votando em eleições ao lado dos homens, estaria criando uma atmosfera de revolta por uma maior liberdade de imprensa, ingrediente indispensável à democracia. Por seu lado, os dirigentes muçulmanos divulgam a idéia de que a democracia equivale ao desrespeito ao Islã. Grupos islâmicos radicais têm sabido canalizar com sucesso – como aconteceu agora no Irã – esse sentimento anti-democrático. Até mesmo os países muçulmanos laicos, como o Egito, a Jordânia, a Síria e o Iraque, tentam neutralizar o apelo da democracia. Recusam-se a separar o Estado da religião, conquista básica da democracia. Os ocidentais cristãos e os israelenses já obtiveram essa vitória há muitas décadas, mas os dirigentes muçulmanos persistem na noção de que o Estado deve ser regido pelas leis de Maomé.

Depois da retirada de Gaza, Sharon estava considerando várias concessões unilaterais, mas para isso exigia que Abbas reprimisse os grupos militantes da ANP e do HAMAS, o que não tem sido fácil atender. Estavam previstas a saída das tropas israelenses de Belém e Qalquília e a reabertura do porto e do aeroporto de Gaza, medidas essenciais para a melhoria da economia da região. Sharon prometia também facilitar a entrada e saída de mercadorias do território e libertar cerca de 8.000 prisioneiros palestinos. Essas concessões serão importantes, mas – é obvio – tem de haver contrapartida do lado palestino, que continua a realizar emboscadas contra colonos e soldados israelenses na Cisjordânia.

A retirada de Gaza causou muito desgaste na coalizão no governo de Israel. O partido LIKUD ficou cindido: sua ala direita reacionária juntou-se aos partidos religiosos, ao passo que a ala mais liberal se aproximou muito do SHINUI, partido de centro, que combate a influência dos partidos religiosos e é dirigido pelo ex-jornalista Tommy Lapid. No Partido Trabalhista houve eleições em novembro de 2005, resultando vencedor por estreita margem o sindicalista Amir Peretz sobre o veterano Shimon Peres. Esse fato novo fez os trabalhistas abandonarem a coalizão e provocarem a convocação de eleições antecipadas para março de 2006. O novo líder trabalhista não tem experiência política e sua liderança trouxe de volta várias reivindicações sociais, temporariamente postas de lado. Peretz nasceu no Marrocos e emigrou para Israel criança ainda, em 1956. Fez carreira na Histadrut, a principal central sindical do país. Como ministro da Defesa de Olmert, em 2006, Peretz não se saiu bem durante a invasão do Líbano e perdeu prestígio, embora tenha conseguido manter-se no cargo.

No início de janeiro de 2006 ocorreu subitamente o fim de uma era no Oriente Médio: um derrame cerebral fulminou o primeiro-ministro Ariel Sharon. O ex-*prémier* chegara à conclusão de que o único caminho para a segurança de Israel era o desenho unilateral da fronteira.

com a Cisjordânia, construindo uma cerca, ou um muro, ao redor do país e protegendo os colonos e os soldados israelenses. A falta de um interlocutor palestino confiável levou-o a esta decisão. O término do muro dará à Palestina 93% da Cisjordânia. Os 7% restantes, que ficarão com Israel, deverão abranger a grande maioria dos colonos judeus e os demais terão de voltar a Israel, tal como já aconteceu por ocasião da retirada de Gaza.

A idéia de um Israel menor ganhou apoio na opinião pública israelense e a estratégia de Sharon até recentemente parece estar funcionando, já que os atentados terroristas caíram 80%. Com a sua saída do cenário político, tanto o LIKUD quanto o Partido Trabalhista tenderão a convergir para o centro. Benjamin Netanyahu, forte candidato às eleições de 28 de março de 2006, acabou recebendo inexpressiva votação e vai ter de aprender a fazer concessões unilaterais, o que não é do seu agrado.

O resultado das eleições palestinas do fim de janeiro de 2006 levou ao poder o HAMAS, o que dificultou ainda mais as negociações com Israel, que tenderá a continuar a política de decisões unilaterais iniciada por Sharon para garantir a segurança do país. Infelizmente, no início de 2006 jornais europeus publicaram caricaturas de Maomé que escandalizaram o mundo muçulmano e provocaram violentos protestos em vários países, que causaram mortos e feridos. Os defensores da mais absoluta liberdade de expressão insistiram em seu direito de publicar o que desejam, mesmo em se tratando de temas sensíveis a qualquer religião. Lamentavelmente, esse episódio veio acirrar os ódios religiosos e os países europeus ficaram mais vulneráveis ao ressentimento dos muçulmanos, que não aceitaram os pedidos de desculpas de diretores de jornais e do governo dinamarquês, onde foram publicadas as infelizes caricaturas de Maomé. Hamid Barzai, o moderado presidente do Afeganistão, afirmou que "qualquer insulto ao santo profeta é um insulto a mais de 1 bilhão de muçulmanos". O ódio e os resentimentos religiosos subiram, assim, mais um degrau e poderão motivar mais atos de terrorismo.

A 18 de fevereiro de 2006 tomou posse o novo governo palestino, com ampla maioria do HAMAS. Em Jerusalém a reação foi imediata: o primeiro-ministro interino Ehud Olmert suspendeu os repasses dos impostos palestinos, cerca de US$50 milhões mensais, o que certamente fez a ANP mais dependente do Irã. Olmert fechou as fronteiras com Gaza proibindo assim a entrada de trabalhadores palestinos e decidiu adiar a construção do aeroporto e do porto marítimo na faixa costeira palestina. Nas eleições de 28 de março em Israel aconteceu a vitória do novo partido KADIMA, fundado por Sharon, mas por uma margem relativamente pequena, e não tem sido fácil sustentar o governo e mantê-lo com maioria no Knesset. Solicitado por Washington, o presidente Abbas insistiu com o HAMAS no sentido de que honre os compromissos dos Acordos de Oslo. Entre os árabes moderados parece existir um consenso de que é preciso dar tempo para que o HAMAS adote uma postura mais moderada, o que não está acontecendo.

Em abril de 2007 a União Européia e os Estados Unidos decidiram suspender os subsídios à entidade palestina, que não poderá sobreviver sem eles. O buraco anual é de US$ 1 bilhão (600 milhões da UE e US$ 400 milhões dos EUA). As condições de restabelecimento do auxílio são drásticas: reconhecimento do Estado de Israel, rejeição formal ao terrorismo, negociações sérias de paz.

A vitória relativamente apertada do KADIMA nas eleições de 28 de março (28 cadeiras, ou seja, um pouco mais de 1/4 do parlamento) prenunciava que o gabinete não será muito estável. A revista francesa *L'Express*, de 30/03/2006, afirmou que o país escolheu negociar a paz em troca de territórios, prosseguindo assim a política de Sharon. Os militares evoluíram para a moderação e a geração de generais belicosos acabou. Os civis parecem prevalecer sobre os militares: os diplomatas e os tecnocratas substituem os soldados – isso seria a maturidade de Israel.

Um ano depois, em janeiro de 2007, é importante sublinhar que eventual paz, mesmo provisória, só poderá ser alcançada se Israel tiver um interlocutor palestino forte e confiável, que mantenha sob controle permanente os grupos fundamentalistas que patrocinam atos de terrorismo. O primeiro-ministro israelense deverá levar adiante o plano de retirada dos assentamentos pequenos da Cisjordânia e completar o muro que vai separar totalmente os dois povos. As fronteiras deverão estar definidas até 2010 e para isso serão feitas modificações no traçado do muro, evitando assim prováveis questões jurídicas. Fala-se até que o primeiro-ministro estaria disposto a entregar aos palestinos a administração da Jerusalém muçulmana.

Enquanto isso o FATAH e o HAMAS se digladiam em busca de poder, em contínuos incidentes. A suspensão por Israel do pagamento de impostos arrecadados dos palestinos residentes tem criado sérios problemas financeiros a todos, pois os salários dos funcionários estão atrasados há vários meses. Esse impasse dentro da ANP tem facilitado a Olmert consolidar sua posição política em Israel e planejar com mais calma os próximos passos políticos.

Em vista do que estava acontecendo ao sul do Líbano, o parlamento israelense aprovou proposta do primeiro-ministro Olmert de atacar o Líbano por terra, mar e ar, visando erradicar as bases do HEZBOLLAH e lugares de treinamento ao norte do Líbano, na região de Baalbek. A área xiita de Beirute, o aeroporto internacional, o porto de Tiro, pontes importantes foram destruídos. Houve centenas de mortes e milhares de feridos, mais ou menos inocentes, o que despertou forte reação anti-israelense em todo o mundo. Tal ofensiva não conseguiu abater o HEZBOLLAH.

Israel conseguiu o apoio norte-americano na ONU e obteve a aprovação no Conselho de Segurança de uma resolução que lhe dá autorização de fazer operações militares defensivas, fato difícil de caracterizar. Criou-se porém um impasse tático pois, apesar de tudo, o HEZBOLLAH continuou a bombardear o norte de Israel, ameaçando chegar até Tel Aviv. Utilizando lançadores de mísseis, provavelmente de origem iraniana, de caminhões que se deslocam constantemente, o HEZBOLLAH obteve o endosso do governo libanês e conseguiu fortalecer sua imagem internacional, colocando Israel em posição difícil para enfrentar esse problema.

Os israelenses haviam escolhido construir um muro que deveria separá-los dos palestinos e de todo o Oriente Médio. Queriam esquecer tudo o que os incomoda e ficar gozando a sua prosperidade, seus prédios e escritórios climatizados, seus *night-clubs* reluzentes, seus restaurantes sofisticados, suas empresas de alta tecnologia. Tel Aviv é hoje uma espécie de Califórnia, com as mesmas palmeiras, *boutiques* de luxo e hotéis espetaculares. Calculavam que a campanha para fazer calar o HEZBOLLAH levaria uns poucos dias apenas, mas um mês depois ainda sofriam cerca de 250 tiros de *katiushas* diários nas cidades da fronteira norte. Israel ficou atordoado com o "cessar fogo" imposto pela ONU. O reforço da UNIFIL aprovado pelo Conselho de Segurança, trouxe para suas fronteiras tropas de países muçulmanos com os quais Israel não mantêm relações diplomáticas e portanto não o reconhecem como um estado. Tudo indica que o HEZBOLLAH só poderá ser desarmado pela sua eventual integração com o exército libanês, que eles depois podem acabar dominando. Nesse caso o HEZBOLLAH tomaria o controle do Líbano e assim o Irã se projetaria até a fronteira norte de Israel. O pesadelo não é só israelense, é do Ocidente também. Nuvens negras se acumulam no horizonte e a chave parece estar com a Síria. Bashir Assad vai exigir um preço alto para cooperar, talvez a devolução do Golan.

Em suma, a invasão do Líbano foi quase uma derrota para Israel, porque a atual solução provisória não lhe dará nenhuma segurança. É apenas uma trégua mais ou menos longa. E o Líbano exige ainda a devolução das chamadas "fazendas de Chebaa", na fronteira nordeste de Israel, no que a contragosto Jerusalém vai acabar cedendo. As escaramuças na fronteira da faixa de Gaza continuam e os palestinos conseguiram matar e ferir numerosos soldados israelenses com novos mísseis. Em represália, Israel dedicidiu considerar o território da faixa de Gaza como área inimiga, podendo, portanto, cortar-lhe a água, energia e outras facilidades que habitualmente fornece àquela região. Em setembro de 2007 Israel destruiu com sua aviação instalações não especificadas ao norte da Síria, que curiosamente não protestou nem revidou.

Nova tentativa de paz na região está sendo promovida pelos EUA e uma conferência internacional realizou-se em novembro de 2007, sem resultados. O Brasil participou da reunião e se ofereceu para mediar o conflito.

Em janeiro de 2008, devido à continuação dos bombardeios de *katiushas* no sul de Israel, o governo israelense suspendeu o fornecimento de petróleo, alimentos e medicamentos a Gaza. A população desesperada conseguiu arrebentar os portões de entrada para o Egito. Mubarak foi instado a fechar as passagens e Israel, também pressionado pelos EUA e UE, restabeleceu o fornecimento. Também em fim de janeiro foi dada publicidade em Israel ao relatório Vinograd, que analisou com severidade as atividades militares israelenses na guerra do Líbano, isentando porém a cúpula política de algumas decisões militares erradas.

Em maio de 2008 Israel festejou o 60º aniversário de sua fundação. O presidente Bush compareceu às cerimônias e reiterou seu empenho de pacificar a região. Em junho, com possível aprovação do presidente Bush, Israel realizou grande ensaio no Mediterrâneo de ataque aéreo às instalações nucleares do Irã. No final de julho último, o *prémier* Olmert anunciou formalmente que vai deixar o cargo em setembro, após as eleições municipais. Nova coalizão terá de ser negociada e isso poderá resultar na convocação de novas eleições gerais.

(Palestra proferida no Conselho Técnico da Confederação Nacional do Comércio a 25 de outubro de 2005 e publicada na Carta Mensal de nº 609, de dezembro de 2005. Publicada anteriormente na revista da UNIPÊ, vol. VI, nº 3, João Pessoa, Paraíba, 2002. Atualizada até 15 de julho de 2008).

VARIAÇÕES

MOSHE DAYAN, QUE ENXERGAVA MAIS COM UM OLHO SÓ

Das cinco embaixadas que tive a honra de dirigir, a mais interessante e a mais importante de todas foi a de Tel Aviv, onde permaneci por quase 5 anos. Dayan era o ministro do Exterior quando lá cheguei em novembro de 1977. Eu levava recomendação do presidente Geisel para lhe explicar o voto do Brasil na ONU na questão do sionismo, que tanta celeuma levantou. Quis o presidente Geisel adiantar-me, na minha entrevista de despedida, que sua intenção era de modificar o nosso voto, a nível de comissão, a favor da moção árabe condenando o sionismo. Os israelenses fizeram um grande esforço para mudar os votos de países amigos, no período entre as votações na comissão e no plenário da ONU. Sob pressão de entidades judaicas brasileiras, o presidente Geisel estava disposto a alterar nosso primeiro voto, a favor da condenação do sionismo como racismo, para uma abstenção apenas, o que já deixaria os israelenses satisfeitos. O embaixador norte-americano em Brasília fez gestões discretas nesse sentido e tudo indicava que o Brasil suavizaria seu voto. Tal disposição acabou por chegar aos ouvidos da imprensa. Os jornais brasileiros e americanos noticiaram que, a pedido ou por pressão norte-americana, o Brasil mudaria o seu voto no plenário. Segundo me contou Geisel, as coisas assim se complicaram, pois pareceria mal tivesse o presidente cedido a pressões nacionais e estrangeiras. Portanto, mui a contragosto, ele foi forçado a ordenar ao nosso embaixador na ONU, Sérgio Corrêa da Costa, que confirmasse nosso voto favorável à moção árabe. O ressentimento judaico e israelense foi muito grande.

O ambiente entre os dois países estava pesado, esfriaram as relações bilaterais e eu senti o gelo desde os primeiros dias da chegada a

Israel. Entretanto, já na entrevista inicial com o presidente Katzir, por ocasião da apresentação de credenciais, esforcei-me por esclarecer o grave mal-entendido.

Ao visitar o ministro do Exterior Moshé Dayan pela primeira vez, relatei-lhe todos os pormenores da questão, explicando por que não foi possível mudar a votação. Dayan ouviu-me atentamente, abanou a cabeça e disse: *"the Americans are always making blunders. What a pity! I understand your president's position and I would act in the same manner as he did"*.[3] A partir dessa entrevista o gelo desapareceu e Dayan fez o possível para prestigiar-me, convidando a mim e à minha mulher diversas vezes para sua residência. Colecionador de antiguidades, mantinha em seu jardim numerosas peças em mármore da Antigüidade clássica, o que lhe valeria mais tarde a acusação de que se havia apropriado de obras que deveriam estar em museus. Sua esposa, Raquel, tomou-se de simpatia por minha mulher Regina e saíram juntas mais de uma vez a fazer compras.

Quando tive mais intimidade com Dayan, contei-lhe a brincadeira que o presidente Geisel fizera comigo na audiência antes de minha partida. Disse-me ele jocosamente que informasse o governo israelense de que o Brasil votaria sempre de acordo com os interesses de Israel, desde que os judeus brasileiros nos devolvessem Teresópolis! Numerosos judeus ricos cariocas possuem casas de veraneio nessa cidade serrana perto do Rio de Janeiro. Geisel tinha uma residência particular em Teresópolis e se queixava de um vizinho judeu que o incomodava...

Lembro que Moshé Dayan era um *sabra*, nascido na Palestina inglesa, conhecia bem as manhas dos palestinos e falava o árabe fluentemente. Gozava de grande prestígio em Israel e foi utilizado para negociações secretas com o rei Hassan de Marrocos, o rei Hussein da Jordânia

---

[3] "Os americanos estão sempre fazendo trapalhadas. Que pena! Compreendo a posição de seu presidente e eu agiria da mesma maneira.".

e com o presidente egípcio Anuar el-Sadat. Falecido prematuramente, privou Israel de um qualificado negociador, bom conhecedor da mentalidade palestina. Ele faz falta nas negociações de hoje. Dayan teria sido um ótimo primeiro-ministro de Israel.

MENACHEM BEGIN, O PRAGMÁTICO CONSERVADOR

Embora Begin tenha sido primeiro-ministro de Israel durante toda a minha estada de quase cinco anos no país, tive apenas duas entrevistas a sós com ele e um jantar íntimo. Minha primeira visita foi banal e ainda prejudicada pelo voto brasileiro contra o sionismo. A segunda entrevista foi em outro momento difícil das relações entre nossos dois países: um jornalista brasileiro sediado em Tel Aviv publicou notícia de que o Brasil estava vendendo urânio enriquecido ao Iraque. O governo brasileiro negou, os jornais israelenses engrossaram o assunto e o chanceler Saraiva Guerreiro resolveu chamar-me a Brasília para consultas. A notícia correu mundo através dos programas televisivos e radiofônicos da BBC, o que me envaideceu por tornar-me notícia na prestigiosa cadeia mundial da TV britânica.

Pouco antes de minha súbita partida para o Brasil, Bégin chamou-me a seu gabinete e tivemos então conversa ampla e franca sobre a conjuntura política internacional da época. Lembro-me de que ao comentar a Guerra do Yom Kippur de 1973, afirmou-me que o general Sharon poderia ter entrado no Cairo e desfilado pelas avenidas principais, mas não o fez porque teria de sair da cidade a toda pressa, pois Israel não dispunha de tropas para ocupar um grande país como o Egito. Do mesmo modo, afirmou Begin, o exército israelense poderia ter entrado em Damasco em 1973, mas não dispunha de soldados para ocupar um país populoso como a Síria. Conversamos também sobre as negociações com Sadat para a devolução da península do Sinai. Begin abriu-se comigo dizendo: "Eu negociei mal com Sadat. Em vez de dizer-lhe que lhe cederia todo o Sinai, menos Yamit, deveria ter dito que ficaria com Yamit e cederia o resto do Sinai". Begin estava penalizado por ter entregue aos egípcios aquela nova pequena cidade israelense no Sinai, perto de Gaza, que foi desmantelada depois.

Begin lamentou pela imprensa internacional a minha partida, afirmou que eu estava realizando um bom trabalho de aproximação dos dois países e fazia votos para o meu pronto regresso. O chanceler Guerreiro manteve-me no Brasil por duas semanas e depois tudo se esclareceu. O que provocou a notícia inicial foi o fato de aviões iraquianos embarcarem material sigiloso brasileiro e ficarem estacionados em lugares distantes nos aeroportos de São Paulo e Rio de Janeiro, o que despertou suspeitas da imprensa.

A terceira entrevista com Begin não foi bem uma audiência e sim um jantar íntimo em homenagem ao primeiro-ministro Emílio Colombo, da Itália, em 1982, quando eu era decano interino do corpo diplomático. Estávamos numa mesa para seis pessoas: os primeiros-ministros Begin e Colombo, o embaixador da Itália, eu como decano diplomático e os chanceleres dos dois países. Assisti a conversas bastante íntimas entre os dois *prémiers*, a tal ponto que cheguei a oferecer-me para retirar-me da mesa, mas ambos gentilmente me fizeram permanecer, dizendo-me que não só o Brasil, quanto eu pessoalmente, merecíamos toda a confiança das duas partes, que nada tinham a esconder de mim. Encontrei-me ainda com Begin, antes da minha partida para o Peru, no enterro de um amigo comum, e ele abraçou-me cordialmente.

ANUAR EL-SADAT, O GRANDE ESTADISTA EGÍPCIO

Juntei neste capítulo Begin e Sadat porque atuaram juntos para melhorar a atmosfera do Oriente Médio, fizeram a paz em separado e receberam o Prêmio Nobel em 1978, juntamente com o presidente

Carter. Chegamos a Israel pouco depois de sua histórica visita a Jerusalém e sentimos o sopro de otimismo que o gesto generoso de Sadat causou em Israel. Só vim a conhecer pessoalmente Anuar el-Sadat em sua visita a Haifa, meses depois, quando tive oportunidade de trocar algumas palavras de cordialidade com ele. Lembro-me de que, no corpo diplomático de Israel, o que mais se comentava era a elegância de Sadat, seus ternos e gravatas impecáveis, seus gestos cavalheirescos e a sua voz de baixo profundo.

Vi-o outra vez por ocasião de sua visita oficial a Beersheva, à beira do deserto. Fiquei numa roda em torno a ele e ouvi uma frase notável: "Cansei de ver o Egito fazer guerra a Israel, perder milhares de soldados e amplos territórios, enquanto os outros países árabes se limitavam a fazer *lip service*. Por isso, vim a Israel e aqui estou, para negociar uma paz permanente". Infelizmente, meses depois o ilustre estadista egípcio foi assassinado durante uma parada militar no Cairo. Seu sucessor, o presidente Mubarak, tem continuado sua política de entendimento com Israel, apesar de todos os percalços da *Intifada*. Incentivado por altos subsídios norte-americanos, Mubarak tem reprimido os fundamentalistas e colaborado nas negociações entre Israel e os palestinos.

YTZAHK RABIN, O HÁBIL INTERLOCUTOR

Conheci Rabin em Washington, em 1967, onde era embaixador de seu país, e ficamos amigos. Em 1970, quando estive em Israel para o lançamento da pedra fundamental da Casa do Brasil na Universidade de Tel Aviv, encontramo-nos novamente. Em 1977, ao chegar a Israel como embaixador do Brasil, procurei-o sem demora. Ele havia deixado de ser primeiro-ministro por motivo fútil e durante os quase cinco anos em que vivi em Israel, almoçávamos juntos quase todos os meses em um restaurante discreto em Jaffa, que ele mandava fechar e seus guarda-costas nos protegiam. Sempre achamos excessiva essa precaução, mas a verdade é que ele acabou sendo assassinado por um judeu fanático em 1995, quando outra vez era primeiro-ministro e tinha intenção de fazer concessões importantes aos palestinos. Certa vez ele veio jantar em nossa casa com sua esposa Leah e realmente tivemos uma boa e proveitosa amizade. Esse convívio amigo proporcionou-me material para numerosos telegramas confidenciais, com informações importantes para o Itamaraty.

É pena que ele não esteja vivo hoje para continuar as negociações de paz em momento tão delicado. Rabin era extremamente competente, sereno e objetivo, consciente de que o governo israelense terá de fazer dolorosas concessões para alcançar uma paz duradoura com os palestinos. Como Dayan, Rabin era um *sabra*, nascido na Palestina britânica, e com seu colega e amigo Shimón Peres, advogavam o que chamavam de "opção jordaniana", um acordo pelo qual Israel restituiria à Jordânia moderada quase todos os territórios ocupados em 1967, com pequenos ajustes territoriais, aqui ou acolá, para acomodar aldeias palestinas. Com isso, se evitaria a criação de um estado palestino dominado por extremistas do HAMAS, que ele detestava com muita razão. Israel perdeu um grande estadista e eu um bom amigo.

SHIMON PERES, O TRABALHISTA

Shimon foi outro bom amigo com quem conversava freqüentemente em recepções e festas nacionais em Tel Aviv. Tínhamos uma amiga comum, a conhecida jornalista Mira Avrech, e os três trocávamos idéias com freqüência sobre a conjuntura política da época (1977-82). Shimon era outro líder moderado israelense, trabalhista como Rabin, foi primeiro-ministro e ministro do Exterior e até hoje, com mais de 80 anos de idade, é uma personalidade muito respeitada em Israel. Em

2005 liderou seu partido na coalizão com Sharon, o que certamente contribuiu para uma maior moderação e realismo do *prémie*r e para a devolução da faixa de Gaza aos palestinos.

Shimon Peres foi o principal defensor da chamada "Opção Jordaniana", que mencionei acima. Tanto Rabin quanto Peres eram favoráveis ao abandono da turbulenta faixa de Gaza, a qual nunca foi terra de Israel e só lhe dava despesas e dores de cabeça. Lembro que Bégin quis entregá-la a Sadat, que recusou prontamente. No final de 2005 Peres perdeu a liderança do *Labor Party*, deixou o partido onde militava há 50 anos e juntou-se a Sharon, que também acabava de abandonar o LIKUD, e criaram o novo movimento KADIMA. Em 2007 Shimon foi merecidamente eleito presidente de Israel.

ITZAHK SHAMIR, o minúsculo e feroz

O pequenino e insignificante Ytzahk Shamir não impressionava ninguém, mas dizia-se que era uma fera. Quando ministro do Exterior e depois como primeiro-ministro tentou visitar a rainha da Inglaterra e a entrevista foi negada duas vezes. Elisabeth não o perdoava por haver sido um dos membros do IRGUN, que havia feito explodir o Hotel King David em Jerusalém matando uma centena de ingleses.

Conheci bem o velho Shamir, então presidente do *Knesset*, o parlamento israelense. Vários deputados e senadores brasileiros visitaram Israel durante a minha missão e eu apelava a Shamir para recebê-los e fazer menção de seus nomes em sessões do *Knesset*. Isso era fato importante para nossos parlamentares que tinham entre seus eleitores dezenas de milhares de judeus brasileiros. Fiz boa camaradagem com Shamir, ofereci-lhe um jantar em sua honra em nossa embaixada e ele sempre atendia amavelmente os meus pedidos. Foi depois ministro do Exterior e sucedeu a Menachem Begin como primeiro-ministro, já depois de minha partida definitiva de Israel. Lembro que Begin se desiludiu com a atuação do exército israelense em Beirute e renunciou inesperadamente após o terrível massacre de palestinos em Sabra e Chatila no Líbano, o que teria sido culpa, pelo menos indireta, de Ariel Sharon, então ministro da Defesa.

GOLDA MEIR, A MATRONA LINHA DURA

Não conheci a grande Golda Meir como primeiro-ministro e sim já aposentada. Solicitei audiência só pelo prazer e a curiosidade de conhecê-la pessoalmente. A entrevista foi em seu escritório na Comissão de Energia Nuclear israelense e acabou sendo altamente interessante. A conversa, que deveria ser protocolar, se transformou em verdadeiro debate sobre a conjuntura política em Israel e rendeu-me um excelente telegrama, que foi apreciado no Itamaraty. À medida que eu procurava rebater algumas de suas observações, empolgava-se, seus olhos brilhavam e os gestos eram firmes e autoritários. Golda revelou-se uma personalidade intransigente, a fina flor da linha dura israelense, o que – confesso – me decepcionou um pouco. Era um Sharon de saias...

A entrevista que deveria durar uns 15 minutos para não cansá-la, demorou quase uma hora e foi afinal interrompida por um assessor, com a desculpa de que ela tinha outro compromisso. Curiosamente, ela respondeu a seu colaborador dizendo alguma coisa em hebraico que o fez sorrir. Golda virou-se para mim e disse: "Está vendo: ele está rindo de mim porque o meu hebraico é muito ruim. Em verdade, eu nunca pude aprender bem a língua do meu país". Ao sair, em vez de eu agradecer-lhe a audiência, foi ela quem fez questão de dizer-me que havia apreciado muito a nossa conversa.

Lembro que Golda Meir, levada menina ainda da Rússia para os EUA, só foi aprender o hebraico aos 40 anos. Nunca mais a vi, mas compareci ao seu enterro em 1978, cerimônia concorridíssima, onde encontrei Henry Kissinger, meu velho conhecido de Washington, além de François Mitterand e outras personalidades internacionais.

ITZAHK NAVON, O PRESIDENTE

Navon foi o primeiro sefardita a governar Israel e a escolha foi excelente. Nascido em 1921 em Jerusalém, formou-se pela Universidade Hebraica e fez parte da sociedade secreta Haganah no período final do mandato inglês na Palestina. Foi membro do *Knesset* desde 1965 e, indicado pelo partido trabalhista, presidiu Israel de 1978 a 1983, o que abarcou quase toda a minha permanência em Israel. Houve muita simpatia recíproca, pois Navon tinha grande interesse pela América Latina e pela língua espanhola, que falava bastante bem. Na minha visita de cortesia houve logo bons fluidos e surpreendi-me com seus conhecimentos a respeito do Brasil. Admirador de Machado de Assis, Ribeiro Couto e Clarice Lispector, era um bom intelectual. Ele fora secretário de Ben Gourion e incentivado pelo grande líder israelense, estudou o castelhano e serviu por algum tempo na embaixada israelense em Montevidéu, havendo visitado o Brasil. Certa vez disse-me que estudara o castelhano para ler no original o *Don Quijote de la Mancha*. Cada vez que nos encontrávamos, conversávamos animadamente em espanhol e, mais de uma vez, obtive dele pequenas confidências políticas de bastante interesse no momento. Sua esposa Ofira Navon, uma bela e famosa ex-miss Israel, simpatizou com minha mulher e saíram juntas várias vezes. Guardo excelente recordação do presidente Navon.

EFRAIM KATZIR, O CIENTISTA

Conheci também o presidente Efraim Katzir, um cientista que presidia Israel em fins de 1977. Curiosamente, viajamos no mesmo avião a Israel, a partir de Paris. Sentamo-nos perto em vôo da El Al e conversamos amenidades. Por ocasião da entrega de credenciais nossa conversa foi relativamente fria, porque Israel estava sentido com o Brasil pela nossa votação em favor da moção árabe de condenação do sionismo na ONU. Só depois das explicações que dei a Moshé Dayan as relações se normalizaram. Nunca mais vi Katzir pessoalmente, pois ele terminou seu mandato pouco depois, em 1978, sendo eleito Ytzahk Navon para a presidência. Coube porém a Katzir a honra de receber Anuar el-Sadat por ocasião de sua espetacular visita ao país, em fins de 1977. Katzir era ucraniano nascido em Kiev e tinha boa reputação como professor universitário.

ARIEL SHARON, A BESTA

Por ocasião da minha chegada a Israel em novembro de 1977, Ariel Sharon ocupava o Ministério da Agricultura e estava encarregado da expansão dos assentamentos judaicos na Cisjordânia. Brilhante general da guerra do Yom Kippur de 1973, continuava a ser um dos líderes da linha dura de Israel. Recentemente, como primeiro-ministro, deu-se conta de que sua velha política de assentamentos não é o caminho para a paz permanente e devolveu Gaza e algumas pequenas colônias judaicas da Cisjordânia aos palestinos, o que causou sérios ressentimentos nos partidos religiosos.

Os embaixadores quando chegam ao seu posto sempre visitam as autoridades locais e os outros chefes de missões diplomáticas. Só o ex-embaixador Itamar Franco, como ex-chefe de Estado, insistiu em que as autoridades e os colegas diplomáticos o visitassem, o que raramente aconteceu, é claro. Isso teria ocorrido em Lisboa, na OEA e em Roma. Fui visitar Sharon, que me recebeu amavelmente, cercado de duas bonitas secretárias, que tomavam nota de tudo o que falávamos. Ao cabo de alguns minutos disse-lhe que estava havendo um equívoco: eu não era um jornalista e sim o representante de um país amigo e tudo o que conversássemos seria confidencial. Sharon sacudiu a cabeça com seu pescoço hercúcleo e dispensou as secretárias. Nossa conversa ficou viva e Sharon mostrou-se extremamente franco e até indiscreto. Se eu contasse a um dos jornalistas brasileiros em Israel tudo o que ele me dissera, certamente seria demitido no dia seguinte. "Você pensa que aqueles agricultores que habitam as colônias judaicas estão ali apenas para cultivar a terra? Em momento grave, em 10 minutos eles estarão em seus uniformes do exército e com a metralhadora na mão. E eu estou instalando uma colônia judaica entre cada duas aldeias palestinas para impedir a comunicação entre elas em momentos de tensão". Isso não era novidade, mas ouvir essa afirmação da boca do próprio ministro da Agricultura, era uma verdadeira bomba política. É claro que evitei comentar o assunto com os colegas estrangeiros, mas enviei pormenorizada informação ao Itamaraty.

Certa vez compareci a um almoço íntimo na embaixada norte-americana e lá reencontrei Sharon. A certa altura, outras autoridades israelenses presentes começaram a implicar com ele, que acabava de instalar uma nova colônia na Cisjordânia, pretensamente de arqueólogos, batizada de Shilo. Os outros convidados faziam piadas e Sharon ria também, procurando justificar-se. Quando eu ia saindo, Samuel Lewis, o embaixador norte-americano, piscou-me o olho e disse: "Gostou?... Vai dar um bom telegrama ao Itamaraty, não é?"...

Pois quase 30 anos depois, estava Sharon como primeiro-ministro às voltas com a pior crise de subsistência de Israel, aliás indiretamemte por culpa dele mesmo, pois não deveria ter feito aquela provocante passeata política diante das mesquitas do Templo, em 2000, o que deslancharia a terrível *Intifada*. Aos 77 anos, Sharon sofreu derrame cerebral em janeiro de 2006 e sua carreira política foi encerrada. Deixou porém a herança de uma política de decisões unilaterais para dar maior segurança a Israel, a qual ainda pode dar certo. Mais de dois anos depois, Sharon continua mantido em coma, sem esperanças de recuperação.

TEMAS EUROPEUS

I

A ALEMANHA UNIFICADA

O MURO INVISÍVEL 19 ANOS DEPOIS

Meu último posto como diplomata foi o de embaixador do Brasil em Berlim, capital da extinta República Democrática da Alemanha (RDA), mais conhecida como Alemanha Oriental. Lá passei quase três anos e foi uma experiência altamente interessante. Passei para o quadro especial, por limite de idade, em meados de 1987, mas só no início de 1991, ao completar 70 anos, estava aposentado e livre para comentar os fatos que aconteceram em outubro de 1989, a queda do muro de Berlim, sem as peias do Itamaraty. Visitei Berlim em 1990, poucos meses após a derrubada do muro, já pensando em escrever sobre a reunificação das duas Alemanhas. Em março de 1991 publiquei no *Jornal do Brasil* dois longos artigos que causaram alguma controvérsia. Em 1999 comemorou-se na Alemanha a primeira década da queda do muro de Berlim em meio a virulento debate interno que repercutiu na imprensa estrangeira, inclusive no Brasil. Em maio de 2002 tive ocasião de visitar novamente Berlim já com a intenção de tentar fazer uma reavaliação do que ouvira e lera de longe, para então oferecer o meu comentário. Lá verifiquei a veracidade de muitas das informações que recortara de jornais e revistas internacionais, nem sempre isentos.

Quando deixei Berlim Oriental em meados de 1987, virtualmente ninguém poderia prever o que sucederia dois anos depois. Recordo que ao despedir-me de meus colegas diplomáticos, todos consideravam insignificante a possibilidade da reunificação das duas Alemanhas. Lembro-me até que transmiti ao Itamaraty uma espontânea exclamação de minha amiga e companheira de *jogging*, a embaixadora da França, em resposta à minha indagação. Respondeu-me com a eloqüente frase – *Vive le mur!* No entanto, no livro de memórias do general Vernon Walters, que foi embaixador dos EUA na Alemanha Federal, ele já admitia a reunificação a curto prazo.

Quando se desenrolaram os acontecimentos que são do conhecimento de todos, surpreendi-me e até indignei-me com as baboseiras publicadas em jornais brasileiros e internacionais, escritas por jornalistas que não tinham vivência da conjuntura final da RDA. Li, por exemplo, que os alemães orientais pouco tinham o que comer, que os produtos por eles fabricados eram péssimos, que a miséria era generalizada, e várias outras meias verdades. Ao que parece, os jornalistas que escreveram tais notícias foram buscar essas informações nos arquivos dos anos 50 de seus jornais, quando a vida na RDA tinha então realmente baixa qualidade.

No entanto, em meados dos anos 80, o nível de vida na Alemanha Oriental já era razoavelmente bom e estava sendo comparado por economistas ocidentais ao da Espanha. Embora a RDA oferecesse conforto bem inferior ao de seus irmãos alemães ocidentais, em 1984 o país já era considerado a 11ª potência industrial do mundo. Encontrei essa informação na revista norte-americana *Newsweek*, da qual me vali para fazer a minha sabatina perante o Senado brasileiro. Tinha então a RDA uma renda *per capita* de US$ 7.500 (bem superior, portanto, à renda do Brasil até hoje) e exportava cerca de US$ 40 bilhões, cifra que o Brasil só veio a atingir dez anos depois, em 1994. E a RDA chegara àquele nível malgrado os defeitos bem conhecidos das sociedades socialistas e graças à conhecida capacidade de trabalho dos cidadãos alemães. Recordo que a Alemanha Oriental era um pequeno país com 100.000 km², isto é, do tamanho do nosso Pernambuco, e com cerca de 17 milhões de habitantes.

Quanto à qualidade de seus produtos, se bem que menos sofisticados do que os da Alemanha Ocidental, alguns deles, 20 anos depois, ainda funcionam satisfatoriamente na minha residência do Rio de Janeiro. Aliás, quem passa pelo viaduto ao longo do cais do porto do Rio, vê uma série de grandes guindastes *Takraf*, hoje semi-obsoletos, comprados na RDA em meados dos anos 80 e ainda operacionais. Devo dizer que uma boa parte da comida consumida em Berlim Ocidental era proveniente da RDA, cuja agricultura era bastante eficiente. Quanto à indústria de móveis, por exemplo, até hoje tenho um belo armário com enorme espelho e sólidas cadeiras comprados em Berlim Ocidental, mas que só mais tarde vim a descobrir haverem sido produzidos do lado oriental. Recordo ainda que, todos os sábados, Berlim Oriental era invadida por centenas de oficiais e soldados americanos, franceses e ingleses para fazer compras a preços muito convenientes. Em verdade, se nos primeiros anos de ocupação soviética, depois da 2ª Guerra Mundial, o nível de vida era baixíssimo, 30 anos depois o quadro mudara por completo. Quando Gorbachev visitou Berlim em 1987, lembro-me bem de que ele apontou a RDA como modelo para os outros países socialistas — era a economia mais desenvolvida do mundo comunista.

Então fica no ar a pergunta: por que milhares de alemães orientais fugiram ou tentaram fugir para o lado ocidental, se tinham um nível de vida bastante razoável? O motivo principal certamente foi psicológico, atraídos pela ostentação de riqueza a que diariamente assistiam pela televisão alemã ocidental. Outro fator importante de descontentamento era a opressiva presença policial, que nos anos 80 se tornara mais discreta, mas que ainda era palpável e constrangedora. É verdade que alguns amigos alemães diziam-me que se o indivíduo não agisse abertamente contra o Governo, não era importunado. Enfim, durante minha estada na RDA já havia uma modesta liberalização, correspondente à crescente prosperidade do país.

É inegável que a impressão de confinamento forçado dentro do país era incômoda e considero que foi um grave erro do governo comunista não haver aberto paulatinamente as fronteiras. Afinal, com o modesto valor do marco oriental (cinco vezes menor do que marco alemão ocidental), tudo o que os cidadãos da RDA poderiam fazer como turistas era passear alguns dias em Paris e comprar pequenos objetos de luxo, que não podiam adquirir no mundo socialista. Depois regressariam satisfeitos a seus empregos estáveis, embora modestos, e a seus apartamentos pré-fabricados na RDA. Recordo que os aluguéis eram baratos, as escolas e os serviços médicos eram gratuitos e eficientes, embora sem sofisticação. Na realidade, os alemães orientais ganhavam pouco em termos do primeiro mundo (como nós aqui no Brasil), mas a vida era tão subvencionada pelo Estado, que sobrava sempre algum dinheiro para freqüentar a ópera ou o balé, esquiar nas montanhas da Checoslováquia ou, no verão, ir às praias da Bulgária ou da Romênia com a família. Os divertimentos eram baratos e de boa qualidade; os teatros, os concertos, a ópera, os museus estavam sempre repletos, inclusive com boa percentagem de turistas ocidentais. Uma entrada para a ópera custava três dólares, ao passo que do lado ocidental de Berlim custava pelo menos US$ 30. Hoje custa 100 euros. E o mais importante: não havia desemprego, a grande praga dos países de economia de mercado. Bem ou mal, o Estado socialista assegurava a todos uma colocação. O principal aspecto negativo grave (repito) era a vigilância policial, constante e atenta, e isso naturalmente afligia sobretudo os intelectuais, sempre ansiosos pela liberdade mais irrestrita.

Agora um aviso: de nenhuma maneira escrevi este ensaio com o objetivo de fazer a apologia do antigo regime comunista de Erich Honecker, o simpático líder socialista que cheguei a conhecer bastante bem e que teve frases de surpreendente franqueza comigo. Não sou um saudosista do regime socialista e sempre fui favorável à reunificação da Alemanha e ao regime democrático que, em boa hora, foi implantado em todo o país. Entretanto, aí está a distinção – não posso concordar com a maneira como foi realizada essa reunificação, sacrificando brutalmente boa parte dos habitantes da antiga RDA, e fazendo gastos enormes, muitas vezes desnecessários, e com resultados modestos.

Cito o esplêndido livro *A grande parada*, de Jean François Revel (Biblioteca do Exército, 2001) sobre o momento da reunificação da Alemanha:

> "Os dois condutores da reunificação foram inicialmente o presidente soviético e o chanceler da Alemanha Ocidental. Mas eles precisavam de uma garantia internacional e de apoio externo, para o caso de uma parte dos líderes soviéticos, principalmente os generais, decidirem fazer oposição a Gorbachev e intervir militarmente para prolongar, por meio da força, a existência da RDA. Foram os EUA que lhes trouxeram essa garantia internacional e esse apoio externo. O presidente norte-americano Georges Bush (pai), através de sinais inequívocos, deu a entender aos beligerantes de Moscou que uma reprise da "Primavera de Praga" na RDA encontraria, dessa vez, uma reação norte-americana à altura. (...)
>
> George Bush soube se abster de qualquer atitude de triunfalismo que pudesse irritar a oposição soviética à política de Gorbachev. O presidente norte-americano recusou o conselho de seus assessores, que o encorajavam a estar em Berlim no dia seguinte à queda do muro. Ele teve a decência de respeitar o momento de emoção puramente alemão que marcou o reencontro das duas populações. Ele não participou do espetáculo, mas esteve na luta. A Europa esteve ausente. Foi por isso que nem Jacques Chirac nem Tony Blair assistiram à comemorações de 9 de novembro de 1999 no Bundestag, na Berlim reunificada". (pp. 269 e 270)

Tudo teria prosseguido como estava, talvez por alguns anos mais, se não houvesse ocorrido o desmantelamento da União Soviética. Sem aquele fator decisivo não teria havido a reunificação das Alemanhas, nem as mudanças de governo nos outros países socialistas do leste europeu. A efervescência que assaltou a RDA em setembro e outubro de 1989 poderia ter sido reprimida com facilidade, se o governo se sentisse respaldado por Gorbachev. O presidente Bush não poderia intervir sem arriscar uma nova guerra mundial, o que era improvável. O desejo do partido do governo, o SED, de conciliar essa ebulição política levou-o a substituir Honecker, já idoso e enfermo, por Egon Krenz, o delfim há muito escolhido.

A queda do muro foi o resultado de uma série de mal-entendidos e sobretudo da má comunicação entre as diversas repartições do governo. O *prémier* Krenz decidira afrouxar gradualmente os regulamentos de viagens ao exterior e pretendia dar a notícia pela televisão naquela noite. Só que, em vez disso, correu célere o boato de que ele iria anunciar que as portas do muro seriam abertas à meia-noite. Multidões enormes se dirigiram para os *check-points* e a polícia das fronteiras não havia sido informada de nada, nem reforçada, pois não havia intenção alguma do Governo de abrir as portas do muro. E todos nós recordamos o que ocorreu naquela noite histórica.

Mas examinemos de perto o tema principal desta palestra: o processo de reunificação das duas Alemanhas foi o resultado da audácia do ex-chanceler Helmut Kohl, que na época tinha poucas possibilidades de reeleição. Agiu com a maior presteza e virtualmente comprou a aprovação de Gorbachev, à custa de bilhões de marcos de ajuda à URSS. Uma parte dessa operação financeira foi paga em espécie, pela entrega dos grandes estoques de comida que estavam guardados há anos nos subterrâneos de Berlim Ocidental para a eventualidade de um novo bloqueio russo, como tinha ocorrido em 1948. O mais curioso é que o Estado alemão reunificado continuou pagando durante cinco anos, até 1994, os salários e a permanência de 400 mil soldados russos estacionados na antiga RDA!

Segui atentamente a evolução da conjuntura alemã através da imprensa brasileira e internacional e de cartas de amigos e, em 1990, voltei à Berlim unificada para ver com meus próprios olhos o que se comentava tão apaixonadamente, mas ainda era cedo para avaliar. Pude resumir na época que o preço da tão esperada liberdade estava sendo muito alto, no entender da maioria dos cidadãos da RDA. A transformação fora demasiado rápida, pois o Governo alemão ocidental demonstrou pouca preocupação com o lado social e humano. Tratou seus irmãos orientais como se todos eles fossem comunistas e culpados dos erros, crimes e desmandos das autoridades da RDA. Kohl tentou eliminar 40 anos de história de seu país, mas não conseguiu. Curiosa ironia, o monumento que mais se distingue hoje na Berlim unificada ainda é a altíssima torre de televisão construída por Erich Honecker e símbolo da antiga RDA. Se eu fosse Kohl teria mandado destruí-la também, pois de qualquer canto de Berlim ela continua a ser vista hoje, recordando o velho símbolo da Alemanha Oriental. Já o Palácio da República da RDA está sendo desmantelado com a desculpa duvidosa de que foi utilizado o amianto para construí-lo e isso seria perigoso para seus freqüentadores. Mais valeria dizer claramente que ali pretendem reconstruir o velho palácio dos imperadores alemães, símbolo da velha Prússia guerreira. Os grandes conglomerados industriais, comerciais e agrícolas da RDA foram desmantelados e o desemprego foi brutal. Num país de 17 milhões de habitantes, cerca de 2 milhões ficaram desempregados e esse número até hoje se mantém estável tantos anos depois.

Grandes empresas estrangeiras tentaram associar-se às melhores empresas alemãs orientais, mas os interventores não o permitiram. Um bom exemplo disso foi a tentativa de fusão da British Airways com a Interflug, a importante companhia aérea da RDA, operação que foi vetada pela Lufthansa. Dos 15 mil complexos industriais da antiga RDA, 9.000 foram privatizados e só 2.000 deles, considerados menos atraentes, foram vendidos a empresas da União Européia, Japão, Canadá e EUA. O restante foi sucateado. Foram gastos 800 bilhões de marcos (o equivalente hoje a mais de um trilhão de reais) na reconstrução da RDA, mas estranhamente numerosas empresas privadas alemãs preferiram investir em outros países do leste europeu e não no território da antiga RDA. Quase todos os funcionários públicos foram despedidos e o melhor especialista do comércio exterior com o Brasil, sr. Berghoff, emigrou para São Paulo. Quase todos os nossos conhecidos e amigos dos anos 80 estavam decepcionados e irritados com a maneira como estava sendo processada a reunificação. Disseram-me alguns, em 1990: isto não foi uma reunificação, uma V*ereinigung*, mas sim a anexação de um país vencido, um A*nschluss*. Obviamente, um certo exagero. O ex-governador Leonel Brizola, nos anos 90, chamou-me para perguntar se eu estaria disposto a ir à Alemanha negociar a transferência para o Estado do Rio de Janeiro de algumas empresas da RDA. Tomei alguns contatos em Berlim e respondi-lhe que era tarde demais, pois as melhores empresas já tinham sido absorvidas por firmas alemãs ocidentais e outras da União Européia e EUA. As restantes não eram atraentes.

Dezenove anos depois a situação melhorou bastante, mas os ressentimentos continuam e vão persistir muito tempo. A integração está longe de existir. Os salários dos antigos cidadãos da RDA continuam defasados entre 20% e 30%, e nas aposentadorias a diferença chega a 40%, e todos têm de efetuar os seus pagamentos cotidianos aos preços elevadíssimos da Alemanha unificada. Um dos resultados é a evasão da mão-de-obra mais qualificada para o lado ocidental da Alemanha e Áustria. No verão de 2007, centenas de alemães orientais estavam trabalhando na Holanda e na Irlanda como *Gastarbeiter*. Quem diria?

Como encontrei as duas Berlins unidas, 13 anos depois? Infelizmente, persistia ainda bastante clara a divisão entre as duas zonas. Apesar de derrubado e removido há tanto tempo, era palpável a existência de um muro invisível. Berlim continuava a ser um grande canteiro de obras e a cidade estava cheia de imigrantes do leste europeu. Todos temiam que ao se incorporarem à União Européia a Polônia, a República Checa e a Hungria, deveria chegar uma onda de camelôs de todo o gênero. Em 2004 não foi bem assim. Até hoje há muita violência, assaltos, que naturalmente não existiam antes. *Punk*s e neo-nazistas ocuparam velhos imóveis decadentes e aterrorizavam a vizinhança. Ainda em 2001 continuavam a ocorrer incidentes graves com os *skin-heads*, não só em Berlim, como em várias cidades dos dois lados da Alemanha. As principais vítimas são os idosos e pessoas provenientes do Terceiro Mundo, sobretudo estudantes árabes, orientais e africanos.

Berlim perdeu os antigos subsídios fiscais como vitrina da sociedade ocidental perante o mundo comunista. Hoje os comerciantes queixam-se de que os ex-cidadãos da RDA ainda não têm poder aquisitivo para adquirir os seus produtos nas lojas sofisticadas e caríssimas da Friedrichstrasse, o novo centro da cidade, que agora oferece até uma espetacular Galeria Lafayette, que visitei quase vazia.

A intolerância e o anti-semitismo continuam latentes no dia-a-dia da Alemanha. Nos 13 anos depois da queda do muro foram assassinados mais de uma centena de estrangeiros e mais de mil pessoas sofreram agressões físicas. Meu motorista brasileiro em Berlim, mulato claro, foi assaltado e seviciado por *punks* no metrô em 2004. Só no ano 2000 foram registrados em toda a Alemanha 13.753 crimes de origem xenófoba, cometidos por grupos extremistas de esquerda e de direita. As leis variam de província a província e são benevolentes, pois muitos dos criminosos são absolvidos ou cumprem pena em liberdade condicional. Poucos vão para a cadeia.

Ouçamos o que nos disse uma amiga, viúva de um ex-embaixador alemão: "Estive há dias na antiga RDA e visitei os lugares de onde minha família é originária. Tudo me pareceu bem pobre, mais pobre do que antes. Estamos pagando impostos altíssimos e, no entanto, todos lá continuam muito descontentes. Alguns me disseram que gostariam de ter o muro de volta". No entanto, quero deixar bem claro que poucos alemães orientais desejam voltar à antiga ditadura comunista. Embora saudosos das benesses e mordomias do socialismo, reconhecem e agradecem a generosidade desajeitada ou equivocada do governo federal, mas é indubitável que ainda há muito caminho a percorrer.

Políticos, escritores famosos e jornalistas reconhecem que os alemães, dos dois lados, ainda não derrubaram o muro que existe dentro da cabeça deles. Na verdade, ninguém se dava conta de quanto se haviam distanciado, uns dos outros, em 40 anos de separação. A revista norte-americana *Business Week* (28/11/2003) confirmou que o muro da vergonha foi substituído pelo muro da mente. O muro do ressentimento não foi derrubado e as cicatrizes poderão durar uma geração. Não há dúvida que o parque industrial da antiga Alemanha socialista era semi-obsoleto, mas sua transformação foi demasiado rápida e realizada a um altíssimo custo social. Os grandes conglomerados econômicos da Alemanha Ocidental fizeram questão de desmontar seus competidores do leste, que vendiam seus produtos bons e baratos, embora pouco sofisticados, aos países do Segundo e do Terceiro Mundos. Os ex-funcionários do Governo e os operários da RDA foram forçados a reaprender tudo à maneira de seus novos chefes ocidentais, por vezes até de forma humilhante, como me foi relatado por um alto funcionário do antigo Ministério do Comércio Exterior. Enfim, o que ocorreu foi o capitalismo selvagem exterminando as fábricas e os empregos menos eficientes de seus irmãos da RDA.

Por outro lado, os antigos alemães orientais estão encantados com os novos sinais exteriores de riqueza do Ocidente. Os mais prósperos mandam fazer decorações *kitsch* em seus apartamentos, como torneiras douradas nos banheiros. Embora o número de pobres ainda seja grande, a sociedade das províncias do leste deixou de ser nivelada. Além dos ricos que regressaram do lado ocidental, já há um número bastante grande de *selfmademen* e os novos homens de negócios procuram criar um clima de consumismo que antes era desconhecido na RDA.

Algumas palavras para comentar as alterações que ocorreram nos meios artísticos e esportivos depois da unificação. Se havia privilegiados na RDA eram os artistas em geral e os desportistas que brilhavam nas competições internacionais. Hoje eles enfrentam as leis de mercado e, por vezes, não sabem como agir. Os numerosos espectadores que lotavam os teatros e as óperas altamente subsidiados e com entradas baratíssimas, hoje ficam em casa vendo televisão e procuram economizar para comprar uma geladeira moderna ou um BMW de segunda mão. Os melhores artistas emigraram, como o meu amigo Kurt Masur, então diretor da magnífica orquestra do Gewandhaus de Leipzig e depois regente da Filarmônica de Nova York. Mas os artistas não podem queixar-se, pois a prefeitura de Berlim tem hoje um orçamento de E$ 300 milhões anuais para apoiar 29 teatros e nove orquestras sinfônicas. No entanto, a discriminação continua: recentemente, vários artistas plásticos do leste alemão protestaram veementemente contra o preconceito que sofrem na Alemanha unificada, pois o Museu Nacional de Nüremberg cancelou uma exposição do pintor Willi Sitte, nascido na RDA e um dos artistas mais louvados na Alemanha.

Um problema delicado, embutido no desemprego, é a situação dos imigrantes estrangeiros, os *Gastarbeiter*, cerca de 2 milhões de indivíduos que são freqüentemente perseguidos pelos extremistas de esquerda e de direita, acusados de estarem roubando os empregos dos alemães menos qualificados. Muitos desses estrangeiros já estão na Alemanha há duas gerações e continuam mal adaptados, mal pagos e mal aceitos. O governo Schroeder mitigou a sua situação facilitando-lhes a naturalização, mas a maioria ainda sofre bastante discriminação. Os mais numerosos, os turcos, são discretos, amáveis e até humildes, mas o fato de suas mulheres usarem o *chador* parece provocar a ira dos *punks*, que as atacam e tentam violentá-las. A questão dos imigrantes foi um dos temas principais nas últimas eleições, pois as fábricas alemãs necessitam urgentemente de técnicos sofisticados que hoje faltam no país. Em uma nação com quase 4 milhões de desempregados, não é fácil ao Governo facilitar a entrada de estrangeiros, mesmo que sejam altamente qualificados.

Outro problema da Alemanha unificada é a crescente falta de crianças. O envelhecimento da população está chamando a atenção, pois os casais alemães estão tendo apenas 1,2 filhos, ao passo que há 40 anos a média era o dobro. Existe até uma aldeia, na região do Eifel, onde não vive uma só criança. As estatísticas indicam que, se a tendência se mantiver, em 2050 o país baixará de 80 para 55 milhões de habitantes, o que torna urgente o recrutamento de imigrantes qualificados.

A melhoria do meio ambiente na Alemanha é também uma preocupação constante e tem sido difícil e caro solucionar, a curto prazo, as conseqüências do chamado "triângulo negro". O aquecimento para o inverno no sul da antiga RDA, Polônia e na República Checa era e continuará a ser feito, em parte, pelo carvão. A poluição é tão grande que a expectativa de vida na região é de oito anos abaixo da média da Europa Ocidental. As usinas de carvão lançam enormes quantidades de dióxido de carbono e fuligem na atmosfera e as estatísticas são alarmantes: 54% das plantas e 57% dos animais estão ameaçados de extinção. Na região de Berlim o problema está solucionado pela ligação com as grandes centrais térmicas de aquecimento do lado ocidental da Alemanha.

Já o ex-*prémier* Schroeder, em matéria de política comercial, avançou em direção ao Leste. Mantém excelentes relações pessoais com o presidente Putin, da Rússia, que fala alemão fluentemente. Nos bastidores do Governo, agora instalado em Berlim, consta que a ordem é investir e comprar tudo o que seja promissor e lucrativo na Rússia, Polônia, Romênia, Hungria, Eslováquia, República Checa e nas antigas províncias asiáticas da União Soviética. O único país que tem resistido discretamente a essa ofensiva é a Polônia, cujo continuado ressentimento tem até provocado incidentes de fronteira. Por outro lado, velhas reivindicações na Alemanha em relação à Polônia têm vindo à tona – os alemães querem de volta a cidade de Dantzig, bem como alguns territórios fronteiriços sobre os quais julgam ter direitos históricos. Destarte, as velhas querelas de fundo nacionalista ainda estão vivas e podem ganhar força a qualquer momento. Recentemente, a Alemanha recusou oferta russa para devolver-lhe a antiga província de Königsberg, no Báltico, ocupada desde 1942. O custo seria altíssimo para recuperar a região.

Em outubro de 2000, a Alemanha comemorou dez anos de reunificação, mas as celebrações foram mitigadas por queixas e restrições de ambas as partes. Procurarei resumir algumas observações interessantes que ouvi em minha visita a Berlim, em 2002. O desemprego na Alemanha é hoje de 4,1 milhões, dos quais l,6 milhão na antiga RDA. Além desses 4 milhões de desempregados, há cerca de 2,5 milhões que recebem amparo social para evitar que morram de fome, ou congelados pelas ruas no inverno. Só 38% dos habitantes dizem abertamente que estão satisfeitos por viver em uma democracia. Esses índices de desemprego não têm perspectiva de melhoria nos próximos anos, segundo a imprensa local. Em Leipzig, um terço da mão-de-obra está desempregada. No entanto, de cada sete alemães, dos dois lados, apenas um gostaria de restaurar a RDA, como ela era em 1989.

Logo depois da queda do muro, cerca de 1,2 milhões de pessoas, os mais qualificados, deixaram seu antigo país, quase todos para a Alemanha Ocidental, Áustria, Holanda e Irlanda. Curiosamente, observei na antiga RDA evidentes sinais de riqueza – gente bem vestida, novos aeroportos, edifícios imponentes, que soube depois estarem parcialmente vazios. Em toda a parte há anúncios de *zu vermieten*, isto é, "Aluga-se". Recordei-me da nossa Barra da Tijuca, onde também se construiu demais. A metade das residências na RDA foram renovadas, 4.000 km de trilhos foram substituídos ou instalados, e cerca de 8.000 km de rodovias foram melhoradas ou construídas, embora no meu tempo na RDA as estradas principais já fossem, em média, bem melhores do que as nossas. Amigos berlinenses reconhecem que a situação habitacional, em termos qualitativos, já se encontra em grande parte no nível da antiga Alemanha Ocidental.

Como afirmou Norbert Walter, diretor do Deutsche Bank, "jamais na história de um país se gastou tanto dinheiro para construir pirâmides". Durante a última década, cada cidadão alemão pagou cerca de US$ 50 mil (R$ 90 mil) para melhorar as condições de vida de seus conterrâneos da antiga RDA. Sessenta milhões de alemães ocidentais pagam até hoje 7,5 % de sua renda em "taxas de solidariedade" em favor de menos de 17 milhões de orientais, o que representa uma quantia enorme. Entretanto, os resultados foram tão mal administrados que tudo redundou em desilusão para os jovens alemães, com o conseqüente aumento da criminalidade e da xenofobia. Infelizmente, disseram-me que as províncias do leste combinam hoje o pior dos dois mundos – a herança de ineficiência dos regimes comunistas com a rigidez sindical ocidental, que está tirando a competitividade mundial aos produtos alemães. Até hoje, a produtividade do operário alemão oriental ainda é bem inferior a de outras regiões do país.

Surpreendentemente, disseram-me que no antigo território da RDA há hoje mais supermercados e *shopping-centers* elegantes do que na antiga República Federal. O que parece evidente é que as empreiteiras devem ter enriquecido prodigiosamente. O salário mínimo atual na região é de US$18 por hora, superior até mesmo ao salário-hora nos Estados Unidos da América. Por isso, talvez a Polônia, a República Checa e a Hungria estejam crescendo mais depressa do que as províncias alemãs da antiga RDA, cuja economia atual, apesar de tudo, ainda pode ser comparada à da Espanha ou Portugal (o que para nós brasileiros já é bastante). Um economista de Berlim clamou que é preciso cortar salários, mas politicamente isso não é possível. Julga ele que a região está sofrendo por causa de decisões politicamente corretas, mas economicamente erradas. O problema do desemprego é gravíssimo, pois apenas um, em cada dez, dos antigos operários alemães, conseguiu conservar o emprego que tinha, e a reciclagem dos desempregados, até agora, tem dado resultados muito modestos. Os grandes perdedores da RDA foram os maiores de 50 anos. Enfim, como disse em 1999 Marcus Wolff, o charmoso ex-chefe da STASI, a agência de espionagem alemã oriental: "o muro é hoje mais alto do que antes". Perguntei a uma jovem funcionária do meu hotel em Berlim se ela tinha saudades do tempo de Honecker. Respondeu-me sem hesitar que não, mas logo depois parou um momento e disse: "meu pai tem saudades da DDR. Quando o muro caiu, ele tinha 47 anos, perdeu o emprego e nunca mais conseguiu outro".

Nossa primeira curiosidade ao voltar a Berlim foi naturalmente visitar nossa antiga residência, na Ibsenstrasse, em Pankow, o antigo bairro elegante da capital socialista. Após quase 13 anos de ausência, tivemos reações mistas de admiração e de desapontamento ao rever a Berlim unificada. Minha primeira impressão foi de americanização da cidade – tive a sensação de que a nova capital alemã está se tornando uma Washington à beira do Spree, o rio que corta a capital formando paisagens encantadoras. Berlim está hoje com cerca de quatro milhões de habitantes, mas não é, nem talvez venha a ser, um centro econômico ou financeiro. No entanto, lá existem notáveis museus, grandes hotéis, numerosos teatros de todo o gênero, o parlamento com seus temíveis *lobbies*, mais de 150 embaixadas, as sedes dos partidos políticos alemães, ministérios, etc. O curioso é que as embaixadas dos grandes países continuam todas do lado oriental da cidade, perto da avenida Unter den Linden e da porta de Brandemburgo, por onde passava o muro. Lamentamos o desaparecimento de alguns dos nomes das ruas das antigas personalidades da RDA, hoje em desgraça, o que nos pareceu vingança mesquinha. Afinal, aqueles nomes de ruas e praças existiam há mais de 40 anos e fazem parte da história alemã, queiram ou não. Em compensação, os líderes comunistas Rosa Luxemburgo e Karl Liebknecht conservaram os seus nomes nas ruas de Berlim, talvez (disseram-me) porque fossem judeus. Marlene Dietrich, símbolo da velha Berlim dos anos 30, ganhou uma pracinha com seu nome, no novo centro da cidade.

Já o parlamento, incendiado a mando de Hitler em 1933, foi bem restaurado com uma belíssima cúpula de vidro, embora o plenário não tenha o mesmo luxo do nosso Congresso em Brasília. O presidente da República, cargo apenas representativo, passou a viver no pequeno castelo de Bellevue, no Tiergarten, e os partidos políticos ficaram sediados em locais relativamente modestos. Nossa embaixada está na Wallstrasse, local bem central. É um prédio moderno que abriga todas as repartições brasileiras, inclusive a residência do embaixador. Na praça de Potsdam, a Daimler-Benz e a Sony construíram enormes arranha-céus de vidro, de gosto muito duvidoso, mas note-se que as grandes empresas alemãs continuam sediadas nas outras grandes metrópoles comerciais do país e não em Berlim. Pankow, o antigo bairro elegante de Berlim Oriental, está meio abandonado e os que podem saem de lá. Prédios estão sendo demolidos e a região perdeu bastante o seu antigo *glamour*. Muitas das antigas embaixadas que freqüentávamos estão fechadas ou abandonadas. Nossa antiga residência está hoje alugada à embaixada da Bósnia e entristeceu-me vê-la, pois ao contrário do nosso tempo, não havia uma única flor no seu amplo jardim. O abandono de Pankow parece ser o símbolo da vingança da Alemanha Ocidental contra a antiga oligarquia da RDA, que resistiu 40 anos ao poderio político e econômico de Bonn.

Depois de 15 anos e mais de US$1 trilhão gastos na reunificação da Alemanha, uma pesquisa realizada por ocasião das eleições municipais de 2004, os resultados surpreenderam: de cada cinco alemães, um gostaria de ter o muro de Berlim de volta. O Instituto Forsa divulgou que 25% dos alemães ocidentais prefeririam ver os 15 milhões de orientais do outro lado de um muro. Já 12% dos antigos habitantes da RDA gostariam de dar a volta ao relógio e continuar vivendo na antiga Alemanha Oriental. O desemprego na região leste continua duas vezes maior do que no oeste e os *ossies* continuam se sentindo cidadãos de segunda classe... Não bastou dar dinheiro para a reconstrução do setor oriental, pois eles consideram que o governo não entendeu as especificidades econômicas do Leste. Quem ganhou com a reunificação foram os grandes empresários da antiga RFA, que se encheram de dinheiro com a reconstrução do setor leste, realizando obras por vezes supérfluas.

A revista inglesa *Economist*, de 18/09/2004, por ocasião das eleições municipais, publicou artigo de página inteira sobre o descontentamento dos habitantes da Alemanha do Leste. O presidente da Sociedade Alfred Herrhausen, da Saxônia, comentou: "A Alemanha parece ser o primeiro país na história que, ao reunificar-se, criou dois povos". E o novo presidente do país, Horst Köhler, ex-diretor do Banco Mundial, afirmou que "os alemães precisam aceitar a desigualdade das duas regiões, porque o país não pode mais garantir condições de vida comparáveis para todos".

Curiosamente, há regiões como a Saxônia em que a infraestrutura agora está melhor do que no Ocidente. A região de Dresden é hoje tão próspera que está sendo chamada de Saxônia Silício, em alusão ao Vale do Silício, na Califórnia. No entanto, a situação nas cidades pequenas é muito precária, com desemprego superior a 25%. Considera a prestigiosa revista que os maiores problemas da antiga RDA decorrem da unificação de 1989, realizada com precipitação, sem dar tempo suficiente para que as empresas se adaptassem às mudanças. Acusou a Treuhand de haver vendido apressadamente as melhores firmas, sem exigir que elas não fossem fechadas pelos seus antigos competidores da RFA. Para os alemães do Oeste a liberdade vem antes da igualdade e na Alemanha do Leste pensam o contrário. Concluiu a revista inglesa que a Alemanha do Leste está passando pela mesma fase que outros países ex-comunistas, decepcionados com o capitalismo e cada vez mais ouvindo os antigos comunistas e populistas de extrema direita. Um grupo de trabalho acaba de sugerir ao governo que subsidie apenas as regiões mais pobres, diminua a burocracia e nomeie um ministro de Estado para cuidar exclusivamente dos Temas do Leste. Hoje uma cidadã da antiga Alemanha Oriental, Angela Merkel, é a nova primeira-ministra da Alemanha unificada.

Em novembro de 2007, a famosa revista *Der Spiegel* e a Fundação TNS fizeram uma pesquisa de opinião com mil alemães de várias idades, 18 anos após a queda do Muro de Berlim. A conclusão perturbadora é que, tanto tempo depois, a Alemanha continua tão dividida quanto jamais foi. O muro permanece nas mentes alemãs. Muitos ainda acreditam que o socialismo é uma boa idéia que simplesmente não foi bem gerenciada no passado. No entanto, apesar da aparente nostalgia pela RDA, a maior parte dos alemães orientais preferiria morar no Oeste, se o muro de Berlim fosse reconstruído hoje; 60% dos alemães orientais entrevistados desaprovaram o fato de que nada tenha restado das coisas de que se podia orgulhar a Alemanha Oriental. Lembro que depois da queda do muro as autoridades alemãs têm feito tudo para eliminar qualquer vestígio do que foi a RDA. Permanece apenas a altíssima torre da televisão no centro de Berlim, para recordar o governo socialista de Erich Honecker.

Nos dois primeiros anos de seu governo, Angela teve sucesso e conseguiu restabelecer o equilíbrio na economia do país. Ao terminar 2007 sua popularidade diminuiu bastante, pois persistem graves problemas sociais pendentes. Na realidade, ela pouco fez pelo Leste alemão, receando ser vista como demasiado parcial em favor de seus conterrâneos. O SPD também se deu conta de suas omissões e agora está advogando a equiparação dos salários nos dois lados do país. O CDU e o SPD abandonaram o Leste alemão e agora temem os resultados das grandes eleições de 2010.

A esquerda comunista ganhou espaços e já é o terceiro partido no país. A causa foi o mau desempenho dos sociais democratas, os grandes perdedores no processo. A classe média encolheu e a pobreza aumentou. Helmut Kohl prometeu demais e as pessoas perderam não só o emprego, mas também o padrão de vida e a auto-estima. Hoje em dia há ilhas de prosperidade no Leste alemão: Dresden, Leipzig e setores de Berlim Oriental, novos centros de alta tecnologia. O que parece necessário é tentar aumentar a produtividade dos operários do Leste, criar mais empregos e atrair jovens menos capacitados a voltar ao campo.

(Artigo publicado na página "Opinião" do *Jornal do Brasil* de 28/02/1991. Ampliado e publicado na revista do Ministério do Exército *A Defesa Nacional* nº 772, 2º trimestre de 1996. Versão atualizada foi pronunciada como palestra no Conselho Técnico da Confederação Nacional do Comércio, a 3 de julho de 2002 e publicada na Carta Mensal dessa entidade de nº 561, volume 47, de dezembro de 2002. Atualizado em julho de 2008).

VARIAÇÕES

O Brasil no quadro de honra em Cecilienhof

Na reunião semanal do Instituto Histórico e Geográfico Brasileiro, do dia 21 de maio de 2003, o general Carlos de Meira Mattos fez uma comunicação sobre o Dia da Vitória da 2ª Guerra Mundial, que transcorrera a 8 daquele mês. Isso me fez recordar que no início de 1945, estava eu terminando o CPOR em Niterói quando me foi dito que deveria partir para a Itália, logo após o encerramento do curso, em junho. A notícia me encheu de preocupação, não tanto por mim, mas pelo fato de que, como futuro oficial, teria de liderar uma companhia. A idéia de que poderia causar mortes e feridos pela minha inexperiência no comando não me saía da mente. Felizmente, a 8 de maio de 1945, era assinado o armistício e, logo após, fui desmobilizado.

Passaram-se muitos anos e em 1956 o destino levou-me, em minha carreira profissional, a ser nomeado cônsul do Brasil em Nápoles. Durante a estada naquela cidade tive sempre a curiosidade de saber pormenores sobre a vida dos soldados e oficiais aliados que lutaram na Itália. O próprio consulado oferecia informações pitorescas, pois ele estava instalado em uma bela vila italiana dos príncipes Colonna, que servira de quartel general dos oficiais britânicos. O anedotário era farto, divertido e variado. Esse interesse levou-me a visitar o cemitério militar brasileiro nos arredores de Pistóia. Confesso que fiquei emocionado ao ver aquele campo cheio de pequenas cruzes brancas, em meio de jardins bem cuidados. Mais de 800 jovens brasileiros ali jaziam. E se a guerra tivesse durado alguns meses mais, quem sabe, eu poderia ter sido mais um deles...

Faço esta introdução para melhor situar as minhas reações, talvez demasiado vivas, por ocasião da chegada à Alemanha, em janeiro de 1985, como embaixador do Brasil. Sempre li muito sobre a 2ª Guerra

Mundial, pois por pouco escapei de participar dela. O primeiro choque ocorreu no dia da apresentação de credenciais como embaixador junto à República Democrática da Alemanha. Como é sabido, a velha capital alemã foi quase completamente reconstruída, tanto de um lado do muro quanto do outro. Os russos chegaram primeiro a Berlim, em 1945, e ocuparam a cidade toda. Só semanas depois, em conseqüência dos acordos de Yalta, é que deixaram a parte da cidade que depois ficou conhecida como Berlim Ocidental. Pela posição de força que ocupavam, reservaram-se os russos a parte mais bela da cidade, isto é, o centro cívico da capital: a área do antigo palácio real, a ópera, os museus, a catedral, a famosa avenida Unter den Linden, até o portão de Brandenburgo, ali estabelecendo o limite entre os dois setores da cidade.

Recordo este pormenor porque em Berlim, na ocasião da cerimônia de apresentação de credenciais, os novos embaixadores sempre deviam passar em revista tropas alemãs, defronte à avenida Unter den Linden. Devo confessar que, inesperadamente, na hora da cerimônia, me senti bastante perturbado pelas recordações trágicas daqueles belos edifícios restaurados, e sobretudo pelo espetáculo dos soldados alemães desfilando em minha homenagem, olhando-me fixamente nos olhos, caminhando firmemente a passo de ganso. Foi preciso que o chefe do Cerimonial alemão virtualmente me arrastasse pelo braço para dentro do palácio do Conselho de Estado para a continuação da cerimônia protocolar. Vide ilustração.

Após a habitual troca de discursos com o presidente da RDA, a apresentação de autoridades e os cumprimentos de praxe, passamos para o salão ao lado, onde sempre ocorre uma curta conversa formal. Ainda sob a forte impressão do desfile militar, recordei ao presidente Erich Honecker a curiosa coincidência de que o novo embaixador brasileiro era um ex-oficial do exército brasileiro que esteve prestes a combater os alemães, na Itália, em 1945. O sr. Honecker não entendeu bem o que dizia eu, no meu alemão capenga, e pedimos auxílio do intérprete. Aconteceu então algo que, realmente, eu não esperava: o presidente da Alemanha Oriental não sabia que o Brasil participara na 2ª Guerra Mundial e lutara contra a Alemanha nazista! Fiquei bastante chocado pela ironia de que tantos de nossos pracinhas tivessem morrido sem que um importante cidadão alemão sequer soubesse da participação deles na guerra! Depois, a pedido do sr. Honecker, contei-lhe em poucas palavras a atuação do Brasil na Itália, a significação do aeroporto de Natal para o esforço de guerra aliado, falei-lhe do cemitério de Pistóia e disse-lhe que eu, com um intervalo de dois meses apenas, quase cheguei a combater os nazistas alemães na Itália. Honecker disse-me que na época trabalhava em uma fábrica nos arredores de Moscou e nada sabia sobre a guerra na Itália.

Seja como for, o fato de o presidente da Alemanha comunista nunca ter tido conhecimento da participação do Brasil na 2ª Guerra Mundial deixou-me intrigado. Em conversa com outras personalidades alemãs, observei que pouquíssimos estavam ao corrente do fato. E por uma espécie de pudor, ou talvez orgulho ferido, nada comentei com os colegas diplomáticos de Berlim. Mais adiante, meditando sobre o assunto, pude encontrar uma desculpa, uma explicação parcial para esse desconhecimento dos líderes alemães: quase todos aqueles velhos chefes da RDA estavam naquela época na União Soviética, fugitivos das perseguições que Hitler moveu aos comunistas e socialistas alemães. Em plena guerra, as informações em Moscou sobre as tropas aliadas que combatiam na Itália deveriam ser muito escassas. Talvez até nulas, especialmente em cidades russas menores, onde se asilaram líderes comunistas de países vizinhos, como Erich Honecker.

Tenho, porém, outro fato ainda mais estranho a relatar: existe perto Potsdam, nos arredores de Berlim, um velho castelo que era a antiga residência da rainha da Prússia, conhecido por Cecilienhof. Lá foi efetuada a rendição incondicional das forças nazistas alemãs ao comando aliado e lá se realizaram as longas negociações para a partilha da Alemanha, em quatro zonas, após o dia 8 de maio de 1945. Os numerosos turistas visitantes desse castelo encontravam, nos anos 80, na sala de entrada, um grande quadro de honra com a relação dos países que combateram o nazismo na 2ª Guerra Mundial, tendo ao lado o número aproximado de mortos. Desse quadro não constavam dois países sabidamente combatentes: o Brasil e a África do Sul. Suponho que por motivo da política do *apartheid*, ainda vigente na época, os alemães não incluíram os soldados sul-africanos mortos na guerra, que foram numerosos. No caso do Brasil, essa omissão teria ocorrido por ignorância pura e simples, ou, mais provavelmente, por expressa discriminação contra o então governo militar brasileiro, claramente anti-comunista, mas com o qual a RDA já mantinha relações diplomáticas e comerciais normais e até bastante intensas desde 1972.

Aquele remoto oficial brasileiro de 1945 sentiu-se ofendido e reclamei veementemente junto ao administrador de Cecilienhof. Ele se espantou e arregalou os olhos para mim, como se eu fosse um louco. Pedi então audiência especial ao chanceler Oskar Fischer, que de nada sabia. Como em 1985 já estávamos no governo Sarney, em pleno regime democrático no Brasil, o chanceler alemão me sugeriu que indagasse do Itamaraty o número aproximado de mortos na guerra para então mandar incluir o nome de nosso país no quadro de honra de Cecilienhof. Enviei a Brasília um longo ofício, acompanhado de fotografias do referido quadro, solicitando informações mais precisas.

Passaram-se meses sem resposta do Itamaraty e, por ocasião de um período de férias em nosso país, pude apurar os motivos daquele silêncio. Eis o que me foi dito no Itamaraty pelo então chefe da Divisão da Europa Oriental, o hoje embaixador Stelio Amarante: uma alta patente do Estado Maior das Forças Armadas afirmou-lhe que o EMFA não estava interessado em participar de quadros de honra da 2ª Guerra Mundial em países comunistas. Confesso que caí das nuvens. Como? O exército brasileiro não queria figurar no quadro de honra de Cecilienhof, o local exato onde foi selada a paz dos aliados com a Alemanha nazista, sua derrota total pela qual lutamos e perdemos tantas vidas? O chefe do Estado maior das Forças armadas (EMFA) era o general Paulo Campos Paiva. A verdade é que nunca cheguei a receber resposta alguma à minha consulta, pois o Itamaraty relutava em me transmitir a surpreendente resposta do EMFA. Tampouco voltei a falar do assunto com o chanceler alemão, envergonhado pela insensibilidade das autoridades militares brasileiras da época. E assim, por muitos anos, continuaram a passar por aquela sala de entrada do Cecilienhof milhares de turistas de todo o mundo e eles deixaram de ler o nome do Brasil naquela sala, onde se homenageava todos os soldados que caíram lutando contra o nazismo.

Pouco antes de minha partida de Berlim, em 1987, ao saber do motivo do silêncio do Itamaraty, consultei por carta o dr. Américo Jacobina Lacombe, então presidente do IHGB, pois me convenci que havia feito mal em utilizar os chamados "canais competentes". Lacombe respondeu-me imediatamente informando que o Brasil teve cerca de 1.900 mortos na 2ª Guerra Mundial. Apressei-me então a informar por nota oficial à chancelaria alemã, solicitando que o nome do Brasil fosse inscrito no quadro de honra de Cecilienhof. Como deixei o posto pouco tempo depois, já aposentado, não tive ocasião de ver a prometida modificação, se é que realmente ela chegou a acontecer.

Em junho de 2002, isto é, 15 anos depois, estive novamente em Berlim e tentei visitar o castelo de Cecilienhof, mas não me sobrou tempo. Pedi a um antigo colaborador, dr. Milton Quadros, que fosse ao local e me informasse se o Brasil já figurava no quadro de honra dos países que lutaram contra o nazismo. A resposta foi curiosa – não há mais quadro algum no castelo!

Escreveu-me ele o seguinte:

"Ao visitarmos o Cecilienhof, em meados de 2002, nos foram mostrados as salas e os móveis, com as respectivas mesas e cadeiras que Stalin, Churchill e Roosevelt utilizaram em seus escritórios de trabalho. Vimos a sala principal da conferência com uma grande mesa, onde foram negociadas a capitulação, a divisão da Alemanha em quatro áreas, as reparações de guerra e o *Entnazifizierung* (a desnazificação).

Perguntamos sobre um quadro onde constava o nome dos países que combateram o nazismo na 2ª Guerra Mundial, mas ninguém soube nos informar – as paredes do salão de entrada do castelo, onde se encontrava pendurado o famoso quadro, estavam vazias e limpas. Uma senhora que trabalha na parte interna do museu informou-nos que, há cerca de 11 anos (isto é, bem depois da reunificação), os quadros que lá estavam foram retirados e ninguém sabia sobre o seu paradeiro. A remoção do quadro ocorreu, portanto, muito *depois* da queda do muro de Berlim."

Continua o sr. Quadros:

"Os políticos na Alemanha há anos tentam evitar qualquer recordação histórica que esteja ligada aos temas da guerra. Até mesmo os museus históricos de Berlim não oferecem aos visitantes uma posição clara sobre os acontecimentos da 1ª e da 2ª Guerra Mundial. Para muitos políticos, sobretudo da CDU, a Alemanha não causou nenhum prejuízo de guerra a país algum da Europa. Evitam-se comentários a respeito da eliminação de 6 milhões de judeus, ciganos e inimigos do antigo *Reich*. Hoje em dia, quando se menciona a divisão da Alemanha, ninguém quer comentar o assunto. O ex-*prémier* Kohl tentou apagar sistematicamente todos os fatos que comprovassem a existência de uma República Democrática da Alemanha. Os temas da 2ª Guerra Mundial, a divisão do país em duas partes, com uma RDA, nada disto é assunto mais para os livros e bancos escolares da Alemanha contemporânea.

Na época da queda do muro, a população de Berlim pediu encarecidamente que deixassem como recordação 1 km de muro e a resposta dos políticos da CDU em Berlim foi mandar derrubar tudo. As ruas onde constavam as marcas do muro foram cimentadas ou asfaltadas e apagados todos os vestígios. Centenas de nomes de ruas foram simplesmente mudados, milhares de documentos foram incinerados discretamente. Mudaram as fachadas de mais de 100 mil prédios para tentar dar-lhes uma imagem neutra, semelhante à de Berlim Ocidental. Se o PDS (Partido Democrático Socialista, neo-comunista) não tivesse tomado certo vulto como partido, o governo teria mudado ainda mais."

É eloqüente o comentário de meu antigo colaborador diplomático, então chefe do setor comercial da embaixada do Brasil em Berlim Oriental.

Destarte, a participação do Brasil na guerra contra a Alemanha nazista foi completamente escamoteada não só pelos comunistas da RDA, mas, depois da reunificação, também pelo governo de Bonn. Como um quase *pracinha*, que esteve com data marcada para embarcar para a Itália em junho de 1945, senti-me frustrado após estas informações recentemente recebidas de meu antigo colaborador em Berlim. Aqui fica registrado o meu protesto inútil.

(Comunicação feita no CEPHAS de 4 de junho de 2003, no Instituto Histórico e Geográfico Brasileiro)

NOTA: Em maio de 2005 foram realizados importantes festejos dos 60 anos do fim da 2ª Guerra Mundial nos EUA, na França, Inglaterra e na Rússia, sendo sempre convidado também o ex-chanceler alemão Gerardt Schroeder. Para minha surpresa, o Brasil não foi convidado a participar dessas comemorações. Nossas embaixadas em Washington, Moscou, Paris e Londres aparentemente se abstiveram de recordar às autoridades desses países da participação do Brasil na 2ª Guerra Mundial. Tampouco o presidente Lula e o ministro da Defesa se manifestaram a respeito. A imprensa se limitou a pequenas notas envergonhadas sobre a falta de presença brasileira nesses festejos. No meu entendimento houve falha do Itamaraty e do Ministério da Defesa e estou certo de que os remanescentes membros da FEB ficaram frustrados. Eu fiquei. Afinal de contas morreram quase 2 mil brasileiros e eles agora estão esquecidos? Li até que agora se pretende mexer e garfar parte da aposentadoria especial dos ex-combatentes, quase todos na faixa dos 80 anos!

* * *

Erich Honecker e os enigmas da Alemanha Oriental

Nos antigos países comunistas, os chefes de missões diplomáticas não tinham muitas oportunidades de conversar descontraidamente com o presidente do Conselho de Estado. Foi o meu caso em relação a Honecker. No entanto, a nossa conversa inicial, por ocasião da entrega de credenciais, foi tão interessante que durou o dobro do tempo previsto. Em geral, essas entrevistas são rápidas e protocolares e como o meu alemão ainda estava bastante capenga, não esperava nada dessa conversa, que ocorreu em fins de janeiro de 1985.

Honecker começou por indagar pela saúde de Tancredo Neves e quando respondi que o conhecia bem e era seu amigo, crivou-me de perguntas sobre suas idéias e antecedentes. Respondi-lhe da melhor maneira que pude, com toda a franqueza, e o desiludi da possibilidade de o Brasil vir a dar uma forte guinada para a esquerda ao fim do governo militar. E por falar em militares, lembrei-lhe que fizera o curso de oficiais da reserva, o CPOR, e tivera data marcada para embarcar para a Itália, em junho de 1945, quando a guerra terminou em maio.

Honecker não entendeu bem as minhas palavras e pediu-me esclarecimentos sobre o que eu iria fazer na Itália e eu lhe respondi: "Ora, para combater os alemães, isto é, os nazistas". Ele ficou boquiaberto, pois me confessou ignorar completamente que o Brasil participara da 2ª Guerra Mundial. Relatei-lhe o que se passou e ele justificou sua ignorância dizendo que, na época, estava na Rússia, onde trabalhava em uma fábrica perto de Moscou. Não tinha notícias de nada sobre o que se passava na Itália, como já disse anteriormente.

Encontrei Honecker em diversas solenidades e ele sempre me cumprimentou com visível simpatia. Em uma caçada oficial de inverno, perto de Dresden, com a presença de muitos chefes de missões diplomáticas, tive ocasião de conversar um pouco mais com ele e o tema foi a Olimpíada de Los Angeles, à qual os russos proibiram os países comunistas de enviar representantes. A Alemanha Oriental sempre fora uma das estrelas das anteriores Olimpíadas e a sua ausência sacrificou toda uma geração de ótimos atletas alemães. E Honecker teve a franqueza de dizer-me que, na próxima Olimpíada, mesmo que os russos se opuzessem, os jovens alemães orientais compareceriam.

O leitor se recordará que, em 1988, Honecker caiu gravemente doente e passou a direção da RDA a Egon Krenz, herdeiro presuntivo. No meu estudo sobre "A Alemanha Unificada 19 anos depois", o leitor encontrará acima pormenores interessantes sobre a queda do muro de Berlim. Honecker esteve preso, foi depois libertado e acabou seus dias em Santiago do Chile, onde há tempos viviam sua filha e sua esposa, a antipática ministra da Educação da RDA.

Adeus, Lênin!

Recomendo aos interessados na reunificação da Alemanha uma visita às lojas videolocadoras e peçam o filme *Adeus, Lênin!*. Trata-se de uma película despretensiosa da Baviera, feita no início da década de 2000, que aborda o problema da adaptação dos cidadãos da antiga RDA à reunificação do país. É um filme objetivo, sem propaganda política para qualquer dos lados, que focaliza o drama de uma professora da RDA, líder de programas sociais e que acreditava profundamente nos valores da antiga sociedade socialista. Ela sofre um enfarte pouco tempo antes da queda do muro e fica desacordada em uma cama de hospital durante oito meses, para desespero do jovem casal de filhos. O marido havia conseguido fugir para Berlim Ocidental e ela se agarrava à sua missão social para superar o trauma da separação familiar.

Subitamente ela desperta do coma e os filhos se preocupam em protegê-la da realidade que a RDA tinha acabado, o que poderia levá-la a outro enfarte. Esforçam-se por preservar o ambiente em que ela vivia, arranjam alimentos que ela estava habituada a comer, organizam noticários de televisão como se ainda estivessem na época da RDA, e cenas hilariantes se intercalam com outras de grande delicadeza, mostrando os contrastes da mudança do regime político e econômico. Não direi mais para não estragar a surpresa, mas é um filme imperdível.

Outro filme alemão que se desenrola na fase final da RDA, desta vez um drama lançado no Brasil em dezembro de 2007, é *A Vida dos Outros*, que retrata a atmosfera de espionagem e repressão imposta pela STASI a escritores e artistas da época. Também recomendo sem reservas este filme notável, que já obteve vários prêmios.

II

PORTUGAL – BRASIL: ONTEM E HOJE

"Portugal não é um país pequeno" lia-se em um grande painel do aeroporto de Lisboa nos anos 40. Embaixo havia um imenso *mapa-mundi* a cores onde estavam assinaladas todas as possessões coloniais portuguesas. A partir dos anos 60 tudo isso desapareceu e o país ficou pequeno mesmo, nas suas reais dimensões do século XV. Estatísticas da comunidade européia nos anos 60 citavam Portugal como o país de QI mais baixo da região. A emigração continuava a sangrar a nação de seus melhores homens, que partiam para a Europa, os EUA, Canadá, Venezuela, Austrália e bem menos para o Brasil, onde a moeda era fraca e não permitia mais enviar auxílio às famílias em Portugal. A adesão de Portugal à CEE inverteu a tendência negativa e começaram a chegar as subvenções dos países ricos da comunidade. O país deu um salto e se desenvolveu extraordinariamente. Hoje em dia, de certo modo, voltou a estagnação porque os sucessivos governos portugueses não souberam adminisrar as benesses da União Européia. E surge agora o perigo de uma virtual anexação econômica de Portugal pelos capitais espanhóis.

Sou filho de português e vivi em Portugal em 1948 e 1949, como diplomata brasileiro, vice-cônsul no Porto. Lá nasceu minha filha mais velha. Tinha e tenho primos em Portugal, que sempre me acolheram afetuosamente. Naquele tempo os brasileiros eram recebidos com emoção e apreço. Cada família portuguesa tinha um parente no Brasil, que lhe enviava dinheiro regularmente. Portugal naquela época era um país pobre que olhava para o Brasil como o filho próspero, forte e cheio de futuro. Não posso esquecer-me de que, ao chegar ao Porto em 1948, comprei duas poltronas *bergère* pesadíssimas. No dia seguinte, soou a campainha de minha casa na foz do Douro: eram duas mulheres pequeninas com as poltronas enormes na cabeça. Precipitei-me para o portão para ajudá-las a colocar as poltronas no chão. Haviam feito mais de três quilômetros com aquele tremendo peso na cabeça! A exploração do homem pelo homem era cruel em Portugal. É uma simples constatação, pois até hoje, no século XXI, reconheço que ainda existe comprovadamente o trabalho escravo no Brasil.

No Rio de Janeiro, nos anos 40 e 50, a colônia portuguesa dominava o comércio e a indústria carioca, assim como em São Paulo predominava a rica comunidade italiana. Os chamados comendadores portugueses do Brasil voltavam a Portugal como nababos, a despejar donativos à direita e à esquerda. Os portugueses de então, que viviam modestamente, ficavam embasbacados e sonhavam com a "árvore das patacas" no Brasil.

Os tempos mudaram e muito. Os comendadores luso-brasileiros envelheceram e morreram. Seus filhos nem sempre souberam manter seus negócios e desapareceram também. A partir dos anos 40 chegaram ao Brasil milhões de imigrantes de várias origens e, em breve, a predominância portuguesa e italiana se diluiu bastante. A corrente imigratória se transformaria apenas em reunião familiar, isto é, a vinda para o Brasil de pais idosos. Os portugueses e italianos preferiram emigrar para a França, Alemanha, Suíça, Inglaterra, onde ganhavam muito mais do que no Brasil e podiam com facilidade ir passar férias anuais em sua terra, nos seus automóveis, de ônibus ou de trem, além de poder fazer remessas bancárias regulares para seu país.

Em 1966/67, era eu chefe da Divisão da Europa Ocidental no Itamaraty e muito trabalhei pelos importantes acordos celebrados com

Portugal. Amavelmente, fui condecorado pelo embaixador português pelos serviços prestados, o que muito alegrou meu velho pai imigrante. Mas a conjuntura luso-brasileira havia mudado bastante e nessa altura já éramos parceiros iguais, negociando sem romantismos. Foram assinados então diversos convênios cuja execução nem sempre correspondeu à expectativa inicial. As relações entre os dois países atravessavam momentos tormentosos ao final do governo Salazar, e iguais tensões ocorreram logo após a Revolução dos Cravos, em 1974, quando os comunistas portugueses hostilizavam abertamente as autoridades diplomáticas brasileiras.

Enfim, serenou a efervescência política portuguesa e aqui terminava o regime militar. Portugal conseguiu reerguer-se e acabou por tirar a sorte grande: ao ser admitido primeiro como membro associado do Mercado Comum Europeu e depois como pleno sócio da CEE. Passaram a chover em Portugal importantes investimentos de seus parceiros, criou-se uma próspera indústria graças à sua mão-de-obra barata, elevou-se nitidamente a qualidade de vida. Invertiam-se assim as posições: enquanto o Brasil baixava de nível e estagnava, Portugal subia sensivelmente em poderio econômico.

Nos últimos 25 anos tenho visitado Portugal várias vezes. Cada vez que lá vou, observo a evolução da atitude dos portugueses em relação ao Brasil e aos brasileiros. A má imagem do nosso país no exterior se reflete mais em Portugal, porque a imprensa portuguesa dá maior espaço às notícias do Brasil do que as de outros países. Em geral, só publicam sobre o Brasil notícias pejorativas ou negativas, remetidas pelos correspondentes estrangeiros aqui sediados. Habitualmente, só chegam ao conhecimento dos portugueses fatos negativos sobre o nosso país. Por outro lado, o fluxo de imigração inverteu-se também: o Brasil, país de imigração, virou país de emigração. Milhares de brasileiros transferiram-se para Portugal em busca de empregos e vagas nas universidades, que faltavam no Brasil. Esses jovens nem sempre se portaram bem em Portugal, o que acabou por gerar um reação contrária aos brasileiros em geral. As universidades portuguesas fecharam-se aos brasileiros, fazendo exigências descabidas que não constavam dos acordos bilaterais assinados. Assim, os textos de 1966 ficaram letra morta, porque as universidades portuguesas não reconhecem mais os acordos feitos durante o regime de Salazar, e o atual Governo português não tem o menor interesse em atrair mais brasileiros. Embora os filhos ou descendentes de portugueses nascidos no Brasil tenham pleno direito a solicitar a nacionalidade portuguesa, pela teoria do *jus sanguinis* e pelos acordos de 1966, as autoridades portuguesas têm dificultado bastante esse direito. Só os turistas endinheirados são bem-vindos para lá gastar seus dólares.

Nessas últimas permanências em Portugal, quando observei notável progresso e prosperidade, notei também sensível mudança de comportamento em relação aos brasileiros. Aquela velha admiração e carinho pelos brasileiros diluiu-se muito, e sobretudo os jovens portugueses demonstram pouco interesse pelo Brasil. O único fator que ainda nos dá alguma presença são as novelas da TV Globo, que são transmitidas regularmente pela televisão portuguesa, e os feitos de nossos jogadores de futebol. Mas agora os brasileiros são seres pitorescos, semicoloniais, olhados com condescendência. Divertiram-me bastante alguns comentários de amigos e parentes portugueses sobre as novelas, como se as elites brasileiras agissem habitualmente como as personagens de Jorge Amado ou Gilberto Braga. A grande massa dos portugueses, mesmo os mais viajados, revela surpreendente desconhecimento sobre o Brasil moderno. Para eles, o Rio de Janeiro tem apenas a imagem de Luanda um pouco melhorada... Chegam ao Brasil e arregalam os olhos. Para sua imensa surpresa, um deles me confessou julgar a Avenida Paulista uma rua que poderia estar em Nova York ou em Paris.

No final do século XX Portugal se beneficiou extraordinariamente das contribuições da União Européia e deu verdadeiro salto de qualidade em muitos setores da economia. Quem viveu em Portugal nos anos 40, como eu, e hoje viaja pelo país, observa imediatamente uma espetacular melhoria de qualidade de vida. Infelizmente, o governo português gastou demasiado com os festejos do centenário dos Descobrimentos, à espera de milhões de turistas que não apareceram, ou vieram em número bem menor, e o país se endividou. Em 2003, a situação econômica do país era precária e estourou os índices financeiros estabelecidos pela União Européia. A única desculpa é que também a França, a Itália, a Grécia e a Alemanha estão com problemas financeiros semelhantes. O grave é que o fluxo de subvenções da UE diminuiu sensivelmente, pois agora Portugal terá de partilhar esses recursos com os países do Leste europeu que ingressaram na comunidade em 2004.

Retiro do jornal *O Novo Fangueiro*, da terra de meu pai, edição de 10 de agosto de 2003, página 8, trecho de um editorial bem severo:

"... Ao que todos assistimos foi uma paragem do país, à desconfiança na economia com a paragem do comércio e da indústria, com a retoma das falências e da quebra na cobrança dos impostos, num defice que vai ser assustador, se não se vender o pouco que ainda haverá para vender, enfim, um descrédito cada vez maior dos políticos e da política. (...) A verdade é que de férias foram cada vez menos portugueses, cada vez há mais desemprego, cada vez há menos vergonha, cada vez mais portugueses vivem pior".

O que eu quero dizer é que o Brasil não deve ter muitas ilusões com a cooperação ativa de Portugal. Já li e ouvi bobagens como esta: Portugal está destinado a ser o porta-aviões brasileiro para aumentar as exportações do Brasil para os países da União Européia. Recente visita do primeiro-ministro português ao Brasil parece haver criado falsas expectativas. Os acordos assinados não têm importância transcendental. Lula em Portugal apelou para mais investimentos portugueses, que começam timidamente a chegar, sobretudo no setor de turismo.

Portugal, apesar de sua presente prosperidade, ainda é um país pobre nos padrões da União Européia e relativamente atrasado em termos de Europa Ocidental. Um dos mais pobres, rivalizando com a Grécia e os países do Leste europeu. Se o governo português, aproveitando a presidência de Durão Barroso na UE, deseja realmente ajudar o Brasil, não será já. No momento, a grande preocupação portuguesa (e também da Espanha) é a tendência dos países ricos da UE em ajudar a recuperação da Europa Oriental. Os bilhões de euros que serão necessários para reestruturar os países do Leste europeu vão reduzir sensivelmente o nível das verbas de investimento comunitário que estavam estimulando o desenvolvimento de Portugal. Como poderá o governo português transformar-se em porta-aviões brasileiro? Como olhariam as autoridades de Bruxelas a formação de *joint ventures* luso-brasileiras para terminar em Portugal produtos industriais brasileiros semi-manufaturados?

Esta é a verdade nua e crua nas relações presentes entre Brasil e Portugal. O que me preocupa mais é que o Brasil deixou de ser importante para Portugal, do mesmo modo que Portugal deixou de ser significativo para o brasileiro médio de hoje. Com o envelhecimento e a rarefação da comunidade portuguesa no Brasil, Portugal vem perdendo o seu poder de barganha sentimental. Nosso país hoje é muito populoso e de origem étnica bastante diversificada, o que reduziu muito o peso específico emocional de Portugal. A realidade hoje é que Portugal está com os olhos voltados para a União Européia e não se preocupa mais com as suas antigas colônias.

Seria bom que o Brasil se fizesse lembrar à opinião pública portuguesa, talvez por intermédio de uma grande exposição itinerante. Afinal, parte das riquezas arquitetônicas de Portugal do século XVIII foram construídas graças ao ouro brasileiro que fluiu caudaloso das Minas Gerais. É preciso recordar a famosa frase do padre Antônio Vieira ao escrever que Portugal chupava as riquezas do Brasil como uma tromba d'água e fazia chover o ouro na metrópole. Por outro lado se os portugueses imigrantes ajudaram a construir o Brasil moderno, nós aqui demos guarida e emprego a milhões de portugueses pobres ou desempregados, na época mais difícil da história social de Portugal. Agora seria a vez de Portugal retribuir o auxílio que o Brasil lhe deu no passado, acolhendo melhor os brasileiros em seu território, promovendo os interesses econômicos de nosso país junto à União Européia e investindo no Brasil.

Em março de 2008, o presidente Cavaco e Silva visitou o Rio de Janeiro para participar das comemorações do 2º Centenário da chegada da família real portuguesa ao Brasil. A Prefeitura da cidade organizou uma comissão dos festejos, presidida pelo meu velho e ilustre amigo Alberto da Costa e Silva, que promoveu a publicação de diversos livros alusivos ao período joanino. A imprensa e as TVs, colaboraram generosamente na divulgação da efeméride. Até eu produzi um pequeno livro sobre a música no Rio de Janeiro no tempo de D. João VI, por encomenda da Prefeitura. Houve momentos de euforia coletiva, mas os festejos não penetraram fundo no dia-a-dia da vida dos cariocas e, menos ainda, dos brasileiros. Portugal hoje está cada vez mais distante...

(Publicado na página "Opinião" do *Jornal do Brasil,* de 2 de agosto de 1991 e atualizado em maio de 2008).

VARIAÇÕES

OLIVEIRA SALAZAR, O AUSTERO DITADOR

Comecei a carreira diplomática como vice-cônsul no Porto em 1948. Tinha muita curiosidade pela terra natal de meu pai e escolhi o Porto dentre uma lista de três postos que me foi oferecida pelo chefe do Departamento de Administração, embaixador Fernando Lobo: Londres, Amsterdam e Porto. Muito perto do final da guerra mundial, os dois primeiros postos eram desaconselháveis devido às restrições alimentares ainda vigentes, já que minha mulher estava grávida.

Minha audiência com Salazar pouco teve a ver com meu novo cargo. Meu pai, Joaquim Mariz, um dos líderes da comunidade lusa no Rio de Janeiro, era bem conhecido do presidente do Conselho de Portugal e solicitara ao embaixador português no Rio de Janeiro que Salazar me recebesse por alguns minutos. Estava passando alguns dias em Lisboa antes de assumir o posto, quando me chegou a surpreendente notícia transmitida pelo dr. Gastão de Bettencourt, um dos diretores do SNI, que Salazar me receberia dia tal às tantas horas.

Lá fui e Sua Excelência recebeu-me com toda a simplicidade, perguntou-me por meu pai e por outras pessoas da comunidade portuguesa no Rio de Janeiro. A seguir, ele teceu considerações sobre as relações bilaterais, falou-me das dificuldades que começavam a surgir nas colônias, insufladas por elementos esquerdistas. Em 1948 ainda era relativamente calma a conjuntura política na África. Na realidade, pouco falei e limitei-me a ouvir uma verdadeira aula que Salazar teve a gentileza de oferecer-me, sublinhando o papel que Portugal desempenhou durante a 2ª Guerra Mundial. Foi uma audiência de uns 20 minutos e eu me senti honrado. Enviou lembranças a meu pai, desejou-me boa permanência em Portugal e advertiu que não me deixasse envolver pelos intelectuais esquerdistas do Porto.

Isso seria difícil, pois meu chefe, Renato de Mendonça, brilhante intelectual, vivia no meio de escritores e jornalistas que mal disfarçavam sua antipatia pela ditadura salazarista. De certo modo, herdei as amizades de Renato. Acabei ficando bom amigo de Jorge de Sena, acirrado inimigo do regime salazarista, e minha mulher e eu fomos seus padrinhos de casamento no Porto, em 1949. Jorge foi depois perseguido pela PIDE e acabou tendo de asilar-se no Brasil, onde ensinou em São Paulo, passando depois às universidades de Wisconsin e da Califórnia. Lá ficou famoso internacionalmente e tornou-se um dos maiores escritores portugueses do final do século XX.

O PRESIDENTE CAFÉ FILHO em Portugal

Só vi uma vez Café Filho, em 1954, mas tive dele boa impressão. O presidente preparava a sua visita a Portugal e eu trabalhava na Divisão Política do Itamaraty. Fui chamado a participar da comissão preparatória da viagem de Café Filho, pois havia servido recentemente em Portugal. Cheguei a esse comitê com a firme decisão de alertar o presidente para o risco de pronunciar palavras de duplo sentido que pudessem colocar em ridículo nosso chefe de Estado, tal como por vezes havia acontecido comigo em Portugal.

Acompanhei o chefe da Divisão Política, o então ministro Jayme Chermont, à reunião no Palácio do Catete e o presidente nos colocou logo à vontade. Manifestei-lhe aquela minha preocupação e ele pediu-me que preparasse uma lista de palavras com duplo sentido que deveria evitar utilizar em suas conversas em Portugal. Café Filho riu-se muito de uma anedota que lhe contei sobre brasileiros em Portugal e que recordo agora para deleite do leitor:

Em Lisboa um brasileiro afobado pergunta na rua a um português: "Onde fica a parada do bonde que leva à estação de trem para o Porto?" O português fitou-o bem e respondeu pausadamente: "Aqui não se diz parada e sim paragem; aqui não se diz bonde e sim elétrico; aqui não se diz estação e sim gare; aqui não se diz trem e sim comboio". O brasileiro ofendeu-se e indagou: "E aqui como vocês chamam os filhos da puta?" O português impertubável respondeu: "Nós não chamamos os filhos da puta; eles chegam todos os dias a Portugal pelos aviões da PANAIR"...

Além da citada lista de palavras de duplo sentido, o presidente encarregou-me de redigir os discursos que iria proferir em Braga e Guimarães e aproveitei para incluir referências locais que agradariam aos ouvintes. O presidente gostou dos meus textos e os pronunciou na visita a essas cidades do norte de Portugal. Café Filho foi o primeiro presidente brasileiro com quem conversei pessoalmente. Eu era um jovem diplomata, apenas 2º Secretário.

O general CHARLES DE GAULLE, no Rio de Janeiro

No governo João Goulart em 1962 ocorreu a lamentável "Guerra da Lagosta", que perturbou bastante as boas relações com a França. Nessa época divulgou-se que o presidente francês teria até dito que o Brasil "não é um país sério". A solução comercial para a pesca da lagosta na costa nordestina foi satisfatória e Jango nomeou então o diplomata Vasco Leitão da Cunha embaixador em Paris, aproveitando a circunstância de que ele era amigo pessoal do general desde a época em que chefiara as forças armadas francesas na Argélia. Todo pedido de *agréement* é secreto, mas este vazou pelos jornais e criou outro grave impasse. De Gaulle irritou-se com a *gaffe* diplomática brasileira e achou que ainda era cedo para reatar as relações normais, recusando o *agréement* ao ilustre diplomata.

Em 1964 ocorreu a revolução "redentora" e De Gaulle passou a entender-se melhor com os militares brasileiros do que com João Goulart. Dois anos depois o presidente francês fez uma viagem à América do Sul e veio ao Rio de Janeiro a bordo de um cruzador francês.

Aí ofereceu uma recepção às autoridades brasileiras e à comunidade francesa no Brasil, à qual também fui convidado devido ao cargo que desempenhava no Itamaraty, como chefe da Divisão da Europa Ocidental. Ao encontrar-me perante o general para saudá-lo na fila de cumprimentos, surpreendi-me com sua atitude. Olhou-me fixamente, de alto a baixo, e disse: "Que vous êtes grand!" Aludia ao fato de que éramos quase da mesma altura (ele era ligeiramente mais alto) e isso pareceu surpreendê-lo, após haver conhecido vários brasileiros menos altos. Trocamos algumas palavras amáveis e aqueles instantes ficaram gravados na minha memória. Guardo até hoje o convite para a recepção no cruzador como recordação.

Para os jovens leitores, recordo que o general De Gaulle teve um papel extraordinário no reerguimento da França após a guerra mundial. Na realidade, a França derrotada, ocupada e exangue não tinha direito a um tratamento especial por parte dos norte-americanos, ingleses e russos, vencedores da guerra. Só o prestígio da França e a insistência do general De Gaulle é que levaram Roosevelt e Churchill a convencer Stalin a tratar a França em pé de igualdade nas negociações do após-guerra e conceder-lhe uma parte da Alemanha vencida para administrar. Mais tarde, como presidente da França, atuou com firmeza e habilidade na finalização da guerra civil na Argélia e na concessão da independência às colônias francesas na África. Como ele era muito vaidoso, na época os franceses faziam piada ao contar que "Deus um dia sonhou que era o general De Gaulle..."

O papa Paulo VI e a conferência de embaixadores brasileiros em Roma

Em 1966, realizou-se em Roma a grande conferência dos embaixadores brasileiros na Europa Ocidental, no belíssimo Palácio Dória Pamphili, para a qual foram convidados todos os chefes de Missão na região. Na época era tradição do Itamaraty reunir periodicamente os embaixadores, por região, não só para obter melhores informações sobre os respectivos países, como também para ensejar a troca de idéias entre os diplomatas. Isso os estimulava a se preparar melhor para não fazer feio perante o chanceler e seus colegas. No entanto, como a maioria dos chefes de Missão na Europa era composta de velhos diplomatas já à beira da aposentadoria, isso de certo modo os aborrecia, pois saíam de sua rotina acomodada e podia até expô-los a eventuais vexames desagradáveis. A conferência teve cuidadosa preparação minha, como chefe da Divisão da Europa Ocidental, sob a direção do competente secretário geral adjunto para os temas da Europa e África, embaixador Donatello Grieco, pessoa de minha admiração e reverência até hoje, na bela idade de 93 anos, em pleno vigor de sua inteligência e escrevendo livros.

Cada chefe de Missão devia fazer uma exposição de cerca de 45 minutos sobre os problemas políticos, culturais e comerciais do posto e depois responder a perguntas de seus colegas. Omito aqueles que não se saíram bem – e não foram poucos –, mas declaro que cedo Grieco e eu nos demos conta de que era preciso "estimular" os participantes, pois os debates começaram murchos. Com a aprovação de Grieco, que presidiu a conferência após a partida do chanceler Juracy Magalhães, que ficou apenas três dias, sugeri perguntas aos mais jovens embaixadores, como Araujo Castro (Grécia) e Mário Gibson Barboza (Áustria) para animar os debates. Deu certo e tivemos depois várias sessões brilhantes. No entanto, o mais modesto dos chefes de Missão, o embaixador comissionado na Finlândia Vicente Paulo Gatti, foi uma surpresa. Preparadíssimo, figurou entre os melhores debatedores da conferência. No entanto, com ele aconteceu um episódio curioso que passo a relatar.

O embaixador Henrique de Souza Gomes, nosso representante no Vaticano, ao terminar o conclave, obteve para todos nós uma audiência especial com o Papa Paulo VI. Sua Santidade ofereceu-nos uma pequena preleção e passou depois a conversar diretamente conosco.

Gatti inesperadamente fez-lhe uma pergunta indiscreta: indagou se era verdadeiro o boato de que Dom Helder Câmara já havia sido escolhido cardeal *in petto*, isto é, secreto, pois o Vaticano não desejava ofender o regime militar brasileiro com a notícia. Paulo VI sorriu e respondeu: *"Dom Helder ha scelto la strada sbagliata per diventare cardinale"*. (Dom Helder escolheu a estrada equivocada para se tornar cardeal). Confidência grave essa. Houve um gelo no salão e todos nos entreolhamos em silenciosa censura ao pobre Gatti. A resposta foi magistral e indicadora de que o Vaticano não aprovava a tática contestatória de Dom Helder, que nunca passou de arcebispo de Olinda, apesar da grande notoriedade que alcançara no país.

Souza Gomes, o embaixador no Vaticano, tratou de mudar de assunto com rapidez, mas depois todos comentamos vivamente a resposta do Papa. Dom Helder havia assumido uma atitude de beligerância aberta contra o governo militar brasileiro, em justo protesto contra os excessos cometidos no Nordeste por alguns chefes militares após a Revolução de 1964. Tal atitude rendeu-lhe fama internacional e entidades religiosas européias pressionaram a Organização Nobel para oferecer-lhe o Prêmio Nobel da Paz de 1969. A esse respeito, sugiro a leitura da página 140 com comentários pormenorizados.

O candidato FRANÇOIS MITTERAND, em Israel

Em 1978, o embaixador francês em Israel Marc Bonnefous teve a gentileza de convidar-me para um almoço íntimo na residência da embaixada francesa em homenagem a François Mitterand, que viera assistir ao enterro de Golda Meir. Sabedor de que falo seu idioma muito bem, o embaixador colocou-me ao lado de Mitterand e aproveitei para conversarmos longamente. O futuro presidente da França confidenciou-me que são tantos e tão influentes os judeus franceses (cerca de 800 mil) que todo candidato à presidência de seu país tem de visitar

Israel para tentar captar os votos da comunidade judaica. Mitterand deixou-me excelente impressão pela vivacidade de seu raciocínio e inteligência brilhante. Pena que, ao final de sua presidência da França, tenha afirmado em público que a soberania brasileira sobre a Amazônia é apenas simbólica, pois a região pertence ao mundo...

Durante os 14 anos de governo, Mitterand encorajou o ingresso na França de milhões de imigrantes muçulmanos, o que agora constitui grave problema de integração em seu país. Embora essa política errada tenha começado com o presidente Georges Pompidou, o governo socialista ampliou muito a recepção de cidadãos provenientes das antigas colônias francesas, que não conseguem se integrar.

O *PRÉMIER* EMILIO COLOMBO E OS PROBLEMAS DO DECANATO EM ISRAEL

Colombo foi um fugaz primeiro-ministro da Itália que aportou em Tel Aviv em 1982, quando eu era decano interino do corpo diplomático em Israel. Ilustre membro da Democracia Cristã, que governou a Itália por tantos anos, foi a Israel em visita oficial para tentar solver pequenos problemas bilaterais. Tal como Mitterand, que foi caçar votos de judeus franceses em Israel, Colombo foi fazer o mesmo, porque havia um delicado problema bilateral alusivo aos judeus marranos, influente comunidade judaica do norte da Itália.

Já me referi a essa visita na variação sobre Menachem Begin. Como é hábito em Israel, o decano do corpo diplomático está sempre presente em todas as homenagens prestadas a ilustres visitantes e representa a comunidade internacional. Nas férias do decano efetivo, o embaixador Samuel Lewis dos EUA, estava eu – segundo na lista de antiguidade no posto – em seu lugar e fui convidado para um almoço íntimo na residência do primeiro-ministro Begin em homenagem a Colombo. Eram apenas três ou quatro mesinhas de seis pessoas e eu, como decano, fiquei na mesa principal com os dois primeiros-ministros, o embaixador da Itália, e os dois ministros do Exterior. A conversa foi toda em inglês e Colombo não era muito fluente nessa língua. Depois de algum tempo, o embaixador italiano e eu começamos a servir de intérpretes entre Colombo e os israelenses. Lembro que fui cônsul em Nápoles (1956-58) e na época ainda falava bastante bem o italiano.

A conversa começou por amenidades e depois entrou em pormenores delicados e eu comecei a me sentir incômodo. Begin levantou o assunto dos marranos que estavam sendo discriminados na Itália e exigia providências enérgicas de Colombo. Pretextei sair da mesa para ir ao *toilette*, mas eles perceberam que era uma desculpa para deixá-los à vontade para conversar e protestaram. Tanto Begin quanto Colombo afirmaram que nada tinham a esconder do Brasil, nem de mim, e pediram que ficasse e continuasse a ajudar com meus conhecimentos de inglês e italiano.

Este episódio me leva a relatar outro, aliás da maior importância. Tratava-se do decanato permanente do corpo diplomático em Israel. Ao voltar de suas férias, o embaixador norte-americano me telefonou dizendo que estava de regresso aos EUA para ocupar um cargo importante no Departamento de Estado e que dentro de um mês, aproximadamente, eu teria de assumir de forma permanente o cargo de decano, pois eu seria então o embaixador mais antigo no posto. Diante desse fato, senti-me na obrigação de informar o Itamaraty e alertar para o aspecto político da questão, pois certamente não seria do agrado dos países muçulmanos que o Brasil fosse o decano em Israel. O chanceler Saraiva Guerreiro imediatamente me informou que, em breve, seria eu também transferido para outro posto. Eu já estava em Israel havia quase cinco anos e, embora satisfeito com a minha missão, já pensava em outras paragens.

Aí começou algo extraordinário: telefonei ao embaixador francês Marc Bonnefous e disse-lhe que eu não poderia assumir o decanato e seria removido de Tel Aviv dentro de poucas semanas. Ele se alarmou e me respondeu: "Mas eu também não posso ser decano aqui em Israel! Imagine o que dirão os países muçulmanos nos quais a França tem interesses tão grandes! Vou falar hoje mesmo com Paris". E ele me sugeriu conversar com o embaixador da Suíça, que era o próximo na lista de antiguidade diplomática. Telefonei a seguir ao embaixador da Suíça, que também levantou as mãos ao céu. "Impossível!", exclamou ele. "Os interesses bancários suíços vão exigir que eu saia também". O quinto na lista era o embaixador da África do Sul, a quem também alertei para a nossa saída. Ele não teve problemas com a notícia e até gostou dela, porque o seu governo tinha excelentes relações com Israel, cujos cientistas haviam até feito experiências nucleares na Namíbia. Naturalmente, não saiu uma linha nos jornais sobre o assunto, mas uns dois anos depois foi publicado o livro de memórias de Abba Eban, o notável ex-ministro do Exterior de Israel, onde ele relata com indignação a atitude dos três governos que não quiseram ter seu representante diplomático como decano em Israel.

MARIO SOARES, O *CHARMEUR*

Conheci Mario Soares em Berlim, em 1986, já depois que ele deixara a presidência de seu país. Nosso bom amigo Augusto Coelho Lopes, embaixador de Portugal, que vivia na embaixada mais bem decorada da capital alemã, certa vez telefonou-me para dizer que Mario Soares passaria por Berlim tal dia e pretendia oferecer-lhe um almoço só para homens, *stag*, como se diz no protocolo. Vizinhos no gueto diplomático de Berlim Oriental, foram 100 passos da minha residência até a embaixada lusitana.

Mario Soares vinha em missão do Partido Socialista português entrevistar-se com os líderes do SED, mas em poucos minutos de conversa percebi que ele não levava muito a sério aquela missão na RDA.

O socialismo lusitano era bem diferente do socialismo da RDA, totalmente afiliado a Moscou. Mario Soares era um *charmeur*, falava com desenvoltura e competência, dominava diversas línguas, homem culto e de visão larga, representava bem a comunidade lusófone na Europa.

Confesso que fui um pouco agressivo com ele, ao acusar Portugal de não preparar a independência de suas colônias africanas. Angola, ao ficar independente, tinha apenas 18 cidadãos formados no exterior no ensino superior. Lembrei-lhe que durante o período colonial 150 mil jovens formaram-se em universidades na América espanhola, ao passo que somente 700 brasileiros colaram grau em universidades portuguesas no mesmo período. No Brasil colonial não existiam universidades, jornais, nem tipografias, enquanto que, em Lima e na cidade do México, havia prestigiosas universidades desde meados do século XVI. Não me convenceu a resposta de Mario Soares, ao afirmar que nas ex-colônias portuguesas na África havia poucos jovens interessados em freqüentar universidades, ou em condições financeiras de fazê-lo. Disse-lhe, à guisa de escusa pela minha impolidês, que estava à vontade para fazer aqueles comentários porque meu pai era português e havia cursado o seminário de Braga.

Vários anos depois, no Rio de Janeiro, encontrei-o novamente em um almoço na casa do nosso comum amigo, o saudoso Antônio Houaiss. Soares gentilmente afirmou reconhecer-me, mas não acreditei, tanta gente e tantos países ele visita. É um *causeur* brilhante, que me deixou ótima impressão. Recentemente, com mais de 80 anos, ele se apresentou novamente candidato à presidência de Portugal, competindo sem sucesso com seu velho rival Cavaco e Silva. Posso atribuir à sua idade a baixa votação (14% apenas). Creio que Soares fez mal em candidatar-se, pois é hábito em Portugal reeleger o seu presidente e se ele tivesse sido eleito, como imaginar que terminaria o seu segundo mandato aos 91 anos?

NICOLAE CEAUSESCU no Brasil

Surpreendi-me quando o chanceler Azeredo da Silveira chamou-me e pediu-me que acompanhasse o presidente da Romênia, Nicolae Ceausescu, durante a sua visita oficial ao Brasil, em 1975. Lembro que é hábito colocar sempre um embaixador à disposição de um chefe de Estado em visita oficial ao país. O diplomata deve esforçar-se por atender aos desejos do visitante, facilitar sua viagem e depois fazer um relatório sucinto sobre o que observou do comportamento do político estrangeiro. No ano anterior eu havia acompanhado o presidente Pinochet na posse do general Geisel e, mais tarde, o presidente Ströessner, do Paraguai, em visita a São Paulo. Meus relatórios tinham agradado bastante. A escolha do meu nome baseou-se no fato de que eu servira na Iugoslávia e conhecia os hábitos e exigências dos líderes comunistas dos Bálcãs.

Por acaso eu já me dava bem com o embaixador da Romênia em Brasília, o que facilitou bastante as comunicações e dele soube confidências interessantes. Lembro que existe no Brasil uma comunidade romena bastante numerosa, sobretudo em São Paulo, e obviamente a maioria não gostava nada de Ceausescu, que tinha fama de tirano cruel. Isso fazia a embaixada e o Ministério do Exterior romeno temerem algum possível atentado. As exigências foram muitas e o embaixador me pediu para ajudá-lo junto aos hotéis onde o presidente iria se hospedar em Brasília, São Paulo e Rio de Janeiro. A nosso pedido, a polícia fez uma varredura rigorosa na suíte presidencial do Hotel Nacional, de Brasília, e naturalmente nada encontrou, mas a embaixada exigiu também que, uma hora antes da chegada da comitiva, outra varredura fosse feita, e na suíte presidencial ficasse de guarda um funcionário da embaixada armado. Confesso que achava tudo um pouco exagerado, mas em termos de líderes comunistas era aceitável. Recordo que, por ocasião da posse do presidente Geisel, tive de improvisar cortinas para o elevador externo do Hotel

Eron, onde se hospedou Pinochet, pois a embaixada chilena temia um atentado.

Compareci ao aeroporto com minha mulher para recepcionar Ceausescu e esposa, e eles mal trocaram palavras conosco. Recordo-me que o próprio embaixador romeno me prevenira que o casal não era lá muito simpático, mas afinal ali estávamos para cumprir uma obrigação de acompanhá-los e ser-lhes útil de alguma maneira durante a visita oficial, mas também merecíamos um mínimo de consideração. As visitas ao presidente Geisel e ao Congresso Nacional foram rápidas e formais, mas as coisas se complicaram antes da partida para São Paulo. Não falo romeno, mas quem fala bem francês e italiano pode compreender razoavelmente o romeno, língua latina. Presenciei a terrível descompostura que Ceausescu deu no seu embaixador por haver reservado em São Paulo o Hotel Hilton. Gritava ele: como um líder socialista vai se hospedar no Hotel Hilton, um dos símbolos do capitalismo? A imprensa vai se divertir e fazer ironias, reclamava ele! E exigiu a mudança de hotel, o que era complicado. Aí tive de intervir dizendo-lhe que o Hilton era o melhor hotel na época em São Paulo e todo o esquema de segurança estava montado para recebê-lo naquele hotel e nas ruas vizinhas, sendo muito difícil alterar todo o planejamento. Teríamos de adiar a viagem para o dia seguinte e seria mudado todo o itinerário da visita. Afirmei-lhe com firmeza que se ele quisesse mudar de hotel e de roteiro, o governo brasileiro não poderia mais garantir a sua segurança. Esse argumento falou alto e ele se aquietou, despejando mais alguns impropérios no pobre embaixador.

Na capital paulista o programa prosseguiu satisfatoriamente, mas estava prevista uma visita à grande refinaria de Cubatão, perto de Santos, onde ele desejava misturar-se com os operários e ser filmado com eles usando capacete. Fizeram juntos a gravação de um programa a ser transmitido pela televisão romena. A polícia paulista bloqueou a auto-estrada São Paulo-Santos para a passagem da comitiva. Tudo transcorreu bem e estava previsto um almoço no local, mas por motivos que desconheço, o presidente romeno decidiu regressar imediatamente a São Paulo e aí tive de intervir novamente. Disse-lhe que estava previsto o bloqueio da estrada para o regresso de sua comitiva somente às 15h. Se ele desejava regressar já a São Paulo, o seu automóvel teria de misturar-se ao tráfego normal e obviamente não podiamos dar-lhe garantia de segurança. Ceausescu resmungou um pouco, mas acabou concordando. Nessa altura já estavamos falando quase cordialmente em francês e o resto da viagem correu bem. O encontro com a comunidade romena foi pífio, pois poucos de seus conterrâneos apareceram no hotel. Depois da partida o pobre embaixador romeno estava temeroso com as conseqüências da visita, mas tranqüilizei-o dizendo que eu havia elogiado o seu trabalho junto ao presidente, que pareceu aceitar bem as explicações que eu lhe dava. O embaixador ainda ficou em Brasília mais de um ano e eu recebi uma bela condecoração em cerimônia formal na embaixada romena em Brasília.

Lembro que Ceausescu ocupou a presidência da Romênia de 1974 a 1989. Deposto durante uma revolta popular, ele e sua mulher Elena (ex-ministra da Educação) foram julgados sumariamente e fuzilados. Era um sujeito mal-encarado e antipático, que coincidia com sua imagem de feroz ditador. A esposa Elena seria pior ainda do que ele, segundo me confidenciou o próprio embaixador romeno, e quem teve de aturar a indelicadeza dela foi minha esposa. As experiências de acompanhamento a Pinochet e Ströessner foram certamente muitíssimo mais agradáveis e cordiais.

O PRESIDENTE JACQUES CHIRAC NO RIO DE JANEIRO

Em 1999 realizou-se no Rio de Janeiro uma importante reunião do MERCOSUL conjuntamente com os maiores líderes da União Européia, o que ensejou a vinda a nossa cidade de numerosos chefes de

Estado dos dois grupos. Fui convidado a uma recepção no Palácio Itamaraty oferecida pelo presidente Jacques Chirac à comunidade francesa no Brasil. Compareci com meu saudoso amigo e editor Abraão Koogan e, na biblioteca do Itamaraty, tivemos ocasião de trocar algumas palavras com o presidente francês, amabilíssimo aliás. Minutos depois, a cerca de cinco metros de distância de onde estávamos, Chirac pronunciou uma demagógica e veemente arenga, exortando os homens de negócios franceses e brasileiros a ampliarem o comércio brasileiro com a União Européia e a abandonarem o velho hábito de darmos prioridade a tudo nas relações com os EUA. A França estava disposta – afirmou ele – a capitanear um esforço dentro da União Européia para incentivar o comércio com o Brasil e outros países da América Latina. Diante de declarações tão enfáticas, saímos satisfeitos pois tudo indicava que a França facilitaria o acesso de mais produtos brasileiros aos países da UE. Ledo engano. Poucas semanas depois, em importante reunião internacional, a França foi o primeiro país a vetar qualquer concessão no setor dos subsídios agrícolas. Nunca perdoei o cinismo de Chirac por aquele discurso que pronunciou no Rio de Janeiro, no Palácio Itamaraty.

Gostaria porém de recordar um fato curioso que ocorreu comigo e minha mulher em Paris. Ao tomar um táxi, o motorista começou a falar mal do Chirac, lembrando a época em que fora prefeito da capital. Contou-nos o chofer que sua reeleição fora facilitada pela votação de milhares de eleitores fantasmas e ainda disse que familiares de Chirac habitavam um imóvel de propriedade da Prefeitura e nada pagavam... Na hora ficamos em dúvida que isso pudesse acontecer na França no fim do século XX e pensamos que o motorista tinha ódio a Chirac por algum motivo pessoal, que não nos contara.

Recentemente, veio a lume o escândalo dos eleitores mortos de Chirac e do tal apartamento ocupado ilegalmente. Como tinha imunidade presidencial, ele agora terá de responder a processos depois que deixou o cargo em 2007. Recordamo-nos então do motorista de táxi que nos conduzira anos atrás em Paris e que certamente estava bem informado sobre as falcatruas de Chirac.

O novo presidente Nicolas Sarkozy tem tantos problemas graves a afrontar na França, que ele considera um país quebrado – *en faillite* –, que dificilmente poderá fazer as concessões no setor agrícola que tanto desejamos.

III

O DIA EM QUE O BRASIL SALVOU O MARECHAL TITO

Lembro agora um episódio pouco conhecido da história diplomática brasileira, do qual participei diretamente. Em 1949 servia eu como secretário da Legação do Brasil em Belgrado e todos estavam apreensivos com as possíveis represálias soviéticas contra o marechal Tito, que liderava a primeira cisão dentro do comunismo internacional. Os húngaros e romenos se aprestavam claramente para invadir a Iugoslávia e punir Tito pela heresia nacionalista. Em Belgrado ouvíamos ao longe o ribombar dos grandes canhões húngaros na fronteira, tentando intimidar o marechal com seus exercícios de tiro. Do Rio de Janeiro recebemos instruções: o ministro Ribeiro Couto ficaria em Belgrado para aguardar os russos e eu acompanharia o governo de Tito, que se refugiaria nas montanhas. A perspectiva não era nada animadora, pois se sabia que os camponeses iugoslavos detinham os automóveis, roubavam e até matavam seus ocupantes. Durante meses mantive malas feitas e vários bujões de gasolina para meu carro.

O impasse e as intimidações se prolongavam muito e Ribeiro Couto acabou partindo em férias para Paris, ficando eu como encarregado de negócios. Certo dia fui chamado com urgência ao Ministério do Exterior, em Belgrado, e para minha surpresa fui levado diretamente ao chanceler Kardely. Explicou-me ele o plano iugoslavo: as ameaças soviéticas iam em *crescendo* perigoso e a Iugoslávia só tinha uma saída – fazer-se eleger para o Conselho de Segurança das Nações Unidas. Se isso ocorresse, ficaria muito mais difícil uma agressão soviética, mesmo por interposição de um dos países satélites. E haveria certamente problemas graves com os Estados Unidos. Lembro que naquela época a URSS ainda não tinha sua bomba atômica para fazer chantagem e era, portanto, menos poderosa. Eu já conhecia vagamente esse plano iugoslavo, mas não atinava com o que tinha o Brasil a ver com isso.

Explicou-me o próprio chanceler Edvard Kardely: a Iugoslávia contava com os votos dos países do *Commonwealth* britânico para eleger-se para o Conselho de Segurança e se decepcionou. A chancelaria russa, mui habilmente, lançou a candidatura da Checoslováquia como competidora da Iugoslávia para aquela vaga regional do Conselho de Segurança da ONU e ofereceu à Inglaterra atraente acordo comercial de irrecusável aceitação. Resultado: a Iugoslávia perderia as eleições e o risco de invasão soviética era considerável. Pedia-me Kardely que o Brasil coordenasse urgentemente o apoio dos países latino-americanos na ONU, o que compensaria a perda dos votos do *Commonwealth*. O chanceler foi franco comigo: a atitude independente do marechal Tito em relação a Moscou era de toda a conveniência para os países do Ocidente e criava uma profunda brecha dentro do bloco socialista. Era, portanto, do interesse do Brasil e dos países latino-americanos defender a independência da Iugoslávia e evitar que o marechal Tito sucumbisse, vítima de um ataque militar simultâneo de seus vizinhos comunistas.

Respondi ao chanceler que eu era um simples 3º secretário pouco conhecido no Itamaraty, afinal um modesto encarregado de negócios, e que não tinha prestígio para motivar o chanceler Raul Fernandes para efetuar uma gestão inter-americana daquela envergadura. Kardely insistiu e pediu-me que fizesse o possível, acrescentando que também estava instruindo seu ministro no Rio de Janeiro para fazer igual pedido. Confesso que saí da chancelaria iugoslava meio atordoado por tanta responsabilidade e fui para a Legação redigir o telegrama confidencial. Escrevi também cartas a D. Odete de Carvalho e Souza, chefe do gabinete de Raul Fernandes, e ao embaixador Ciro de Freitas Valle, nosso representante na ONU, que por acaso eram ambos meus amigos.

O leitor se perguntará: por que os iugoslavos escolheram o Brasil para esse papel coordenador? É preciso explicar que a Iugoslávia, depois da 2ª Guerra Mundial, só tinha relações diplomáticas diretas e permanentes com dois países latino-americanos: a Argentina e o Brasil. Soube depois pelo embaixador argentino Canosa que os iugoslavos haviam feito inicialmente a mesma gestão junto a eles, mas nessa época o general Perón andava de namoro com Moscou por assuntos comerciais e assim a Argentina esquivou-se de fazer a coordenação na ONU de apoio à Iugoslávia. Restava só o Brasil e fomos nós que realizamos o delicado trabalho diplomático bilateral e na própria ONU. É claro que houve assentimento prévio norte-americano, ou então a iniciativa não teria prosperado.

O pedido iugoslavo caiu bem no Itamaraty e o embaixador Freitas Valle recebeu instruções para reunir os membros do grupo latino-americano na ONU e expor-lhes as razões de nosso apoio à pretensão iugoslava. Resultado: apesar dos esforços de Stalin e dos ingleses, os votos latino-americanos garantiram a eleição da Iugoslávia para o Conselho de Segurança, com uma maioria de apenas dois votos, sobre a Checoslováquia. Foi uma festa em Belgrado.

Pessoalmente alegrei-me com a vitória, pois era a primeira gestão diplomática importante de que eu participava. Vários colegas diplomáticos em Belgrado me felicitaram pela atuação do Brasil, que inegavelmente salvou, senão a independência da Iugoslávia, mas pelo menos o regime comunista-nacionalista do marechal Tito. Após a heresia iugoslava seguiram-se as cisões da Albânia e da China, e a União Soviética nada pôde fazer para evitá-las. O Brasil teve, portanto, papel importante na consolidação da heresia titoísta e ajudou na abertura da primeira brecha no bloco soviético.

Na recepção da data nacional iugoslava, a 29 de novembro de 1949, estava eu conversando com outros jovens colegas diplomáticos, quando vejo o marechal Tito caminhar em minha direção. Olhei para trás para ver que personalidade estaria perto de mim, mas segundos depois compreendi que era eu quem Tito desejava cumprimentar. Acercou-se de mim sorrindo, em companhia do chefe do Protocolo, ministro Smodlaka, e agradeceu-me efusivamente o esforço que o Brasil fizera para ajudar a Iugoslávia a vencer as eleições. Nem sei o que murmurei em resposta, tão perturbado estava. Perguntou-me se necessitava de alguma coisa pessoalmente, ao que retruquei dizendo que vivia em apartamento pequeno e gostaria de obter uma moradia melhor. O marechal Tito voltou-se para o chefe do Protocolo, instruindo-o a dar-me o melhor apartamento disponível em Belgrado. Dois dias depois mudei-me para um belíssimo apartamento, que pertencera a um ex-primeiro-ministro. Quem não gostou nada da generosidade do marechal foi meu chefe, Ribeiro Couto, ao regressar de suas férias. Meu novo apartamento era bem melhor do que a própria residência da Legação brasileira...

O segundo fato que vou relatar, ocorrido 10 anos depois, dá para o leitor avaliar como foi significativa a gestão diplomática brasileira nas eleições da ONU em 1949. Trabalhava eu como assessor de nossa Missão nas Nações Unidas durante a grande assembléia geral de 1960 e lá encontrei-me nos corredores com Leo Mates, o antigo chefe da Divisão Política da chancelaria iugoslava, justamente quem me levara ao chanceler Kardely em 1949. Tito estava em Nova York e ao perguntar por ele, Mates disse-me logo que o marechal certamente teria muito prazer em ver-me. Não acreditei nisso, mas dias depois recebi telefonema da missão iugoslava pedindo-me que lá comparecesse, pois o marechal Tito desejava receber-me. E tantos anos depois, o velho e carismático guerrilheiro me repetiu seus agradecimentos pelo empenho que eu tivera em ajudar a Iugoslávia naquele momento angustioso para a sobrevivência do seu regime. Sem dúvida, o censor das minhas cartas em Belgrado (um português que depois ficou meu amigo) informara seus superiores sobre o entusiasmo de minhas cartas pela causa iugoslava...

(Publicado na página "Opinião" do *Jornal do Brasil*, do Rio de Janeiro, a 18 de agosto de 1991).

IV
A FRAGMENTAÇÃO DA IUGOSLÁVIA

A Guerra Fria terminou e todos pensávamos que se iniciava um longo período de paz mundial, ou pelo menos uma discreta *pax americana*. No entanto, o advento mais ou menos amplo da democracia nos países da Europa Oriental está acarretando mudanças no comportamento político das populações que não poderíamos suspeitar. A grande verdade é que o governo comunista naqueles países costumava refrear com severidade toda e qualquer manifestação de interesses regionais ou étnicos, que permaneceram abafados por 45 anos. Assistimos com apreensão o que aconteceu na União Soviética e se reproduziu nas vizinhanças: os checos e eslovacos se separaram; a repressão dos romenos contra a minoria húngara pode gerar até uma guerra entre os dois países; os búlgaros oprimem a minoria turca, e a Iugoslávia fragmentouse. O mapa da Europa mudou bastante nos últimos 15 anos.

Os antecedentes, no entanto, explicam e até justificam as rivalidades e os ódios de ontem e de hoje. Vivi na Iugoslávia dois anos e pouco, de 1949 a 1951, quase 60 anos atrás portanto, mas tenho procurado seguir de perto os acontecimentos naquele país tão bonito e de tanta personalidade. A Iugoslávia foi criada artificialmente em 1918, um *enfant de Versailles*, como sendo o reino dos sérvios, croatas e eslovenos, por influência sobretudo da França e da Inglaterra. Juntaram os restos do império austro-húngaro com os restos do império otomano, mistura indigesta de dois mundos antagônicos secularmente. Depois da 2ª

Guerra Mundial as províncias do reino transformaram-se em repúblicas federadas: a Eslovênia e a Croácia são duas regiões européias que eram estreitamente ligadas a Viena. A Sérvia, a Bósnia Herzegôvina, Montenegro, a Macedônia e o Kôssovo eram províncias turcas, com minaretes e muezins. Já a Voivodina é um prolongamento da planície húngara. Mundos diferentes, portanto. Mas as diferenças não ficavam por aí apenas: a Eslovênia, a Croácia e a Voivodina são católicas, e as demais repúblicas são basicamente cristãs-ortodoxas, e ainda residem na Bósnia e Kôssovo cerca de 2 milhões de muçulmanos. Embora a língua seja praticamente a mesma, o servo-croata, com pequenas variantes de pronúncia regional, os eslovenos e croatas escrevem seu idioma com caracteres latinos, ao passo que os sérvios continuam a utilizar os caracteres cirílicos usados pelos russos.

O país não era pequeno em termos de Europa: 255.000km², o que equivalia ao nosso estado de São Paulo. A população da antiga Iugoslávia seria hoje de uns 30 milhões de habitantes, sendo a Sérvia a maior república com cerca de 14 milhões, seguida da Croácia com 7 milhões. A Eslovênia só tem 2,5 milhões de habitantes, mas é a república com mais alta renda *per capita*.

Antes da 2ª Guerra Mundial, a Iugoslávia era basicamente um país agrário. A resistência ao ataque italiano, em 1941, levou Hitler a invadir o país e a submetê-lo diretamente. O curioso é que, ao resistir bravamente aos italianos e aos alemães, a Iugoslávia retardou bastante a data prevista por Hitler para atacar a União Soviética. Os três meses que os alemães perderam para submeter a Iugoslávia podem ter sido o fator decisivo para sua derrota final, pois, em vez de invadir a Rússia na primavera, só puderam fazê-lo a 22 de junho, com o verão já adiantado. Por isso foram apanhados pelo inverno russo, ainda em plena campanha, e todos sabemos as conseqüências.

Vemos, assim, que na Iugoslávia de ontem havia dois blocos bem nítidos: um ocidental, europeu, e outro semi-oriental. Além das diferenças acima citadas (raça, religião, mentalidade e escrita), desde os anos 90 juntou-se o complicador de regimes políticos distintos. Hoje em dia somente Sérvia e Montenegro continuam dirigidos por ex-comunistas, e as demais repúblicas já estão livres e com regimes semidemocráticos. Assim, os ressentimentos e ódios borbulharam rapidamente sem a disciplina comunista para contê-los. Recordo que houve mais mortos na guerra civil depois da saída dos alemães da Iugoslávia, em 1944, do que durante a ocupação germânica. Sérvios e croatas se trucidaram impiedosamente. As histórias que ouvi em Belgrado, poucos anos depois, eram de arrepiar os cabelos.

Exemplo nº 1: Um vagão lacrado foi encontrado na estação de trens de Belgrado, em um dos desvios. Como cheirava mal, foi aberto e nele encontraram centenas de cabeças humanas degoladas. O vagão provinha de Zagreb, a capital da Croácia. Exemplo nº 2: Certo dia, apareceu boiando no rio Danúbio, que passa por Belgrado, um casamento inteiro: a noiva com véu, o noivo, os padrinhos e os convidados. Todos mortos, com os corpos boiando no rio, amarrados pelos pulsos e pelos pés, uns aos outros. Os croatas, por sua vez, contavam histórias horripilantes da crueldade dos sérvios. No entanto, o marechal Tito, um croata, conseguiu reprimir severamente a guerra civil e, bem ou mal, impôs uma precária união que durou mais de 30 anos.

A realidade é que até a morte de Tito, em 1980, a Iugoslávia conseguiu conter a sua agressividade étnica. Depois começou um governo rotativo anual dos presidentes das seis repúblicas, que, para minha relativa surpresa, se manteve bastante bem nos primeiros anos da década. Com a queda do muro de Berlim e o desmantelamento do socialismo na Europa Oriental, a Iugoslávia começou a ferver. Foram afinal liberados os velhos ódios e antagonismos, a começar por uma guerra comercial ridícula: os produtos fabricados na Croácia não se vendiam na Sérvia e vice-versa. As companhias de turismo da Croácia não recomendavam os balneários da costa do Adriático, na Bósnia e Montenegro, e as agências sérvias ignoravam as belas praias da Ístria. Enfim, quase tudo foi reduzido a questões de nacionalidade, raça, religião. Até as notícias do mundo, nos jornais e na TV, eram apresentadas sob o ponto de vista regional e não nacional. O turismo baixou, a inflação explodiu e a dívida externa também. O país caminhava para a hiperinflação. Incidentes de toda a espécie ocorreram: barricadas, limpeza étnica, repressão violenta pelo exército federal, dezenas de mortos, enfim todos os ingredientes de uma guerra civil.

As primeiras conseqüências políticas da região não se fizeram esperar: a Eslovênia, a república mais rica e industrial, vizinha direta da Áustria, proclamou a sua independência em 1991. Pouco depois, cerca de 80% dos croatas votaram em referendo também pela sua independência. Em meados de maio de 1991, o presidente da Croácia, a quem cabia por direito a seu turno governar o país, só conseguiu quatro votos no Conselho para se eleger para a presidência da Iugoslávia. Faltaram-lhe os votos da Sérvia e dos territórios de Kôssovo e Voivodina, sob controle sérvio. O Montenegro, ainda sob regime comunista, se absteve. A Croácia precisava de cinco votos. A crise institucional impediu assim que a Iugoslávia tivesse um presidente. Era o fim de uma era e de uma nação, que se tornara relativamente importante na Europa. A Croácia e a Eslovênia, repúblicas européias e democráticas, defendiam uma associação flexível de repúblicas com muita autonomia, uma miniatura da própria Comunidade Européia Econômica. Já os sérvios, sempre no comando de fato, continuavam a preferir um poder central forte, naturalmente deles dependente. No dia de Corpus Christi, Jacques Delors, em nome da CEE, reagiu vivamente à declaração oficial da Croácia de que, se não fosse aprovada em duas semanas pela Sérvia a formação daquela aliança flexível e descentralizada, o governo de Zagreb se separaria da Iugoslávia. Afirmou Delors que a fragmentação da Iugoslávia seria uma catástrofe e ele parecia estar adivinhando o que aconteceria depois na Bósnia e no Kôssovo. Delors esclareceu que a Iugoslávia unida seria admitida na Comunidade Européia, mas de nenhuma maneira a Eslovênia ou a Croácia, em separado, poderiam ser aceitas. Só em 2004 a Eslovênia foi incorporada à União Européia. A Croácia deverá ser admitida em 2008, mas as demais repúblicas da antiga Iugoslávia ainda terão de esperar bastante. O impasse me fez lembrar palavras do meu saudoso chefe em Belgrado, o embaixador e acadêmico Rui Ribeiro Couto, que previa, já em 1950, a partilha da Iugoslávia em dois ou mais blocos.

É pena que tudo isso tenha ocorrido, pois a Iugoslávia, em seus 73 anos de existência, se tornou, no governo do marechal Tito, um dos líderes do Terceiro Mundo, havendo desempenhado papel de relevo no movimento não-alinhado e no "grupo dos 77", do qual foi um dos fundadores principais e um de seus líderes. No tempo do presidente Kennedy, nos anos 60, a Iugoslávia desempenhou nas Nações Unidas um dos papéis mais ativos e importantes no cenário mundial. Seus líderes de hoje não encontraram fórmula conciliatória para atender às aspirações de seus povos e todos sofrem agora em sua qualidade de vida, ainda bastante modesta. A Iugoslávia foi o segundo país importante da Europa a desaparecer, depois que a RDA foi canhestramente incorporada pela Alemanha Federal. Pouco depois, também a Checoeslováquia cindiu-se em duas repúblicas: a República Checa e a Eslováquia.

À separação da Eslovênia e da Croácia, em 1991, seguiu-se no mesmo ano a indepedência da Macedônia, que logo a seguir começou a ser assediada pela Grécia, que até hoje não reconhece a sua existência e pretende até anexá-la. Da velha Iugoslávia sobravam até meados de 2007 apenas a Sérvia e o Montenegro. Já que a Bósnia e o Kôssovo, nos anos 90, mergulharam em terrível guerra civil de fundo religioso anti-muçulmano, exigindo até a intervenção armada de forças das Nações Unidas, que continuam até hoje a manter a precária paz na região. O ex-presidente sérvio Slobodan Milosevitch, responsável por numerosos crimes de guerra, enfrentou o Tribunal Internacional de Haia e acabou se suicidando. Outros militares e políticos sérvios como Mladitch e Karadzitch continuam à solta, o que já levou a União Européia a suspender as negociações para o ingresso da Croácia e da Sérvia. A recente independência de Montenegro em 2006 poderá levar essa nova pequena nação de apenas 13.800 km^2 e 650 mil habitantes a ser acolhida pela União Européia. A invenção da Iugoslávia pelo Tratado de Versalhes, em 1918, foi um gravíssimo erro da França e da Inglaterra.

Em novembro de 2007 complicou-se a conjuntura da região: o Kôssovo entrou novamente em ebulição. Sérvios e albaneses não se entendem mesmo e a ampla maioria albanesa se aprestava a proclamar a independência. Prometem garantias para a minoria sérvia, mas a Sérvia já afirmou que não aceita a independência do Kôssovo, que considera seu território. Curiosamente, a União Européia ofereceu acolher a Sérvia com antecedência, se ela concordar com a independência do Kôssovo, mas Belgrado não aceitou a barganha. Alguns países da União Européia que têm problemas com minorias, como a Espanha, Romênia, Eslovênia, Grécia e Chipre, já afirmaram que não reconhecerão a indepedência unilateral do Kôssovo.

A disputa, no entanto, é maior do que parece, pois a Sérvia está muito bem armada pela Rússia e a diplomacia da União Européia e dos EUA possivelmente irá enfrentar a resistência de Putin, que anda irritado com as interferências externas em assuntos internos na Rússia. Outra hipótese seria a incorporação do Kôssovo à Albânia, mas a Sérvia tampouco concorda.

A 19 de fevereiro de 2008 o parlamento do Kôssovo proclamou a independência, prontamente reconhecida pelos EUA, Reino Unido, França e Alemanha, que têm tropas na região. A União Européia debateu o assunto vivamente e dividiu-se. Em Belgrado houve grandes manifestações contra a embaixada dos EUA, parcialmente incendiada. Lembro que tanto a China quanto a Rússia poderão vetar o ingresso de Kôssovo na ONU. O novo país é tão pequeno que, em 1950, procedente de Belgrado, cruzei o país duas vezes de automóvel, a caminho e de volta da Grécia, e a travessia da região durou menos de uma hora... Em meados de março, graves distúrbios ocorreram em Mitrovica e a sede as forças da ONU foi ocupada por sérvios. Em julho de 2008, o grande criminoso Karadzitch foi preso e enviado ao tribunal de Háia.

(Publicado na página "Opinião" do *Jornal do Brasil*, do Rio de Janeiro, a 22 de junho de 1991, e atualizado em julho de 2008).

V

A ADMISSÃO DA TURQUIA NA UNIÃO EUROPÉIA E A QUESTÃO DE CHIPRE

No início de 2004, a admissão de Chipre na União Européia trouxe para as primeiras páginas de jornais e revistas internacionais a velha querela cipriota entre gregos e turcos. Também a possível admissão da Turquia, cujas negociações se iniciaram em outubro de 2005 com a União Européia – vitais para esse importante país – está interligada com a solução do impasse político em Chipre. Com esse objetivo final, o primeiro ministro turco Tayip Erdogan vem pressionando os militares de seu país e o presidente da minirrepública do Norte de Chipre, só reconhecida por Âncara, a aceitarem, de uma vez por todas, a proposta de nova federação (ou confederação) greco-cipriota, desde que com fortes garantias para a minoria turca na ilha. Lembro que os ingleses ocuparam Chipre no final do século XIX para proteger a entrada do canal de Suez e, na época, a ilha tinha considerável importância estratégica. Hoje em dia a significação de Chipre está relacionada com a velha disputa entre gregos e turcos, que continua insolúvel e ressurge em importância agora que se debate a negociação para a entrada da Turquia na União Européia.

Recordo que o exército turco invadiu a ilha em 1974 – 34 anos atrás – para impedir a *ênosis*, ou seja, a união definitiva de Chipre com a Grécia, tão temida pela pequena minoria turca, cerca de 20% da população da ilha. As grandes potências e as Nações Unidas desde então têm-se esforçado sem sucesso a reunificar a ilha. No entanto, desde

2002 Kofi Annan, o eficiente ex-secretário geral da ONU, conseguiu alguns avanços da parte dos dois velhos líderes Glafkos Clerides, do setor grego, e Rauf Denktash, do lado turco. A União Européia estava por aprovar a adesão de 10 novos membros e Chipre estava incluído na lista por insistência de Atenas. Pouco antes, Denktash sofreu uma operação no coração e isso atrasou as negociações. Mais tarde foi afastado de vez pelas autoridades de Âncara, ansiosas por encontrar uma solução definitiva para o impasse.

Chipre é uma grande ilha de 9.251 km^2 e cerca de um milhão de habitantes, situada ao fundo do Mediterrâneo, que carreia intenso turismo europeu devido ao seu excelente clima. Suas belíssimas praias (a praia de Vênus é considerada a mais linda do mundo) e suas riquezas arqueológicas constituem atração segura sobretudo para os nórdicos. No inverno é possível fazer *ski* nas montanhas de Troodos e, meia hora depois, descer de automóvel até a praia e banhar-se nas águas quentes e transparentes do Mediterrâneo. Os hotéis são esplêndidos e sempre lotados os 365 dias do ano. Reclamei do ministro do Turismo grego da dificuldade de fazer reservas e ele me aconselhou a tentar via Londres. Menciono esse fato porque o exército turco, em 1974, ocupou não só a mais rica região agrícola da ilha, a planície de Morphou, como também algumas das mais belas praias, como Varosha e Kyrenia. Seus habitantes e numerosos hotéis de luxo ficaram em mãos dos turcos e quando houver reunificação cerca de 100 mil greco-cipriotas certamente irão reclamar suas antigas e valiosas propriedades. O plano da ONU é complexo, pois as duas comunidades continuariam a viver em separado, com suas próprias autoridades, tribunais e polícia. A ilha seria desmilitarizada. O plano não funcionou até agora.

Recordo que desde 1963 a ONU mantém uma missão militar de paz na ilha com uma *linha verde* para separar as comunidades que se engalfinhavam com freqüência. Norte-americanos e europeus têm pressionado sem sucesso os governos grego e turco no sentido de encontrar uma solução pacífica e definitiva para a disputa. Desde a época em que representei o Brasil em Chipre (1978-82), dirigem os dois setores políticos locais o grego Glafkos Clerides e o turco Rauf Denktash, curiosamente amigos pessoais, colegas de colégio, que defendem ardorosamente os interesses das duas comunidades. No entanto, há tempos notava-se uma tendência em Âncara de forçar a renúncia de Denktash, principal responsável por 30 anos de intransigência e a sua substituição por outro líder mais maleável. Isso aconteceu quando Mehemet Ali Talat foi eleito facilmente nas eleições de abril de 2005. Recuperado do enfarte, Denktash promete continuar a obstruir qualquer acordo com os greco-cipriotas.

O tempo era curto, pois a UE em maio de 2004, sem acordo de reunificação com o setor grego, transformou a República de Chipre em um dos novos estados da comunidade européia. Entretanto, a tentação de os cidadãos da republiqueta do norte de Chipre se tornarem cidadãos da União Européia é um argumento poderoso para nova tentativa de acordo. Já por outro lado, os cidadãos greco-cipriotas, agora cidadãos da UE, terão certamente muito menor disposição para entrar em acordo com os turcos-cipriotas do que em 2004. Mas também é preciso ter em conta que a unificação de Chipre é importante para a tranqüilidade da UE, e isso vai pesar nas negociações para a admissão da Turquia. Assim vão continuar as fricções entre a Grécia e a Turquia, até com perigo de guerra aberta, como ocorreu no passado recente.

Como não houve acordo, o *Check-Point Ledra*, perto de Nicosia, entre as duas comunidades cipriotas, tornou-se a fronteira entre o Ocidente e o Oriente, o que não é nada promissor para a UE. A Turquia, nação muçulmana moderada de cerca de 75 milhões de habitantes, poderosamente armada pelos norte-americanos, é parceira essencial do Ocidente para conter o mundo árabe e a nova Rússia. Por tudo isso é que a atual conjuntura em Chipre está novamente merecendo destaque mundial. O *Check-Point Ledra*, que eu tantas vezes atravessei, poderá vir a ser uma reedição de *Check Point Charlie* no antigo muro de Berlim e é preciso desenvolver todos os esforços para evitar essa incômoda realidade.

* * *

A Questão de Chipre é um daqueles temas crônicos que tem figurado em quase todas as agendas das Assembléias Gerais das Nações Unidas desde os anos 60. Curiosamente, o Brasil esteve ligado ao assunto porque durante dois anos o embaixador Carlos Alfredo Bernardes, ex-secretário-geral do Itamaraty, foi o representante oficial residente das Nações Unidas em Nicosia, capital de Chipre. Por causa disso, o Brasil foi diretamente envolvido nas tentativas de solução do problema cipriota e estabeleceu relações diplomáticas com o Governo do setor grego, a título cumulativo. Isso significa que os embaixadores do Brasil em Chipre não são residentes em Nicosia e sim em Tel Aviv, Israel, mas visitam periodicamente a ilha para tomar contatos políticos e comerciais e fazem relatórios ao Itamaraty. Fui um dos embaixadores do Brasil em Chipre (1978-82) porque era embaixador do Brasil em Israel nesse período e a nomeação foi quase simultânea. Tal como o Brasil, vários outros países, como os escandinavos, acreditam seus diplomatas em Tel Aviv também junto ao governo de Nicosia, pois as cidades distam apenas 40 minutos de avião. Em momentos de crise em Chipre, sempre me reunia com os colegas embaixadores da Suécia, Finlândia, Noruega e Dinamarca em Tel Aviv e trocávamos idéias e informações sobre os acontecimentos políticos e militares na ilha. Mais do que isso, eu era assediado em Israel pelos embaixadores da Grécia e da Turquia, que sempre tentavam me convencer dos tortuosos pontos de vista de seus governos na velha disputa entre os dois países. Como disse antes, a ilha de Vênus está dividida em duas partes, separadas por tropas das Nações Unidas desde 1963, isto é, desde antes que o governo de Âncara decidiu invadir a ilha, em 1974, para defender os cidadãos de origem turca residentes na ilha. Os principais países da

ONU reconhecem e têm relações diplomáticas apenas com o governo da República de Chipre, o setor grego, ao passo que a Turquia, com seu considerável poderio militar, reconhece sozinha o governo fantoche do setor turco, liderado há mais de 30 anos por Rauf Denktash e agora por Ali Tahat.

Situada ao fundo do Mediterrâneo, a poucas centenas de quilômetros das costas da Turquia, da Grécia, da Síria, do Líbano e de Israel, a grande ilha de Chipre sempre foi uma área muito delicada desde a Idade Média. É uma encruzilhada política até hoje e forças importantes lutaram e lutam por obter o controle militar e estratégico da ilha. Resto do império britânico, os ingleses ainda mantêm uma base militar ao sul da ilha. Gregos e turcos, venezianos e genoveses, cavaleiros de Rhodes e da Ordem de Malta, sarracenos e cruzados, e hoje judeus e palestinos, libaneses e iraquianos, egípcios e líbios, russos e norte-americanos se digladiam em permanentes intrigas políticas, com cenas freqüentes de capa e espada, assassinatos e seqüestros, espiões de todos os países vizinhos que se observam. Enfim a ilha contém todos os ingredientes para um bom filme de aventuras.

Confesso que ao apresentar credenciais ao presidente Spyros Kyprianou em 1978 e após conversar com alguns líderes locais, logo fiquei fascinado pela atmosfera política da ilha e sempre a visitei com o maior interesse e encanto. Digo encanto porque Chipre é um dos lugares mais lindos do mundo, com praias maravilhosas, como a praia de Vênus, belos sítios arqueológicos como Kurium, fortalezas medievais como Kyrenia, onde permanece a sombra de Otelo, bons locais para esquiar como em Troodos, igrejas ortodoxas com notáveis ícones, museus da antigüidade clássica, montanhas espetaculares como o Pentadáctilos, belíssimas ruínas medievais como o mosteiro de Bellapais, tudo isso envolto numa atmosfera de mistério e espionagem, que se sente imediatamente até em hotéis de primeira ordem.

Nosso homem em Nicosia era o banqueiro Hagop Keheyan, consul honorário do Brasil por muitos anos. Bem relacionado politicamente, importante banqueiro, sempre me conseguia entrevistas com os líderes partidários mais significativos da ilha, da extrema direita à extrema esquerda. Estava atento aos acontecimentos políticos e avisava-me sempre quando era oportuna minha visita. Várias vezes deu-me informações preciosas que os escandinavos desconheciam, e era amigo dos presidentes dos dois lados. Esperava-nos sempre no aeroporto de Lárnaca com seu enorme Mercedes e o impecável motorista grego Peter, que ficava à nossa disposição. Hospedava-me sempre no Hotel Hilton, da capital Nicosia, centro de inefáveis fofocas políticas. Em seu restaurante apareciam figuras estranhíssimas e por vezes até assustadoras. De meus colegas diplomáticos sediados em Nicosia, recordo sempre o embaixador norte-americano, cuja amizade me facilitou muitas informações preciosas. Curiosamente, quando fui visitá-lo caímos nos braços um do outro: ele era o proprietário da minha casa em Washington quando lá servi como representante junto à OEA (1967-69). Como fui bom inquilino e lhe devolvi a casa em ótimo estado, ele foi gentilíssimo comigo em Chipre e me facilitou muitos contatos úteis.

Ao chegar a Nicosia já tinha sempre vários encontros agendados pelo cônsul Keheyan e nunca deixei de visitar o lado turco, que era importante fonte de informações interessantes. O Itamaraty não gostava que eu fosse ao setor turco, cuja existência o Brasil não reconhece, mas acabei obtendo consentimento tácito após demonstrar que o próprio embaixador norte-americano tinha uma casa de praia em Kyrenia e outros embaixadores de países europeus que não reconheciam Denktash, iam visitá-lo. Várias vezes almocei com ele e ria-me muito de sua jovial conversa. Curiosamente, até hoje, 30 anos depois, o velho líder turco-cipriota vem obstaculizando a reunificação da ilha. No entanto, devo dizer que dele ouvi convincentes descrições de atrocidades que seus compatriotas minoritários turcos, nos anos 60, teriam sofrido nas mãos de greco-cipriotas. Um amigo greco-cipriota, com quem jantei várias vezes e que continua na primeira linha da política local é Glafkos Clerides, no meu tempo líder da oposição e depois primeiro-ministro e presidente do setor grego. É um verdadeiro estadista, homem culto que se encontrava oficiosamente com Denktash, seu colega de colégio e quase amigo, para tentar resolver as diferenças políticas a nível pessoal.

Fiquei bom amigo de Clerides graças ao excelente cônsul honorário brasileiro em Chipre, Hagop Keheyan. Era divertido ouvir Clerides comentando suas negociações com Denktash, porque ninguém melhor do que eles conheciam a conjuntura política da ilha, as queixas e as aspirações das duas comunidades grega e turca.

Desde que deixei Chipre em 1982 sigo atentamente as negociações que terminaram em fracasso, em maio de 2004, quando o setor grego foi incorporado à União Européia após conturbadas eleições. E tanto tempo depois quem aparece na BBC e nas TVs do mundo inteiro discutindo a questão de Chipre? Denktash e Clerides, ambos com mais de 80 anos. Incrível! Clerides sempre me pareceu manhoso e hábil negociador, mas atrás do sorridente Denktash estava o poderoso exército turco, fortemente armado pelos norte-americanos para defender a fronteira da antiga União Soviética.

O setor grego entrou para a União Européia em maio de 2004. Denktash, o cabeçudo líder turco-cipriota, acabou afastado à força de seu cargo pelo governo de Ãncara antes das eleições de abril de 2005, pois a Turquia deseja ardentemente que seu país seja aceito pela União Européia. Em meados de 2005 Chipre estava novamente na berlinda, pois todas as forças se reúnem para dobrar o velho Denktash, que embora fora do governo continuava ainda bastante influente. Ele bem sabe porque está resistindo, pois não confia na eqüidade dos greco-cipriotas para com seus co-cidadãos turco-cipriotas, que constituem apenas 1/5 da população da ilha. Verdadeiros *pogroms* ocorreram e podemos lê-los nas belas páginas do livro de Lawrence Durrel, *Limões Amargos*, sucesso internacional de literatura nos anos 50.

A crise de Chipre chegara ao seu anticlímax em abril de 2004, devido ao referendo sobre o plano de reunificação apresentado pela ONU e pela União Européia. A atitude do novo presidente greco-cipriota Tassos Papadópulos, um ex-terrorista, irritou a todos com suas objeções intransigentes. Era óbvio que os greco-cipriotas queriam recuperar tudo o que perderam por ocasião da invasão turca em 1974, mas isso seria impossível se quisessem realmente chegar a um acordo razoável. Na campanha final para o referendo o que se viu foi o primeiro-ministro turco Erdogan se esforçando por aplacar os generais, enquanto o presidente greco-cipriota e o arcebispo de Nicosia faziam aberta publicidade pelo *não* – *oxi*. Pelo citado plano da ONU, 8% das terras ocupadas pelos turcos seriam devolvidos aos greco-cipriotas, inclusive a jóia da coroa, o balneário de Famagusta e sua cadeia de hotéis de luxo fechados há 30 anos. Destarte, a parte ocupada pelos turcos na ilha se reduziria de 37% para 29%.

O resultado da votação para a reunificação da ilha foi desastroso e até certo ponto surpreendente: 75% dos greco-cipriotas votaram *não* e 65% dos turco-cipriotas votaram *sim*. Quem mais tinha a perder votou *sim* e quem mais tinha a ganhar votou *não*. Como entender? Um absurdo. A desculpa grega era de que eles não confiavam no exército turco, cujas tropas continuariam na ilha, embora com forte redução em número. O resultado irritou profundamente a liderança da União Européia e o secretário geral da ONU, Kofi Annan, que resolveu fechar imediatamente seu escritório em Nicosia. Em represália à votação greco-cipriota, a cúpula da União Européia decidiu conceder ao setor turco da ilha as mesmas regalias comerciais que o setor grego passou a receber após a sua adesão à comunidade européia. Por sua vez, o Banco Mundial concedeu à República Turca de Chipre 300 milhões de euros para seu desenvolvimento econômico. Nesta altura muitos greco-cipriotas já devem estar arrependidos da votação, pois as relações políticas entre a Grécia e a Turquia pioraram sensivelmente e podem até ficar perigosas.

Uma força militar da UE terá de ficar estacionada permanentemente entre as duas áreas e será forçosamente uma zona de fricção. Pela primeira vez, a UE terá uma fronteira militar perigosa a guardar. Afinal, a votação em Chipre foi uma bofetada no governo turco, que poderá ser derrubado por uma quartelada por haver acreditado na boa-fé dos gregos. As tropas turcas (cerca de 30 mil homens) não tiveram seu contingente reduzido, como previsto, a ONU fechou seu escritório e, portanto, o lado grego está muito mais vulnerável a uma ação militar turca, que seria irresistível. Em suma, Denktash é quem estava com a razão por não confiar nos greco-cipriotas.

A questão de Chipre voltou à baila por ocasião da decisão da União Européia, em dezembro de 2004, de encetar negociações com a Turquia para sua adesão à comunidade. Foi-lhe exigido que reconheça o atual governo grego de Chipre, o que, de certo modo, foi exorbitante, mas mesmo assim Erdogan acabou por ceder. Lembro que o setor turco votou a favor da ilha unificada no referendo, ao passo que foram os greco-cipriotas que vetaram a boa proposta de reunificação oferecida pelas Nações Unidas. A Turquia acabou reconhecendo o governo greco-cipriota, o qual por sua vez poderá aceitar, algum dia, a inclusão do setor turco, em separado, na União Européia. É uma questão de tempo, tantas vantagens estão em jogo. Por hora, três quartos da população greco-cipriota é contrária à reunificação da ilha. Do outro lado, a mensagem política que Erdogan recebeu de sua opinião pública ao regressar a Âncara, depois de reconhecer o governo greco-cipriota a instâncias da UE, foi a seguinte: "Se você sacrificar Chipre, a nação vai sacrificar você". Veremos se o novo presidente da entidade turco-cipriota, Ali Talat, um ex-vendedor de geladeiras, terá habilidade suficiente para contornar a resistência greco-cipriota à reunificação.

Após o ingresso do setor grego da ilha na União Européia, os norte-americanos fizeram um gesto para agradar à Âncara e aos turco-cipriotas, enviando uma missão de homens de negócios para intensificar as relações comerciais. Curiosamente, está havendo um crescente êxodo de turco-cipriotas: eles solicitam passaporte no setor grego, que os concede, e emigram para a Grã-Bretanha e outros países da UE. Cerca de 30 mil já abandonaram o setor turco, deixando os menos habilitados em casa. A ONU tem procurado reviver o diálogo para a reunificação, mas os greco-cipriotas não estão demonstrando interesse, pois aumentou seu poder de barganha, o que forçará a Turquia a oferecer muito mais na mesa de negociação. Talvez a retirada total das tropas de ocupação.

Em setembro de 2005 o Parlamento Europeu aprovou a abertura das negociações para a entrada da Turquia na União Européia e a solução da questão cipriota é um dos pontos nevrálgicos a serem abordados. Os eurodeputados alertaram porém que o país deverá assumir o terrível genocídio de armênios em 1915 e reconhecer a República de Chipre (setor grego) antes de fazer parte do bloco. Lembro porém que a Turquia recentemente afirmou que a aceitação do início de negociações com a UE não significa o reconhecimento do governo de Nicosia, nem a abertura dos portos e aeroportos turcos para produtos dos cipriotas gregos.

Curiosamente, em janeiro de 2006, Chipre estava de novo nas manchetes mundiais por outro tipo de batalhas: o jovem tenista cipriota Marcos Bagdahtis surpreendentemente chegou à final do torneio aberto da Austrália. Infelizmente perdeu, mas deu entrevistas nas principais redes mundiais de televisão e falou-se bastante dos problemas de seu atormentado país... Em meados do ano, na reunião em Bruxelas da União Européia, a Turquia foi advertida de que deverá abrir seus portos e aeroportos para Chipre (setor grego) ainda este ano, ou então enfrentará dificuldades no processo de admissão na UE. Âncara rebateu dizendo que não vai tomar qualquer atitude enquanto a UE mantiver o isolamento econômico da setor norte da ilha sob seu domínio. O *prémier* Erdogan desafiou: se as negociações pararem, que parem!

Os meses passaram e o governo turco se deu conta de que a UE estava falando sério. Ofereceu então o acesso de navios e aviões greco-cipriotas a um só porto e a um só aeroporto, ambos secundários. A comissão da UE que está fazendo as negociações zangou-se e suspendeu as reuniões *sine die* até que Âncara ofereça formalmente acesso irrestrito dos produtos greco-cipriotas a todos os aeroportos e portos da Turquia. Consta que as forças armadas da Turquia se opõem firmemente a mais concessões ao governo de Nicosia. Concordo com o presidente francês Sarkozy que, em entrevista, afirmou que a Turquia não será admitida na União Européia enquanto não reconhecer plenamente os direitos de *todos* os atuais 27 membros da comunidade. O impasse continua e a presidência da UE em 2007, que coube à Alemanha, não facilitou em nada esta posição intransigente, porém justificada.

A partir de abril de 2008 os EUA e a União Européia têm estado seriamente preocupados, pois o primeiro ministro da Turquia, Recep Erdogan, esteve prestes a candidatar-se à presidência do país, o que poderia significar notável mudança política nessa nação-chave da política norte-americana e do Ocidente no Oriente Médio e em relação à Rússia. O governo Erdogan havia conseguido notável crescimento econômico e assegurado o bom início das negociações para o ingresso da Turquia na UE. O primeiro-ministro é um homem carismático, de origem humilde, líder do partido AK, de caráter nitidamente islâmico, o que poderia levar o país de volta ao tempo dos otomanos.

Erdogan é acusado de minar o secularismo e facilitar o uso dos véus nas universidades e nas repartições públicas. Sua esposa habitualmente usa o véu. O *establishment* secular, isto é, o exército, o judiciário, a elite financeira e universitária, temia que Erdogan continuasse a enfraquecer os valores laicos se alcançasse a presidência. O comandante geral do exército advertiu formalmente o primeiro-ministro de que o novo presidente deve ser secular não somente com palavras, mas com atos também. O Partido Republicano, o principal da oposição, ameaçou apelar para a Corte Constitucional para anular a sua eventual eleição.

Na data final para apresentação de sua candidatura, Erdogan cedeu à barragem dos laicos, mas pretendia tomar a sua revanche nas eleições de 22 de julho. Ele cedeu o passo a seu ministro do exterior, Abdullah Gül, para a Presidência da República, que não conseguiu *quorum* para eleger-se no parlamento e acabou por desistir de sua candidatura também. Recordo que o cargo de presidente na Turquia não é tão simbólico assim, pois promulga as leis, nomeia altos funcionários da administração e da justiça, postos importantes para a defesa da laicidade, da qual o presidente é o garante, de acordo com a Constituição. Um membro do AKP na presidência pode ser um risco para o equilíbrio institucional. A atitude firme dos militares contra essa possibilidade também preocupa, pois no passado já depuseram quatro governos.

Seja como for, a renúncia de Erdogan foi hábil, tendo em conta as dificuldades já numerosas para o ingresso da Turquia na UE e os perigos que se acumulam nos países vizinhos Irã e Iraque. O próximo presidente da Turquia será o 11º desde a fundação da República, em 1928, por Mustafá Kemal Atatürk e ele deverá estar comprometido com os valores dessa república democrática e laica. Se a Turquia não continuar democrática, seja pela eleição de um presidente islâmico que não respeite a Constituição ou venha a ser dirigida por uma junta militar, o país não terá a menor possibilidade de ser admitido na União Européia.

Antes das eleições, as forças da oposição realizaram grandes manifestações de centenas de milhares de pessoas em Istambul, Âncara e Smirna em favor da permanência da secularização do país. Comentários da imprensa após as eleições informaram porém que essa defesa da secularização só prevaleceu nas grandes áreas urbanas do país, ao passo que nas regiões rurais a maioria votou no AKP.

Finalmente, outro item sensível, que também poderá afetar as negociações para a admissão da Turquia na UE – a questão curda no Iraque. Os militares turcos estão preocupados com a evolução da conjuntura no país vizinho, sobretudo com o referendo que deveria realizar-se no último trimestre do ano corrente. O governo turco já fez gestões junto a Washington no sentido de adiar esse referendo, que vai decidir sobre o futuro da rica região petrolífera de Kirkuk, no norte do Iraque, e sua eventual autonomia. Julga Âncara que se isso ocorrer, o que é provável, será o primeiro passo para a criação do estado independente curdo, que nem a Turquia nem o Irã desejam. O fato teria ampla repercussão na grande comunidade curda da Turquia, a qual poderia tender à secessão para juntar-se ao novo estado curdo.

Em março último, Erdogan visitou Bagdá e tentou convencer o *prémier* Talabani de adiar esse referendo, mas não foi atendido. Recentemente, um dirigente do partido pró-curdo na Turquia, o DPT, esteve preso por haver declarado que um ataque contra Kirkuk seria considerado como se isso ocorresse contra Diyarbakir, a capital da região curda da Turquia. Portanto, este é outro ingrediente delicado a ser considerado no amplo painel das negociações da Turquia com a União Européia. Se isso se confirmar, as negociações com a UE serão certamente suspensas, o que provavelmente dificultará ainda mais a solução definitiva da questão de Chipre, a qual entrará em novo compasso de espera.

No início de 2008, o exército turco, contra a vontade dos EUA, fez diversas incursões em território iraquiano, com alguns milhares de soldados e helicópteros. A explicação oficial foi de que essas violações de fronteira foram uma represália às atividades criminosas do PKK, o partido curdo da Turquia, cujos membros cometeram crimes e se refugiaram na região curda do Iraque. A agência israelense Debka informou que essas incursões em território iraquiano teriam envolvido cerca de 50 mil soldados turcos, o que foi considerado grave. Os citados ataques do PKK na Turquia teriam feito oito mortos inocentes, o que provocou a rápida intervenção militar em busca dos responsáveis. A imprensa turca comentou que essas incursões militares seriam uma sondagem da reação da opinião pública internacional, com vistas a operações de maior envergadura pelo exército turco, ou até mesmo como ensaio de uma verdadeira invasão do exército turco no Iraque curdo. Esse fatos causaram considerável preocupação em Washington, que teria protestado formalmente junto ao governo de Âncara.

A vitória do Partido da Justiça e do Desenvolvimento (AKP) nas eleições de 22 de julho de 2007 parece garantir a continuidade do desenvolvimento econômico dos últimos cinco anos, que duplicou a renda *per capita* da Turquia para mais de US$5,500,00 e o PIB nacional para mais de US$400 bilhões. No entanto, o jornal *Yenisafak* vê na confirmação do poder do AKP "a emergência da periferia da sociedade turca, em um país sempre governado pelas elites". Se na eleição de 2002, o primeiro ministro Erdogan obteve 34% dos votos, em julho de 2007 superou os 47%. No entanto, se antes tinha 356 cadeiras no parlamento em um total de 550, agora baixou para 341 deputados.

O Partido Republicano obteve 20% dos votos e o partido direitista Movimento Nacional mal chegou aos 15%. Como o Partido dos Trabalhadores do Curdistão está na ilegalidade, os curdos estarão representados pelo Partido da Sociedade Democrática, que tem 23 deputados. O jornal *Millieyet* julga que "o povo está feliz com o progresso econômico atual e confia em Erdogan, como hábil político moderado, com visão européia". Aliás, logo após as eleições, o primeiro-ministro reiterou que continuará na luta para tornar a Turquia membro da União Européia e garantiu que "os pontos de vista da oposição serão respeitados, pois essa é a maior riqueza da democracia".

O fator crucial do final de 2007 foi a eleição do novo presidente da República pelo parlamento. Em meados de agosto Erdogan voltou a indicar seu ministro do Exterior Abdullah Gül para o cargo, em desafio das Forças Armadas. Após dois escrutínios em que o candidato não obteve os dois terços exigidos pela Constituição, finalmente ele foi eleito com apenas maioria simples, no terceiro escrutínio, a 28 de agosto. Os analistas políticos comentaram que "não haverá problemas com Gül na presidência em termos das Forças Armadas, caso os princípios do secularismo e da unidade nacional sejam preservados". Seja como for, os militares já alertaram a opinião pública: irão intervir "sempre que julgarem que o secularismo estiver em risco".

Em janeiro de 2008, o primeiro-ministro Erdogan conseguiu entender-se com os partidos pequenos e o parlamento modificou a Constituição autorizando o uso do véu nas universidades e repartições públicas. Essa decisão reabriu os debates sobre a questão religiosa.

Em fevereiro, foram realizadas novas eleições em Chipre e o péssimo presidente Papadópulos foi eliminado no primeiro turno. No segundo turno foi eleito por pequena margem o candidato comunista Demetri Christofias, que se comprometeu a negociar com representantes turcos para tentar unificar a ilha. Será o único governo comunista da União Européia, onde certamente não será bem-vindo.

Para terminar, uma especulação negativa em relação à entrada da Turquia na União Européia. Em meados de março último, a França e a Alemanha submeteram aos demais membros da comunidade um projeto de criação de uma "Comunidade Mediterrânea", anexa à UE. Ela abrangeria todos os países do sul da Europa e do norte da África, evitando assim uma expansão ainda maior da União Européia. O projeto excluiria a eventual admissão na UE da Croácia, Bósnia, Montenegro e Albânia e essa nova comunidade incluiria a Turquia, Síria, Líbano, Israel, Egito, Líbia, Tunísia e Argélia, todos países mediterrâneos. Os comentaristas políticos estão insinuando que tal sugestão foi motivada pela sabida relutância da França e da Alemanha admitirem a entrada da Turquia de 75 milhões de muçulmanos na União Européia. No parlamento europeu a Turquia possuiria a segunda maior bancada depois da Alemanha... Essa nova comunidade mediterrânea foi aprovada no início da gestão da França à frente da União Européia, em julho.

(Palestra pronunciada no Conselho Técnico da Confederação Nacional do Comércio a 9 de outubro de 2007 e anteriormente publicada na Carta Mensal de nº 628, de julho de 2007. Atualizado em junho de 2008).

VARIAÇÕES

SPYROS KYPRIÂNOU E A MINHA EXPERIÊNCIA COMO MERCADOR DE ARMAS

Minha designação para embaixador em Chipre, cumulativamente com Israel, foi uma surpresa agradável. A ilha é uma das encruzilhadas políticas do mundo, possui uma rica história medieval e ótimos hotéis em suas praias belíssimas. Os quase cinco anos em que lá representei o Brasil coincidiram com o mandato do presidente Kypriânou, um médico relativamente jovem que administrava com habilidade os destinos do setor grego da ilha, agora incorporado à União Européia. O nível de vida já era bastante elevado nos anos 70 e agora deve estar melhor ainda, graças ao intenso turismo. Recordo que, dos 10 países que ingressaram na UE em 2004, Chipre é o que apresentava maior renda *per capita*. Na minha época, a política local estava bastante dividida entre conservadores, socialistas e comunistas, que ainda eram bastante influentes.

Kypriânou falava pouco como tática para obrigar seus interlocutores diplomáticos a falar muito. Em Israel havia vários embaixadores acreditados cumulativamente em Nicosia e quando surgia uma crise em Chipre nos reuníamos em Tel Aviv para trocar informações e discutir os problemas. Divertíamo-nos perguntando uns aos outros quantas palavras Kypriânou tinha pronunciado na última audiência. E o mais engraçado é que ao final das visitas, em que havia pronunciado apenas uma dúzia de frases, o presidente nos cumprimentava efusivamente, afirmando que havia apreciado muito a conversa.

Felizmente, consegui romper a barreira protocolar graças a um episódio curioso em minha carreira. Certo dia recebi um telegrama secreto-exclusivo do Itamaraty ordenando que me deslocasse imediatamente a Chipre e lá me entrevistasse com o ministro da Justiça, um certo dr. Benjamin, que antes me parecera inexpressivo. O telegrama explicava: uma empresa brasileira fabricante de armas, a ENGESA, tinha um negócio importante de armas em vista com o governo de Chipre, no valor de 60 milhões de dólares, que estava sendo intermediado por um grego, o qual exigia 30% de comissão. A entrevista com o ministro da Justiça de Chipre foi rápida e ele concordou imediatamente, deixando de lado o intermediário.

No mesmo dia, Kypriânou mandou chamar-me no Hotel Hilton e fui levado a ele sem protocolo nenhum. Agradeceu-me a gestão e conversamos descontraidamente. Esclareceu que necessitava dos tanques leves brasileiros para possível emergência de ataque de tropas turcas, estacionadas do outro lado da ilha. Bastava deter os turcos por 48 horas, a fim de dar tempo ao *lobby* grego em Washington para motivar os norte-americanos a pressionar seus aliados turcos e paralisar eventual ofensiva. Verdade ou não, os turcos jamais tentaram qualquer medida de força até hoje.

A "Palma de Ouro" do festival de Cannes que o Brasil não levou

Boa parte de minha carreira diplomática foi realizada no setor cultural. Em Portugal ajudei a criar no Porto uma revista intitulada *Brasil Cultural*, junto à qual reuni alguns dos melhores intelectuais portugueses da época. Publiquei em Portugal nada menos de três livros e fiz crítica musical no *Jornal de Notícias*, do Porto. Em Belgrado o setor cultural era coberto pelo próprio embaixador, Ribeiro Couto, que mantinha ótimas relações com os melhores poetas e escritores iugoslavos. Eu, por minha parte, me relacionei bem com compositores, maestros e cantores da ópera e da sinfônica local. Na Argentina, como cônsul em Rosário, tive excelentes relações com a antiga associação cultural "El Circulo" e ativei bastante o Centro de Estudos Brasileiros. Fiz conferências e recitais em Buenos Aires, Córdoba, Rosário e Mendoza. Nessa época eu ainda cantava em público.

Em Nápoles, como cônsul do Brasil, estimulei os estudos brasileiros na universidade local e cheguei a cantar no Teatro San Carlo, para irritação do nosso embaixador em Roma, Alencastro Guimarães, que me repreendeu por não havê-lo consultado previamente. Exclamou ele: "Imaginem se você fosse vaiado no teatro! Era o Brasil que estaria sendo vaiado!" Incrível! Eu era amigo do diretor da ópera de Nápoles, *signor* Mammalella, que me ouvira cantar em casa e me convidou para fazer o papel de Alvise Badoero na ópera *Gioconda*. Sai-me corretamente e a crítica local elogiou o cônsul brasileiro que cantara bastante bem...

Este episódio faz lembrar meu colega Arnaldo Vasconcelos, um dos melhores violinistas do Brasil dos anos 50. Disse-me ele haver desistido de apresentar-se em público, porque se convencera de que o público não ia ouvir o violinista, mas sim o diplomata que tocava violino... Em Washington por muito tempo estive encarregado do setor cultural da embaixada e preocupei-me sobretudo com o bom relacionamento com as grandes universidades americanas, o que me levou às cátedras de Yale, Stanford, Ann Arbor, Tulane, Chapel Hill e outras, lá pronunciando palestras sobre temas brasileiros. Em 1967-69 fui presidente do Conselho Inter-americano de Música da OEA e presidi uma conferência da OEA de educação musical em Medellin, Colômbia. Em 1969-70 tive a honra de dirigir o Departamento Cultural do Itamaraty.

Bem antes, em 1965, era o chefe da Divisão de Difusão Cultural do Itamaraty, que naquela época tinha, entre outras atribuições, a incumbência de organizar a representação brasileira em festivais internacionais de cinema e grandes exposições de artes plásticas, hoje em mãos do Ministério da Cultura, que ainda não existia. Não era fácil, pois nossos cineastas tinham a ousadia de preparar filmes para determinado festival internacional e, quando não eram selecionados, era um Deus nos acuda! Assim encontrei-me no Festival de Cannes de 1965, como delegado brasileiro, acompanhado de Guilherme Figueiredo, adido cultural em Paris. Lá fomos apresentar o filme *Noite Vazia*, de Walter

Hugo Kouri, estrelado por Norma Bengell e Odete Lara. O filme era demasiado moderno para a época, pois contava a história de dois casais que freqüentemente tinham cenas de amor tão ousadas para a época que o filme foi jocosamente batizado de "Noite vazia – cama cheia"... Mas a qualidade técnica do filme era excelente e o jurado francês, o conhecido escritor e cineasta Allain Robbe-Grillet, se encantou pela nossa película e insistiu em designá-la para a Palma de Ouro. A presidente da comissão julgadora era a famosa atriz Olivia de Havilland, que se opôs firmemente a dar-nos o grande prêmio sob a alegação de que era um filme quase pornográfico e que isso causaria dano à boa imagem do festival. Gina Lollobrigida, também jurada, apoiou o delegado francês, mas acabamos perdendo para o filme inglês *The Knack*, uma comédia divertida mas sem pretensões artísticas, cuja candidatura foi fortemente apoiada pelo próprio embaixador britânico, que veio de Paris até Cannes especialmente para fazer "lobby".

Curiosamente, na sessão de abertura do festival, Guilherme e eu estivemos num aperto: nossas estrelas desapareceram convidadas em iates de milionários e não foram encontradas para o desfile inicial no palco. Felizmente, estava em Cannes uma bela jovem brasileira que conhecêramos no *boardwalk* e, para solucionar nosso problema, lhe suplicamos desfilasse como sendo uma das estrelas de nosso filme. A moça não tinha roupa apropriada para o desfile e tivemos de comprar-lhe um bonito vestido, que custou caro. Como nossas estrelas eram desconhecidas, ninguém se deu conta da manobra... O festival foi divertido e assisti a uma cena tragicômica no terraço do Hotel Negresco: a esposa do famoso ator Rex Harrison apanhou-o na varanda do hotel em flagrante namoro com Norma Bengell e deu-lhe uma bolsada na cara! No banquete de encerramento sentaram-me ao lado da encantadora Gina Lollobrigida, com quem conversei animadamente em italiano e debrucei-me sobre o seu generoso decote...

Dom HELDER CÂMARA e o Prêmio Nobel da Paz que o Brasil não quis

Conheci pessoalmente Dom Helder Câmara em Washington em 1959, por ocasião de um congresso internacional eclesiástico. O embaixador Walter Moreira Salles pediu-me que fosse recebê-lo no aeroporto e o auxiliasse na sua instalação no hotel. Isso era habitual com pessoas gradas que chegavam à capital norte-americana, colocando à sua disposição um jovem secretário de Embaixada. Nessa época eu ainda era 2º secretário.

Levei-o em meu carro até o Hotel Mayflower, sua hospedagem e local do congresso. Fomos conduzidos até seu quarto e ele se deslumbrou: era uma enorme suíte bastante luxuosa, cuja diária devia ser bem cara. Dom Helder virou-se para mim dizendo: "Que bom seria se pudesse levar para Olinda o dinheiro das diárias deste hotel para os meus paroquianos. Você poderia hospedar-me em sua casa?" Concordei imediatamente, embora com certa apreensão, por que tinha em casa dois grandes cachorros que iriam estranhá-lo.

Descemos então para falar com os organizadores, que ficaram surpresos com a proposta de Dom Helder. Explicaram-nos que a igreja católica nos EUA é minoritária e por isso precisa ostentar e realizar reuniões em hotéis de luxo. Se Dom Helder desejava ir para a minha casa, não haveria qualquer objeção, mas eles não poderiam ceder-lhe o valor das diárias do hotel. Diante disso, voltamos à bela suíte onde ele se instalou muito satisfeito. Acompanhei-o em vários programas em Washington e organizei uma palestra na embaixada para convidados brasileiros.

Faço essa introdução porque, 10 anos mais tarde, tive ocasião de participar de gestões altamente desagradáveis para *evitar* que Dom Helder recebesse o Prêmio Nobel da Paz de 1969. Confesso que me envergonho um pouco da minha participação, mas como negar-me a obedecer ordens superiores? Poderia perder o cargo que ocupava, com risco de prejudicar seriamente a minha carreira profissional. Ocupava a chefia do Departamento Cultural do Itamaraty, ainda no Rio de Janeiro, quando certo dia (creio que em outubro de 1969) fui convocado ao gabinete do secretário geral do Itamaraty, embaixador Jorge de Carvalho e Silva, que me informou dos pormenores da candidatura de Dom Helder Câmara ao Prêmio Nobel da Paz, lançada por diversas entidades religiosas da Bélgica, Holanda e da Alemanha que o apoiavam em atenção à sua defesa dos direitos humanos no Brasil durante o regime militar. Notícias que chegavam da Europa davam Dom Helder como o favorito para receber o prêmio e isso certamente seria daninho à imagem internacional do governo militar.

Fui instruído a convocar uma reunião no Itamaraty com os embaixadores dos países escandinavos (Noruega, Suécia, Dinamarca e Finlândia) e expor-lhes nossa preocupação com a eventual concessão do prêmio a Dom Helder. Reunidos na bela Sala dos Índios do Palácio Itamaraty, pedi-lhes que solicitassem a seus governos, a título excepcional, que interviessem junto à Fundação Nobel para evitar a escolha. Todos prometeram consultar seus governos, mas adiantaram ser duvidosa tal interferência.

Dias depois, um por um, todos me telefonaram lamentando que seus governos tinham a tradição de não-interferir em temas do Nobel e não poderiam fazer exceção naquela oportunidade. Apressei-me a informar o secretário geral e aí terminou minha ingrata missão de tentar impedir que um ilustre brasileiro, mesmo polêmico como Dom Helder, recebesse o Prêmio Nobel da Paz, distinção que o Brasil nunca havia recebido e *até hoje* ainda não recebeu, ao passo que, na América Latina, outros países como a Argentina, Chile, México, Peru e a Guatemala já foram galardoados.

Soube depois por Alarico Silveira, chefe do Serviço de Informações do Itamaraty, colega de turma que assistiu a uma das reuniões no Palácio do Planalto, em Brasília, que posteriormente o caso teve lances dramáticos. Foram convocados os presidentes e diretores de todas empresas escandinavas no Brasil, como a Volvo, a Scania Vabis, a Ericsson, a Facit, a Nokia e outras menores, e lhes foi solicitado que interviessem junto à Fundação Nobel para evitar a concessão do prêmio a Dom Helder. Todos lamentaram não poder intervir no caso, quando o oficial general que presidia a reunião deu um murro na mesa e anunciou: se os senhores não intervierem com firmeza e Dom Helder receber o prêmio, então as suas empresas no Brasil não poderão mais remeter um centavo de lucros para as respectivas matrizes. Ficou bem claro?

Naturalmente, após essa explosão prepotente, deve ter havido um grande silêncio até que um ilustre militar, o general Juracy Magalhães (ex-embaixador em Washington, ex-ministro da Justiça e das Relações Exteriores do governo Castello Branco), então presidente da Ericsson no Brasil, protestou veementemente. Anos depois, conversando sobre o assunto com Juracy, que me honrava com sua amizade, confirmou-me seu protesto naquela reunião insólita em Brasília.

A mensagem foi bem entendida nos países escandinavos, o prêmio foi concedido a outro candidato e não se falou mais em Dom Helder. Juracy confessou-me que tampouco gostava das atividades políticas de Dom Helder, mas considerou exorbitante a gestão que teve de fazer junto à sua central sueca da Ericsson. Mais tarde um ex-embaixador do Brasil em Estocolmo comentou comigo que, enquanto houver alguém na diretoria da Fundação Nobel que se lembre do esforço feito pelo Brasil para *não receber* um prêmio Nobel, dificilmente outro brasileiro será agraciado. Tivemos depois bons candidatos como Jorge Amado, Josué Montelo, Celso Furtado, Josué de Castro e João Cabral de Melo Neto, mas parece que a Fundação não esqueceu a afronta. Em 2003, o presidente Lula, indicado candidato, tampouco foi contemplado. Esta é a história lamentável, e pouco conhecida, da ausência de personalidades brasileiras nos quadros dos Prêmios Nobel.

TEMAS ASIÁTICOS
E AFRICANOS

I

A NOVA CHINA, PARCEIRA ESPECIAL DO BRASIL?

Creio que a maioria dos leitores sempre sentiu alguma curiosidade pela China. Na minha geração os professores de história davam bastante ênfase ao maravilhoso conto de fadas que foi a civilização chinesa. Por isso, quando em dezembro de 1998, por ocasião da visita do presidente Fernando Henrique Cardoso a Pequim, o ministro Ernani Galveas me sugeriu uma palestra sobre a China moderna, não hesitei em aceitar. Na verdade, estou longe de ser um sinólogo, mas quase cheguei a sê-lo. No início de 1967, ao ser promovido a ministro plenipotenciário, o embaixador Meira Penna, então sub-secretário do Itamaraty para assuntos da Ásia, convidou-me para ser cônsul-geral em Hong Kong, com a especial incumbência de organizar um serviço de informações políticas e econômicas sobre a China vermelha. Isso fazia muita falta pelo fato de não mantermos ainda relações diplomáticas desde 1949, ao ser instalada a República Popular da China. Colegas me desaconselharam a aceitar.

No entanto, os ventos da fortuna levaram-me para Washington, o que sem dúvida favoreceu minha carreira. Mas nas poucas semanas em que me sentia destinado a Hong Kong, aproveitei para ler muita coisa sobre a China moderna e recordo-me que me impressionou bastante uma biografia de Chu-en-Lai, uma das figuras mais interessantes da China comunista. Depois disso, sempre segui com atenção os acontecimentos na China e muito mais tarde, no final de 1973, pouco antes da posse de Ernesto Geisel como presidente, conversamos muito sobre política externa. Daí resultou um *paper*, no qual, entre outros itens, instava eu que o Brasil reconhecesse prontamente a RPC, tantas possibilidades comerciais havia para o Brasil. Logo nos primeiros meses de governo, no ano seguinte, o presidente Geisel reconheceu o governo de Pequim e, ao felicitá-lo, ele me disse que aquela nossa conversa, antes de sua posse, havia contribuído bastante para a sua decisão.

Diversas personalidades políticas brasileiras foram convidadas a visitar a China, entre elas o vice-presidente João Goulart, que lá se encontrava quando teve de regressar às pressas para assumir o governo, por ocasião da renúncia de Jânio Quadros, em agosto de 1961. O livro de Carlos Tavares de Oliveira, da CNC, intitulado *O despertar da China*, relata com pormenores interessantes as primeiras visitas das missões brasileiras à China Vermelha nos anos 70 e 80.

Depois do estabelecimento formal de relações diplomáticas em 1975, as visitas foram muitas, de parte a parte. Os presidentes Figueiredo (1984) e Sarney (1988) visitaram oficialmente a China antes de Fernando Henrique Cardoso e Lula. Já o chanceler Ramiro Saraiva Guerreiro foi o primeiro-ministro das Relações Exteriores do Brasil a visitar Pequim em 1982 e recebeu a especial distinção de ter uma entrevista com Deng Xiaoping, que lhe explicou pessoalmente seu plano das quatro modernizações do país. Guerreiro voltou à China com Figueiredo e contou-me haver ficado bem impressionado com as autoridades chinesas, que haviam cumprido tudo o que com ele haviam acordado dois anos antes. Abreu Sodré lá esteve em 1988 com Sarney; Francisco Rezek visitou Pequim em 1991 e Celso Amorim, em 1994. Outras visitas ministeriais brasileiras ocorreram, entre elas a de Ernane Galveas, em 1984, então ministro da Fazenda. Do lado chinês estiveram no Brasil os presidentes Yang Shang Kun (1990) e Jiang Zemin (1993) e os primeiros-ministros Wu Xuequian (1984) e Li Peng em 1992. Vários ministros chineses vieram também a nosso país, entre eles o famoso vice-primeiro-ministro Zhu Rongyi, responsável pelo milagre econômico e comercial da China moderna. Mais recentemente, em 2005, o novo primeiro-ministro Wen Jibao recebeu o presidente Lula calorosamente em Pequim.

Mas o interesse que a China está hoje despertando aumentou muito e se diversificou. Essa curiosidade é como uma moeda de ouro, com cara e coroa, verso e reverso. O crescimento industrial e comercial espetacular da China nos últimas décadas, sobretudo depois da criação e funcionamento das zonas especiais econômicas, deixou o mundo estupefato, alarmado e cobiçoso também. As oportunidades de comércio e de investimentos lucrativos são notáveis, mas as conseqüências dos métodos de exportação e das condições especialíssimas de produção na China causam apreensão. Em 17 de dezembro de 1998, a Organização Mundial do Comércio (OMC) divulgou seu relatório anual sobre as condições do comércio internacional, informando que a China é o país do mundo que mais acusações sofre de cometer sistematicamente o *dumping*, isto é, a venda de mercadorias abaixo do custo médio de produção, com o objetivo desleal de afastar concorrentes nos mercados compradores. Segundo informava a OMC, havia na época nada menos de 87 processos oficiais movidos contra a China, o dobro das reclamações semelhantes contra a Coréia do Sul, o segundo país mais acusado de adotar procedimentos desleais no seu comércio exterior. A União Européia estava na liderança das acusações de *dumping* contra a China com 37 processos movidos na OMC, seguindo-se os EUA com 30 e o México com 18.

De acordo com técnicos da OMC, outro tipo de acusação pode ganhar espaço daqui para a frente. Os países desenvolvidos tendem a montar também processos sobre as condições de trabalho, acusando os países asiáticos de cometer abusos para manter seus custos de produção extremamente baixos (e portanto seus preços de exportação). Entre esses abusos estaria a exploração do trabalho com salários vis, e de penitenciários, além da utilização de mão-de-obra infantil até 12 horas diárias e sem quaisquer direitos trabalhistas. Tais contra-medidas, justas sem dúvida, são difíceis de aplicar, pois afinal de contas os grandes investimentos estrangeiros na China também se beneficiam e muito dessas vantagens.

Segundo escreveu Joelmir Betting em sua antiga coluna de *O Globo*: "Em 10 anos, a China estará hospedando uma classe média de 150 milhões de consumidores do padrão coreano. E no topo dela, mais de 30 milhões de chineses ricos com padrão de consumo texano. Eis a China de primeira classe que desperta a cobiça de meio mundo". No entanto, examinando mais de perto a problemática chinesa, veremos que o quadro geral não é tão brilhante assim.

Informações gerais

A China atual é um país com 9.600.000 km^2, portanto maior do que o Brasil. Sua população é de cerca de 1,3 bilhões de habitantes, com grandes concentrações na costa. De cada cinco habitantes da Terra, um é chinês, embora a densidade demográfica seja razoável: 122 habitantes por km^2, o equivalente à densidade da França. No entanto, só 15% do território abriga 90% da população e quase 70% dessa população está nas zonas rurais. No entanto, cerca de 150 milhões de chineses emigraram de suas aldeias para as cidades industriais em busca de melhores empregos. Isso causou perigosa superpopulação nas cidades e o aumento sensível na criminalidade.

Pequim já está com cerca de 12 milhões de habitantes e Xangai é a maior cidade do país com 15 milhões de habitantes. O país é governado pelo Partido Comunista Chinês, o PCC, e tem por oposição simbólica oito pequenos partidos de modesta influência. Esse era o modelo político da antiga Alemanha Oriental. A força de trabalho é superior a 700 milhões de pessoas, sendo 60% na agricultura, 35% na indústria e comércio e 5% na construção e mineração. A moeda é o yuan ou renminbi. O carvão e o petróleo asseguram 93% da produção elétrica e as centrais hidroelétricas apenas 5%. Recentemente, o número de telefones móveis atingiu 500 milhões, o que coloca a China em 1º lugar no setor. O Brasil já chegou a 100 milhões de celulares. Os internautas chineses somam 70 milhões (2º lugar no mundo), o consumo de cimento ultrapassou 40% da produção mundial e o consumo do aço corresponde a 25% da produção mundial.

Apesar desses fortes índices, os bancos suíços avaliam a China como A-2 a médio-prazo e BBB a longo prazo, o que pode ser considerado como "relativamente confiável" para um investidor. O maior problema estrutural da China continua a ser a reforma das empresas estatais, em sua maioria deficitárias. O PIB estaria hoje em mais de US$ 3 trilhões, o dobro do nosso. Embora as estatísticas chinesas não sejam confiáveis, o crescimento das províncias costeiras, as Zonas Econômicas Especiais (ZEEs), de um modo geral pode ter chegado a 20%, número que causa calafrios aos economistas ocidentais e preocupação de superaquecimento da economia para as autoridades chinesas.

A agricultura fez progressos consideráveis, mas com a espetacular migração para as ZEEs, a área de plantio diminuiu bastante. A China ainda é o primeiro produtor mundial de trigo e arroz, e está entre os primeiros na produção de algodão, milho, tabaco, chá, açúcar, oleaginosos e pesca. A siderurgia teve progresso notável, bem como a produção de carvão e petróleo, sem esquecer a química e a metalurgia. A China já ultrapassou o Brasil com quase três milhões de veículos anuais e é agora grande produtora de automóveis e caminhões. Com o crescimento sensacional das exportações para quase 1,5 trilhão de dólares em 2007, nove vezes a nossa, recordo a velha frase de Napoleão Bonaparte: "Quando a China despertar, o mundo tremerá". Bem... nós no Brasil já estamos tremendo, pelo menos em Franca e Americana, os agricultores de algodão em São Paulo, em Novo Hamburgo e até no Espírito Santo. Nossa mais importante fábrica de brinquedos, a Estrela, foi vendida e seu antigo dono deu entrevista que vai dedicar-se a importar brinquedos da China...

Mas só em 1978 começou realmente a organizar-se a nova China que nos interessa diretamente. Com base nas propostas de abertura para o Ocidente de Chu en-Lai, o intelectual do regimen, Deng Xiaoping decidiu organizar as hoje famosas ZEEs, que começaram a funcionar em 1980 com surpreendente sucesso. Chu en-Lai sabia que, só com o auxílio do capital estrangeiro com bom *know-how* técnico, o país poderia afinal deslanchar e ocupar seu verdadeiro espaço na economia mundial. Entretanto, a teoria de um regime interno duro, com abertura para o Ocidente, encontraria forte oposição nos estudantes, que passaram a exigir mais liberdade e democracia. Em 1989, a repressão foi violenta na praça Tiananmen: três mil mortos. O PCC vem reafirmando seu apoio à chamada "economia de mercado socialista", fórmula contraditória cujas diretrizes jamais foram claramente definidas. Em 1993, Jiang Zemin assumiu a presidência do país, reiterando as teorias de Chu en-Lai, já desaparecido, e de Deng Xiaoping, enfermo e demasiado idoso. Em 1995, o Comitê Central do PCC aprovou novo plano quinqüenal, batizado no Ocidente como projeto Robin Hood, que visava estimular o desenvolvimento do interior do país, reestruturar as empresas estatais e combater a corrupção.

Em dezembro de 1995 chegou a Pequim o presidente Fernando Henrique Cardoso, que habilmente evitou as questões de direitos humanos, considerando-as como tema de política interna, e concentrou-se na cooperação bilateral, que examinaremos ao final desta conferência. Em 2004, Lula adotou a mesma atitude de FHC e ignorou as clamorosas infrações chinesas no terreno dos direitos humanos. Tudo pelo comércio! A China é, no final de 2007, a 2ª economia mundial, atrás apenas dos EUA, e à frente do Japão e Alemanha.

As zonas econômicas especiais

As Zonas Econômicas Especiais, ou as ZEEs, merecem informações mais pormenorizadas. Foram criadas em 1978 pelo Comitê Central do PCC objetivando uma abertura gradual da economia. Visando uma modernização geral, os chineses se anteciparam em sete anos à *perestroika* e certamente se saíram muito melhor do que os russos. Em 1980 surgiram as ZEEs de Shenzhen, Zhuhai e Shantou, na importante província de Guangdong, ao sul do país, perto de Hong Kong. Em 1981, foi criada a ZEE de Xiamen, na província de Fujian, defronte a Taiwan e de onde são originários a grande maioria dos taiwaneses. Visaram essas ZEEs atrair o capital estrangeiro para o desenvolvimento industrial, obter transferência de tecnologia avançada, estimular as exportações, aprender os métodos ocidentais de administração comercial e industrial, e encorajar a demanda de bens e serviços produzidos em outras regiões da China. A iniciativa foi em parte inspirada em outras zonas de processamento de exportações de outros países asiáticos. Mas as novas ZEEs chinesas são bem mais do que isso: possuem maior dimensão territorial, atividades diversificadas (indústria, agricultura e serviços) e constituem laboratórios experimentais para reformas econômicas a serem implantadas no restante do país.

A principal ZEE é a de **Shenzhen**, com a área de 327,5 km^2 e uma população de mais de oito milhões de habitantes. Em Shenzhen tiveram lugar as primeiras experiências de vendas de ações de empresas locais. Um túnel rodoviário liga a ZEE a Hong Kong, fator importante de sucesso. Isenção de impostos por cinco anos relativos ao uso da terra para empresas que utilizarem alta tecnologia e incentivos especiais têm sido outro decisivo fator de progresso. Shenzhen concentra a maior parte da produção industrial e absorve 3/4 dos investimentos externos no conjunto das ZEEs. Seu dinamismo é impressionante: em 25 anos já responde por 15% do PIB nacional da China. Seu prefeito visitou o Brasil em 2004 em busca de oportunidades de negócios. A maioria dos investidores em Shenzhen veio de Hong Kong e Macau, e a ZEE obteve êxito também como centro de compras para os próprios chineses: em 2005, 50 milhões de chineses visitaram Shenzhen, em comparação com apenas 80 mil estrangeiros.

A segunda ZEE é **Zhuhai**, com área de 15,2 km² e uma população de três milhões de habitantes. A principal fonte de progresso está na venda de produtos agrícolas e da indústria pesqueira, destinados a Macau e Hong Kong. Esta ZEE poderá interessar especialmente ao Brasil devido à sua proximidade a Macau, com a vantagem de que um porto de águas profundas está sendo terminado. **Shantou**, com área de 52,6 km² e população urbana de 3.500.000 habitantes, é a ZEE que menor progresso alcançou desde a sua criação. A simplificação de barreiras alfandegárias está facilitando seu desenvolvimento, cujo estímulo vem sendo feito por chineses residentes no exterior.

A segunda ZEE em importância é **Xiamen**, com 131 km² e população superior a seis milhões de habitantes. Fica situada numa ilha, hoje ligada ao continente por uma ponte, e dispõe de um bom aeroporto internacional. Parece destinar-se sobretudo à exploração de petróleo *off-shore* e é a única ZEE situada na importante província de Fujian e deve ter sido escolhida pela sua proximidade a Taiwan. Entretanto, a falta de transportes eficientes e a distância relativamente grande de Hong Kong não têm ajudado o seu desenvolvimento.

Hainan é a maior de todas as ZEEs, pois ocupa toda a ilha do mesmo nome, com 34.000 km², com população de 16 milhões de habitantes. O Banco Mundial financiou a construção de importante hidroelétrica em Hainan. A posição de Hainan é estratégica pela sua proximidade com as Filipinas, Hong Kong, Taiwan e Vietnã.

Análise da economia chinesa recente e projeções

Tive acesso aos relatórios de dezembro e janeiro de 2006 do "Economist Intelligence Unit" e do "Swiss Bank Wartburg" sobre a China e tentarei fazer um resumo de suas conclusões. Julgam eles que a estabilidade será a prioridade nº 1 da política interna e externa comercial, devendo ser tolerada uma gradativa apreciação da moeda chinesa, o yuan, contra o dólar. Um *approach* mais seletivo em relação aos investimentos externos também é previsto. A principal preocupação das autoridades chinesas está voltada para o setor interno, em especial para a agricultura e a reforma das empresas estatais. Na realidade, tem-se discutido muito a situação dessas empresas, em grande parte deficitárias, mas pouco ainda foi realizado.

A agricultura deverá melhorar de eficiência, embora sem ainda poder atender a todo o mercado interno. Já a espetacular produção industrial desta vez deverá continuar perto dos dois dígitos. No entanto, está surgindo outro setor que se tornará altamente positivo que é o de serviços, cujo crescimento reflete o aumento da renda dos trabalhadores. Infelizmente o mercado negro deverá continuar a se expandir, uma vez que as autoridades chinesas estão estimulando a elevação dos salários urbanos.

No plano qüinqüenal 2000-2005 figuravam curiosamente algumas proibições para projetos binacionais, ora atenuados, em áreas como segurança militar, ecologia e saúde pública, persistindo os velhos tabus em relação à mídia (imprensa, rádio e televisão, inacessíveis a investidores externos), corridas de cavalos e jogos de azar, especulação nos mercados ditos de "futuros", e na produção e distribuição de filmes (poucos filmes estrangeiros são admitidos na China). Uma reforma profunda do sistema bancário estaria sendo estudada com vistas a financiar melhor as pequenas empresas.

Pequim continua a decidir as prioridades para os investimentos estrangeiros: auto-estradas, infra-estrutura urbana, linhas de metrô, gaseodutos, usinas de tratamento de lixo, produção de automóveis e eletrodomésticos, computadores, remédios, etc. Já a produção de sapatos está assustando os bons produtores mundiais, como a Itália e o Brasil.

O Japão está financiando a construção da estrada de ferro Pequim-Xangai e os franceses investem no sistema chinês de telecomunicações. A metade dos investimentos coreanos no exterior estão sendo dirigidos à China e à energia nuclear. A Alemanha tem fechado bons negócios em Pequim, motivo ponderável que levou o ex-chanceler Schroeder à China em 2004. Em 2007 o presidente francês Sarkosy esteve em

Pequim e fechou negócios no valor de 20 bilhões de euros. Ressalto ainda investimentos da Mercedes Benz e da Siemens, que têm nada menos de 35 *joint ventures* na China. Relatórios imparciais informam que o governo chinês tem sido um bom pagador de seus compromissos internacionais. Recordo, finalmente, que, em termos de comércio, a China desde o ano 2007 já é o segundo país do mundo. Suas reservas de divisas que, em 1993, eram menos de US$ 20 bilhões, já atingiram mais de US$ 900 bilhões em 2007.

A guerra fria entre a China e Taiwan

Taiwan é hoje um dos maiores "tigres asiáticos", com reservas em divisas de mais de US$ 300 bilhões. A ilha fica a 160 km da costa da China, sempre fez parte do império chinês, mas foi cedida aos japoneses depois da guerra de 1895. A antiga Formosa, assim batizada pelos navegantes portugueses, tem 36.000 km^2, isto é, maior do que a Bélgica e o equivalente à Holanda. Depois da 1ª Guerra Mundial, Formosa voltou ao domínio da China e em 1949 serviu de refúgio ao governo do Kuomintang, de Chiang Kai-sheck. De 1950 a 1971, Taiwan representou a China no Conselho de Segurança da ONU; mas quando o presidente Nixon afinal reconheceu a China comunista, os EUA romperam relações diplomáticas com Taiwan, com a qual mantêm apenas relações comerciais, aliás bastante intensas. A velha Formosa tem hoje mais de vinte milhões de habitantes e obteve um sucesso industrial e comercial espetacular. A China, no entanto, continua a considerar Taiwan como parte inalienável de seu país.

Apesar de sua evidente prosperidade, a ilha está bastante isolada e mantém relações diplomáticas com apenas 30 países dos 190 que integram a ONU. Antes chegaram a manter relações com até 90 países, inclusive o Brasil, que reduziu o nível de nossa embaixada em Taipê para um simples escritório comercial. Lembro que em sua viagem a Pequim, Fernando Henrique Cardoso reafirmou o princípio da união de Taiwan com a China e o repúdio a qualquer pretensão de o governo de Taipê ganhar um assento separado nas Nações Unidas. Igual posição havia sido declarada também no discurso oficial do Brasil na abertura da Assembléia Geral do 50º aniversário da ONU, em Nova York. Na visita de Lula a Pequim, em maio de 2004, ele reiterou a mesma política enunciada por Fernando Henrique. Aliás nosso comércio com a ilha é vultoso e já superou US$1 bilhão nas duas direções. A atitude oficial de Taiwan foi enunciada por autoridade daquele país de passagem pelo Rio de Janeiro, em 1995: "Nós pensamos em Taiwan como parte da China, mas não da República Popular da China, que não aceitamos de forma alguma. Estamos divididos como a Alemanha na época do muro de Berlim, ou como as duas Coréias. Queremos nos unir à China quando ela for democrática e pacífica".

Por ocasião das últimas eleições gerais em Taiwan, em 2003, falou-se muito na independência da ilha. Os chineses fizeram exercícios militares de desembarque na costa com menos de 20 mil homens e modesto apoio aéreo. Analistas norte-americanos estimam que, se a China fala sério em invadir Taiwan, terá de utilizar pelo menos 300 mil homens, o que seria a maior mobilização militar desde o dia D do desembarque na Normandia. Por isso, esses analistas classificaram as manobras chinesas de guerra psicológica, apenas para intimidar Taiwan. Aliás, o tiro saiu pela culatra, pois a ameaça acabou por eleger por uma margem muito mais alta o candidato que defende a independência da ilha.

Os citados técnicos militares norte-americanos consideram que a China tampouco tem navios e submarinos para manter um bloqueio eficaz, seus mísseis têm má pontaria e as minas que seriam plantadas nos portos de Taiwan seriam levadas para as costas do Japão pelas correntes marítimas e poderiam ampliar a guerra. Enfim, todos parecem blefar, inclusive os taiwaneses, que tampouco se decidem a proclamar a independência. Depois das eleições de 2003, autoridades de Taiwan convidaram a China a iniciar negociações para a reunificação. Propuseram eleições livres conjuntas, na ilha e no continente, para dentro de cinco anos. A reunificação, portanto, só seria possível sob regime democrático, o que parece levar a decisão para um futuro remoto.

Não é provável um enfrentamento militar a curto prazo, nem eventual bombardeio chinês de Taiwan. Os taiwaneses já ameaçaram retaliar caso sejam atacados e especificaram os seus alvos: Shanghai, Hong Kong e até mesmo a grande barragem das Três Gargantas. É claro que os EUA tudo farão para evitar a guerra, que perturbaria todo o cenário político do Extremo Oriente e nada beneficiaria à China. Em 2008 realizaram-se eleições em Taiwan e ambos os candidatos recomendaram melhores relações comerciais com a China. As relações melhoraram e em junho de 2008 foi inaugurada a primeira linha aérea entre a China e Taiwan.

A política interna da China

As Forças Armadas representam o melhor poder disciplinador disponível, talvez o único capaz de controlar a crescente anarquia que avassala o país, ao meio dessa prosperidade corruptora. As organizações secretas e os grupos mafiosos atuam abertamente, sem que a polícia tenha condições ou vontade de controlá-los.

Como a confrontação político-comercial com os EUA ainda vai piorar antes de melhorar, temem-se revoltas populares regionais e até mesmo movimentos separatistas das zonas prósperas costeiras, com possível apoio de militares da região. Se amanhã o Grupo dos 7 decidir impor sanções ou barreiras alfandegárias, certamente isso resultará em enorme desemprego na China, com a conseqüente desestabilização política e social. Enfim, como publicou a revista americana *Newsweek*, de 1º de abril de 2005, "pode-se especular se a China vai se tornar em breve uma superpotência, ou apenas uma *supernova*, a enorme estrela que brilha intensamente no céu, enquanto se consome e se extingue". Na crise financeira de 2007 os bancos chineses correram grave risco.

No ínterim, os EUA precisam se decidir se desejam a China como um amigo poderoso ou como um inimigo forte. Os estrategistas americanos já estão trabalhando com a hipótese possível, embora ainda inviável, de que os mísseis chineses poderão algum dia atingir a Califórnia. No momento, o alcance e a pontaria desses mísseis são precários, mas mesmo assim causaram estragos e muitas mortes em Israel, em 1991, manejados por iraquianos. A revista *Time* informou que a China tem comprovadamente 17 lCBMs (*Inter-continental ballistic missiles*) com alcance de 15.000 km e, em 2002, fez importantes compras de material bélico russo.

James Lilley, ex-embaixador americano em Pequim, procurou comentar as desconfianças chinesas na revista *Newsweek*: "A América está paparicando a Índia, restabeleceu relações com o Vietnã (dois inimigos da China com os quais esteve em guerra não faz muito), vendeu jatos F-16 avançados a Taiwan, está de braços dados com o Japão, quer unificar as Coréias sob a direção de Seul. Afinal, o que significa tudo isso aos olhos de Pequim? Um anel em torno da China".

O impasse é bem intrincado: a contenção da China dificilmente funcionará. Em entrevista na CNN, a 25 de abril de 2005, Henry Kissinger afirmou que, nas atuais circunstâncias comerciais e políticas, Washington não encontrará um só aliado para "conter" a China. Por outro lado, o apaziguamento tampouco produzirá efeitos. No entanto, também a China tem muito a perder inquietando seus vizinhos e enfrentando os EUA. Afinal, a China precisa de seus mercados para poder continuar seu capitalismo socialista. Por que então a China se arriscaria a pôr em perigo seu desenvolvimento econômico? É verdade também que o capitalismo chinês, hoje o mais selvagem dos capitalismos, estaria perto do seu limite. Apesar disso, o chauvinismo descabelado dos dirigentes comunistas se alimenta de um antiocidentalismo primário.

Em setembro de 2004, Jiang Zemin passou ao novo primeiro-ministro Hu Jintao o último cargo importante que detinha – o comando das Forças Armadas chinesas. Hu parece inclinado a tornar palatável a versão chinesa do capitalismo e manter cordiais relações comerciais com os EUA, seu grande e indispensável cliente comercial. No entanto, a China contemporânea necessita reajustes profundos e Hu Jintao se diz reformista. A imprensa internacional está vendo nele um audaz reformista, um novo Gorbachev, mas até agora nada de importante se viu.

Hong Kong, a nova zona econômica especial

Dez anos se passaram desde que Hong Kong deixou de ser colônia inglesa e as perspectivas para que mantenha suas características especiais que a fizeram famosa mundialmente, estão ficando cada vez mais remotas. Tudo indica que a ilha será mais uma ZEE, de longe a mais rica de todas. E o que se dirá aqui sobre Hong Kong aplica-se igualmente a Macau, ex-colônia portuguesa que teve o mesmo destino da colônia inglesa. O capitalismo das duas ilhas já está com cara chinesa e o curioso é que Hong Kong perdeu a sua áurea mágica como modelo para a própria China. Houve tempo em que se pensava que Hong Kong absorveria a mãe pátria, tanta força de atração possuía, mas essa piada hoje se esvaziou.

Os otimistas afirmam que a China necessita de Hong Kong como *a ilha*, ou seja com sua boa reputação mercantil e suas notáveis ligações comerciais com o mundo inteiro. Dizem eles que se Pequim exagerar em suas tentativas de controle da cidade, as melhores cabeças deixarão a ilha. Aliás, muitos descrentes já o fizeram. Entretanto, muitos ainda acreditam que Pequim vai preservar o atual sistema legal. A liberdade de imprensa dificilmente será mantida e as autoridades chinesas já estão apelando para que os jornalistas de Hong Kong sejam "patriotas" em seus artigos. Na ilha existem nada menos de 60 jornais e os jornalistas estão se contendo, medindo as palavras quando têm de criticar o governo chinês. Os chineses de Hong Kong continuam orgulhosos de sua origem, mas não desejam perder as conquistas das instituições democráticas britânicas.

A China e a Organização Mundial do Comércio

As negociações para entrada da China na OMC não foram fáceis, pois os membros do G-7 temiam que a China, uma vez admitida na OMC, não cumprisse os seus regulamentos. Exemplificavam com os protestos dos editores de música do Ocidente, já que a pirataria continuava apesar de haver sido assinada uma convenção sobre direitos autorais entre a China e os EUA. No entanto, o *Financial Times* afirmou que "se o mundo decidisse esperar até que a China se tornasse um estado responsável e moderno, ela ficaria longe da OMC por muitos anos, com enormes prejuízos para o Ocidente. Afinal de contas, a China é um país em desenvolvimento, mas também uma nação radicalmente diferente de qualquer outro país". E o jornal inglês terminou dizendo que "o mais importante agora é que a China entre para a OMC. O tratamento que seus parceiros queiram dar-lhe, virá depois". No início de 2004 a China se havia tornado o quarto maior exportador mundial e também um grande comprador, pois lhe faltam matérias-primas. Por isso, seu saldo anual é relativamente pequeno. Em 2007 foi de US$400 bilhões. Nosso saldo em 2006 ultrapassou US$ 47 bilhões e em 2007, US$ 39 bilhões. Outro gargalo importante é a escassez de energia, o que já está levando algumas regiões a adotar o racionamento.

A inflação anda entre 8% e 10% e os juros na China são relativamente baixos. Apesar das pressões norte-americanas para elevar o valor do yuan, o governo chinês cedeu apenas simbolicamente, pois isso prejudicaria bastante as suas exportações. O partido vem fazendo reajustes graduais na economia, tentando diminuir o ritmo do crescimento, que hoje anda pelos 11%. Seria meta do governo atual reduzir o crescimento para 7% ou 8% anuais, o que já seria um índice excelente.

Finalmente, esclareço que o Brasil sempre demonstrou apoio à entrada da China no Acordo Geral sobre Tarifas e Comércio – GATT e agora na Organização Mundial de Comércio – OMC. O ltamaraty acredita que, de outra forma, o sistema multilateral do comércio continuaria prejudicado. Tampouco considerava o ltamaraty que se devesse exigir da China critérios superiores e especiais aos aplicados a outros países. No entanto, parece-me estar na hora de o Brasil solicitar à sua nova "parceira estratégica" (a expressão é do próprio ex-vice-primeiro-ministro Zhu Rongyi) concessões específicas que nos beneficiem no contexto global das negociações, o que inexplicavelmente ainda não fizemos com a necessária firmeza. Seja como for, foi prematuro do governo Lula reconhecer a China como economia de mercado.

O COMÉRCIO BRASIL-CHINA

As notícias da China parecem uma nova edição das histórias contadas por Marco Polo no século XIII. As informações dele eram tão mirabolantes que em breve Marco Polo estava apelidado na Itália de "Marco milhões". Hoje em dia, ouvimos ou lemos comentários altissonantes sobre a China, com projeções espetaculares, mas os investidores, os comerciantes, os homens de negócios, os diplomatas continuam apenas cautelososamente otimistas. Por isso, devemos examinar objetivamente os interesses maiores do Brasil em relação à realidade comercial sino-brasileira. Esse novo enfoque tem vários aspectos, importantes e delicados ao mesmo tempo, que devem merecer muita atenção. Não esqueçamos as "polonetas" e as "iraquetas"…

Ora, a China é agora o principal país do Terceiro Mundo, ou mais exatamente, a maior potência emergente. China e Brasil já são competidores na exportação de alguns produtos, como exemplo os calçados e brinquedos, e será inevitável que, no futuro, venha a haver viva competição em outros setores comerciais. Podemos nos unir à China no que significa lutar por maior penetração nos mercados do North

American Free Trade Agreement — NAFTA, da União Européia e do Japão. No entanto, devemos ter cautela no grau desse apoio, pois me parece indispensável deixar bem claro que o Brasil desaprova várias medidas autoritárias, desleais e até arrogantes do governo chinês, ao se recusar a respeitar as leis básicas do comércio internacional. A China exportou em 2007 US$1,5 trilhões e teve balanço comercial favorável de US$400 bilhões. No entanto, só importou do Brasil cerca de 1% de seu comércio exterior. Seu PIB cresceu 11,5% em 2007, e atingiu quase US$3,50 trilhões.

Nosso país está atraindo tantos investidores porque, apesar das oscilações de nossos governantes e de nossos legisladores, o Brasil agora é um país mais confiável. A China, por ora, é muito atraente a médio prazo, mas ainda não é muito confiável para os investidores. A maioria dos países da Europa Oriental tampouco é confiável. O comportamento comercial chinês em relação às grandes empresas estrangeiras, de um modo geral, tem sido brutal, dando a impressão de que a China deseja o capital e o *know-how*, mas maltrata as firmas estrangeiras como se estivesse se vingando de todas as humilhações que europeus, americanos e japoneses lhes impuseram no passado. Os executivos ocidentais, em especial os das multinacionais, ficam atordoados com as exigências descabidas e a inconstância dos negociadores chineses. De um modo geral, os contratos assinados valem pouco na China e a legislação local é omissa. Não há garantias judiciárias. No entanto, a China atraiu investimentos de US$75 bilhões em 2007. O Brasil, US$37 bilhões, a metade.

Um dos fatores negativos (o que se estende à China) era a enorme distância entre o Brasil e a Polônia e o Iraque. Que poder de barganha política tem o Brasil em relação a devedores tão remotos? Na América do Sul podemos cobrar com vigor porque somos vizinhos. É o caso do gás da Bolívia no momento e não estamos sendo firmes. Devemos, portanto, ser cautelosos ao estender eventuais linhas de crédito para obras na China, mesmo que associados a outras empresas estrangeiras. Nosso poder de barganha é mínimo e as experiências que norte-americanos e europeus estão tendo na China são talvez piores do que vinha ocorrendo na Europa Oriental, depois da queda do muro de Berlim. Se Pequim procede assim com a maior potência militar mundial e também seu melhor mercado de exportação, por que agiriam mais corretamente em relação ao Brasil? A mesma revista *BusinessWeek* relata que a China é hoje a maior dor de cabeça dos EUA em matéria de comércio internacional, porque ela opera com o maior desdém pelas regras do jogo comercial.

Se ao negociar com a China devemos sempre ter em mente as conseqüências de eventuais concessões a ela com relação aos países do NAFTA, da União Européia, do G-7 e sobretudo do MERCOSUL, o que dizer dos aspectos políticos? A Organização Mundial do Comércio pode ser uma arma de dois gumes: não nos esqueçamos que uma das primeiras punições da OMC foi contra o Brasil, no início de 1995, porque elevamos unilateralmente as tarifas para os carros importados. Pior ainda: as acusações de *dumping* também associam indiretamente a China ao Brasil aos olhos de muitos economistas do primeiro mundo. Ambos os países estão ao corrente do risco de que o G-7 nos aplique a já famosa "cláusula social", que elevaria barreiras alfandegárias contra os produtos dos países que utilizam mão-de-obra infantil, trabalho escravo ou de penitenciários. Ora, segundo informou *O Globo*, o IBGE acredita que existam no Brasil 7,5 milhões de crianças de 10 a 17 anos que trabalham até 12 horas por dia. Dentre elas haveria mais de três milhões com menos de 14 anos. É muito difícil reduzir esses índices, porque os jovens ajudam a economia de suas famílias e seu aporte é essencial.

Se analisarmos de perto o comércio bilateral com a China, veremos que ele cresceu muito desde as visitas oficiais de 1993. A China passou a comprar muito mais do Brasil, pois as exportações brasileiras ultrapassaram, desde 1995, o índice de US$1 bilhão, chegaram a US$ 6,8 bilhões em 2005 e beiraram os US$13 bilhões em 2007. Mais de 8% de nossas exportações estiveram dirigidas à China. Ora, se as recentes aquisições chinesas no Brasil fizeram da China nosso 2º cliente, parece-me ainda cedo para avaliar se essa procura crescente pelos produtos brasileiros continuará elevada ou será apenas episódica. Em 2007, os produtos de maior interesse para a China foram minérios de ferro, US$3,7 bilhões (a Cia. Vale do Rio Doce assinou vultoso contrato com a China) e a soja, US$2,8 bilhões, além de couros e peles (US$839 milhões), pastas químicas de madeiras, carne de aves, fumo, borracha, etc., no espetacular total de US$12,617 bilhões! Importamos mais no ano passado: US$10,748 bilhões, sendo US$825 milhões em componentes para celulares, além de transmissores, brinquedos, sapatos, vestuários, etc. O comércio bilateral chegou a US$23,356 bilhões, o que chega a impressionar.

Até bem pouco, o comércio bilateral se limitava em grande parte à fórmula ORE/OIL, isto é, nossos navios levaram minério de ferro para a siderúrgica de Xangai e voltavam com carvão. Nos últimos anos a exportação brasileira de óleo de soja tomou grande vulto e até a dianteira. Nos anos 60, quando eu estava designado para Hong Kong, um grande empecilho dificultava nosso comércio bilateral: a falta de portos de águas profundas na China, o que permitiria aos navios brasileiros regressarem com o carvão chinês. O carvão (coques) já é um dos principais itens de importação. Lembro que Cantão e Xangai, embora tenham elevadíssima manipulação de cargas, são portos situados na foz de rios e habilitados apenas para navios de médio porte.

O conceito de "parceria estratégica" não foi inventando por nós brasileiros e sim pelo então poderoso ministro do desenvolvimento Zhu Rongyi, por ocasião de sua visita ao Brasil em 1993. Em verdade, embora as relações sino-brasileiras já estejam muito densas, avançamos talvez demasiado. Nada menos de 40 acordos, ajustes e memorandos de intenções já foram assinados e estão aparentemente em vigor. Existem e funcionam duas comissões mistas e estão sendo apurados mecanismos de consulta e planejamento conjunto. O projeto CBERS (*Chinese-Brazilian Earth Resources Satellites*) é hoje o único tipo de cooperação em alta tecnologia entre países em desenvolvimento.

Para orientação das empresas brasileiras interessadas em operar na China direi que há boas perspectivas de formação de *joint ventures* nos setores de tecnologia de ponta; automação bancária; produção de fármacos; siderurgia; telecomunicações; aviação civil; construção civil em geral e grandes obras de infra-estrutura em particular; agricultura, etc. Alguns pequenos contratos já foram obtidos por empresas brasileiras, mas nada de substancial. Mais importante é nossa participação no grande projeto das Três Gargantas que, no entanto, teve financiamento negado pelo Banco Mundial e pelo Eximbank devido a provável influência norte-americana contra problemas de meio-ambiente. O Brasil lá está presente na 1ª fase desse projeto de US$ 26 bilhões, com o consórcio UNICOM, responsável pela construção de Itaipu. Aliás, os chineses são fascinados por Itaipú e toda personalidade chinesa que aqui aporta insiste em visitar a hidroelétrica.

Há também boas possibilidades para projetos menores no setor de energia nuclear e nesse sentido foi assinado em 1995 um memorando de entendimento entre a nossa NUCLEP e a corporação chinesa para energia nuclear para fins pacíficos. Na visita de Lula à China em 2004 foram assinados contratos para venda de urânio brasileiro à China, o que poderá levantar objeções dos EUA. As microempresas brasileiras de informática estão aprimorando o programa SOFITEX 2000, sob coordenação do Conselho Nacional de Pesquisa – CNPq, em busca de parceria na China, através da comissão mista de ciência e tecnologia. Outra alternativa promissora seria a cooperação em matéria industrial militar. O general Leônidas Pires Gonçalves esteve na China em 1988, mas até hoje continua em estudos um protocolo entre os dois governos, que ainda não amadureceu suficientemente para obtermos a transferência de tecnologia militar a preços razoáveis. Os chineses desejam pagamento em dinheiro vivo pelas informações negociadas. Por outro lado, FURNAS está interessada na cooperação para a implantação de pequenas centrais elétricas na Amazônia. Essas chamadas PCH, pequenas centrais hidroelétricas, são simples, baratas e funcionam bem. Deveríamos comprá-las e pagá-las com serviços.

Como vêem os leitores, a parceria com a China já é quase estratégica e especial, apresentando vários resultados promissores. Além disso, a China aumentou bastante suas importações do Brasil: em 2007 nossas exportações para aquele país chegaram a quase US$13 bilhões e o comércio bilateral se aproximou de US$24 bilhões. Infelizmente, o reverso da medalha é bem menos risonho. Devemos ter em mente o que sucedeu em 1995 e que Joelmir Betting chamou de "Chacina industrial". Referindo-se ao *dumping* chinês e coreano, afirmou que o Brasil

> "abriu-se para a competição externa sem uma política industrial adequada e sem exigir nada em troca da parceria externa (...) Nos têxteis, nos brinquedos, nos calçados, nos eletrônicos populares, nas ferramentas leves, nos guarda-chuvas – foi uma devastação industrial. Claro, os consumidores assanhadamente agradecem. Havia proteção excessiva, baixa eficiência e margens elevadas. Vestir-se no Brasil estava mais caro do que no primeiro mundo".

O mesmo jornal *O Globo* publicou uma página inteira sobre a crise que atravessa o Vale dos Sinos, no RGS, onde fecharam 3.000 das 4.000 fábricas de calçados, devido à concorrência chinesa. Também a maior fábrica de brinquedos brasileira, a Estrela, acabava de fechar. Exemplificando: as sedas chinesas e coreanas chegavam ao Brasil pelo preço de US$300 a tonelada, enquanto produtos similares brasileiros custam quatro vezes mais.

Para terminar este já longo estudo, utilizo informações do jornal paulista *Gazeta Mercantil*, cujo correspondente transmitiu novidades nada risonhas. Cito: "Ao se instalarem na China a partir de 1992, três das maiores empreiteiras brasileiras: a CPBO (Odebrecht), a Andrade Gutierrez e a Mendes Júnior tinham a certeza de fazer bons negócios. Passados 10 anos, os bons negócios ainda não vieram e o otimismo parece ter ido embora". Mais adiante acrescentava: "Não há leis sobre contratos e licitações na China e o governo de Pequim tem habilmente tirado das construtoras internacionais o *filé mignon* da reconstrução nacional, sem que elas deixem de prestar, às vezes de graça, serviços técnicos aos chineses. Sobraram para os estrangeiros apenas pequenas obras ou ainda pequenas participações em grandes obras".

Seja como for, o ex-chanceler Luiz Felipe Lampreia assinou na época um memorando de entendimento para transferência de tecnologia na área de energia elétrica. Os chineses vão fornecer tecnologia de pequenas hidroelétricas e o Brasil vai retribuir com o *know-how* das grandes usinas, como ltaipu. Entre outros fatos promissores, figura a cooperação bilateral do projeto CBERS, já em andamento. Oito engenheiros do INPE (Instituto Nacional de Pesquisas Espaciais), de São José dos Campos, SP, estão há mais de dois anos trabalhando na China em um projeto binacional para a instalação de satélites de comunicação. Os satélites começaram a ser instalados e montados na China e serão usados para obter informações úteis ao meio ambiente, agricultura e geologia.

O governo brasileiro propôs recentemente aos chineses a ampliação do programa para fabricação de outros dois satélites do mesmo porte, com 1.400 quilos cada, porém mais sofisticados. Com esses satélites poderemos competir com os norte-americanos (Landsat) e os franceses (Spot) e poderemos ser o terceiro país do mundo a usar essa tecnologia. Tal projeto já recebeu US$ 50 milhões do nosso Ministério da Ciência e Tecnologia no governo anterior e parte dos componentes do satélite está sendo feita no Brasil. Nossos eventuais clientes serão empresas agrícolas, de mineração e de planejamento em geral.

CONCLUSÕES

O tempo dirá se os gestos de amizade e interesse da China pelo Brasil são oportunistas ou não. Se a China continuar a comprar anualmente mais de US$ 10 bilhões de nossos produtos, isso representará uma compensação pelos estragos que tem causado a nossas indústrias de têxteis, calçados, informática e brinquedos. Se assim ocorrer, é válido considerar significativa essa parceria. Seja como for, é provável que continuaremos a fazer alguns bons negócios com óleo de soja, minério de ferro, açúcar, suco de laranja, café solúvel, conservas, carne de boi e frango etc. Há também boas possibilidades para consultorias pontuais, isto é, para temas específicos, como fez a COPEL (Companhia Paranaense de Energia) no terreno da eletrificação rural. Algum pequeno projeto para empreiteira brasileira, por nós financiado, poderá surgir, mas nada de espetacular, pelo menos a médio prazo. Não é realista esperar muito mais.

No ínterim, a parceria estratégica Brasil-China continua progredindo e, em 2007, o comércio bilateral mais do que dobrou, atingindo US$23 bilhões. A China é hoje o maior mercado para a exportação brasileira na Ásia, superando amplamente o Japão. Em 2002 foi assinado contrato importante entre a empresa chinesa de fabricação de aviões e a EMBRAER para montar jatos regionais na China.

Em maio de 2004, Lula esteve na China acompanhado de uma grande delegação de empresários brasileiros. O comércio bilateral tem crescido muito e valeu o investimento que o Itamaraty tem feito nos últimos 10 anos. A China hoje é o nosso segundo parceiro comercial, apenas atrás dos EUA e ultrapassando a Argentina. As possibilidades são muito boas e algumas de nossas maiores empresas, como a PETROBRAS e a Vale do Rio Doce, têm feito excelentes negócios. A exportação de soja para a China tem atingido níveis espetaculares. Entretanto, é preciso recordar que a China é um país que exporta US$ 1,5 trilhão e o comércio com o Brasil, para Pequim, representa apenas uma fração desprezível. Teremos de oferecer muitas vantagens aos chineses se quisermos realmente que a China nos compre muito mais.

Por ocasião da visita do primeiro-ministro chinês ao Brasil, em outubro de 2004, o governo brasileiro cometeu a leviandade de reconhecer a China como uma economia de mercado. A Argentina fez o mesmo, mas tomou precauções. Ora, é claro que a China ainda não atingiu o estágio de economia de mercado, considerando que ainda existe forte intervenção do Estado nos sistemas produtivos. Os países do Primeiro Mundo ainda não reconheceram a China como economia de mercado e não parecem ter planos para isso. A 14 de março de 2006, Miriam Leitão em *O Globo* afirmou que "A China não é o que o Brasil afirma que ela é". Depois de o governo chinês tentar impor um preço fixo para a importação de soja, agora faz o mesmo em relação aos minérios de ferro, estabelecendo um preço para o ano inteiro. Este é um país de economia de mercado? A China é um importador tão grande de soja e minérios de ferro que ela está tentando evitar a oscilação nos preços internacionais das principais *commodities*. Grande exportador dos dois produtos, o Brasil terá de se conformar com os preços impostos pela China, ou ficará fora de seu principal mercado. Lula fez bem em reconhecer a China como economia de mercado?

De acordo com o memorando de entendimento entre nossos dois países, isso significará uma redução do poder de barganha de nossos instrumentos de defesa comercial, especialmente com relação a medidas *anti-dumping*. Falta adotar as salvaguardas previstas no acordo de acesso da China à OMC, como acaba de fazer a Argentina. A FIESP apóia essas medidas argentinas e considera indispensável a implementação das salvaguardas pelo menos por um período de três anos. Caso isso não seja feito com urgência, a indústria brasileira vai sofrer novamente a invasão de produtos chineses a preços vis. Em meados de 2005, alguns meses depois da infeliz decisão tomada pelo governo brasileiro, já estávamos recebendo uma verdadeira *tsunami* de têxteis e sapatos provenientes da China, que está afligindo os produtores brasileiros. Protestos na imprensa pedem a instalação de quotas de importação, ou milhares de empregos no Brasil estarão em perigo. Em maio de 2005, o governo brasileiro afinal decidiu impor salvaguardas até 2008 para defender nossos produtores de calçados, têxteis, brinquedos e eletrônicos. Não devemos conceder um entreposto para produtos chineses no Brasil, pelo menos a médio prazo.

Embora nossas exportações tenham aumentado sensivelmente, o que mais preocupa nessa parceria dita estratégica é que a nossa posição no mercado mundial cada dia fica mais fragilizada. A China e a Índia são nossas concorrentes diretas e têm mão-de-obra muito mais barata e mais qualificada. A médio prazo dificilmente poderemos competir com elas. Devemos ter em mente que os nossos maiores e melhores mercados são os dos Estados Unidos e da União Européia e por isso me preocupa a postura do Itamaraty ultimamente nas negociações comerciais, que tem sempre um viés ideológico anti-americano infantil. Devemos cultivar boas relações comerciais com a China e a Índia, sem desviarmo-nos do nosso maior objetivo que é o mercado norte-americano.

Como disse Elio Gaspari em *O Globo* de 27 de novembro de 2005, "As dificuldades surgidas nas relações comerciais com a China geraram uma reação do empresariado brasileiro. Afirmaram eles: 1) os americanos cumprem a palavra, os chineses não. As promessas feitas em troca do apoio para a entrada da China na OMC provam isso; 2) O governo e as empresas americanas respondem por seus atos junto à opinião pública dos Estados Unidos. Na China isso não existe; 3) Na China não há garantias judiciárias; nos EUA elas funcionam regularmente e é possível apelar para solucionar operações mal feitas".

Finalmente, em setembro de 2007, o governo brasileiro parece haver acordado para o crescente desequilíbrio comercial com a China. Diante do crescimento de 51% das importações brasileiras e o crescente déficit comercial, o Brasil cansou de fazer concessões na esperança de contrapartidas chinesas. E fez mais: decidimos vincular a regulamentação do reconhecimento da China como economia de mercado, ainda não formalizada oficialmente, ao avanço a curto prazo de compras chinesas de carne bovina, suína e aviões. Ótima decisão, embora tardia.

A China não tem cumprido todas as promessas de acelerar as compras e fazer investimentos em infra-estrutura de ferrovias e portos. Contactadas as autoridades chinesas competentes, prometeram incentivar as compras no Brasil até o fim de 2008.

Em agosto de 2007, Elias Galveas lançou um pequeno livro sobre a China (Confederação Nacional do Comércio, SENAC, Rio de Janeiro) que recomendo aos nossos leitores e do qual retirei algumas informações interessantes. A novidade é que cerca de dois mil brasileiros, altamente qualificados, estão trabalhando na China e ganham três a quatro vezes mais do que no Brasil. Se a Europa e os EUA já atraíram mais de dois milhões de brasileiros, em sua grande maioria pouco qualificados, a China está atraindo técnicos e executivos brasileiros, fazendo portanto um verdadeiro *brain drain*.

Comenta Galveas que nosso fraco poder de barganha com a China reside no fato de que, embora estejamos exportando para lá perto de US$13 bilhões anuais, quantia vultosa, compramos apenas 1% das exportações da China, que já chegaram os US$1,5 trilhão. Assim sendo, embora me alegrando pelas excelentes perspectivas comerciais com a China que se abrem, ainda desconfio dessa tão celebrada parceria estratégica.

A próxima realização das Olimpíadas em Pequim está sendo aproveitada pelos nacionalistas tibetanos para realizar distúrbios violentos em Lhassa. Aspiram recuperar a autonomia de seu país, ocupado pelos chineses há mais de 50 anos. A tocha olímpica percorreu numerosas capitais do mundo inteiro, provocando graves protestos sobretudo em Londres, Paris e São Francisco.

(Conferência pronunciada no Conselho Técnico da Confederação Nacional do Comércio e publicada na Carta Mensal nº 495, volume 42, de junho de 1996. Também publicada na revista do Ministério do Exército *A Defesa Nacional*, nº 775, de janeiro/março de 1997. Texto atualizado em maio de 2008).

II

JÂNIO QUADROS E A INCORPORAÇÃO DE ANGOLA AO BRASIL

A 13 de março de 1961, bem antes de sua espetacular renúncia à Presidência da República, Jânio Quadros ordenou ao chanceler Afonso Arinos que escolhesse um cônsul para Angola com personalidade forte, iniciativa e prudência. Arinos designou o conselheiro Frederico Carnaúba, hoje falecido, a quem o presidente da República mandou chamar para uma longa conversa antes de sua partida para o posto. O diplomata regressou de Brasília muito assustado e abriu-se com o chefe de gabinete de Arinos, Mário Gibson Barboza, demonstrando a maior preocupação com o futuro de sua carreira. Jânio teria dito a Carnaúba que era tempo de o Brasil *incorporar Angola* de uma vez por todas, já que naquela época a colônia procurava independentizar-se de Portugal. Lembrou-lhe as estreitas ligações históricas com o Brasil na época colonial, falou-lhe de André Vital de Negreiros, que foi governador de Angola, a reconquista por Salvador Correa de Sá da região então ocupada pelos holandeses, apontou para as riquezas minerais da colônia portuguesa, o petróleo de Cabinda, etc.

Enfim, Jânio disse ao novo cônsul que ele poderia entrar para a história se soubesse conduzir com êxito a sua importante missão em Angola. Adiantou-lhe que nos próximos meses chegariam a Luanda, para colaborarem com ele naquele objetivo, três adidos militares brasileiros do Exército, Marinha e Aeronáutica. Enfim orientou-o como deveria proceder com os líderes políticos e entidades angolanas e recomendou-lhe o maior segredo e tato em suas primeiras gestões em Angola. Carnaúba tinha, portanto, sérios motivos para estar preocupadíssimo. A sua sorte foi que, pouco antes de sua partida para Luanda, o presidente da República renunciou ao mandato e aquela estranhíssima iniciativa ficou letra morta.

A Fundação Alexandre Gusmão publicou nos Cadernos do CHDD (nº 8, ano V, 1º semestre de 2006, só divulgado em 2007), a coleção completa dos famosos bilhetinhos do presidente Jânio Quadros. Nessa útil publicação encontrei dois bilhetinhos alusivos à nomeação de um cônsul para Luanda. O primeiro deles, datado de 11 de março de 1961, reza: "De Brasília. Ao ministro das Relações Exteriores. Excelência: 1) Prover, urgentemente, um consulado do Brasil em Luanda, Angola. 2) Desejo falar com o cônsul, que deve seguir sem perda de tempo. a. Jânio Quadros". O segundo bilhetinho, um lembrete, datado de 28 de março de 1961, recorda: "Ao Senhor ministro de Estado: o novo cônsul em Luanda precisa ser escolhido, receber instruções e vir ao meu gabinete até quarta-feira pela manhã. a. Jânio Quadros". Não há outras referências ao assunto até o fim do seu governo.

Já sabemos, portanto, que o cônsul Carnaúba entrevistou-se com o presidente e deve ter recebido instruções concretas sobre como abordar os líderes angolanos com relação à possibilidade de uma união de Angola ao Brasil. Sabemos que o diplomata regressou ao Rio de Janeiro muito preocupado com sua missão. É provável que Arinos tenha retardado a sua partida, ou lhe tenha dado instruções para aguardar no posto a confirmação daquelas descabeladas instruções. Quando o embaixador em Portugal, Negrão de Lima, visitou Luanda ainda em 1961, Carnaúba já estava no posto, conforme podemos ler no livro de memórias de Alberto da Costa e Silva, recém-publicado. A idéia de Jânio era estabelecer um acordo com os líderes angolanos para criar um estado autônomo associado ao Brasil. Na realidade, ainda faltavam 14 anos para Angola alcançar a independência, episódio que causou tanta celeuma em Brasília e quase provocou a queda do chanceler Azeredo da Silveira em 1975.

Tudo isso me fez recordar episódio simultâneo alusivo à chamada *Janela para o Caribe* de Jânio Quadros, que o leitor encontrará comentado na página 293 deste livro. Vemos assim que por um triz corremos enorme risco de gravíssimos problemas internacionais e regionais, se o presidente Jânio Quadros não tivesse renunciado. As conseqüências seriam espetaculares para nossa política continental e também para nossa política africana. Jânio deu impulso inicial à essa iniciativa pela criação de diversas embaixadas nos principais países africanos, que recentemente haviam proclamado sua independência.

Seja como for, essa idéia de uma eventual união do Brasil com Angola e outras ex-colônias portuguesas na África foi inesperadamente retomada um ano depois, em 1962, pelo próprio presidente J. F. Kennedy, preocupado com a gravidade da situação política no continente africano, então fortemente infiltrado pela União Soviética e Alemanha Oriental. Durante a visita oficial do presidente João Goulart a Washington, em abril de 1962, Kennedy propôs a Jango e a San Tiago Dantas a formação de uma comunidade afro-luso-brasileira, através da qual os EUA canalizariam dinheiro para defender as colônias portuguesas. Nas páginas 192 e 193 deste livro comentarei pormenorizadamente essa proposta no capítulo intitulado "Na corte do presidente Kennedy – Roberto Campos, o diplomata".

VARIAÇÕES

RESPONDENDO A SALAZAR SOBRE A MISSÃO DO BRASIL NA ÁFRICA

Em 1966, era eu chefe da Divisão da Europa Ocidental do Itamaraty e, na ausência do secretário-geral adjunto Donatello Grieco, ocupava o seu cargo temporariamente. Certo dia, chamou-me o secretário-geral Pio Corrêa e mostrou-me uma carta do presidente do Conselho de Portugal, Oliveira Salazar, dirigida ao presidente Castello Branco. A missiva referia-se aos problemas que Portugal estava enfrentando em suas colônias africanas e solicitava ajuda do Brasil. Recordo-me bem de uma frase de Salazar na qual dizia: "o Brasil tem uma importante missão a cumprir na África, em conseqüência de sua numerosa população de origem africana". Portugal estava disposto a *levar-nos pela mão* para saldar essa histórica obrigação...

Pio Corrêa já havia estado em Lisboa e não conseguira obter sucesso em convencer o governo português a conceder a independência às colônias, então denominadas "províncias ultramarinas". Pediu-me que lhe preparasse um projeto de carta para o presidente Castello responder negativamente a Salazar. Recomendou-me que fosse cortês, mas, ao mesmo tempo, firme e seco na redação dessa resposta.

Regressei ao meu escritório matutando o que dizer. Conciliar cortesia, secura e dureza não era fácil, mas procurei fazer o melhor que pude e o texto me pareceu satisfatório. Levei-o ao secretário-geral, que o achou demasiado amável. Disse-me que lhe deixasse o texto, pois iria tentar escrever algo mais adequado. Observou-me porém que, como filho de português, era natural que eu tivesse escolhido uma redação relativamente suave. Confesso que fiquei desapontado.

Passaram-se dois dias e, no despacho seguinte com Pio, ele mencionou *en passant*, sem maiores comentários, que havia levado ao presidente as duas versões da resposta a Salazar – a minha e a dele – e que Castello

Branco escolhera a minha. Limitei-me a agradecer a sua gentileza de comunicar-me a decisão presidencial e... naturalmente exultei!

Em meados de 2007 tive o prazer de ler a excelente obra de Jaime Nogueira Pinto, intitulada *Salazar, o outro retrato*, publicada em Lisboa nesse mesmo ano pela editora A Esfera dos Livros. Já havia lido que, finalmente, a imagem histórica de Salazar vai sendo restaurada em Portugal, graças a diversos livros imparciais publicados sobre os importantes períodos da 2ª Guerra Mundial e da guerra na África.

Vasco Mariz e Galo Plaza, secretário-geral da OEA, assinam convênio entre o Brasil e a Organização. Washington, junho de 1969.

Recepção na Casa Branca por ocasião da posse do presidente Richard Nixon, Washington, janeiro de 1969. Vasco Mariz apresenta sua filha Stela ao presidente norte-americano e à sua esposa Pat Nixon.

Por ocasião do 150º aniversário da Independência, o presidente Rodriguez Lara visita a Embaixada do Brasil no Equador, Quito, na recepção de 7 de setembro de 1972.

Retrato do presidente Augusto Pinochet, do Chile, por ocasião da posse do presidente Ernesto Geisel, Brasília, março de 1974, com a seguinte dedicatória: "Al exmo. Embajador Vasco Mariz, con el afecto de un chileno que lo distingue. Pinochet".

Retrato do presidente Alfredo Stroessner, do Paraguai, oferecido por ocasião de sua visita a São Paulo e Paraná. Com a seguinte dedicatória: "Al excelentísimo Embajador Vasco Mariz, con mi amistad más cordial y mis votos de éxitos en las importantes funciones de jefe de la Asesoria de Relaciones con el Congreso de la República Federativa del Brasil. General de Ejército Alfredo Stroessner, Presidente de la República del Paraguay, 15 de marzo de 1976".

Cerimônia de entrega de credenciais ao Presidente Efraim Katzir, de Israel, como novo Embaixador do Brasil. Jerusalém, novembro de 1977.

Visita de cortesia a Golda Meír, ex-primeira-ministra de Israel, Tel Aviv, janeiro de 1978.

Cerimônia de entrega de credenciais ao Presidente Spyro Kyprianou (à direita), da República de Chipre, como novo Embaixador do Brasil. Nicosia, março de 1978.

Retrato do presidente Itzahk Navon, de Israel, oferecido por ocasião da despedida do posto. Jerusalém, 1982, com a dedicatória: "To His Excellency Mr. Vasco Mariz, with deep respect and best wishes. I. Navon", 27/07/1982.

Conversa com o presidente Fernando Belaúnde Terry, do Peru, após entrega de credenciais como novo embaixador do Brasil. Lima, outubro de 1982.

Retrato do presidente Belaúnde Terry oferecido por ocasião da partida do posto, com a dedicatória: "A mi distinguido amigo, el excelentisimo señor Embajador Vasco Mariz, con todo mi aprecio. F. Belaúnde".

A chegada ao Conselho de Estado, Unter den Linden, para a apresentação de credenciais ao presidente Erich Honecker. Berlim, 27 de janeiro de 1985.

Vasco Mariz cumprimenta o presidente Erich Honecker por ocasião da entrega de credenciais. Berlim, janeiro de 1985.

Roberto Campos na noite de autógrafos do livro de Vasco Mariz *História da música no Brasil*, Rio de Janeiro, junho de 2000.

Antônio Houaiss e Vasco Mariz em Granada, Espanha, 1996.

Roberto Burle-Marx e Regina Mariz no sítio de Guaratiba, estado do Rio de Janeiro, 1982.

No balcão do sanatório onde viveu Manuel Bandeira (1913-1914). Clavadel, Suíça, dezembro de 2001.

Aos 87 anos, Vasco Mariz e alguns de seus livros. *Jornal do Brasil*, 13/4/2008.

# TEMAS INTERAMERICANOS

I

A CRÔNICA DE UM FRACASSO – O ATAQUE NORTE-AMERICANO A CUBA

(*De um observador em Washington*)

No primeiro aniversário da invasão de Cuba, a 17 de abril de 1960, os jornalistas norte-americanos Tad Szulz e Karl Mayer, por acaso dois amigos meus em Washington, publicaram notável livro com esse título, talvez a crônica mais objetiva daquele grande desastre. Tad e Karl estavam bem familiarizados com o problema cubano. Ambos entrevistaram Castro antes da invasão e Tad teve o privilégio de ser convidado para ouvir, de viva voz do líder cubano *in loco*, seus comentários sobre a tentativa norte-americana de estabelecer a cabeça de ponte. Karl, como editorialista do *Washington Post* especializado em temas latino-americanos, acompanhou de perto todos os acontecimentos políticos na capital e Tad foi destacado pelo *New York Times* para acompanhar em Miami os preparativos da invasão. O livro é sereno, imparcial e de leitura eletrizante. Fizeram a verdadeira crônica do desastre, desde a queda de Batista até o fracasso de abril. Documento devastador, contundente, honesto.

Começaram os autores por assinalar na revolução cubana certo ar de inevitabilidade, à maneira da tragédia grega, na qual os atores parecem destinados a desempenhar seus papéis até o fim, embora sabendo a calamidade que os espera. Pensavam Mayer e Szulz, que

> "apesar da inépcia norte-americana, não há motivo para excessivo masoquismo, pois a revolução não poderia florescer sem um bode expia-

tório, neste caso o anti-americanismo. E essa semente havia sido plantada quando os EUA expulsaram os espanhóis de Cuba e permitiram que se tornasse *nominalmente* república soberana, embora politicamente controlada por Washington e economicamente dirigida pelos bancos de Nova York e pelas grandes companhias açucareiras" (p. 11).

Continuo a citação:

"Sua vida política era manipulada pelo Departamento de Estado e a indústria açucareira que existia em Cuba era toda constituída por subsidiárias de corporações continentais. Os hotéis e cassinos eram de propriedade de sindicatos americanos, muitas vezes profundamente infiltrados por jogadores e *gangsters*" (*idem*).

Era natural, portanto, que aquele bode expiatório fosse os EUA, alvo do ressentimento geral. Os autores não acreditam, porém, que os EUA tenham jogado Fidel Castro nos braços do comunismo. Culpam Washington por haver traído três vezes a seus amigos cubanos: a primeira vez, durante o período de Batista, quando a Casa Branca não prestou a menor atenção aos grupos de oposição não-comunista; a segunda vez quando a insólita política norte-americana sabotou todos os esforços dos elementos moderados dentro do governo de Castro e, finalmente, no momento da invasão, quando a CIA preferiu arbitrariamente não usar o *maquis* cubano, comprometendo assim as já magras possibilidades de sucesso do empreendimento.

O livro acompanha com muita penetração a evolução da atitude norte-americana em relação às atividades castristas. Salienta, como primeiro passo para a inevitabilidade do conflito, a reação de Fidel diante da recusa do governo americano da entrega dos "batistanos" e do dinheiro roubado, além da contraditória incompreensão dos fuzilamentos iniciais. Sublinham que os cubanos sempre se espantaram que os congressistas e jornalistas norte-americanos jamais tivessem protestado contra a perfuração de olhos, a extirpação de testículos ou de seios nas masmorras de Batista. "Por que a morte de milhares de pessoas durante o regime de Batista foi aceita em silêncio, enquanto os turistas americanos flanavam alegremente pelos cassinos de Havana?" (p. 33). Por ocasião da fuga do político cubano Días Lanz, sua argüição pelo Comitê de Relações Exteriores do Senado causou péssima impressão em Cuba, ainda em julho de 1959, quando as relações entre os dois países ainda eram normais. O caso Díaz Lanz aplicou um golpe mortal nos moderados do regime revolucionário, que se opunham à infiltração comunista e advogavam relações normais com os EUA.

Até uma nota ridícula ficou registrada no citado livro: no dia da queda de Batista, o novo encarregado de Negócios cubano em Washington foi chamado ao Departamento de Estado não para felicitá-lo ou reconhecer o seu governo, mas "especialmente para saber se algo poderia ser feito para a devolução dos vestidos da Embaixatriz americana e do cachorro do casal", abandonados na precipitação da fuga do recinto da chancelaria (p.31). Por sua vez, o representante diplomático norte-americano em Havana fez dois pedidos ao comandante militar nos primeiros dias da revolução vitoriosa: o primeiro foi o salvo-conduto para o *playboy* dominicano Porfírio Rubirosa, então embaixador de Trujillo junto a Batista. A segunda visita foi para solicitar ao coronel Barquín garantias para as centenas de batistanos que se haviam refugiado nas embaixadas estrangeiras. Como foi incrível a cegueira do Departamento de Estado!

Concordo plenamente com Tad Szulz e Karl Mayer quando salientam que Washington não estava pensando e sim reagindo. Em março de 1960, Eisenhower deu luz verde para a CIA treinar e armar os exilados cubanos na Flórida. Não havia, porém, a idéia de invasão, mas apenas a intenção de preparar guerrilhas e intimidar. Um ano depois o serviço secreto se havia embriagado com o plano e se convenceu de que o modelo da Guatemala poderia ser duplicado em Cuba. Que miopia!

Depois das eleições, os autores afirmaram que o presidente Kennedy conhecia muito pouco sobre os temas latino-americanos e que seus assessores (com exceção do senador Fullbright e de Chester Bowles), não se animaram a dissentir do Estado Maior das Forças Armadas e da CIA, inexperientes ainda no exercício do poder. Vemos o presidente ansioso por obter uma vitória retumbante que lhe consolidasse o prestígio, uma vez que sua eleição havia sido obtida por ínfima margem de votos. A tentação era grande, a pressão maior ainda e ele, finalmente, cedeu. Subestimou lamentavelmente o adversário. Fidel foi tão hábil no jogo político quanto na campanha de Sierra Maestra. Jamais enfrentava o inimigo: tocaiava-o, esquivava-se, atiçava-o até que Batista se destruiu sozinho. Fez o mesmo com o governo dos EUA: jamais deu pretexto claro para intervenção, nunca hostilizou a base de Guantânamo. Foi paciente, armou a ratoeira cuidadosamente, certo de que os EUA cairiam nela. Com a cooperação da CIA, conseguiu o que desejava.

A humilhação infligida a Adlai Stevenson, que mentiu nas Nações Unidas por ordem de Washington, sem saber o que estava dizendo, é um dos episódios patéticos do livro. Aliás os autores consideraram fator essencial do fracasso da aventura de Kennedy a não-realização do segundo vôo para destruição dos aeroportos cubanos. A celeuma levantada pela primeira incursão aérea e o fácil desmascaramento de sua origem tinha sido o início do fiasco. Depois, o afundamento do navio *Houston*, carregado com as munições dos invasores, apressou o desfecho. A análise do desembarque feito pelo próprio Castro, perante Tad Szulz, está em páginas notáveis.

Enfim, como disse o jornalista Theodore Draper, a invasão de Cuba foi dos raros acontecimentos completos nos anais da história: um fracasso perfeito... Fracasso construído pela própria CIA porque o objetivo político-militar ia além de sua competência. Sem ninguém para controlá-la, a agência transformou-se mais em prisioneira do que em dirigente de suas operações. Embalada no fácil sucesso na Guatemala, a CIA superestimou sua habilidade de manipular a história. Escreveram os autores:

"O poder corrompe, o segredo intoxica. Nossos homens em Miami viviam além do alcance da lei, gastavam somas enormes de que não prestavam contas, enviavam relatórios crípticos a Washington e saboreavam o prazer inefável de serem os secretos fazedores da história. Não eram o tipo de gente a quem se poderia confiar missão delicada de política exterior, em uma controvérsia fronteiriça de ramificações mundiais. Eis aqui, em última análise, a razão principal da tragédia cubana: Washington depositou o prestígio norte-americano nas mãos de agentes que normalmente poderiam ser considerados aventureiros desajustados" (p.155).

Quanto ao comportamento dos seus aliados cubanos, Ted e Karl lamentam que a CIA os tenham reduzido mais ao papel de fantoches do que de parceiros. Na véspera da invasão, quando lhes disseram que os EUA ficariam apenas olhando a aventura, não acreditaram. Até o último momento estavam seguros de que o *maquis*, avisado pela CIA, se levantaria em seu auxílio e que os americanos lhes dariam total cobertura aérea. Talvez os cubanos tenham reagido na base do complexo de haverem vivido numa ilha em que os EUA tiveram sempre a última palavra. Isso explica porque os líderes do Conselho aceitaram tão passivamente a direção da CIA. Quanto mais envolvidos estivessem os EUA maior a possibilidade de sucesso teria a invasão.

Decorreu um ano. Passou a conferência de Punta del Este. O plano de co-existência temporária, sugerido pelo Brasil e repelido com horror pelo Departamento de Estado, está agora sendo posto em prática. Acalmada a opinião pública norte-americana, com a expulsão de Cuba da OEA, voltou o juízo a imperar na Casa Branca. Kennedy renunciou a apressar a história. Castro seguirá a sua trajetória, mas até quando? Anunciou uma revolução ao povo cubano e deu-lhe outra. O curso da história é inexorável.

Esse *modus vivendi* está assegurado por um período razoável. É o próprio Días Lanz quem afirmou ao *New York Times* que "a co-existência já está em vigor". De Miami não passa ninguém para Cuba e os que se aventuram são trazidos de volta pela polícia marítima norte-americana. Apesar de alguns arroubos desafinados de elementos conservadores ou interessados, os exilados consideram a próxima visita do presidente Kennedy ao México e ao Brasil seria a prova selada dessa co-existência.

(Publicado na página "Opinião" do *Jornal do Brasil* a 17 de maio de 1962, portanto 46 anos atrás. O artigo não foi retocado).

NOTA: 46 anos depois continua a co-existência. Fidel não hostiliza a base americana de Guantânamo e o governo norte-americano recentemente devolveu 12 cubanos presos pela guarda costeira, dentro das águas territoriais americanas. Até mesmo o governador da Flórida, Jeb Bush, divergiu da decisão de seu irmão presidente. Fidel não aprendeu nada mesmo, pois mandou fuzilar três cubanos que seqüestraram uma pequena lancha para se evadirem. Até seus amigos da União Européia se indignaram com sua falta de sensibilidade política e também lhe aplicam sanções. O México e o Peru, dois tradicionais amigos de Cuba, retiraram seus embaixadores após a votação na Comissão dos Direitos Humanos em 2004. Só os petistas brasileiros continuam solidários, com sua estreita visão stalinista dos anos 50. O nosso ex-embaixador, político petista, fez declarações infantis.

Aguardemos como terminará a revolução cubana – quase 50 anos depois, não deve tardar muito. Fidel está velho, doente e cansado. Em agosto de 2006 foi operado de urgência e até agora não se sabe exatamente qual o motivo. Deixou o irmão Raul no cargo interinamente e se duvidava que pudesse reassumir. A revista *Foreign Affairs* defende a tese de que o momento da mudança brusca já passou. A transição já está em pleno curso e Fidel ainda está vivo e pouco mudará de imediato com a sua morte. A prestigiosa revista considera que Washington precisa acordar de uma vez por todas para a realidade de que o regime de Castro é durável e não poderá exercer influência decisiva em Cuba após a morte de Fidel.

Todos recomendam cautela e esperam por uma abertura gradual. Infelizmente, dezenas de representantes de grandes empresas norte-americanas já estão prontos a embarcar para Havana, a fim de assegurar o domínio econômico e financeiro da Cuba livre. Um novo Batista talvez já esteja encomendado, com brilhantes uniformes militares e altos quepes. Breve recomeçará o novo ciclo. Os arquivos cubanos certamente nos oferecerão surpresas interessantes que serão a delícia dos historiadores e dos diplomatas.

Para surpresa geral, após ano e meio afastado do governo por motivos de saúde, a 19 de fevereiro de 2008 Fidel renunciou oficialmente à presidência do país e à chefia das Forças Armadas. Seu irmão Raul, o sucessor, já afirmou que pretende transformar Cuba em uma "China do Caribe" e os investimentos já estão chegando. Os candidatos democratas à presidência dos EUA prometem afrouxar o embargo, enquanto o republicano McCain já afirmou que manterá o cerco. Todos recomendam cautela e esperam por uma abertura gradual. Em março último, Cuba deu outro pequeno passo e assinou a Convenção da ONU dos Direitos Humanos e liberou a importação de computadores, eletrodomésticos, etc. Pouco depois, Raul Castro anunciou também a livre importação de telefones celulares e insumos para agricultura. A transição já estaria em pleno curso.

II

NA CORTE DO PRESIDENTE KENNEDY:
Roberto Campos, o diplomata

Embora tenhamos sido colegas no Itamaraty por muitos anos, só conheci Roberto Campos de perto em agosto de 1961, quando ele assumiu a direção da embaixada em Washington, onde eu trabalhava como chefe do setor cultural e de imprensa. Fui seu colaborador imediato por ano e meio, fizemos boa amizade e juntos embarcamos, mais tarde, em uma aventura equivocada, ao adquirirmos fazendas vizinhas em Santo Antônio do Descoberto, Goiás, nos arredores de Brasília.

Roberto Campos fizera o concurso para a carreira diplomática em 1939, sem sentir muita vocação. Desde o início destacou-se entre os seus jovens colegas e, em 1942, foi transferido para o Consulado Geral em Nova York como vice-cônsul. De 1944 a 47 serviu na Embaixada em Washington como 2º secretário, onde aproveitou para cursar a Universidade de George Washington, realizando estudos de economia. De 1947 a 1949, foi assessor de nossa delegação junto às Nações Unidas, em Nova York, onde fez pós-graduação na Universidade de Columbia. Nesse período teve ocasião de participar, como assessor de delegações brasileiras, em importantes conferências internacionais, como a de Bretton Woods, em 1944, nas quais ganhou experiência negociadora a nível mundial. Isso lhe seria muito útil quando teve de defender, mais tarde, os altos interesses do Brasil, tanto em negociações bilaterais quanto nas multilaterais.

Voltaria aos EUA em 1953 como cônsul em Los Angeles, onde permaneceu até 1955. Lá realizou mais estudos econômicos e ao regressar ao Brasil foi atraído por importantes ofertas políticas, foi assessor de Juscelino Kubitschek e afastou-se do Itamaraty até 1961. No ínterim, o intrincado das relações Brasil-EUA interessava-o e, como bom conhecedor daquele país, onde vivera tantos anos, acabou aceitando o desafio quando Jânio Quadros pediu-lhe para assumir a direção da embaixada em Washington, onde fora jovem secretário quase 20 anos antes. Foi uma escolha acertada, pois Campos tinha notável experiência não só da política interna norte-americana, como também dos problemas bilaterais recentes. Vou recordar alguns episódios de bastante interesse que Roberto Campos passou por alto no seu volumoso livro de memórias, *A lanterna na popa*.

Lembro que Campos fora enviado a Washington em 1961 para tentar aparar as arestas e dirimir rancores que perturbavam nossas relações bilaterais com os EUA e com o Fundo Monetário Internacional, desde o tumultuado governo Juscelino Kubitschek. Seu antecessor em Washington fora Walter Moreira Salles, hábil banqueiro mineiro, ex-ministro da Fazenda e pessoa de fino trato social, que manteve boas relações com os banqueiros norte-americanos. Também o assessorei de perto, mas ele, apesar de suas boas qualidades de negociador, não conseguiu sanar alguns dos mais delicados itens do pesado contencioso brasileiro em Washington e Nova York.

Tenho a impressão de que o hábil embaixador norte-americano em Brasília, Lincoln Gordon, preparou muito bem a chegada de Roberto a Washington, pondo em relevo suas qualidades intelectuais, preparo econômico e perfeito manejo do idioma inglês. O importante é que Campos conseguiu quase imediatamente um bom relacionamento pessoal com o presidente Kennedy e seus principais assessores, o que não era fácil na época. Isso seria decisivo para o bom êxito de sua missão.

Nosso convívio diário em 1961/63 foi excelente e deu-me a medida do seu talento, de sua cultura e da sua habilidade diplomática.

Minha colaboração com ele era dupla e abrangia o setor cultural e de imprensa. Na sua gestão fizemos algumas exposições importantes de artes plásticas brasileiras em diversas grandes cidades americanas. Viajávamos juntos, eu tratava dos últimos retoques para a inauguração da mostra e ele aproveitava para fazer contatos com políticos locais e jornais importantes regionais. Certa vez fomos inaugurar uma exposição de Manabu Mabe em Minneapolis, dias depois que o governador Brizola havia desapropriado a ITT no Estado do Rio Grande Sul, causando grande celeuma nos EUA. Em seu discurso ao final do jantar no elegantíssimo Museu de Arte Moderna de Minneapolis, Roberto deixou atônitos os numerosos convidados em *black tie*, pois após fazer rápida referência à arte de Mabe, ele emendou um longo discurso político analisando os problemas econômicos bilaterais. Eu já estava prevenido e havia convocado representantes locais dos principais jornais de Washington e Nova York para tentar obter boa cobertura de suas palavras. O resultado foi excelente, pois no dia seguinte esses jornais estamparam os argumentos do embaixador em sua tentativa de justificar os atos impensados de Brizola.

Campos era extremamente sensível às repercussões na imprensa americana de fatos ocorridos no Brasil. Certa vez, ele me fez viajar à noite para Nova York, em plena tempestade de neve, porque Nahum Sirotsky lhe havia telefonado alertando que o *New York Times* planejava publicar, nos próximos dias, um importante editorial condenando a política de Goulart e Brizola. Felizmente cheguei a tempo de conversar com Herbert Mathews, o chefe da sessão da America Latina daquele importante jornal e, a muito custo, consegui convencê-lo a desistir do editorial. Naquela época, fui também bastante útil a Roberto, trazendo-lhe informações políticas frescas, obtidas nas minhas visitas quase diárias ao salão dos jornalistas acreditados junto à Casa Branca, onde eu havia feito boa camaradagem com Pierre Salinger, o porta-voz de Kennedy.

Várias vezes cheguei pela manhã à sala do embaixador e encontrei-o prostrado pelas notícias do Brasil. Dizia-me ele desanimado: "Veja só isto! Como posso justificar tais coisas perante nossos amigos do governo e da imprensa? Nem sequer se deram ao trabalho de me avisar com antecipação!" Roberto Campos não gostava de João Goulart, que considerava bem intencionado, mas inexperiente e influenciável, e só a instâncias de seu amigo San Tiago Dantas manteve-se no posto. Em agosto de 1963, cansou de vez e pediu demissão do cargo, mas o próprio Jango apelou para o seu patriotismo para ficar no cargo mais alguns meses, até fevereiro de 1964. Nesse período tão conturbado e em missão tão difícil, Roberto portou-se como um verdadeiro soldado patriota, enfrentando com galhardia e competência a necessidade de justificar fatos que ocorriam no Brasil, com os quais não concordava absolutamente.

Seu bom relacionamento pessoal com o presidente Kennedy facilitou bastante a visita oficial do presidente Goulart aos EUA, em abril de 1962. Quando ela foi afinal confirmada, Roberto chamou-me e me instruiu a preparar fichas sobre todas as possíveis perguntas (com as respostas), que os jornalistas americanos poderiam fazer a Jango, em suas diversas entrevistas de imprensa. Recordo-me que preparei nada menos de 92 fichas com perguntas e respostas apropriadas. Levei-as a Campos, que as foi lendo e murmurando coisas inaudíveis, corrigiu algumas respostas e acrescentou mais três ou quatro fichas. Tudo foi remetido a Brasília, a fim de que o presidente as estudasse e memorizasse as respostas, mas nem Roberto nem eu estávamos confiantes de que Jango desse muita atenção às nossas fichas.

A seguir o embaixador instruiu-me a conversar com Pierre Salinger, o porta-voz de Kennedy, pedindo-lhe sugestões para proteger Jango da agressividade de certos jornalistas escandalosos. Eu tinha boas relações com Pierre, que foi muito franco comigo: "Temos que proteger o seu presidente porque ele não é simpatizado nos EUA. Ele desapropriou ou deixou desapropriar bens de milhares de acionistas americanos sem qualquer indenização". Sugeriu que a única entrevista de Jango em Washington fosse realizada na Blair House, anexo da Casa Branca, onde ele ficaria hospedado com sua comitiva. Esclareceu-me: "Lá ele ficará resguardado, pois à Blair House só têm acesso os jornalistas credenciados junto à Casa Branca. Eu os avisarei que devem ser respeitosos com seu presidente ou correrão o risco de ser descredenciados, o que para eles corresponderia à sua morte profissional."

Passei imediatamente essas informações a Roberto Campos, mas alertei-o que havia ainda outro risco a superar – o provável convite do National Press Club para o almoço das quartas-feiras, aos quais comparecem habitualmente os mais perigosos jornalistas, do tipo *free lancers*, que arrancam e distorcem declarações de entrevistados ilustres e as vendem a jornais escandalosos. Jango seria um prato feito para eles. Propus conversar com o embaixador Ilmar Penna Marinho, nosso representante junto à OEA, sobre a possibilidade de marcar o banquete a ser oferecido a Jango pelo Conselho da Organização dos Estados Americanos para aquela quarta-feira. Penna Marinho, meu compadre, disse-me que a homenagem do Conselho da OEA já estava marcada para a quinta-feira, mas ele compreendeu logo a gravidade de nosso problema e acabou conseguindo do secretário-geral da OEA a antecipação do banquete para a quarta-feira. Foi um alívio. Dias depois veio ver-me o presidente do National Press Club para fazer o convite a Jango. Fiz uma cara desolada e expliquei-lhe o impedimento causado pelo banquete da OEA e perguntei se ele poderia adiar seu almoço para a quinta-feira. Naturalmente, ele me respondeu ser impossível, pois os almoços do seu clube de imprensa se realizam, tradicionalmente, sempre às quartas-feiras. Saiu decepcionado e eu me precipitei ao gabinete de Campos para dar-lhe a boa notícia. Ficamos tão contentes e aliviados que nos abraçamos...

Na noite da chegada de João Goulart a Washington, o embaixador e eu fizemos uma verdadeira sabatina com o presidente e, para nossa agradável surpresa, ele havia feito muito bem o seu *homework* e tinha quase todas as respostas na ponta da língua. Avisei-o que, se ocorresse algum fato embaraçoso, eu interromperia a entrevista, como era praxe na Casa Branca nas entrevistas presidenciais dirigidas por Pierre Salinger. Na realidade, a entrevista correu bem, mas tivemos uma surpresa. Jango conhecia um pouco de inglês e quase sempre entendia as perguntas, o que lhe dava tempo de pensar com calma as respostas durante a tradução. A entrevista estava quase no fim, após uns 40 minutos de perguntas e respostas, quando alguém indagou: "É verdade que seu assessor pessoal de imprensa, Raul Ryff, é membro do Partido Comunista?" Eu gelei, porque essa pergunta não havia sido prevista, mas Jango olhou para mim fixamente e teve a presença de espírito de responder que não tinha conhecimento dessa notícia e mandaria investigar. Aí entrei eu com voz tonitruante e exclamei: *Thank you, mr. president!* Imediatamente todos os jornalistas levantaram-se, cumprimentaram o presidente e se retiraram sem demora. Campos me felicitou: "Foi na hora, hein?". As demais conferências de imprensa em Nova York e Chicago decorreram bem e por ocasião da partida da comitiva para o México, Roberto sugeriu ao presidente a minha promoção a conselheiro de embaixada, o que ocorreria um mês depois.

Mas o anedotário dessa viagem foi variado e divertido por vezes e não me privo de recordar alguns episódios *sui generis* pouco conhecidos. Angustiosa foi a primeira entrevista dos dois presidentes, na qual Jango fez questão de reafirmar a sua política externa independente. Aí aconteceu algo inesperado: Kennedy levantou-se subitamente, deu a volta à grande mesa retangular e aproximou-se de Goulart, que embaraçado levantou-se também. Sorrindo, Kennedy apertou-lhe a mão jovialmente, felicitando-o por afinal haver encontrado um presidente independente. Lamentou que ele mesmo era dependente do Congresso, da imprensa, de seu partido, dos sindicatos, de Kruschev, De Gaulle, etc. Foi um vexame para a comitiva brasileira. Houve um longo silêncio enquanto Kennedy voltava ao seu lugar na mesa, mas Campos tomou a palavra e salvou a situação com elegância.

Minutos depois Kennedy saiu-se com uma iniciativa temível. Estávamos na pior etapa da guerra civil angolana e Kennedy desejava ajudar Portugal e a África. Propôs que o Brasil, Portugal e suas colônias africanas formassem uma comunidade afro-luso-brasileira, com a promessa de que os EUA canalizariam através do Brasil substancial auxílio financeiro a Portugal para compra de armas. San Tiago Dantas pediu tempo para responder e, ao regressarmos à embaixada, Roberto Campos mandou convocar uma reunião de todos os diplomatas e adidos militares lotados em Washington. Fez um rápido resumo da entrevista presidencial e apresentou a proposta de Kennedy solicitando a todos o parecer pessoal, o mais franco possível. Por motivos diferentes e com matizes diversos, todos se manifestaram em contrário e me recordo que Miguel Osório de Almeida, mordaz economista, ironizou: "Vai ser a comunidade do analfabetismo!". Campos disse-me depois que San Tiago Dantas ficara impressionado com a nossa coletiva reação negativa e decidiu não responder por ora à Casa Branca. Nunca mais se ouviu falar no assunto.

Mas nessas negociações em Washington, Campos conseguiu uma grande vitória, que foi a aceitação pelo presidente Kennedy de sua hábil proposta para a nacionalização pacífica, por meio da compra negociada, de importantes bens americanos no Brasil. Com isso se acalmaram os justos reclamos da ITT e da AMFORP, mas os seguidores de Brizola ficaram indignados com Roberto, que passou a ser chamado de Bob Fields e acusado de "entreguista ao imperialismo ianque" até o fim de sua vida.

Outro episódio curioso dessa visita presidencial foi o discurso que João Goulart faria perante o Congresso americano, conseguido com certa dificuldade por Roberto Campos, pois não havia simpatia pelo nosso presidente. Sua amizade pessoal com o líder da maioria, senador Mike Mansfield, foi decisiva. No entanto, como nós mesmos já esperávamos, poucos parlamentares americanos compareceram ao plenário, que estava quase vazio. Alguns deputados e diplomatas saíram comigo pelos corredores convidando os passantes e amigos a entrarem no salão. Mesmo assim era pouca gente e eu sugeri que a nossa numerosa comitiva entrasse também no plenário para fazer número. Com eles entrou o jornalista Ibrahim Sued e sentou-se ao lado do general Kruel, o ministro da Guerra. Aí os diretores dos grandes jornais brasileiros, que estavam no 2º andar, na tribuna especial dos jornalistas, começaram a gesticular para mim reclamando da presença de Ibrahim no plenário, como se ele fosse um deputado americano. Eu tive o ingrato papel de convencer Ibrahim a retirar-se do plenário. Ele se recusava a sair e cheguei a ameaçá-lo de chamar os guardas americanos para retirá-lo à força. Isso me valeu a perene inimizade dele em sua coluna social durante anos...

Em Nova York ocorreu um impasse tragicômico na negociação com o prefeito Robert Wagner sobre o desfile de automóveis na Broadway, que ocorre sempre quando um chefe de Estado visita o país. Como Jango não era benquisto nos EUA, o prefeito queria dar-nos apenas a mesma quantidade de papel que oferecera dias antes ao presidente do Togo, Sylvanus Olympio, ou seja 50 toneladas de papel, a serem distribuídas pelos prédios que bordejam a longa avenida. Lembro que a Prefeitura de Nova York adquire grandes rolos de papel e aluga carretas para essa distribuição. O prefeito argumentava que, se os moradores da Broadway se recusassem a jogar o papel picado em homenagem a Jango durante a carreata, a Prefeitura teria de alugar novamente as carretas para retirar dos edifícios os rolos de papel não utilizados e isso custaria bastante caro. Com dificuldade, a charmosa cônsul-geral Dora Vasconcellos conseguiu convencê-lo de que o Brasil era mais importante do que o Togo e obtivemos afinal mais 10 toneladas de papel, no total de 60. O desfile de carros abertos na Broadway foi um sucesso, com Jango acenando para o público, e felizmente nenhum acionista da ITT jogou em cima de nós um daqueles volumosos catálogos de telefones, o que certamente causaria vítimas...

Mas durante a viagem oficial de Jango aos EUA ocorreram outros episódios interessantes e até jocosos. Em Omaha, visitamos o Comando Aéreo Estratégico dos EUA. A comitiva desceu por elevadores até uma enorme sala subterrânea, onde foram feitas várias exibições tecnológicas impressionantes. Jango quis falar com um aviador que estivesse voando por cima da Noruega e o piloto imediatamente respondeu-lhe ao microfone. O comandante da base levou-nos até o local onde estava o famoso telefone vermelho, que tinha comunicação direta com o Kremlin e Jango chegou a brincar com o telefone na mão. Aí Roberto Campos perguntou, um pouco cinicamente talvez, ao general norte-americano: "Não é perigoso o senhor mostrar tudo isso a pessoas estranhas?". Ao que lhe respondeu o militar: "Os nossos amigos se sentirão protegidos por nós e nossos eventuais inimigos pensarão duas vezes antes de nos atacarem". Assistimos também a demonstrações dos grandes aviões B-52, os quais, respondendo a um alarme, em poucos minutos decolaram para uma missão hipotética. Durante essas exibições não tirei o olhar dos rostos dos pelegos que acompanhavam Jango, os quais estavam visivelmente desconfortáveis.

Em Chicago, ponto final da viagem oficial, tudo também correu bem, mas meu colega Carlos Lobo e eu acabamos presenciando um gesto insólito de nosso embaixador para com o presidente. Havíamos acompanhado a comitiva presidencial até o avião e ficamos na pista até a decolagem. Roberto Campos deu então uma solene *banana* em direção ao avião, que já desaparecia no horizonte rumo ao México. Roberto exclamou: "Ufa! Afinal nos livramos dessa gente! Que trabalheira, hein?". Não pude conter uma gargalhada, porque era grande a nossa sensação de alívio.

Outro momento difícil e tenso da minha colaboração com Roberto Campos na embaixada em Washington foi o período da conferência de Punta del Leste, em 1962, na qual os EUA se esforçaram por expulsar Cuba da Organização dos Estados Americanos, contra a vontade do governo João Goulart e de vários outros países latino-americanos. A posição do Brasil em Washington era delicada, pois não poderíamos desafiar abertamente a iniciativa norte-americana sem um desgaste pessoal excessivo junto a nossos amigos do governo Kennedy. Campos pediu-me para sondar meus contatos nos grandes jornais da capital e de Nova York e chegamos à conclusão de que havia divergências internas entre a Casa Branca e o Departamento de Estado sobre a conveniência e a melhor tática de expulsar Fidel Castro da OEA. Roberto arquitetou então o hábil plano de aproveitar essas divergências dentro da política externa americana e sublinhá-las junto aos mais influentes jornalistas do país, e com isso dissuadir os americanos de seu intento, ou amenizar sua proposta.

Organizei diversos almoços de trabalho a três, em restaurantes discretos: Roberto Campos, eu e o jornalista que desejávamos convencer. O embaixador explicava todos os aspectos da questão com paciência infinita ao nosso importante interlocutor, por vezes mal informado, e os resultados foram excelentes. Enquanto as autoridades americanas e a imprensa discutiam entre si, eles não se preocupavam com o Brasil, que tinha uma atitude difícil de ser defendida. Recordo que o famoso colunista Walter Lipmann, depois de um almoço íntimo conosco, fez um artigo notável sobre a expulsão de Cuba, sindicalizado para todo o país, no qual reproduziu, quase *ipsis literis*, todos os argumentos contrários de Roberto Campos. Ao ler a sua coluna, Roberto exclamou: "Compensou o esforço. Este artigo vale um milhão de dólares!". Em conseqüência dessa dissuasão os jornais americanos mal falaram da posição brasileira, contrária a dos EUA, e que passou quase desapercebida. Ao final, San Tiago Dantas, de Montevidéu, enviou a Campos um caloroso telegrama de felicitações, que ele generosamente me mostrou, dizendo que eu merecia uma parte do elogio.

Essas entrevistas com os jornalistas norte-americanos me serviram para comprovar sua memória prodigiosa, senso de humor e seu hábito de temperar as conversas com pequenas anedotas irônicas ou divertidas. Recordo-me de uma entrevista recente de Roberto Campos na televisão, com o jornalista Boris Casoy, na qual comentou as dificuldades das empresas brasileiras neste período de globalização. Disse ele mais ou menos o seguinte: "A modernização e o enxugamento das empresas brasileiras têm encontrado problemas devido a três preconceitos: parceria é coisa de veado, cliente é coisa de prostituta e terceirização é coisa de corno".

Outro fato eloqüente dessa generosidade de nosso personagem ocorreu diretamente comigo. Desde 1961 vinha eu escrevendo uma coluna semanal na importante página "Opinião" do *Jornal do Brasil*, do Rio de Janeiro, dedicada à análise das relações bilaterais Brasil-EUA, sobre política interna norte-americana e também sobre política externa. Como eu não podia assinar o meu nome devido às restrições do Itamaraty, hoje bastante afrouxadas, eu firmava as colunas com o pseudônimo "de um observador em Washington". Só eu e o proprietário do jornal, Manuel do Nascimento Brito, meu amigo de infância, sabiam quem era aquele misterioso "observador em Washington", tão bem informado e que usava por vezes palavras cáusticas castigando, quando era necessário, a Casa Branca, o Departamento de Estado, o próprio Itamaraty e até o Palácio do Planalto. Modéstia à parte, os artigos eram muito bons e causavam sucesso, excitando a curiosidade de todos. Já havia gente dizendo que o autor era o próprio Roberto Campos, pois habituado a ler os textos do embaixador, eu acabava utilizando um pouco o estilo do chefe. Certo dia, veio uma interpelação formal do Itamaraty, no sentido de que Roberto procurasse descobrir o nome do "observador", pois ele estava incomodando bastante e precisava ser calado. Na reunião seguinte de serviço na embaixada, Campos levantou o assunto e indagou de todos os presentes se alguém sabia da identidade. Quando chegou a minha vez de falar, eu respondi que ignorava, mas depois me arrependi, pois agora o "observador" estava se tornando quase um traidor.

Por uma questão de lealdade a Roberto, que sempre me havia prestigiado, pedi uma reunião a portas fechadas. Disse-lhe que o autor era eu, mas que a minha intenção era apenas de ajudar o Brasil, fustigando o próprio governo brasileiro, o Itamaraty e sobretudo as autoridades norte-americanas, através da sua embaixada em Brasília. Roberto ficou de boca aberta por alguns segundos e depois me disse: "Parabéns pelos seus artigos! De um modo geral, estou de acordo com quase tudo o que você escreveu. Vou responder ao San Tiago Dantas de viva voz e dizer-lhe que seus artigos são de grande utilidade para a minha missão, pois freqüentemente servem para espicaçar o governo americano na direção que desejamos". E rematou ele: "continue a escrever da mesma maneira e quando eu tiver algum tema, que não me convenha expressar pessoalmente ou diretamente aos americanos, você poderá comentá-lo livremente sem desgaste pessoal meu, como chefe de missão". Assim foi e, mais de uma vez, ele me pediu para tocar em algum assunto espinhoso, que seria embaraçoso para ele abordar. De volta ao Rio de Janeiro, estive em casa de San Tiago Dantas, que me conhecia muito bem, e ele me assegurou que não revelara a ninguém o segredo do "observador em Washington" e comentou que os artigos, além de informativos, foram por vezes muito oportunos. Tantos anos depois, em sessão do Conselho Técnico da Confederação Nacional do Comercio, em 1999, Roberto ao ver-me saudou-me, dizendo: "Como vai o observador em Washington?".

No restante da minha permanência em Washington, no final de 1962, pude presenciar várias cenas que comprovaram o grande prestígio que Roberto Campos granjeara na capital norte-americana, fato raro onde trabalham quase 200 embaixadores. Personalidades de todo o gênero o tratavam com a maior consideração e ouviam atentamente seus comentários sobre os temas mais distintos, o que atestava sua extraordinária competência e *savoir faire* diplomático. Na sua volta ao Brasil, em 1964, foi chamado por Castello Branco para ocupar o Ministério do Planejamento. Enviou-me um recado por Francisco de Assis Grieco se eu me interessaria por trabalhar com ele. Agradeci e recusei, já que isso não me era conveniente, pois estava bem colocado no Itamaraty em vésperas da minha promoção a ministro.

Em 1974, Roberto Campos, talvez cansado de suas atividades políticas no Brasil, aceitou convite do presidente Geisel para representar o Brasil junto ao Reino Unido. Soube que ele havia se interessado pela possibilidade de chefiar a Missão junto às Comunidades Européias, em Bruxelas, mas o chanceler Azeredo da Silveira teria vetado o seu nome, temeroso de que ele pretendesse ser uma espécie de super-embaixador itinerante junto aos países da CEE. Em Londres, Roberto ficaria cerca de sete anos e meio, de fevereiro de 1975 a agosto de 1982. Em 1979, pouco antes da posse do presidente Figueiredo, seu nome foi considerado para o cargo de ministro das Relações Exteriores. Preparou longo documento esboçando uma nova orientação para a nossa política externa, mas o *paper* não agradou a alguns dos principais assessores de Figueiredo, pois ele combatia o que denominava erroneamente de *linha terceiro-mundista*, e... seu nome foi descartado.

Continuou, portanto, em Londres e lá ficou até agosto de 1982, quando renunciou à embaixada para se candidatar a senador por Mato Grosso. Saía nas vésperas de uma crise financeira mundial – a moratória do México, que teria repercussões no Brasil. Visitei-o em Londres pouco antes, no verão de 1981, quando eu era embaixador em Israel. Encontramo-nos duas vezes para longas conversas, não tanto sobre a política britânica, mas sobre a situação de nossas propriedades vizinhas em Goiás. Ele aliás forneceu-me dados valiosos – uma exposição de motivos de seu próprio advogado – que me foram bastante úteis.

Campos sublinhou naqueles encontros em Londres que sua missão era bem diferente da anterior, em Washington. Chegara a Londres em plena crise internacional financeira, a pior do após-guerra. Lembrou que, nos EUA, teve de enfrentar situações bilaterais difíceis, da maior importância para o Brasil, por vezes sem amparo do próprio governo que representava. Já em Londres seu trabalho era menos de negociar do que de prestar esclarecimentos sobre a situação financeira do Brasil, de tentar melhorar a imagem de nosso país junto a investidores e banqueiros ingleses, com os quais entabulara boa amizade. Recordou comigo a visita do presidente Geisel a Londres, em 1979, comparando-a com a de Jango a Washington, em 1961, e lembrou episódios divertidos. O único momento delicado que teve de enfrentar na Inglaterra foi durante a guerra das Malvinas, quando o Brasil aceitou representar os interesses da Argentina junto ao Reino Unido. Saiu-se tão bem que, ao final da guerra, o governo inglês agradeceu efusivamente os bons ofícios de nossa embaixada em Londres, com especial menção a ele. Senti que Roberto gostava de Londres e sentia-se bem, longe da politicagem brasileira.

Conversando recentemente com o ex-chanceler Ramiro Saraiva Guerreiro, que havia sido nomeado para o cargo quando o nome de Roberto estava sendo considerado, contou-me que, em 1982, esteve em Londres em visita oficial. Guerreiro ficou satisfeito com as boas relações do embaixador com algumas das mais altas autoridades inglesas, em especial com o titular do Foreign Office, Lord Carrington, que foi extremamente amável e franco com seu colega brasileiro. Observou Guerreiro também as excelentes relações de Campos com diversos membros proeminentes da City, e isso sem descurar de suas relações com os parlamentares britânicos.

Alguém escreveu que Campos, nesse período, era uma espécie de *guru* da corte de Saint James, o que nos parece exagerado e inapropriado. Em *A lanterna na popa* (pp. 940-1), ele afirmou que, como ex-ministro do Planejamento, era alvo de perguntas sobre a política econômica inglesa, "...o que não me era possível atender diretamente, dado a minha condição de chefe de Missão acreditado junto à corte de Saint James". É muito provável, porém, que ele tenha se destacado bastante entre os numerosos embaixadores lá acreditados. Foi bastante prestigiado por James Callaghan, Margaret Thatcher e pela rainha Elisabeth, e ouvido com atenção por algumas das mais altas personalidades do governo britânico. Lembro, porém, que os ingleses jamais tiveram muita consideração por latino-americanos, por mais competentes que fossem. Alguma vez já se ouviu falar que Margaret Thatcher tenha tido um *guru*? Roberto merece os maiores elogios pelo seu brilhante desempenho diplomático em Washington e em Londres, mas o suposto título de *guru* em Londres me parece excessivo.

Curiosamente, nos anos subseqüentes, Campos e eu mantivemos freqüentes contatos telefônicos por motivos não-diplomáticos. Preocupava-nos sempre a situação em Santo Antônio do Descoberto, Goiás, onde nossas propriedades haviam sido invadidas por centenas de posseiros. Em 1985, Campos esteve alguns dias em Berlim e me telefonou. Jantamos juntos no lado ocidental, pois ele não quis atravessar o muro para evitar a especulação de jornalistas. Em 1994, por ocasião do lançamento da 4ª edição do meu livro *História da música no Brasil*, ele foi dos primeiros amigos a vir pedir-me o autógrafo. Em 1997 estive em Santo Antônio e soube por um vereador amigo que o PT local estava preparando uma manifestação agressiva contra Roberto, então deputado pelo PPB. Apressei-me a avisá-lo e ele cancelou a sua planejada visita, enviando um representante. A última vez que o vi foi em uma sessão do Conselho Técnico da Confederação Nacional do Comércio, em 1999, após sua derrota nas eleições para senador pelo Estado do Rio de Janeiro. Ele não conseguia entender a duplicidade do presidente Fernando Henrique Cardoso, que comparecera ao seu palanque e também no de seu maior adversário, Moreira Franco! Perguntei-lhe naquela tarde como estavam seus problemas em Goiás e ele limitou-se a suspirar, exclamando: "Nem me fale!". Compareci à cerimônia de sua posse na Academia Brasileira de Letras, mas não tive coragem de ir visitá-lo após o derrame. Dele guardo as melhores recordações do período em que fui seu colaborador direto em Washington, na corte do presidente Kennedy, onde presenciei sua eficaz atuação. Roberto Campos, o diplomata, não deve ser esquecido.

(Palestra proferida no Conselho Técnico da Confederação Nacional do Comércio, a 2 de abril de 2002, publicada na Carta Mensal dessa entidade de nº 570, volume 48, setembro de 2002).

VARIAÇÕES

A boina

Em meados de 1954 havia eu regressado da Argentina e era o *desk officer* dos Estados Unidos da América na Divisão Política do Itamaraty. Consegui logo boas relações com vários diplomatas da embaixada americana com os quais tratava diversos assuntos de interesse bilateral. Certo dia houve uma grave manifestação diante da embaixada americana no Rio de Janeiro, por motivos que não recordo mais, e os populares entraram no prédio e depredaram diversas salas. O goveno brasileiro pediu desculpas oficialmente, mas alguns dias depois o conselheiro político da embaixada veio trazer-me em mãos uma nota de protesto contra os distúrbios ocorridos, encaminhando uma lista de objetos danificados, com seu valor expresso em dólares e solicitando reembolso. Irritaram-me os termos pouco delicados da nota e os insignificantes valores pretendidos. Naquela lista figurava até a boina de uma datilógrafa da embaixada, estimada para reembolso em US$ 5,00!

A nota era inaceitável, primeiro porque o governo brasileiro já havia pedido desculpas formalmente e depois os termos daquela nota eram quase insultuosos. O diplomata assustou-se com a minha reação e me confessou que o seu embaixador estava furioso com os distúrbios ocorridos e, como ele era um político e não um funcionário de carreira, mandara fazer a nota naqueles termos infelizes. Pedi-lhe um momento e fui levar a nota ao meu chefe imediato, ministro Jaime Chermont, a quem sugeri que simplesmente devolvêssemos a nota malcriada, o que criaria talvez um "caso" diplomático. Chermont tentou falar pelo telefone com o secretário geral, mas ele estava ausente. Instruiu-me então a dizer ao diplomata americano que não daríamos entrada oficialmente àquela nota e oferecíamos um prazo de 24 horas para que o embaixador reconsiderasse o assunto e a retirasse discretamente. Caso contrário, daríamos publicidade à nota, enviando de início cópia a Samuel Wainer, da *Última Hora*. No dia seguinte, o conselheiro da embaixada veio, embaraçado, pedir-me a nota de volta. O ocorrido não transpirou nos jornais.

Presidente KENNEDY, O CARISMÁTICO

Nunca tive audiência ou entrevista direta com o presidente Kennedy, pois era apenas um 1º secretário e depois conselheiro da embaixada em Washington. Minhas funções abrangiam o setor de imprensa e assuntos culturais, o que me deu oportunidade de viajar bastante pelos EUA, visitando jornais importantes e fazendo palestras sobre o Brasil em universidades. A partir da posse de Jânio Quadros em 1961, tive um trabalhão para explicar a chamada "política externa independente".

Quando JFK assumiu a presidência, levei ao nosso *chargé d'affaires*, Carlos Alfredo Bernardes, uma carta de apresentação a Pierre Salinger, porta-voz do novo Governo. Era uma providência normal e não foi esperteza minha, mas que seria utilíssima para a nossa embaixada. No dia seguinte à posse, apresentei-me na Casa Branca para ver Pierre Salinger, que me recebeu amavelmente, apresentou-me a seus assessores principais e deu-me a carteira de livre acesso ao setor de imprensa da Casa Branca, o que me permitiria assistir às conferências de imprensa do presidente Kennedy, circular nas dependências de imprensa da Casa Branca e conversar com importantes jornalistas que freqüentavam diariamente aquela repartição. Tudo me pareceu muito natural e retirei-me satisfeito, sem perceber a real importância do fato.

Assim quase diariamente comparecia à Casa Branca, conversava com jornalistas e colunistas, sabia de fofocas políticas e insinuava outras. Kennedy aparecia às vezes, falava com todos gentilmente, aprendeu meu nome e me saudava familiarmente com sua voz roufenha: "Hi, Vasco!". Comecei então a notar que não havia na sala de imprensa diplomatas de outros países e um dia perguntei a Pierre a razão. Ele fitou-me seriamente e disse: "Você é o único diplomata nesta sala. Quando você veio ver-me no primeiro dia de trabalho, eu não sabia que não se credenciavam diplomatas na Sala de Imprensa da Casa Branca, apenas jornalistas dos principais jornais. Depois que lhe dei a credencial, fui avisado que não deveria fazê-lo, mas simpatizei com você e não quis retirar-lhe a credencial". Fiquei boquiaberto e ofereci restituir-lhe o documento, o que Salinger recusou gentilmente, pedindo apenas que não divulgasse o fato a outros colegas diplomáticos. Tempos depois, ofereci-lhe um jantar em minha casa, com outros jornalistas, e ele compareceu e conversou descontraidamente.

O fluxo de fofocas políticas que eu trazia da Casa Branca agradou muitíssimo ao embaixador Roberto Campos, que passou a dar toda a atenção ao setor de imprensa da embaixada, para ciúme de alguns colegas. Minha colaboração passou a ser muito útil na preparação da viagem de João Goulart a Washington, em 1962. Campos não dispensava minha companhia em entrevistas e fui instrumental apresentando-lhe diversos jornalistas importantes. Recordo um almoço a três em um restaurante discreto com o famoso colunista Walter Lipmann, que renderia notável artigo sobre a posição do Brasil. Em uma das entrevistas de Jango com Kennedy, estava eu presente na comitiva brasileira e o presidente Kennedy saudou-me pelo meu prenome, o que deixou boquiabertos alguns membros da nossa delegação.

Essa freqüência à sala de imprensa rendeu-me também pequenas gentilezas do casal presidencial, que tinha uma filha pequena, Caroline. Assim, minhas filhas Stela e Ana Tereza foram convidadas duas vezes para recepções infantis na Casa Branca: uma vez para o aniversário de Caroline e outra para a representação de uma ópera infantil de Mozart. Stela insistiu em escrever a Jacqueline para agradecer-lhe e a primeira dama respondeu-lhe que teria muito prazer em convidá-la outra vez, o que ocorreu semanas depois. Até hoje Stela guarda como um tesouro a cartinha de Jacqueline Kennedy.

A corte do presidente Kennedy é conhecida como Camelot e é lembrada até hoje como o período em que os EUA tiveram a maior simpatia mundial. Com sua bela mulher Jacqueline, ele utilizou seu enorme carisma pessoal para encantar gregos e troianos. Eu estava em Roma, em uma conferência da FAO, quando ele foi assassinado em Dallas, em 1963. Foi uma consternação mundial. Em Roma até o partido comunista italiano fez colar cartazes nas paredes da capital lamentando a sua morte. Nunca mais teve os EUA um presidente tão popular em nível mundial. No entanto, em seus três anos de presidência ele cometeu dois erros graves em nível mundial: o lamentável ataque fracassado à Cuba e o início da guerra do Vietnã. Se ele tivesse chegado ao segundo mandato, provavelmente teria perdido grande parte de seu enorme prestígio nacional e internacional.

Presidente LYNDON JOHNSON

Servi em Washington duas vezes: a primeira na embaixada, de 1959 a 1962, e a segunda, na Missão do Brasil junto à Organização dos Estados Americanos (OEA), de 1967 a 1969. Devo a primeira dessas designações ao embaixador Azeredo da Silveira, que me salvou do agradável marasmo do consulado de Nápoles em 1958. Ficáramos amigos quando ele era cônsul em Florença e mais tarde, na chefia da Divisão de Pessoal, obteve minha designação para Washington para agilizar minha carreira, que estava lenta. Cheguei a Washington ainda como 2º secretário e de lá saí conselheiro, quatro anos depois, galgando dois degraus na carreira. Da segunda vez que trabalhei na capital americana, coube a Ilmar Penna Marinho, meu compadre (fui padrinho de seu segundo casamento em Baltimore), chamar-me para representante alterno na OEA.

Minha citada participação na Missão junto à OEA foi altamente proveitosa, pois nos seis meses em que fiquei como chefe interino da missão pude aparecer bastante perante a cúpula do Itamaraty, como ocorreu no caso da convoção da CECLA logo após a posse do presidente Nixon. De lá regressei ao Itamaraty, em fins de 1969, a convite do chanceler Magalhães Pinto, para chefiar o Departamento Cultural e de Informações do MRE. Dois anos depois era nomeado embaixador no Equador pelo chanceler Mário Gibson Barboza, amigo de longa data e ex-embaixador em Washington, que apreciara minha atuação na OEA. Mas estou me demorando demais para chegar a Lyndon Johnson...

No período em que estive a cargo da Missão na OEA (intervalo de seis meses entre a partida para Moscou de Ilmar Penna Marinho e a chegada de Henrique Rodrigues Valle, que vinha de Copenhague), ocorreu fato curioso. Havia descontentamento geral na América Latina com os EUA, pois o presidente Johnson prometera vultoso auxílio financeiro para a região que o Congresso americano afinal não aprovou. Habilmente, para amaciar os comentários dos embaixadores e *chargés d'affaires* (como era o meu caso), Lyndon Johnson decidiu convidar todos os chefes de missão latino-americanos em Washington, com suas esposas, para um fim de semana em San Antonio, Texas, perto de seu rancho, onde fomos recebidos principescamente. Foram anfitriões perfeitos, esforçando-se para debelar nosso descontentamento e colocando a culpa no Congresso, que não aceitara sua proposta financeira. Viajamos no avião presidencial *Air Force One* e gozamos de todas as mordomias possíveis. Johnson explicou-me pessoalmente suas dificuldades políticas e – confesso – deixei-me convencer por suas palavras e, ao regressar, redigi um telegrama ao Itamaraty procurando melhor explicar o ocorrido. Até hoje conservo uma bela foto tirada com ele, devidamente dedicada com bastante exagero: "To my friend Vasco, sincerely Lyndon Johnson". Antes da viagem ele nem me conhecia...

Lyndon Johnson era um típico político texano, com grande vivência do Senado norte-americano, mas seus métodos não eram considerados dos mais refinados. Chegou a ser acusado de haver mandado assassinar Kennedy para assumir o seu lugar, o que obviamente não se comprovou. É inegável, porém, que teve muita responsabilidade na ampliação da guerra do Vietnã, iniciada pelo seu carismático antecessor.

RICHARD NIXON, MEU VIZINHO

Este sim, conheci muito bem e de perto, pois éramos vizinhos na Forest Lane, em Washington (1967-69), uma elegante rua sem saída, ao lado de uma pequena floresta, no bairro de Georgetown. Nixon morava no círculo final da rua sem saída e seus vizinhos imediatos eram os familiares do famoso general George Patton. Nixon viajava muito, mas quando estava em Washington tinha o hábito de passear sozinho seu belo cão Irish Setter. Conheci os Nixon em casa de um de nossos vizinhos da Forest Lane e combinamos conversar e passear juntos nossos cachorros, quando isso fosse possível. Assim, saímos a caminhar em três oportunidades pela floresta, ou pela rua 44, conversando sobre os temas políticos da época, isto é, dos anos de 1967 e 1968. Como bom político, ele era sempre muito caloroso comigo, o que confesso me lisonjeava. Creio que vendi-lhe uma idéia, que pôs parcialmente em prática como presidente mais tarde, no início do seu mandato. Aconselhei-o a que, em vez de tentar impor uma política aos latino-americanos, deveria o novo presidente solicitar aos nossos países o que os EUA poderiam fazer por eles. Nixon era brilhante, reelegeu-se facilmente e não entendo até hoje como se deixou enredar no escândalo Watergate.

A seu convite compareci à convenção do Partido Republicano em Miami e assisti à sua indicação como candidato, aliás contra um grande amigo do Brasil, Nelson Rockefeller. Em sua posse como presidente dos EUA, estava eu interinamente como chefe de missão do Brasil na OEA e na recepção oficial para cumprimentá-lo, ele parou a fila de convidados para conversar e fazer perguntas sobre nossos vizinhos.

Tenho bela foto com ele e minha filha Stela, que me acompanhou à cerimônia. Vide ilustração 1.

Seu comportamento durante a gravíssima crise que o levou à renúncia me decepcionou. Recordo porém que, se as entrevistas de imprensa do presidente Kennedy eram famosas pela precisão das respostas e notável competência, as entrevistas de Nixon, pelo menos no seu primeiro mandato, não ficaram atrás e, em alguns aspectos, até superavam as entrevistas de Kennedy. Seu grande feito foi haver terminado a guerra no Vietnã, o que facilitou sua reeleição. Após a divulgação dos "Pentagon Papers", ele teve a coragem de admitir os grandes erros de seus antecessores ao enterrar-se no Vietnã, na vaga ilusão de deter os comunistas na Indochina. Encerrou a horrível carnificina que tanto comprometeu a imagem internacional dos Estados Unidos da América e tantas vidas inúteis sacrificou. Infelizmente, 30 anos depois, o presidente Bush não aprendeu a lição, está repetindo os mesmos erros no Iraque e provocando outra carnificina, que só pode ser explicada pela ambição de manipular as riquezas petrolíferas do país.

DEAR HENRY (Kissinger)

Kissinger não foi presidente, nem primeiro-ministro, mas teve influência mundial extraordinária nos anos 60 e 70, quando foi o secretário de Estado norte-americano, no governo Nixon. Antes fora assessor político de Kennedy e se celebrizou por seus esforços pacificadores nas crises de Berlim, do Vietnã e no Oriente Próximo. Recebeu o Prêmio Nobel da Paz de 1973 juntamente com o negociador vietnamita Le Duc Tho. Quando ainda era quase desconhecido em 1959 e acabava de publicar um livro excelente – *A Necessity for Choice* –, fui visitá-lo na Universidade de Harvard, onde ensinava. Recordo que, como chefe do setor cultural e de imprensa da embaixada em Washington, viajava muito para visitar universidades e jornais importantes para explicar temas alusivos ao nosso país. Houve simpatia mútua e animei-o a visitar o Brasil. Pouco tempo depois, auxiliei-o a organizar sua primeira visita ao nosso país e consegui hospedá-lo no Rio de Janeiro em casa de um amigo.

Em 1961, o presidente Kennedy chamou-o para assessorá-lo em temas da Guerra Fria e encontrei-o na Casa Branca na sala de imprensa. Conversamos animadamente e combinamos almoçar juntos. Não acreditava que tivesse tempo para mim, mas para minha surpresa telefonou-me dias depois e almoçamos em um pequeno restaurante francês perto da Casa Branca chamado "Chez François". A conversa foi curiosa, pois eu tentei influenciá-lo em questões da América Latina e do Brasil e ele subitamente me interrompeu: "Estamos almoçando como amigos e não devo discutir temas de trabalho com você. Além disso, não tenho tempo para a América Latina, pois só me ocupo de coisas muito importantes para os EUA, sobretudo a crise de Berlim neste momento. Falemos de futebol". Despedimo-nos amigavelmente e não o vi mais até minha partida da capital americana no final de 1962.

Em 1969, o presidente Nixon assumiu a presidência e convidou Kissinger para secretário de Estado. Encontrava-me de novo em Washington, agora em nossa Missão junto à OEA, e resolvi telefonar-lhe para dar os parabéns e desejar-lhe sucesso. Ele me atendeu imediatamente e convidou-me para almoçar, o que me surpreendeu. Nesse almoço voltei a tentar falar do Brasil e de temas latino-americanos que nos preocupavam na OEA e ele foi outra vez seco comigo: "Eu não tenho tempo para a América Latina. Se você tiver algum assunto importante, fale com o sr. fulano de tal". Não me recordo do nome de seu assessor. Estranhamente, Kissinger tinha um assessor para a América Latina que era um húngaro! Curioso país os EUA, que tinha como secretário de Estado um alemão naturalizado e como encarregado da América Latina um húngaro!

Não vi mais Kissinger até Brasília, em 1976, quando ele visitou o Brasil a convite do chanceler Silveira, com quem mantinha excelente relacionamento pessoal e se tratavam de "Dear Henry" e "Dear Antônio". Na fila de cumprimentos no salão de honra, na recepção oficial no Palácio Itamaraty de Brasília, estavam a receber os convidados o chanceler Azeredo da Silveira e Henry Kissinger. Quando Silveira tentou apresentar-me como seu colaborador, Kissinger exclamou bem alto: *Vasco! What a pleasure to see you here!* (que prazer em vê-lo aqui) .E foi amabilíssimo, para surpresa das pessoas próximas. Silveira depois perguntou-me de onde o conhecia e eu contei-lhe o que está escrito acima. Conversei rapidamente com Kissinger, pela última vez, em Jerusalém, por ocasião do enterro de Golda Meir, em 1978. Ele tem muita simpatia pelo Brasil e é um entusiasta do futebol brasileiro.

Um estranho almoço de despedida em Washington

O embaixador Vasco Leitão da Cunha foi um dos diplomatas brasileiros mais queridos e mais competentes da carreira. Jovem ainda, teve uma passagem dramática pelo Ministério da Justiça de Getúlio Vargas, como chefe de gabinete, e ousou prender o famoso chefe de polícia Filinto Müller. Homem de extraordinário encanto pessoal, teve a delicada missão de ser o representante político do Brasil junto ao general De Gaulle, na Argélia, e desempenhou-se tão bem que conseguiu conquistar a amizade pessoal do controvertido militar francês. Em seu importante livro *Memórias da guerra*, De Gaulle menciona a sua atuação em Argel. Quando Vasco chefiou nossa missão diplomática em Moscou, conseguiu seduzir os mal-encarados dirigentes soviéticos de tal maneira que lá era conhecido por *knaez*, isto é, "o príncipe".

Desejo relembrar um episódio constrangedor do qual participei em Washington, em 1968. Era eu o encarregado da Missão do Brasil junto à OEA, na prolongada ausência do embaixador Ilmar Penna Marinho, quando Leitão da Cunha, então embaixador em Washington, estava por atingir o limite de idade para a aposentadoria, aos 65 anos, e em breve deixaria o posto. Tínhamos excelentes relações desde o período em que ele fora chanceler e eu era chefe da Divisão Cultural, e depois, como chefes-de-missão na capital americana, trocávamos informações políticas amiúde com proveito recíproco.

Recebi então convite pessoal do secretário de Estado Dean Rusk para um almoço íntimo de despedida ao embaixador Leitão da Cunha, a realizar-se no seu próprio gabinete do Departamento de Estado. Esta foi a minha primeira surpresa, pois a partida de um embaixador notável como Vasco, de um país relativamente importante como o Brasil, certamente mereceria almoço maior, ou um jantar formal com a presença de várias personalidades locais. Afinal, ele não era o enviado do Mali ou do Afeganistão... Ao chegar ao gabinete de Dean Rusk, aconteceu a segunda surpresa: os convidados externos eram apenas o homenageado, o então ministro Geraldo Silos, encarregado de negócios da Missão na ONU, eu como chefe interino da Missão na OEA e o ministro-conselheiro da embaixada brasileira, Jorge de Sá Almeida, que assumiria o lugar de Vasco *ad interim*. Os norte-americanos eram apenas dois: o secretário de Estado e o sub-secretário para assuntos interamericanos.

Mas a surpresa maior ainda estava por vir: fomos levados a uma saleta ao lado, onde se via uma mesa para seis pessoas, posta com a maior simplicidade. Ao sentar-me, fiquei indignado: os pratos eram de papelão, os talheres de plástico e os copos de papel! Como o secretário de Estado dos Estados Unidos da América podia oferecer o almoço de despedida a um diplomata do porte de Vasco Leitão da Cunha, a um embaixador do Brasil que se aposentava após carreira brilhante, ex-chanceler de seu país, com um serviço de mesa em plástico e papelão? O homenageado deve ter ficado chocado também, talvez mais do que eu, porque afinal era ele o atingido pela *capitis diminutio* que aparentemente lhe infligia o secretário de Estado americano. Vasco procurou ser natural e conversou com seu habitual *charme*, mas observei que sentiu a estocada. Quase não participei da conversa, pois temi pela minha reação. O almoço durou pouco mais de meia hora, sem discursos, e a despedida foi sumária, com Dean Rusk dando em Vasco Leitão da Cunha um abraço e um tapinha nas costas, desejando-lhe boa viagem *home*. Confesso que fiquei estarrecido com aquele *show* de diplomacia norte-americana e saí sem dizer palavra e sem comentar nada com meus colegas, que devem ter observado o mesmo que eu. Nunca tive oportunidade de conversar com Geraldo Silos, mas recentemente conversei com Sá Almeida por telefone que, 40 anos depois, não se recorda bem do episódio. Afirmou-me porém que Vasco não comentou o assunto com ele.

Era inexplicável tal frieza e fiquei matutando os motivos, pois na época as relações entre os dois países eram muito boas. É verdade que estavamos na época do AI-5 e o Brasil não era popular no exterior. Não tive ocasião de comentar o fato com o próprio Vasco antes de sua partida de Washington e aquele quadro constrangedor me ficou nos olhos por bastante tempo. Isso ocorreu em agosto de 1968. Um ano depois tomava eu posse no Itamaraty, perante o chanceler Magalhães Pinto, como chefe do Departamento Cultural, e para minha surpresa compareceram à cerimônia dois ex-chanceleres: o embaixador Vasco Leitão da Cunha e Juracy Magalhães, com quem eu havia trabalhado anteriormente como chefe da Divisão da Europa e sido por ele promovido a ministro de 2ª classe, em 1967. Agradeci a presença do meu ilustre xará e perguntei-lhe se aceitaria convite para um almoço, com o que concordou imediatamente.

Esse almoço, na tranqüilidade do restaurante Albamar, foi admirável. Vasco pareceu-me um pouco deprimido, lamentou haver feito poucas economias na carreira e queixou-se da modéstia dos vencimentos dos embaixadores aposentados. D. Nininha estava enferma e os gastos com médicos e remédios eram vultosos. Disse-me mais ou menos o seguinte: "Recebi amável convite de um amigo para integrar o conselho de uma grande empresa norte-americana, que se ocupa de um assunto sobre o qual pouco entendo. Hesitei, mas acabei aceitando, pois o *jeton* me ajuda a chegar ao fim do mês com menos preocupação." Confesso que fiquei com o coração apertado e pensei como seria o meu futuro como aposentado... Lembro que a atual aposentadoria digna dos diplomatas só foi finalmente obtida pelo chanceler Ramiro Saraiva Guerreiro, 15 anos depois, durante o governo Figueiredo.

Falamos sobre os temas internacionais correntes até que me atrevi a tocar no ponto sensível daquele almoço, objeto da minha curiosidade: a sua despedida de Washington pelo secretário de Estado Dean Rusk, no ano anterior. Vasco fez um gesto com a mão, como que para afastar uma má lembrança. Respondeu-me mais ou menos o seguinte: "Até hoje não entendi o que aconteceu. Não era praxe despedir embaixadores daquela maneira e não consegui acreditar que toda aquela simplicidade fosse uma prova de especial apreço e intimidade. Sempre tivera relações cordiais com Dean Rusk, embora sem sermos íntimos. Você vai se espantar se eu lhe disser que a única explicação que imagino para aquele almoço tão informal é que eu 'paguei o pato' pelo ressentimento que Rusk continuava a sentir pelo Brasil e, em especial, contra San Tiago Dantas. Ele jamais perdoou as humilhações que o San Tiago lhe infligiu no Uruguai, por ocasião da expulsão de Cuba da OEA, em 1962, na conferência de Punta del Este". Será que foi isso mesmo, eu me perguntei? Preferi não discutir a sua interpretação do episódio e passamos a outro assunto.

Após a homenagem que foi feita no Itamaraty a Vasco Leitão da Cunha por ocasião do seu centenário de nascimento, em setembro de 2003, comentei o caso com o ex-chanceler Mário Gibson Barboza, seu sucessor como embaixador em Washington. Para minha surpresa, considerou ele o almoço íntimo oferecido por Dean Rusk como uma prova de apreço, pois não era praxe que o secretário de Estado oferecesse almoço ou jantar de despedida aos numerosíssimos embaixadores sediados em Washington. Com exceção talvez da despedida dos embaixadores dos grandes países, o hábito era que o sub-secretário da área geográfica presidisse o almoço em homenagem ao diplomata de saída. O que Gibson tampouco entendeu foi a excessiva informalidade de Dean Rusk ao despedir Vasco, um ex-chanceler, com talheres e copos de plástico e pratos de papelão.

Reescrevendo a plataforma democrática norte-americana

Ao escrever sobre Nixon, mencionei acima o edifício Watergate, que pertence ao Vaticano, e lá ocorreu comigo um episódio insólito em 1968. No andar de cima do prédio onde a nossa Missão na OEA está sediada até hoje, estava instalado também o secretariado do Partido Democrático americano e eu me cruzava amiúde, no *hall* do edifício e nos elevadores, com Larry O'Brien, o ruivo e simpático secretário geral. À cata de notícias políticas em primeira mão, convidei-o certa vez para almoçar e conversamos bastante sobre a conjuntura política, as próximas eleições presidenciais e os problemas interamericanos. Certo dia estava no meu escritório na chancelaria da Missão brasileira na OEA, quando irrompeu pela minha sala o sr. O'Brien com um papel na mão. Fechou a porta da sala e me disse: "Este é um parágrafo que se refere à América Latina da plataforma do Partido Democrático para as próximas eleições. Não estou gostando nada desta redação e gostaria que você desse uma olhadela e fizesse alguns comentários".

Fiquei muito surpreso, mas li com atenção o pequeno texto de umas dez linhas que me entregara e abanei a cabeça duas ou três vezes. O'Brien me perguntou o que estava achando. Reli o tal parágrafo em voz alta e fiz algumas observações, pois havia referências que poderiam não ser bem interpretadas no nosso continente. O político democrata aceitou meus comentários e pediu-me que reescrevesse o texto com as modificações que havia sugerido. Ficou sentado na poltrona ao meu lado, enquanto eu datilografava minhas alterações, que aliás eram poucas. Ao final agradeceu efusivamente minha colaboração e saiu disparado. Minha secretária, a bela Lilian, esposa do professor Heitor Gurgulino de Souza, que depois teria uma brihante carreira internacional, presenciou parte dessa estranha entrevista.

Eu nada disse aos meus colegas diplomáticos, pois pareceria pretensioso o que acabava de acontecer. Só relatei o fato vários dias depois, quando foi publicado em todos os jornais do país a plataforma democrática, e lá estava o parágrafo com a minha redação! Informei oficialmente o Itamaraty do ocorrido, mas não obtive resposta. Será que julgaram que eu mentia?... Na verdade, minhas modificações foram pequenas, mas com elas melhorei frases que poderiam ferir suscetibilidades em alguns países do continente. O'Brien depois retribuiu meu convite para almoçar, comentamos o fato e ele convidou-me a comparecer à convenção do partido em Chicago. Recebi um local excelente para assistir às cerimônias, o que constituiu notável experiência para mim e me rendeu um bom telegrama para a Secretaria de Estado.

O que o democrata O'Brien não sabia – e não lhe disse – é que, na época, eu era vizinho de Richard Nixon na Forest Lane, em Georgetown, dava-me muito bem com ele e às vezes saíamos a passear nossos cães pelas vizinhanças. Nixon me convidou também para assistir à convenção republicana em Miami, à qual compareci com muito prazer. Remeto o leitor à página 207 deste livro, onde relatei episódios interessantes das minhas relações com o tão controvertido presidente dos EUA.

VERNON WALTERS, O MISTERIOSO GENERAL

O general Walters era um misterioso militar norte-americano, que teve múltipla e curiosíssima atuação em sua longa careira. Começou durante a 2ª Guerra Mundial como um simples intérprete militar, conviveu com os maiores líderes mundiais e acabou atingindo alguns dos mais altos cargos do governo de seu país, tais como representante dos EUA nas Nações Unidas, diretor da CIA, embaixador na Alemanha, etc. Seu livro de memórias relata fatos mirabolantes, dignos de serem aproveitados em um filme de capa e espada. Pois esse homem legendário, de renome mundial, era um bom amigo e admirador do Brasil.

Conhecemo-nos no tempo em que ele servia no Brasil como Adido Militar da embaixada norte-americana, nos anos 50 e 60. Na qualidade de *desk officer* dos EUA na Divisão Política do Itamaraty, eu mantinha constante contato com alguns diplomatas daquela embaixada, tratando dos mais variados temas das relações bilaterais. Também no tempo em que trabalhei em Washington encontrei-me com Walters mais de uma vez. Vernon era um poliglota e falava correntemente o português, ao ponto de fazer palestras de improviso em nossa língua. Durante sua longa permanência no Brasil manteve relações bastante estreitas com os mais importantes militares brasileiros. Era inegável a sua influência sobre os militares brasileiros daquela época, pois tinha certamente mais intimidade com eles do que o próprio embaixador Lincoln Gordon, seu chefe.

Já aposentado e bastante enfermo, Walters ainda esteve no Brasil no início de 2003 e eu fui convidado pelo coronel Luiz Paulo Macedo Cavalho, então presidente do Instituto Geográfico e Histórico Militar, para assistir a uma palestra dele no Clube Naval. Vernon falou sobre a conjuntura mundial com a maior franqueza e desenvoltura por mais de uma hora, em português e de improviso. Não poupou a administração Bush por seus erros políticos e acreditava que somente com a participação de tropas da ONU será possível conter eficazmente o conflito palestino-israelense, o que se confirmou após o grave incidente no Líbano de 2006.

Depois almoçamos *en petit comité* no restaurante Navegador daquele prestigioso clube e Vernon Walters conversou conosco com a maior intimidade, dizendo – por exemplo – que em 1963, por ocasião do golpe militar de 31 de março, havia uma esquadra norte-americana ao largo do Rio de Janeiro, prestes a entrar em ação, caso a intentona falhasse. Aliás, em meados de março de 1964, eu já havia desconfiado do papel político da embaixada americana em Brasília na eclosão da revolução dita "redentora". Uma discreta inconfidência do adido de imprensa norte-americano no Rio de Janeiro com quem almoçara, confirmou-me o fato. Ao manifestar-lhe minha apreensão com o famoso discurso de Jango no Automóvel Clube, o diplomata tranqüilizou-me dizendo que não podia revelar pormenores, mas que "a situação estava sob controle". Isso ocorreu no dia 15 ou 16 de março. Duas semanas após Jango foi deposto.

Vernon Walters obviamente veio ao Brasil em 2003 para fazer uma avaliação da situação política brasileira após a posse de Lula. A mando de altas autoridades militares de seu país, aqui passou três semanas no Rio de Janeiro, São Paulo e Brasília conversando com velhos amigos e personalidades nacionais. Regressou à sua casa na Flórida para redigir um relatório e poucos meses mais tarde veio a falecer. Tinha mais de 80 anos. Foi um extraordinário personagem que atravessou 50 anos de crises mundiais sempre no primeiro escalão.

TEMAS LATINO-AMERICANOS

I
O CONFLITO PERUANO-EQUATORIANO
A mediação do Brasil e o Tratado de Brasília de 1998

Muitos dos que estão me lendo estudaram os limites do Brasil com os países vizinhos antes de 1942. É possível que ainda se recordem que o Brasil tinha centenas de quilômetros de fronteira com o Equador, ao longo do rio Javari, importante afluente do rio Marañon, nosso Amazonas. Pois a 29 de janeiro de 1942, nesta cidade do Rio de Janeiro, durante a IIIª Reunião de Consulta dos Ministros das Relações Exteriores das Américas, foi assinado pelos delegados peruanos e equatorianos um "Protocolo de Paz, Amizade e Limites" entre o Peru e o Equador, tendo por garantes a Argentina, o Brasil, o Chile e os Estados Unidos da América. Esse protocolo passou a ser conhecido como o "Protocolo do Rio de Janeiro" e seus instrumentos ficaram depositados nos arquivos do Itamaraty, como país-sede da conferência interamericana. Os parlamentares do Peru e do Equador aprovaram o texto do protocolo e seus Governos o ratificaram oficialmente. Tudo fazia crer que aquela velha disputa estava terminada. Não seria assim. Como ex-embaixador do Brasil no Equador e depois no Peru, conheço bem os meandros da questão.

A ampla área em litígio entre os dois países era um pouco menor que o nosso estado de São Paulo; o seu subsolo contém muitas riquezas minerais, inclusive petróleo. A região assegurava ao Equador a saída para o Oceano Atlântico através do rio Marañon, primeira etapa do nosso Amazonas. A disputa, porém, vinha de bem longe, do século XVI, e os arquivos de Sevilha e Simancas e os das chancelarias peruana e equatoriana estão cheios de documentos históricos e mapas vetustos que parecem dar razão ora a uma parte, ora a outra. Ao independentizar-se o Equador pelas mãos do bravo general Sucre, aquelas vastas terras que se estendem desde os contrafortes orientais dos Andes até o rio Javari ficaram na posse do novo governo sediado em Quito. O Equador detinha, portanto, essa imensa e rica região amazônica de propriedade controvertida. Seria ela mesmo equatoriana, que tinha a posse da terra há séculos? Ou seria ela peruana, como clamava Torre Tagle, esgrimindo alguns argumentos bastante convincentes? Lembro que desde 1827, pouco depois da independência dos dois países, ocorreram as primeiras escaramuças.

A 2ª Guerra Mundial havia começado em 1939 e o mundo assistia estarrecido e temeroso a ofensiva militar de Hitler, que antes já tinha ocupado pacificamente a Áustria e a Checoslováquia. Algum gênio geopolítico peruano julgou oportuno tentar a mesma tática de fatos consumados em relação ao Equador, aproveitando a confusão internacional reinante. Afinal, ninguém prestava atenção ao que ocorria na costa do Pacífico Sul, naquela época. Em poucos dias, o golpe já era um sucesso. Para surpresa de muitos, os Estados Unidos da América, ao invés de condenar a invasão peruana, resolveram premiá-la, tudo em benefício de uma falsa imagem de união e paz continental perante o mundo. Em suma: o que Washington condenava veementemente nas aventuras militares da Alemanha, aceitou pacientemente semelhante iniciativa peruana, embora ela estivesse baseada em razoáveis fundamentos históricos, tal como também alegava Adolph Hitler.

Nessa época haviam surgido pequenas escaramuças entre soldados peruanos e equatorianos nos remotos postos de fronteira, imprecisamente demarcados pela falta de recursos técnicos e financeiros de ambas as partes interessadas. Dessas escaramuças surgiu verdadeira ofensiva militar peruana, que não tardou muito em conquistar uma área quase do tamanho do estado de São Paulo dentro do território amazônico equatoriano, mal guarnecido e escassamente povoado para fazer valer seus direitos. Volto a afirmar, no entanto, que se o Equador tinha a posse da terra, possuía também o Peru alguns documentos históricos e cartográficos que davam razoável base às suas pretensões. Seria fastidioso enumerar aqui pormenores técnicos das razões das duas partes, muitas delas convincentes, outras um pouco menos. Lembraria apenas que o Equador tinha a vantagem da posse já secular do território conquistado pelo Peru em 1941, à custa de um modesto punhado de vidas de soldados imberbes.

Com motivos fundamentados ou não, o Peru violou as normas do direito internacional, que condena a agressão militar e assegura a inviolabilidade do território de uma nação americana. O Peru não utilizou o diálogo, a persuasão, a negociação, a arbitragem para impor seus pontos de vista históricos, respeitáveis até certo ponto. Tinha porém a força militar para impor seus argumentos e o fez em momento de oportunismo, exatamente quando o governo dos Estados Unidos da América menos poderia aceitar um conflito militar no continente americano. A diplomacia peruana atuou com habilidade e convenceu Washington da necessidade absoluta de reconhecer o fato consumado, justamente para manter aquela imagem artificial de uma América Latina unida perante a Europa conflagrada. Infelizmente, coube à diplomacia brasileira o ingrato papel de convencer o Equador da conveniência continental para que abrisse mão de quase metade de seu território.

Convocada a IIIª Reunião de Consulta dos Ministros das Relações Exteriores das Américas para janeiro de 1942, no Rio de Janeiro, caberia ao presidente da conferência, o chanceler Osvaldo Aranha, tratar de convencer o governo equatoriano a assinar um documento sacramentando a conquista peruana. Aranha foi persuasivo em seu *arm twisting* e conseguiu levar os delegados equatorianos, em prantos, a firmarem a alienação, agora definitiva, de quase a metade do território de seu país. O presidente Getúlio Vargas obviamente foi consultado, mas preferiu contentar o Governo norte-americano, que lhe acenava com vantagens diversas e significativas para o Brasil, entre elas a siderúrgica que o presidente Roosevelt nos prometera. Os equatorianos nunca nos perdoaram por aquele ato de coação efetuado pelo chanceler do Brasil, sob pressão insistente do Departamento de Estado. Durante a minha permanência em Quito, todos os anos, na noite de 29 de janeiro, cidadãos equatorianos apedrejaram a embaixada do Brasil com pequenos seixos, que não chegaram a quebrar as vidraças do prédio da embaixada, mas que ficavam no jardim, às dezenas, para quem os quizeram contar. Confesso que aquela manifestação de protesto silencioso me feriu como chefe da missão diplomática brasileira no Equador.

Um árbitro brasileiro, o oficial da Marinha de Guerra comandante Braz Dias de Aguiar, foi designado para chefiar a missão encarregada de demarcar as novas fronteiras entre o Peru e o Equador. Em 1945 a missão terminou seu penoso trabalho aparentemente a contento. Só aparentemente. Cedo se comprovou que uma pequena área de 187 km^2, não visitada pela missão, foi mal demarcada. Mas antes disso os peruanos ficaram descontentes com o árbitro brasileiro, que acertadamente não cedeu a suas pretensões de levar a fronteira entre os dois países até quase os contrafortes das montanhas dos Andes. Continuava o Brasil, portanto, a desagradar a gregos e troianos sem qualquer vantagem política ou econômica para nossos interesses na região. O Equador perdia 220.000 km^2, quase a metade de seu território.

O comandante Aguiar e seus colaboradores não tiveram condições materiais de acesso à montanhosa zona de selva na cordilheira do Condor. Decidiu-se então pelo *divortium aquarum* entre os rios Santiago e Zamora, que deveria seguir até a confluência dos rios Santiago e Yáupi. Gravíssimo equívoco. As partes interessadas solicitaram o auxílio da Força Aérea dos EUA para realizar um levantamento aerofotogramétrico da região e facilitar a demarcação da fronteira. Esse trabalho durou nada menos de quatro anos e seu relatório só foi entregue aos governos do Peru e do Equador em fevereiro de 1947. Surpresa geral.

Desse relatório surgiu um fato novo que tornava inexeqüível a demarcação estabelecida pelo "Protocolo do Rio de Janeiro": foi descoberto um novo rio, o Cenepa, que tem nascentes na cordilheira do Condor. Este rio Cenepa não figurava nos mapas da região e com sua descoberta comprovou-se o engano do comandante Aguiar: não existe um *divortium aquarum* entre os rios Zamora e Santiago e sim *duas divisórias*: uma entre os rios Santiago e Cenepa e outra entre os rios Cenepa e Zamora! É justo reconhecer que o árbitro brasileiro teve pouca sorte, pois desconhecia a existência do rio Cenepa e não poderia haver tomado outra decisão. Deveria, entretanto, ter insistido em percorrer aquela área inóspita. Essa falha é que vem causando todos os problemas diplomáticos e militares ao longo de mais de 50 anos. Por isso tem sido o Brasil indiretamente atacado, anos a fio, por ambas as partes.

O impasse foi espetacular e causou inúmeros debates no continente: o Peru adotou a atitude surpreendente de que a decisão do árbitro brasileiro solucionara a questão e devia ser cumprida ao pé da letra. Já o Equador defendeu insistentemente a posição de que, à luz das novas descobertas topográficas, o Protocolo era inexeqüível. Em 1969, o presidente Velasco Ibarra repudiou formalmente a ratificação do Protocolo, que depois desse ato unilateral deveria ser considerado extinto. O governo de Quito apoiou-se em argumentos jurídicos da jurisprudência na Corte de Justiça de Haia e também na Convenção de Viena sobre os tratados, no artigo alusivo à sua nulidade.

Nos anos 70 os governos dos dois países, em fase de melhor entendimento, organizaram projetos binacionais para beneficiar as populações fronteiriças da região de Puyango-Tumbes, na zona vizinha à costa do Oceano Pacífico. Chegou até a ser negociada a criação de um corredor até o rio Marañon para dar uma saída ao Equador em direção do rio Amazonas. Falou-se mesmo em um porto-livre para o Equador no Marañon, talvez em Iquitos. Nada de concreto se pôde obter devido à intransigência de alguns governantes de ambos os países, temerosos de ceder perante a sua opinião pública. A própria aceitação desses paliativos pelo Equador implicava em reconhecimento tácito da conquista peruana. Manteve assim o Peru uma posição imobilista, embora em outras ocasiões de sua história recente tenha aceito a nulidade de outros tratados importantes, como aconteceu em relação ao Tratado de Ancón, com o Chile, de 1926.

Após um período de relativa calmaria na fronteira, estalou em 1981 um sério incidente na região em litígio, mais precisamente na localidade de Paquisha. A duras penas, o chanceler interino brasileiro, João Clemente Baena Soares (depois secretário-geral da OEA), conseguiu aquietar os ânimos dos dois presidentes. Se na invasão de 1941 poucos mortos houve – uma dúzia apenas – em Paquisha as vítimas foram bem mais numerosas. Nove anos depois, em 1991, outro entrevero ocorreu em Cusumaza, do qual a Conferência Geral da OEA reunida em Nassau, em 1992, teve de tomar conhecimento formal.

Depois disso, tanto o Peru quanto o Equador trataram de consolidar suas posições militares na zona não delimitada. Infelizmente, em janeiro de 1995, aconteceu o mais grave conflito na região desde 1941, inclusive com bombardeios aéreos por aviões e helicópteros dos postos avançados de ambas as partes. E isso ocorreu apesar de estarem em vigor normas de procedimento, mutuamente aceitas, em casos de encontros de patrulhas dos dois exércitos. Os Países Garantes, com a coordenação do chanceler brasileiro, atuaram com presteza para a suspensão das hostilidades, que desta vez causaram elevado número de mortos e feridos. Seja como for, para o leitor melhor avaliar a extensão dessas escaramuças, esclareço que todas as baixas nesses entreveros militares não chegaram a superar o número de mortos em qualquer fim de semana na Baixada Fluminense.

Os Países Garantes enviaram militares, chefiados por um general brasileiro, para atuarem como observadores. Infelizmente, nosso principal representante militar prestou declarações dúbias, que foram mal interpretadas pela imprensa como favoráveis às teses peruanas. Devido à grita dos equatorianos, o Brasil teve de substituir às pressas o referido general, o qual provavelmente foi traído pelos seus modestos conhecimentos do castelhano. Os presidentes do Peru e do Equador estiveram em Brasília e em outras capitais do continente em defesa de seus pontos de vista e, em fins de março de 1995, foram acordados os pontos de estacionamento dos observadores militares e o posicionamento de tropas de ambos os países fora da área em litígio.

Os jornais e a televisão sublinharam a atividade política dos dois presidentes e constataram que ambos "faturaram" com a guerrinha, obtendo elevados índices de popularidade nas pesquisas de opinião. O Equador tentou levar o assunto, uma vez mais, à arbitragem internacional, desta vez do papa João Paulo II, mas o Peru continuou irredutível no sentido de que a zona em litígio devia ser demarcada segundo as diretrizes traçadas pelo árbitro Braz Dias de Aguiar. Tanto Alberto Fujimori quanto Sixto Durán Ballén, os presidentes do Peru e Equador, eram homens inteligentes e hábeis políticos e sob a pressão da mídia televisiva tentaram encontrar um solução satisfatória para o orgulho e o patriotismo de ambos os países. Nessa época veio à tona embaraçosa notícia de que a Argentina, país garante da paz, estava vendendo armas ligeiras ao Equador. O escândalo foi considerável e longo inquérito mais tarde comprovou o fato.

Em termos militares, notou-se que, pela primeira vez em 1995, nessa disputa secular, o Equador teria levado a melhor, ou pelo menos desta vez nada perdeu de substancial. O exército equatoriano estava bem equipado e adestrado e comportou-se bem nos rápidos confrontos com os soldados peruanos. Embora o Peru tenha mais do dobro da população do Equador e no passado tenha adquirido importante material bélico soviético e francês, o equilíbrio político-militar entre os dois países teria encontrado afinal alguma equivalência.

* * *

Agora vamos fazer uma rápida apreciação sobre a atuação da diplomacia brasileira à margem do conflito militar, que durou mais de meio século. A atitude de Osvaldo Aranha não foi entendida por muita gente responsável nas Américas, e cheirou a oportunismo de Getúlio Vargas. Afinal, impusemos a ratificação de uma injustificável invasão armada de um território que pertencia ao Equador havia séculos. Tal postura estava em flagrante oposição ao que se passava na Europa. Logo depois, em protesto contra o injustificado afundamento de nossos navios mercantes, acabamos por declarar guerra à Alemanha. Mesmo considerando que o Peru possuía argumentos históricos razoáveis, nada justificava uma invasão militar do Equador, que jamais havia feito provocações de modo a incitar uma ação agressiva maciça. Afinal de contas, o Equador era tão inerme quanto a Áustria ou a Checoslováquia. Depois do ocorrido, o Brasil deveria ter pressionado o Peru a retornar às suas antigas fronteiras e submeter a disputa à arbitragem. Um movimento de tropas brasileiras em algum lugar estratégico, dos dois mil quilômetros da fronteira que temos com o Peru, provavelmente levaria o governo de Lima a recuar. O Brasil, portanto, cedeu à pressão pouco esclarecida de Washington e terminou por desempenhar um papel infeliz. Nosso indicado para árbitro de demarcação deixou de realizar a exploração pormenorizada da cordilheira do Condor, ditou uma decisão inexeqüível, que agravou a disputa e que se prolongou por 57 anos, com o sacrifício de muitas vítimas desnecessárias. Aguiar era competente, mas não teve a paciência ou o escrúpulo de terminar bem o seu trabalho de tanta responsabilidade.

Mais recentemente, o Itamaraty agiu com habilidade ao chefiar a mediação dos entreveros de 1981, 1991 e 1995. Persistiu em seus esforços de mediação, a fim de obter uma solução pacífica e definitiva para a questão, infelizmente daninha para o Equador. Entretanto, seu espetacular prejuízo será minimizado mediante a concessão pelo Peru de um porto-livre para o Equador no rio Napo. A mediação direta brasileira melhorou a imagem triste do Brasil nessa disputa entre países vizinhos. E os diplomatas brasileiros e norte-americanos residentes em Quito sentirão menor sensação de culpa, tal como aconteceu comigo e com o simpático embaixador norte-americano Findley Burns. Vejamos o que ocorreu na última etapa dessa disputa, em outubro de 1998.

* * *

Nos últimos anos o Brasil desempenhou papel importante para a reconciliação final entre o Peru e o Equador. Não tanto pelo mérito especial do presidente Fernando Henrique Cardoso ou do Itamaraty, mas pelo simples fato de que o Brasil é o país depositário dos instrumentos do chamado "Protocolo do Rio de Janeiro", de 1942 e é, portanto, o principal *garante* da paz. Este pormenor significativo deu ao Itamaraty a autoridade para tomar iniciativas junto às partes em conflito, em combinação com os demais países garantes: Argentina, Chile e Estados Unidos da América.

Os contatos entre as diversas chancelarias foram muitos e bastante freqüentes. O presidente Fernando Henrique recebeu no Palácio Alvorada quatro vezes o presidente Alberto Fujimori e o Brasil foi sede de três reuniões entre os presidentes dos dois países em conflito permanente havia 57 anos. Esses esforços de conciliação finalmente resultaram na adoção da "Declaração de Paz no Itamaraty", de 17 de fevereiro de 1995, pela qual o Equador voltou a aceitar a validade e a vigência do Protocolo de 1942, e o Peru afinal reconheceu oficialmente haver "impasses subsistentes" na implementação do Protocolo. Em janeiro de 1998 foram, afinal, criadas quatro comissões para tentar abordar os quatro temas mais difíceis a superar: a integração fronteiriça binacional, o fomento da confiança mútua, o incremento do comércio bilateral e da livre navegação fluvial, e, finalmente, a determinação da fronteira final nos trechos não-demarcados.

O presidente Cardoso também participou de outras reuniões fora do Brasil para a retomada das negociações da paz. A última tentativa foi no dia 8 de outubro de 1998 e, logo após, os participantes tiveram o cuidado de obter a autorização imediata de seus parlamentos, o que ocorreu a 16 do mesmo mês. Por isso, pôde transcorrer em Brasília, a 23 de outubro de 1998, a solenidade final para a assinatura de vários acordos. Como era de se esperar, o presidente Bill Clinton não viajou a Brasília para encerrar o conflito, no qual o governo norte-americano teve aliás notável culpa inicial. Representou-o o subsecretário de Estado para assuntos inter-americanos. Estiveram presentes os primeiros mandatários da Argentina, Chile, Bolívia e Colômbia, além do secretário-geral da OEA. O papa João Paulo II enviou uma mensagem e se fez representar por um cardeal. O rei João Carlos, da Espanha, prestigiou a cerimônia também. Portanto, um *show* completo para Fernando Henrique e para o Brasil. Mas antes de comentar esses acordos finais, não resisto à tentação de oferecer-lhes um parágrafo *light* sobre a cerimônia, que foi descrita por um repórter de *O Globo*, edição de 24 de outubro de 1998, nos seguintes termos:

> "... Mulheres e homens cobertos de comendas. A cerimônia de assinatura dos acordos de paz entre o Peru e o Equador pode ter sido mesmo "de arrepiar", como disse o presidente Cardoso. Mas como toda solenidade desse porte em terras latinas, a manhã histórica presidida pelo nosso presidente também teve cenas curiosas e pitorescas. A começar pelas duas delegações dos países interessados, que mais pareciam torcidas organizadas assistindo a uma grande final esportiva. Os mais animados eram os peruanos, que gritavam vivas quando o nome do presidente Fujimori era mencionado pelo locutor. Vestindo ternos escuros, como recomenda o protocolo, os homens usavam no pescoço faixas vermelhas e brancas, as cores nacionais do Peru. Sempre que Fujimori olhava para a delegação peruana, dezenas de mãos erguiam-se para saudar o chefe, que sorria sem parar, sentado entre Fernando Henrique e o presidente do Chile, Eduardo Frei. Já a delegação equatoriana, estrategicamente posicionada do lado oposto ao da peruana, embora mais comedida nos gestos, era algumas vezes mais extravagante na tomada de imagens da cerimônia.
>
> Senhoras e senhores muito bem vestidos, com o ar mais circunspecto do mundo, não conseguiam se controlar quando o assunto era

câmaras de filmar e máquinas fotográficas. Durante toda a solenidade fotografaram e filmaram tanto ou mais do que os jornalistas presentes. Após a assinatura do principal ato da paz, pareciam *paparazzi* atrás das estrelas da vida mundana, durante o coquetel oferecido pelo Itamaraty. A cerimônia durou duas horas, mas após meia hora de discursos, os jardins do segundo andar do Itamaraty estavam mais cheios do que o plenário onde a solenidade ocorria. Poucos viram Fernando Henrique, bom ator, chorar ou dizer que chorou de emoção. Mas ninguém arredou o pé até os aplausos finais. O rei da Espanha foi de longe a figura mais paparicada da festa".

Um colega diplomático que assistiu à cerimônia definiu a festa como "*un grand guignol*"... O presidente do Equador, Jamil Mauhad, ofereceu a Fujimori o cantil que seu avô usara na selva, em meio às "batalhas" de 1941. Por sua vez, o presidente do Peru saiu inesperadamente da mesa dos presidentes para ir cumprimentar e beijar a mãe do primeiro mandatário equatoriano...

Mas deixemos o lado pitoresco da paz para resumirmos o que foi mesmo essa reconciliação de duas nações ditas "irmãs" pelo papa João Paulo II. *Não se falou* na agressão violenta do Peru em 1941, tomando do Equador, sem a menor provocação, área um pouco menor do que o estado de São Paulo. *Não se falou* na pressão tremenda norte-americana sobre o Equador e sobre o Brasil, afim de que fosse assinado o "Protocolo do Rio de Janeiro", em 1942, com o objetivo de dar ao mundo, e à Europa em especial, a impressão de que reinava a paz e a concórdia no continente americano. *Não se falou* no triste papel desempenhado pelo governo brasileiro, quando nosso chanceler Osvaldo Aranha virtualmente forçou os representantes do Equador a assinarem o "Protocolo do Rio de Janeiro". *Não se falou* na atuação omissa e defeituosa do técnico brasileiro, comandante Braz Dias de Aguiar, à frente da comissão demarcadora da nova fronteira peruano-equatoriana. *Falou-se sim* apenas na disputa sobre aquela pequena faixa que provocou as escaramuças militares de 1981, 1991 e 1995.

A chamada "Ata Presidencial de Brasília" registra a aprovação de seis acordos bilaterais, assinados pelos chanceleres na mesma oportunidade. São eles: 1) *Tratado de comércio e navegação*, que atende à velha aspiração equatoriana de "acesso livre, contínuo, gratuito e perpétuo" ao rio Marañon, nosso Amazonas. 2) *Tratado de navegação dos cortes de rios amazônicos e em especial do rio Napo*, limitando ao mínimo a fiscalização peruana. 3) *Acordo amplo de integração fronteiriça*. 4) *Comissão binacional sobre medidas de confiança mútua e segurança*. 5) *Acordo sobre o canal Zarumilla*, situado perto do Oceano Pacífico, e 6) *Acordo de fixação da fronteira terrestre*, pelo qual ficou reconhecida a soberania peruana sobre a área contestada do rio Cenepa, possivelmente rica em depósitos minerais e petróleo.

As reações da mídia em Lima e em Quito foram diferentes, como já se podia prever. No Peru uma pesquisa de opinião pública demonstrou a mesma intransigência: 82% desaprovaram os acordos e 66% consideraram injusta com o Peru a atuação dos Países Garantes. Em Iquitos houve cinco mortos, dezenas de feridos e centenas de pessoas foram presas durante os protestos contra as concessões feitas ao Equador. Já o ex-chanceler peruano Francisco Tudela considerou "generosos" os acordos e afirmou que ele os teria assinado.

No Equador, uma pesquisa de opinião demonstrou que 60% consideraram não haver outra alternativa. Nas províncias da costa equatoriana, sobretudo em Guaiaquil, a maior cidade do país, a oposição foi maior aos tratados do que na capital Quito. O ex-presidente Rodrigo Borja afirmou que os acordos selaram o desmembramento do Equador em definitivo. Outros consideraram humilhante a solução para Tiwinza. O ex-chanceler equatoriano Julio Prado Vallejo criticou vivamente os acordos.

No entanto, devo felicitar o Itamaraty pelo brilhante feito de haver montado uma bela festa em Brasília, na qual o presidente Fernando Henrique posou de benévolo mediador, sem que viessem à tona novamente os pormenores nada honrosos para o Brasil na primeira etapa do conflito peruano-equatoriano. Nos dias subsequentes li atentamente nossos quatro jornais mais importantes: *O Globo*, *Jornal do Brasil*, *O Estado de S. Paulo* e *A Folha de S.Paulo* e nenhum deles disse uma palavra sobre os tristes antecedentes da questão. Assim, nossa atuação infeliz no início do conflito ficou esquecida para o grande público nacional e internacional. Melhor assim.

O principal negociador do Itamaraty foi o secretário-geral adjunto, embaixador Ivan Cannabrava, que atuou com habilidade: conseguiu convencer as partes de que era impossível chegar a qualquer outro acordo, se fossem discutir todos os antecedentes. Como o Equador não podia ter a mais mínima ilusão de que viria a recuperar a Amazônia perdida, concentraram-se as partes em negociar uma solução para a faixa de 78km não-demarcada pelo comandante Aguiar, onde haviam ocorrido os incidentes de 1981, 1991 e 1995. A invasão de 1941 na área amazônica é, portanto, uma página virada irremediavelmente, impossível de voltar atrás. O Equador exigia, em compensação, a saída para o Atlântico e o Peru teimava em afirmar que o laudo do perito brasileiro era válido, quando na verdade era inexeqüível. Na realidade, o Peru ficou com a soberania sobre toda aquela área não-demarcada, transformada em zona ecológica para salvar a face do Equador. Por outro lado, o Equador obteve uma vitória importante com os acordos de comércio e navegação e a criação de uma zona franca no rio Marañon, enquanto o Peru contentava-se em convencer sua opinião pública de que vencera a batalha diplomática da zona contestada. O tempo dirá se as conquistas do Equador vão realmente se materializar em significativo fluxo comercial pelo rio Amazonas. Não estou muito otimista.

Por um dos acordos assinados, a área em litígio na região dos rios Zamora, Cenepa e Santiago fica dividida em duas zonas ecológicas e as populações nativas dessa área esparsamente populada nela poderão transitar livremente. A segurança será feita por guardas de parques e cada lado não poderá ter mais de 50 guardas. O Banco Inter-americano de Desenvolvimento e o Banco Mundial ofereceram linhas de crédito de US$ 3 bilhões em 10 anos, para obras de desenvolvimento da região, que é inóspita e de difícil acesso, motivo pelo qual o comandante Aguiar acabou desistindo de explorá-la, criando assim o impasse que durou mais de 50 anos. É lógico que o desembolso daquela quantia apreciável pelos dois bancos vai depender da qualidade dos projetos binacionais a serem elaborados.

A idéia dos parques ecológicos fronteiriços não é nova. Só na fronteira do Canadá com os EUA existem cinco parques. Na Europa há 23, na África, 22 parques, na Ásia, 13. Na América Latina a iniciativa tampouco é nova, pois na fronteira do Chile e Argentina, que quase estiveram em guerra por questões territoriais, há quatro parques ecológicos. E o parque de Iguaçu está localizado entre o Brasil, a Argentina e o Paraguai. Justifica-se assim a criação desses dois parques na zona não-demarcada pelo comandante Aguiar porque, além da conveniência política, a região é das mais ricas em espécies de animais, sobretudo aves e plantas. A população indígena é de cerca de 50 mil pessoas, a maioria no lado peruano. Infelizmente, muitos têm sido vítimas das minas individuais colocadas durantes as crises bélicas. A solução inventada dos parques ecológicos me parece das mais engenhosas e poderá funcionar bem. Mais complicadas serão as relações bilaterais na livre navegação nos rios amazônicos, onde os peruanos terão a tendência de dificultar os interesses equatorianos.

Os dois governos se comprometeram a desmilitarizar a região Zamora-Santiago e a facilitar a ação dos observadores militares dos Países Garantes, que vão desativar as milhares de minas individuais espalhadas pela zona até há pouco em disputa. Como vão funcionar esses acordos é ainda uma incógnita, tal a animosidade entre os dois povos ditos irmãos, mas que nada têm de fraternos. Pessoalmente, não posso deixar de rejubilar-me pela boa disposição dos atuais governantes em cumprir os acordos. Durante a minha permanência no Equador, de 1971 a 1974, o ressentimento estava ainda muito vivo contra o Peru. Do mesmo modo, na minha permanência em Lima, entre 1982 e 1984, era bem evidente a animosidade peruana contra o Equador e o Chile, que no século XIX submeteu o Peru a graves humilhações, inclusive com a ocupação militar de Lima.

Os dois países se apressaram a aprovar os seis acordos e várias das comissões já estão trabalhando. Os dois presidentes encontraram-se em meados de janeiro de 1999 para acertarem a colocação definitiva de marcos de fronteira na região de Lagartococha, na fronteira norte da Amazônia. Outra zona difícil de demarcar é a do canal Zarumilla, perto do Oceano Pacífico, importante para a irrigação da zona fronteiriça. As enchentes periódicas mudam o traçado do canal com freqüência e com isso a fronteira também muda de lugar, o que tem provocado conflitos regionais.

O que mais interessa aos equatorianos, e ao Brasil também, é que o Tratado de Comércio e Navegação oferecerá ao Equador um porto livre na foz do rio Napo sobre o rio Amazonas, com uma área de 150 hectares, por 50 anos renováveis. Isso não tardou a ocorrer, depois da aprovação dos acordos pelos dois congressos nacionais. Haverá ainda uma zona franca perto de Borja, no Equador, onde a empresa brasileira Andrade Gutierrez abriu recentemente uma estrada de acesso. Aliás sempre defendi, durante as minhas permanências como embaixador do Brasil em Quito e em Lima, que a melhor maneira de consolidar a paz – repito agora – e as conquistas dos recentes acordos, será incrementar o comércio na zona fronteiriça, perto da costa do Pacífico, o que finalmente poderá se materializar graças à ajuda prometida pelo BID e pelo Banco Mundial.

Já a saída para o Atlântico, via rio Amazonas, deverá ter por ora um caráter apenas simbólico. Aliás, a Petrobras tem enviado equipamentos petrolíferos para o Equador através do rio Napo. Para os equatorianos este tipo de tráfego assume especial significação devido às suas possíveis exportações para o Brasil a médio prazo, bem como interessa aos dirigentes da Zona Franca de Manaus, pois se abre assim um novo mercado para os produtos industrializados lá fabricados.

Os presidentes do Peru e do Equador estiveram em Washington em 1999, visitaram o presidente Clinton e solicitaram seu apoio junto ao BID e ao Banco Mundial, no sentido de agilizar a liberação dos empréstimos prometidos. Cerca de US$ 1 bilhão em projetos foram aprovados em princípio. Por outro lado, a comissão bilateral competente já identificou o trajeto rodoviário até a zona ecológica de Tiwinza e até o povoado de Borja, no rio Marañon, onde estará localizado o primeiro porto-livre e a primeira zona-franca equatoriana no Peru. A saída amazônica por Borja será prioritária, ficando a saída pelo rio Napo, zona escassamente habitada, para uma segunda etapa. Infelizmente, nas regiões fronteiriças do Peru continuam os protestos contra o governo central de Lima, com o argumento de que o Equador terá muito mais a ganhar do que eles, peruanos, com os acordos de Brasília.

Em verdade, o grande vencedor em Brasília foi o hábil ex-presidente peruano Alberto Fujimori. A conquista da Amazônia equatoriana em 1941 ficou sacramentada e o Peru conseguiu manter a soberania sobre a pequena área contestada perto do Oceano Pacífico. Suas concessões foram mínimas: o acesso do Equador ao rio Amazonas, o que poderá até beneficiar bastante a zona peruana fronteiriça. Já o presidente Jamil Mauhad teve de reconhecer a conquista da Amazônia equatoriana pelo Peru, e cedeu também a soberania da pequena zona contestada perto da costa. Conseguiu porém o que, desde a minha chegada a Quito em 1970, me diziam os presidentes Velasco Ibarra e Rodriguez Lara ser o principal objetivo da diplomacia equatoriana: voltar a ter acesso direto ao rio Amazonas, perdido por ocasião da invasão peruana de 1941. O sucesso efetivo dessa abertura para o Oceano Atlântico nos próximos anos vai determinar se o presidente Mauhad passará à história equatoriana como o político que apenas legitimou a conquista peruana da Amazônia equatoriana, ou como o presidente que arrancou finalmente a tão ansiada janela para o Atlântico, que algum dia vai trazer prosperidade àquela região tão pobre do sul de seu país. Infelizmente, alguns meses depois da assinatura dos acordos de Brasília, tanto Fujimori quanto Mauhad foram depostos.

Já os Estados Unidos da América e o Brasil tiveram a sorte de não lhes ser lembrado publicamente a sua dúbia participação no conflito. E o Itamaraty, que coordenou todo o esforço de conciliação, merece ser discretamente felicitado por esse sucesso diplomático, já que conseguiu esconder de uma mídia pouco investigadora a infeliz atuação brasileira na primeira etapa do conflito. Só nos resta augurar que o Equador consiga efetivamente consolidar e efetivar a sua tão ansiada saída para o Atlântico.

O futuro, no entanto, não me parece muito risonho, pois poucos dias depois da assinatura dos acordos de Brasília, políticos peruanos da região de Iquitos promoveram graves distúrbios em protesto contra a paz de Brasília. Protestos contra o próprio governo peruano, pois se sentiram abandonados. Terá sido um mau presságio? O governo de Lima foi duro na repressão a esses distúrbios, mas os incidentes revelam que a animosidade entre os dois povos está bem longe de amainar. Interesses comerciais regionais ainda podem impedir a concretização do sonho equatoriano de acesso livre e permanente ao rio Amazonas.

E termino com outra nota destoante procedente do Brasil: uma empresa brasileira vendedora de armamento militar, logo após a euforia da assinatura dos acordos de Brasília, ofereceu tanto aos peruanos quanto aos equatorianos a aquisição de modernos fuzis FAL, fabricados no Brasil. Diante da consternação geral, o Itamaraty agiu com presteza para condenar a iniciativa, que veio banalizar o esforço pacificador de nosso presidente.

Em fins de 2007, conversei com o ministro Clemente Baena Soares, chefe da Divisão da América Meridional II do Itamaraty, sobre os acontecimentos que se seguiram à assinatura da Ata de Brasília, de 1998. A evolução da conjuntura política entre os dois países pode ser considerada muito positiva, isto é, não ocorreram incidentes graves nas fronteiras, que pudessem fazer recordar a atmosfera de conflito iminente dos anos 80 e 90. Um plano binacional para o desenvolvimento das fronteiras está sendo levado adiante com o apoio financeiro da União Européia, Estados Unidos da América e Japão. Já foram aprovados 33 projetos, embora poucos tenham saído do papel. Os dois países interessados solicitaram recentemente ao governo brasileiro financiamento para a construção de uma estrada de 170 km e de uma ponte, na região entre Zarumilla e El Alamor.

Foram instalados o porto livre e a zona franca equatorianos perto da foz do rio Napo, no rio Solimões, mas o movimento comercial fluvial nessa região ainda é muito reduzido e faltam funcionários competentes. A delimitação das zonas contestadas de fronteira, os chamados parques ecológicos, já está pronta e instalados os guardas permitidos pelo Tratado de Brasília. O Equador continua resmungando contra a solução aprovada em relação à região de Tiwinza, em que o país teria sido prejudicado. Assim sendo, embora nada de espetacular tenha ocorrido nestes últimos dez anos na fronteira do Peru com o Equador, devemos salientar o espírito de cooperação que parece prevalecer entre os dois países.

Como admirador do Equador e do Peru, nos quais tive a honra de representar o Brasil e fazer bons amigos, formulo os mais sinceros votos para que os acordos de Brasília de 1998 realmente se consolidem e frutifiquem, de modo a tornar os dois povos, tão semelhantes aliás, em nações verdadeiramente fraternas.

(Conferência proferida a 18 de março de 1999, no Conselho Técnico da Confederação Nacional do Comércio e publicada na Carta Mensal dessa entidade de nº 532, volume 45, julho de 1999. Uma primeira versão sucinta foi publicada na revista do Instituto Histórico e Geográfico Brasileiro de nº 386, de 1996. Texto atualizado em julho de 2008).

VARIAÇÕES SOBRE O EQUADOR (1970-74)

O DOUTO PRESIDENTE VELASCO IBARRA

Minha primeira embaixada foi no Equador, um lindo país, com um povo amável e de cultura de bom nível. É um país pouco conhecido dos brasileiros, que habitualmente viram as costas para seus vizinhos do Pacífico.

Entreguei minhas primeiras credenciais como embaixador ao presidente Velasco Ibarra, lendário político equatoriano que ocupava a presidência do Equador pela quinta vez. Só conseguiu terminar o mandato na quarta tentativa. Era um velho empertigado, casado com uma senhora argentina, homem culto e ultranacionalista. Na época ele brigava com as grandes potências pelo mar territorial do seu país e aproveitou minha apresentação de credenciais para fazer uma catilinária contra os EUA, o que deu à cerimônia ampla cobertura da imprensa. Nossa conversa foi formal e relativamente rápida, mas surgiu uma simpatia recíproca que daria bons frutos.

Lembro que, de um modo geral, a posição do embaixador do Brasil nos países da América do Sul é *sui generis* e só perde em importância para o representante dos EUA, embora tenhamos certamente maior afinidade e podemos ganhar maior intimidade com os primeiros mandatários de nossos países vizinhos. Os norte-americanos, por melhor que sejam seus embaixadores, serão sempre os *gringos* de quem se desconfia. No Equador almocei intimamente duas vezes com Velasco Ibarra e no Peru o primeiro-ministro, meu vizinho, e também o vice-presidente vieram tomar o *breakfast* em minha casa para comentar os temas importantes do dia. Com o presidente Belaúnde, nadamos juntos no Oceano Pacífico e joguei peteca com ele em uma ilha deserta.

Poucos meses depois da minha chegada à encantadora cidade de Quito, sucedeu um fato extraordinário: estávamos em casa tomando café pela manhã quando tocaram a campainha do portão da rua e o mordomo veio anunciar-me a inesperada visita do ministro da Defesa, que entrou na sala ofegante. Após um momento de descanso, explicou-me sua chegada intempestiva. Ele fora a uma cerimônia militar em um quartel vizinho à embaixada brasileira, desentendeu-se com os militares presentes e acabou levando uns empurrões dos generais e coronéis mais exaltados. Saiu do quartel atordoado pela gravidade do fato e tudo o que lhe ocorreu foi pedir asilo ao embaixador do Brasil, cuja residência estava a duas quadras do quartel.

Mostrava-se agitadíssimo e procurei acalmá-lo. Minha mulher deu-lhe um tranqüilizante e eu lhe esclareci que o processo de asilo diplomático não era tão simples assim, pois precisava consultar meu governo e informar o Ministério do Exterior equatoriano que o ministro da Defesa se encontrava em minha casa. Telefonei ao chefe do Cerimonial Miguel Vasco (depois embaixador em Lima e em Brasília) e ele deve ter ficado boquiaberto. Prometeu avisar imediatamente o presidente e pediu-me que não desse publicidade ao fato. Cancelei meus compromissos daquela manhã e fiquei à espera de notícias, antes de telegrafar à Brasília. Minha mulher levou o ministro a um quarto de hóspedes, onde ele ficou a descansar.

Meia hora depois o telefone tocou e era o presidente Velasco Ibarra em pessoa. Estava furioso, pediu-me desculpas pelo incômodo causado por seu sobrinho Ministro da Defesa e solicitou-me chamá-lo ao telefone. A conversa entre os dois deve ter sido terrível porque meu asilado balbuciava e gaguejava. Meia hora depois o presidente veio pessoalmente à minha casa para buscar o apavorado sobrinho. Tudo terminou bem, mas foi uma manhã movimentada e totalmente inesperada.

Uns 15 dias depois recebi convite para um almoço íntimo no palácio. Era a despedida para o ex-ministro da Defesa, recém-nomeado embaixador na Espanha. Ao saudar o novo diplomata, Velasco manifestou-me sua gratidão pela boa acolhida que dera ao sobrinho. Recentemente, aqui no Rio de Janeiro, contei este episódio a alguns generais e coronéis amigos, que se divertiram bastante. Fernando Henrique Cardoso criou o Ministério da Defesa no Brasil, colocando no cargo um civil inexperiente de temas militares, e a minha historieta do Equador provocou boas gargalhadas... Curiosamente, o presidente Lula nomeou para o Ministério da Defesa um diplomata, meu colega José Viegas, ex-embaixador no Peru, que não se saiu mal no espinhoso cargo, mas por coincidência também acabou... embaixador na Espanha, o que foi uma excelente recompensa.

Prevendo o dia e a hora da deposição de um presidente da República

Em 1972 arrisquei-me a uma temeridade em matéria de informação diplomática. No entanto, a evidência era tal que decidi levar adiante a informação em telegrama secreto urgentíssimo ao Itamaraty, prevendo que Velasco Ibarra seria mais uma vez deposto no dia seguinte, pela tarde ou à noite. O presidente mais uma vez estava em graves divergências com os chefes militares do país e eu duvidava que pudesse resistir muito tempo.

Certa noite fui convidado para as bodas de prata de um amigo coronel que trabalhava conosco na Via Interoceânica. Compareci com minha mulher à sua residência e o anfitrião pouco depois convidou-me a subir ao segundo andar, onde havia uma dúzia de militares a conversar animadamente. Em breve, notei que estava no meio de uma verdadeira conspiração para desestabilizar o presidente Velasco Ibarra. Naturalmente, fiquei preocupado, pois como embaixador do Brasil não deveria intrometer-me em reuniões desse gênero. Perguntaram-me como reagiu o Brasil em determinados casos semelhantes em 1964, indagaram qual seria a nossa posição oficial diante de eventual golpe militar no Equador, como reagiriam os EUA e as nações européias, etc. Respondi o mais evasivamente que pude e saí discretamente. No portão da casa, indaguei do anfitrião se eu havia entendido bem e ele confirmou. "Quando Sixto Durán voltar de Washington com um vultoso empréstimo do BID, vamos derrubar o velho".

Saí dali preocupado. Ao chegar à embaixada decidi telefonar à esposa do prefeito, que conhecia muito bem, e indaguei-lhe quando regressaria Sixto de Washington. Respondeu-me que seu marido tinha assinado o empréstimo naquele dia e regressaria a Quito naquela noite, devendo estar em casa na manhã do dia seguinte para almoçar. Isso parecia significar que o presidente seria deposto no decorrer da tarde ou à noitinha do dia seguinte. Hesitei bastante e, contra a vontade de meu eficiente conselheiro Pedro Neves da Rocha, passei telegrama a ser mostrado urgentemente ao chanceler Mário Gibson Barboza. Nele resumia toda a conversa com o coronel e com a esposa do prefeito. Anunciei, portanto, a queda do presidente Velasco até a noite do dia seguinte.

Confesso que dormi mal e não me desligava da televisão e do rádio, tentando ouvir alguma notícia. Telefonei a colegas mais chegados e ninguém sabia de nada. Silêncio total. A tarde do dia seguinte passou sem novidades e eu já começava a murmurar: "Que besteira, fiz eu! Vou ser a risada do Itamaraty". Lá pelas 21h, *flash* especial da TV: o presidente Velasco Ibarra fora deposto e já estava viajando em avião especial para o Panamá, acompanhado de sua família. Transmiti imediatamente a notícia a Brasília. Ai que alívio! No dia seguinte, o chanceler Mário Gibson Barboza felicitou-me pelo furo diplomático. No entanto, a minha angústia fora tanta que jurei nunca mais fazer previsões desse gênero...

FIDEL CASTRO NO EQUADOR

Um dos melhores amigos na capital equatoriana era o comandante do Exército, general Aurélio, que se havia formado no Brasil e mantinha muita simpatia por nosso país. Foi fácil aproximar-me dele, pois na visita formal que lhe fizera, soube que era um apaixonado da seleção brasileira de futebol. Por seu intermédio, consegui obter um excelente contrato para a Volkswagen brasileira: a aquisição de mil *fuscas* para jovens oficiais das Forças Armadas equatorianas. Foi mesmo uma vitória, porque o Equador está na jurisdição do México e quem deveria vender os carros seria a filial da Volkswagen do México e não a de São Paulo. Em determinado momento, sentimos que havia forças intrusas desejando atravessar nosso negócio. Quando estive em Brasília e fui visitar o chanceler Mário Gibson Barboza, aproveitei para tocar no assunto e ele levantou os braços, como me dizendo para mudar de assunto. Em seguida, exclamou ele: "Vamos até a janela, veja que belísssimo arco-íris! De lá se vê melhor". Corremos para a janela e Gibson me disse: "Conte-me depressa porque eu estou sendo gravado pelo Delfim, que prefere fazer o negócio dos Volkswagen com outra pessoa". Regressamos depois à sua mesa de trabalho, ao meio do salão.

Nunca me esquecerei do falso arco-íris que Gibson Barboza me descrevia da janela com pormenores tão vivos! De volta a Quito, relatei ao coronel adido militar o cômico episódio e... ele começou a sorrir. Disse: "O Sr. deveria saber que nós do SNI gravamos tudo o que se diz nos gabinetes dos dois ministros – do Gibson e do Delfim. Eu já sabia dos pormenores de sua conversa".

O general Aurélio e eu nos tornamos parceiros de futebol e eu tratei de informar-me bem sobre o time dele, o Nacional de Quito, a equipe dos militares. Lia os jornais locais, de tal modo que conhecia pormenores sobre os jogadores de seu time e seus problemas. Recordo-me que outros colegas diplomáticos invejavam-me pela intimidade com o homem forte do país.

Certo dia encontrei-o no estádio de futebol com a cara amarrada: o que seria? Depois de algum tempo, ousei perguntar-lhe. Disfarçou em sua resposta, até que um assessor trouxe-lhe uma notícia definitiva. Ele mesmo tomou a iniciativa de informar-me: "Fidel Castro chega amanhã a Guaiaquil, em trânsito para o Chile, a convite de Allende. Meus colegas militares estão furiosos porque o presidente Velasco não se deu ao trabalho de consultar-nos, alegando que não se tratava de visita oficial e apenas de uma escala técnica para reabastecer o avião. Fidel não deverá sair do aeroporto e lá será aguardado pelo presidente. A escala deverá demorar pouco mais de duas horas." Mais adiante, o general Aurélio me ponderou sua preocupação, com certa razão, pois Fidel era imprevisível e poderia decidir sair passeando pelas ruas de Guiaiaquil levantando a multidão. Isso poderia ter conseqüências políticas graves. Logo ao terminar a partida de futebol, despedi-me e fui direto para a chancelaria, onde redigi telegrama urgente para o Itamaraty.

O noticiário televisivo e radiofônico daquele domingo não deu a notícia, nem os jornais da manhã seguinte, o que me preocupou, pois poderia ter dado informação equivocada ao meu governo. Felizmente, por volta de meio-dia do dia seguinte, a TV local informou que o avião de Fidel reabasteceu-se em Guaiaquil e seguiu viagem imediatamente. Mais uma vez, escapei de haver informado inverdade...

Seja como for, confesso que sempre gostei desse papel de repórter diplomático, que aliás não é obrigação do embaixador. Em todos os meus postos, sempre procurei fontes valiosas, que em momentos cruciais me supriram com informações por vezes precisas e do interesse de nosso governo. O presidente Geisel, que gostava de ler meus telegramas em Israel, chamou-me certa vez de "diplomata de primeira linha", linha de combate, suponho. E quis tirar-me de Quito e mandar-me para o Iraque. Ainda bem que o chanceler Gibson resistiu... A maioria dos meus colegas diplomáticos brasileiros prefere limitar-se a comentar os acontecimentos, em vez de anunciá-los.

RODRIGUEZ LARA, O *BOMBITA*

O presidente Rodriguez Lara foi o militar equatoriano que derrubou Velasco Ibarra e não o deixou terminar o seu quinto mandato (ele só completou o quarto). Ao contrário do velho Velasco, que era um intelectual culto, Rodrigues Lara era bastante limitado, de origem modesta, nascido em Pujilí, uma aldeia encarapitada nos Andes. Era pequenino e rotundo e por isso o chamavam carinhosamente de "Bombita", e seus inimigos de o "Inca-paz"...

Conheci-o bastante bem, pois tratamos várias vezes da entrada da PETROBRAS no Equador. Mais de uma vez tive que apelar para ele, levando as negociações ao nível mais alto, porque o ministro da Energia equatoriano era francamente ligado ao embaixador da Argentina, que não via com bons olhos a penetração brasileira no Equador. O futuro presidente Geisel, então presidente da PETROBRAS, gostou da minha atuação no Equador e convidou-me para ser um dos diretores da BRASPETRO. No governo de "Bombita" ocorreu, em 1972, o 150º aniversário da Independência do Brasil e o presidente Rodriguez Lara compareceu com todo o seu gabinete à recepção que ofereci, prestigiando assim o nosso país e a mim também. Vide ilustração.

Ao despedir-me dele no começo de 1974, concedeu-me longa audiência, na qual se abriu comigo sobre alguns problemas de política interna e pediu-me o auxílio do Brasil para as velhas questões de fronteira com o Peru. Devo dizer ao leitor que tenho especial carinho pelo Equador, não só porque foi minha primeira embaixada, mas sobretudo porque o meu genro é equatoriano.

SIXTO DURÁN BALLÉN, O PREFEITO IDEAL E FUTURO PRESIDENTE

Quando fui embaixador em Quito, Sixto Durán era o prefeito da capital e ficamos bons amigos. Graças a ele, consegui fazer a "Plaza Brasil" em Quito. Ofereceu-me um bela rotunda no centro de Quito para que lá montasse a Praça Brasil, que teria ao centro uma cópia em tamanho natural da famosa escultura dos "Dois Candangos" (Dois Guerreiros), de Brasília, cercada por jardins de Roberto Burle Marx especialmente desenhados para a ocasião. A operação foi complexa:

contatei o escultor Bruno Giorgi, que eu conhecia muito bem do Rio de Janeiro, e ele se prontificou a mandar fundir uma réplica dos "Candangos" e supervisionar sua fabricação, montagem e embalagem para a viagem marítima Rio-Guaiaquil. O governador do Distrito Federal era parente de nosso adido militar, coronel José Bulcão, e concordou em pagar as despesas no Brasil e a remessa da escultura para o Equador, o que criaria um elo especial entre as duas capitais, em bonito simbolismo político.

Tudo correu bem até a chegada da grande escultura de cinco metros de altura a Guaiaquil. O transporte em carreta até a capital equatoriana exigiu o bloqueio da rodovia por toda uma manhã, porque na serra a estrada tem numerosas curvas apertadas e a base da escultura impediria o tráfego em mão dupla. Finalmente, os "Candangos" foram instalados em sua nova praça, embelezada pelos jardins de meu amigo Roberto Burle Marx e lá está, em sua base, uma placa que recorda a cerimônia e liga meu nome à capital equatoriana. Infelizmente, o governador de Brasília não pôde comparecer porque na época (final de 1973), havia grande instabilidade política no Equador e o governo militar brasileiro era alvo de manifestações de protesto de estudantes do Partido Comunista.

Aproveito para relatar um fato cômico, mas que poderia ter sido muito grave, não fosse a habilidade do prefeito e futuro presidente Sixto Durán Ballén. Certo dia, o prefeito telefonou-me para dar-me uma notícia desagradável: os estudantes da Universidade de Quito e membros do Partido Comunista iriam fazer uma passeata pela cidade naquela noite e estava prevista uma manifestação contra o Brasil defronte à embaixada. Disse-me porém que não me preocupasse porque tinha um plano que dificilmente falharia. É lógico que fiquei apreensivo: centenas de pessoas gritando à minha porta, não tinha graça nenhuma e poderia acontecer algum incidente mais grave ainda.

Na hora marcada para a marcha ficamos todos a postos na embaixada, rezando para que o plano de Sixto desse certo. Designei um funcionário da embaixada para acompanhar a passeata desde o início e ele me telefonou de um bar, dizendo que a multidão no caminho havia derrubado o busto de Santos Dumont e seguia em direção da embaixada gritando *slogans*. Subitamente deu-se um *blackout*, um apagão em todo o bairro, que ficou totalmente às escuras. Meia hora depois meu funcionário chegou esbaforido, contando que, ao apagarem-se as luzes, a multidão ficou silenciosa e desorientada, começando a debandar aos poucos. Quinze minutos depois a passeata estava terminada. Genial o plano do prefeito! Ficamos aliviados e telefonei a Sixto agradecendo emocionado. Uma hora depois a luz voltou...

Coloco estas recordações neste capítulo, porque nos anos 90 Sixto Durán Ballén foi eleito presidente do Equador e visitou Brasília a convite de Fernando Henrique Cardoso. Como é lógico, guardo dele a melhor das lembranças.

GALO PLAZA LASSO, O SECRETÁRIO GERAL DA OEA

O ex-presidente do Equador tornou-se bom amigo meu em Washington, enquanto eu servia na Organização dos Estados Americanos. Certa vez, ofereci um almoço em sua homenagem em minha residência, ao qual compareceram vários embaixadores. Era um homem culto, formado em Harvard e foi dos poucos presidentes equatorianos que conseguiram terminar o seu mandato. Foi excelente secretário geral da OEA, muito prestigiado pelo presidente Nixon, que lhe concedeu audiência no dia seguinte de sua posse, em janeiro de 1969. Nixon pediu a Galo Plaza que os países latino-americanos lhe apresentassem uma lista de suas aspirações, em vez de ditar-lhes uma política americana. Meses antes eu havia sugerido essa tática a Nixon, nos passeios que fazíamos com os nossos cães. A iniciativa agradou muito aos latino-americanos, mas teve modestos efeitos.

Galo Plaza convocou imediatamente o Conselho da OEA e transmitiu-nos o pedido de Nixon. Tive ocasião de luzir-me como chefe interino de nossa missão na OEA e propus que o assunto fosse levado à CECLA, a Comissão Econômica da América Latina, pois era a única entidade continental da qual os EUA não faziam parte. Esse foro permitiria que os latino-americanos discutissem à vontade sobre o que solicitariam ao novo presidente norte-americano. Minha sugestão informal foi apoiada pelo delegado do Chile e acabou sendo aprovada pela maioria do Conselho, com algumas abstenções, pendendo naturalmente de consulta às nossas chancelarias.

Os jornais americanos e de todo o continente deram manchetes sobre o assunto e eu fui assediado por jornalistas de diversas nacionalidades para prestar esclarecimentos. Galo Plaza chamou-me a seu gabinete para agradecer a iniciativa do Brasil, mas que no fundo era só minha. Passaram-se os dias e o Itamaraty nada dizia. Meu pai telefonou-me dizendo que meu nome era a principal manchete do *Diário de Notícias*, importante jornal carioca da época, que deixou de existir. O silêncio do Itamaraty começou a me preocupar, mas felizmente dias depois houve outra reunião do Conselho e a minha proposta foi aprovada por unaminidade. Aí então o Itamaraty felicitou-me pela minha iniciativa, que havia dado ao Brasil a iniciativa no continente...

Meses depois estive no Rio de Janeiro e fui recebido pelo chanceler Magalhães Pinto, que me abraçou e parabenizou. Como bom mineiro, ele me confidenciou: "Sua iniciativa foi excelente, mas nos surpreendeu a todos. Se ela não tivesse sido aprovada, você agora estaria sendo transferido para a Indonésia..." Meses depois, por sugestão de Donatello Grieco, Magalhães Pinto convidou-me para chefiar o Departamento Cultural e Informações do Itamaraty, de onde saí embaixador no Equador em 1971.

Quando fui designado para Quito, Galo Plaza telefonou-me de Washington oferecendo seus préstimos no Equador. Lá veio visitar-me e passei depois um domingo em sua bela fazenda perto de Latacunga. Galo Plaza era um dos chefes de Estado melhor preparados da América Latina. Do nível de Belaúnde ou de Fernando Henrique. Em Quito, a convite do chefe do escritório da OEA no Equador, proferi uma palestra sobre a valiosa atuação da OEA na área da cooperação técnica, e poucos dias depois recebia amistosa carta do ex-presidente do Equador, então secretário geral da OEA, felicitando-me e agradecendo as minhas palavras. Repeti mais tarde essa palestra na Universidade Federal de Minas Gerais, em Belo Horizonte, em 1974.

Corte de cabelo no aeroporto de Quito

Meu primeiro adido militar em Quito era homem poderoso no regime militar, mas fora enviado para lá por haver cometido alguns excessos em seu último posto, no Recife. Mais tarde chegou a general e foi presidente do Clube Militar no Rio de Janeiro. Cumpria rigidamente os regulamentos do CAN, o Correio Aéreo Nacional, cujos aviões visitavam mensalmente a capital equatoriana. Era sempre uma corrida para viajar de graça para o Brasil e eu recebia pedidos das mais altas autoridades equatorianas para que seus familiares ou amigos pudessem viajar. Havia porém uma exigência delicada: nenhum homem podia viajar com cabelos compridos, como era moda entre os jovens da época. Quem chegasse ao aeroporto para embarcar e estivesse com os cabelos longos, não viajava. Sempre achei um excesso, porque anos atrás havia presenciado penosa cena semelhante no Itamaraty. Mas essa é uma outra história.

Certa manhã fui ao aeroporto de Quito para o embarque de amigos que viajariam pelo CAN, quando presenciei cena constrangedora: um jovem estudante aparecera de cabelos compridos e o sargento brasileiro disse-lhe que, se queria mesmo viajar, teria de cortar os cabelos. O rapaz acabou concordando, mas não havia cabelereiro no aeroporto. O sargento então conseguiu uma tesoura grande e, na frente de dezenas de pessoas no saguão do aeroporto, ele cortou os cabelos do jovem. Fiquei contrariado pelo espetáculo, mas era tarde para impedir a cena. No dia seguinte, o principal jornal quitenho publicava uma matéria jocosa sobre a cena no aeroporto.

Chamei então o adido militar ao meu escritório na embaixada e mostrei-lhe o jornal. Ele coçou a cabeça e explicou: "Eu tenho de cumprir as instruções de Brasília, mas reconheço que a cena foi infeliz. Bastaria ter impedido o rapaz de viajar, sem fazer aquela cena de cabelereiro em pleno aeroporto. Foi um erro do sargento e quando eu vi o que estava acontecendo, já era tarde". Pedi-lhe então que solicitasse confirmação da Aeronáutica se aquela regulamentação tão antipática ainda estava em vigor. No dia seguinte, o coronel veio ver-me muito embaraçado e mostrou-me telegrama em que Brasília o informava de que a exigência já tinha sido suspensa há vários meses. Telefonei então ao dono do jornal quitenho, que era meu amigo, contei-lhe o mal-entendido e no dia seguinte saiu uma nota informando o público de que os cabeludos já poderiam viajar pelo CAN...

VARIAÇÕES SOBRE O PERU (1982-84)

O presidente FERNANDO BELAÚNDE TERRY, *EL ARQUITECTO*

Quando cheguei ao Peru em 1982, só ouvi elogios de meus colegas diplomáticos ao presidente Fernando Belaúnde Terry. Cognominado "El arquitecto" por seus conterrâneos, era filho de peruano e de uma norte-americana, teve educação esmerada, um *gentleman* em suma. Meu bom amigo embaixador da Alemanha, Joachim Hille, disse-me certa vez que Belaúnde poderia ser presidente da Suíça ou da Bélgica, tão preparado e sofisticado ele era. Hoje o comparo a Fernando Henrique Cardoso, em preparo e encanto pessoal.

Desde a cerimônia de entrega de credenciais houve bons filtros entre nós, pois elogiei muito a menina de seus olhos – a "Carretera Marginal de la Selva" –, iniciada em seu primeiro mandato como presidente, estrada que ligaria o Equador ao Chile contornando a selva peruana. No segundo mandato, que conseguiu terminar, deu grande impulso a essa rodovia.

Certa vez irritou-se comigo quando lhe perguntei se a "Carretera" era marginal do Brasil, o que de fato é verdade. Retrucou-me que já existem duas conexões com o Acre, embora não pavimentadas. Eu incentivei a ida a Lima de uma delegação do Acre, chefiada pelo então governador Nabor Junior, hoje senador. Belaúnde fez questão de recebê-los, ofereceu-lhes um almoço e fez-lhes uma preleção sobre as conexões rodoviárias da Amazônia. Mais recentemente, os presidentes Lula e Toledo encontraram-se na fronteira e decidiram construir uma ponte sobre o rio Acre, o que muito facilitará o comércio entre os dois países. A rodovia entre Assis Brasil, no Acre, e o porto peruano de Ilo já está sendo melhorada e asfaltada. Aos interessados sobre as possíveis rodovias para o Pacífico, sugiro a leitura do meu estudo sobre "As janelas para o Pacífico", publicado em meu livro *Ensaios históricos* (editora Francisco Alves, 2004).

Pouco tempo depois de minha chegada ao Peru, Belaúnde, que era também um bom desportista, convidou-me para um passeio de lancha. Recomendaram-me que levasse calção de banho, pois o presidente gostava de nadar, apesar de seus 70 anos. Ao entrar na lancha, encontrei os embaixadores do Equador e da Argentina e nos dirigimos para uma ilhota no horizonte. Perto dela, Belaúnde subitamente mergulhou no mar seguido de dois assessores militares. Como fui bom nadador e na juventude nadei toda a praia de Copacabana, mergulhei também. Seguiu-me o embaixador equatoriano, meu amigo Miguel Vasco, que fora chefe do protocolo quando eu servia em Quito. Belaúnde gostou de ver-me ao seu lado nadando e ironizou que o embaixador argentino não sabia nadar. Ao chegarmos à praia, Belaúnde convidou-me a jogar peteca, enquanto o argentino, possivelmente irritado, nos observava de longe na lancha. Dias depois um jornal limenho comentava a excursão com pormenores irônicos...

Mas nem tudo foram rosas com Belaúnde e tive problemas com empresas brasileiras que operavam no Peru, felizmente nada de grave. Uma vez fui ao presidente para tentar resolver um impasse com a Odebrecht, que se queixava de que o Governo peruano não pagava a sua contrapartida para a construção de uma represa perto de Arequipa.

Recordo-me ainda que na entrevista de despedida, ao dizer-lhe que estava transferido para Berlim Oriental, ele retrucou-me francamente: "Ah se eu pudesse construir um muro na fronteira do Chile, eu o faria sem hesitar!". Recordo que ao final do século XIX houve guerra entre os dois países, o exército chileno ocupou Lima por vários meses e o Peru perdeu as províncias de Tacna e Arica, ao sul do país. Conservo lembrança afetuosa de Belaúnde, falecido recentemente com mais de 90 anos de idade.

NAVEGANDO O CASSIQUIARE

O recente falecimento de Fernando Belaúnde Terry, ex-presidente do Peru, trouxe-me à lembrança um fato histórico espetacular, mas pouco conhecido, nas relações do Brasil com o Peru e a Venezuela, ocorrido em julho de 1983. Trata-se da primeira viagem oficial em navio de porte médio, que partindo do nosso rio Negro, de São Gabriel da Cachoeira, Amazonas, conseguiu cruzar as corredeiras, navegou sem dificuldade pelo canal do Cassiquiare, tendo a seu bordo o então presidente peruano, e chegando até o rio Orinoco, na Venezuela. A viagem da corveta peruana *Amazonas* iniciou-se a 19 de julho de 1983 e terminou a 22 do mesmo mês, ao aportar em Tama Tama, Venezuela. Foi a interligação formal da bacia do rio Amazonas com a bacia do rio Orinoco, um significativo fato histórico no continente.

Fernando Belaúnde Terry foi presidente do Peru duas vezes. Arquiteto, homem de vasta cultura, professor em várias universidades norte-americanas durante os períodos de exílio político de seu país, ele sempre demonstrou notável interesse pelo desenvolvimento da Amazônia. Belaúnde acreditava que o futuro do Peru não está nas areias desérticas da costa do Pacífico e sim na metade amazônica do Peru, ainda pouco explorada e despovoada. Ele foi o idealizador da "Carretera Marginal de la Selva" que deverá algum dia ligar a Venezuela, a Colômbia e o Equador – através do Peru – à Bolívia e à Argentina, com duas entradas para o Brasil.

Em 1980, Fernando Belaúnde, aliás um sincero admirador do Brasil, voltou a eleger-se presidente do Peru. Dois anos depois aportava eu a Lima como embaixador do Brasil e desde a minha entrega de credenciais conversávamos muito sobre os problemas da integração da Amazônia. O entusiasmo do presidente Belaúnde pela região amazônica se expressou também pelo convite do então governador do Acre, Nabor Junior, hoje senador, a visitar Lima. Falou à comitiva brasileira diante de um grande mapa da Amazônia e deu ênfase à interligação da bacia amazônica com a do rio Orinoco e com a do rio da Prata. Ele havia mandado fazer um estudo que comprovava ser possível chegar até Buenos Aires pela construção de canais e comportas, dentro de custos compatíveis com a significação comercial do empreendimento. O tema era delicado, com inconvenientes políticos, e eu não o encorajei na época.

Certo dia, telefonou-me seu secretário particular dizendo que o presidente desejava falar-me sobre assunto importante. Pensei que era algo relativo à Odebrecht, que construía uma represa perto de Arequipa, mas para minha grande surpresa, ele tinha planos de efetuar pessoalmente a travessia do Cassiquiare. Pedia o auxílio da Marinha brasileira e expôs-me seu plano, que parecia viável: uma possante canhoneira peruana iria à Amazônia brasileira, subiria o rio Negro e esperaria pela sua comitiva em São Gabriel da Cachoeira. O presidente peruano viajaria de avião diretamente àquele remoto povoado brasileiro no alto rio Negro, perto da fronteira da Venezuela, onde embarcariam na corveta peruana que já estaria esperando a comitiva presidencial. O importante seria escolher o momento oportuno, com chuvas abundantes, de tal modo que houvesse calado suficiente para a passagem do navio, que era de porte médio. Faltava o essencial – a autorização do governo brasileiro e o apoio logístico da Marinha brasileira no local.

Confesso que regressei à embaixada bastante perplexo e logo convoquei os dois adidos militares para ter uma avaliação inicial, antes de informar o Itamaraty. Ambos me informaram ser possível a aventura presidencial e que barcos da nossa Marinha já haviam feito discretamente a travessia do Cassiquiare, embora tivessem regressado logo ao território brasileiro, a fim de evitar complicações com as autoridades da Venezuela. Tudo dependeria de encontrar o período apropriado e que os peruanos dispusessem de uma corveta com motor suficientemente potente para superar as duas corredeiras acima de São Gabriel. O dilema residia no fato de que, se o rio Negro estivesse inchado pelas chuvas e desse calado ao navio para ultrapassar as áreas mais rasas, por outro lado esse maior volume de água aumentaria a força da correnteza, o que poderia impedir a passagem da corveta pelos rápidos. O plano exigiria, portanto, estudos rigorosos e quase certamente o auxílio logístico da Marinha brasileira, com a provável utilização de tratores poderosos e até a utilização de helicópteros, a fim de não pôr em risco a segurança do presidente peruano.

Como eu esperava, o Itamaraty não demonstrou entusiasmo pela iniciativa de Belaúnde, em virtude das implicações jurídicas internacionais que o delicado problema da interligação das bacias hidrográficas pode vir a apresentar no futuro. Entretanto, seria difícil negar a passagem ao primeiro mandatário peruano sem um motivo grave, ou deixar de dar-lhe apoio técnico, sem criar mal-estar nas relações entre os dois países. Por outro lado, a Venezuela já havia sido consultada pelo Peru e dera o seu assentimento, interessada na experiência. Assim sendo, um pouco a contragosto, a Marinha brasileira foi autorizada a prestar toda a cooperação necessária para o êxito da expedição, em combinação com seus colegas peruanos. Dados técnicos foram trocados e aproveitou-se a próxima estação de chuvas para estabelecer datas possíveis para a travessia. Belaúnde assegurou-me que só viajaria se as Marinhas de Guerra dos dois países assegurassem a sucesso da histórica viagem.

Tudo correu como previsto e no dia 17 de julho de 1983 fui ao aeroporto despedir-me da comitiva que seguia no Fokker presidencial para São Gabriel da Cachoeira. No dia seguinte o rio Negro tinha boa altura e a corveta partiu. Fez duas tentativas e o motor não conseguiu vencer a correnteza, que era bastante forte. Aí entrou em ação o suporte técnico brasileiro: dois possantes tratores com cabos de aço arrastaram penosamente a corveta, tendo a bordo a comitiva de Belaúnde, pelas águas saltitantes da primeira e mais perigosa corredeira. O segundo rápido foi mais fácil, o navio peruano não necessitou de auxílio e seguiu adiante. Foi um entusiasmo geral e espoucaram foguetes e vivas no navio e em terra.

O resto da viagem decorreu sem sustos. A corveta navegou o Cassiquiare por mais de 12 horas e entrou solenemente no rio Orinoco. Teve de viajar ainda dois dias, cautelosamente, até o primeiro porto venezuelano, Tama Tama, onde as autoridades venezuelanas aguardavam o navio. De lá a comitiva viajou de avião para Caracas. Foi uma viagem triunfal, devidamente documentada por cinegrafista da Marinha peruana. Já na capital venezuelana, o presidente Belaúnde agradeceu o apoio das autoridades brasileiras e sublinhou à imprensa local toda a significação histórica, política e comercial da viagem. Ao recebê-lo de volta no aeroporto em Lima, Belaúnde agradeceu-me efusivamente a nossa cooperação.

Em Brasília houve suspiros de alívio por tudo haver corrido bem, mas o governo absteve-se de comentários oficiais e a imprensa brasileira não se deu conta das implicações da viagem. Em Lima, o jornal *La Cronica* fez um suplemento especial sobre a viagem presidencial, onde aliás se mencionou o Brasil apenas ligeiramente. A verdade é que sem a nossa aprovação e o auxílio dos nossos tratores, a travessia não poderia ter sido realizada.

(Comunicação feita na CEPHAS do IHGB a 7 de novembro de 2003).

FRANCISCO MORALES BERMÚDEZ, O PRESIDENTE REFORMADOR

Um grupo de militares esquerdistas derrubou Belaúnde em seu primeiro mandato e implantou uma espécie de república popular, fortemente influenciada pela União Soviética. Conseguiram desmontar a economia do país e entregaram aos camponeses as grandes fazendas que antes asseguravam boa exportação. O general Velasco Alvarado ficou famoso por suas trapalhadas e, por motivo de doença, acabou entregando o poder ao general Morales Bermúdez. Este conseguiu recuperar a economia do país e anulou várias das medidas arbitrárias de seu antecessor, preparando assim a volta à democracia, do que resultou o segundo mandato de Belaúnde Terry.

Conheci Morales Bermúdez em reunião social, houve simpatia mútua e passamos a almoçar juntos cada dois ou três meses. Essa amizade me seria da maior utilidade, pois em nossas conversas eu ficava sabendo interessantes intrigas políticas e sobretudo sua repercussão nos meios militares. O general Morales era um militar bem preparado, embora sem chispa genial. No entanto, por ele soube de fatos que intrigaram meu bom adido militar, coronel Dario Montilla, a quem escondia meu relacionamento com o ex-presidente. Conservo também boa recordação do general Morales Bermúdez, que muito apreciava nossos almoços nos magníficos restaurantes de Lima, uma das capitais onde se come melhor na América Latina.

Vinte e cinco anos depois o general Francisco Morales, com mais de 80 anos, voltou à mídia em dezembro de 2007 para comentar a Operação Condor no Peru. Disse ele que, "como cristão praticante, jamais ordenaria a tortura ou o desaparecimento de pessoas. Minha decisão política foi extraditar os *montoneros* que estavam no Peru". Afirmou ele que seu país nunca fez parte da Operação Condor. No entanto, ao devolver os guerrilheiros à Argentina...

ALAN GARCIA, O APRISTA

Conheci o atual presidente do Peru pouco antes de ele ser eleito em 1985, em seu primeiro mandato. Alan vivia perto da nossa chancelaria em Lima, nos conhecíamos de recepções e por duas ou três vezes ele veio tomar um cafezinho comigo, na chancelaria da embaixada, para trocar idéias sobre a política local. Alan Garcia era um jovem deputado, bonito e elegante, formado em direito na Espanha e em sociologia na França. Foi presidente aos 36 anos de idade, mas não estava ainda suficientemente maduro. Pertencia ao Partido APRA, o mais bem organizado e tradicional do Peru. Eu gostava de conversar com ele, pois era muito simpático e rapaz instruído, membro daquela oligarquia peruana sofisticada, que vive entre Miami e Madri, e mora em casas de quadra inteira, cercadas por muros de quase quatro metros de altura. Quando se levantam as portas da rua, vêm-se três ou quatro Mercedes Benz, piscina e quadra de tênis...

Sua gestão como presidente, sucedendo ao notável Belaúnde Terry, não foi nada feliz. Eu já havia saído do país, mas em Berlim dava-me muito bem com o embaixador peruano, que me relatava o que ocorria no Peru. A princípio saiu-se bem, mas cresceu uma superinflação que fez evaporar o poder aquisitivo da classe média. O grupo maoísta Sendero Luminoso, depois liquidado por Fujimori, atingiu o máximo de sua capacidade de infernar a vida dos peruanos Em 1990, com uma inflação de mais de 7.000%, Alan Garcia desistiu da reeleição. Dois anos depois teve de fugir para o exterior, acusado de ordenar o massacre de prisioneiros em um cárcere de Lima. Só em 2001 conseguiu voltar a seu país, depois que a Corte Suprema considerou prescritos os crimes pelos quais teria sido responsável.

Em 2006, vimos Alan Garcia de volta como candidato opositor ao populista Ollanta Humala. Teve 24% dos votos e classificou-se para o segundo turno, derrotando no último momento a candidata conservadora. Eleito no segundo turno, será certamente melhor presidente do que foi em seu primeiro mandato. Creio que o grande mal de sua primeira presidência foi que ele era ainda muito inexperiente. Deputado brilhante, nunca havia dirigido coisa alguma, não tinha experiência administrativa, chegando direto à presidência, o que não era aconselhável. Estou convencido de que eleito presidente em 2006, terá muito mais sucesso, porque amadureceu e ganhou a experiência que lhe faltava em 1985. Embora houvesse descontentamento popular em relação ao ex-presidente Alejandro Toledo, o Peru cresce agora a 9% ao ano, com inflação de 4% e carga tributária de 15%. Está no bom caminho, tanto que o risco peruano era mais baixo do que o risco Brasil. Garcia já se encontrou com Lula várias vezes, parece interessado na integração vial dos dois países e pede investimentos brasileiros.

Defendendo no Peru os empregos de operários brasileiros da Volkswagen

No período de 1982-84 em que chefiei a embaixada no Peru ocorreu uma crise trabalhista na Volkswagen peruana que teria repercussões no Brasil. A empresa alemã tinha uma fábrica que montava automóveis feitos no Brasil, que lá chegavam em partes. O negócio era bom, enquanto durou a proibição da importação de carros estrangeiros. A fábrica tinha três mil empregados, mas com a liberação das importações, a fábrica ou montadora, ficou prejudicada. Certo dia recebi a visita de três diretores da fábrica Volkswagen, que vieram pedir-me intercedesse junto ao ministro do Trabalho peruano a fim de obter autorização para despedir mil funcionários da empresa. Eu me surpreendi com o pedido e eles se explicaram: se não fosse possível despedir aqueles funcionários, a fábrica teria de fechar e todos os três mil iriam para a rua. Essa era a decisão da matriz central da Volkswagen alemã. Continuei a não entender bem por que foram eles conversar comigo. Chegaram finalmente ao ponto: se a fábrica fechasse, centenas de empregados brasileiros na Volkswagen *brasileira* seriam demitidos também no Brasil, porque a fábrica de São Paulo deixaria de fabricar milhares de automóveis para serem enviados desmontados ao Peru.

Pensei em submeter o assunto ao Itamaraty, mas cheguei à conclusão de que a resposta iria demorar muito. Resolvi visitar meu grande amigo Joachim Hille, embaixador da Alemanha federal, que fora meu colega anos antes em Quito. Afinal seria muito estranho solicitar ao ministro do Trabalho peruano a sua anuência para que a fábrica despedisse mil funcionários peruanos. Sozinho, não me sentia em condições de fazê-lo, pois me queimaria junto ao governo peruano. Afinal, a fábrica era alemã e eu só faria uma gestão conjuntamente com ele, ou não faria nada. Hille concordou comigo e decidimos pedir audiência ao ministro peruano, que já estava prevenido e nos recebeu meio atravessado. Dissemos-lhe que estávamos embaraçados em fazer tal gestão, mas que se tratava de evitar um mal maior. A abertura das importações de automóveis inviabilizara a fábrica teuto-brasileira no Peru: ou se demitia boa parte dos empregados, ou ela seria fechada. Era preciso demitir os mil funcionários mais antigos, que em parte poderiam ser aposentados ou absorvidos por alguma outra entidade estatal peruana. Se isso não fosse feito, todos os três mil seriam despedidos. O ministro entendeu o nosso constrangimento de apoiar aquela medida tão antipática, mas inevitável no momento, e prometeu conversar com o presidente Belaúnde a respeito. Dias depois foi autorizada a demissão.

Os próprios trabalhadores peruanos entenderam a situação e não fizeram escândalo na imprensa, que não chegou a tomar conhecimento do caso. Tampouco informei o Itamaraty da minha ingrata gestão juntamente com o embaixador alemão. Senti um certo remorso, mas afinal estava defendendo indiretamente o emprego de muitos brasileiros em São Paulo, se a fábrica tivesse de ser fechada. Meses depois tive porém uma pequena satisfação: ao trocar o velho "Passat" de serviço da nossa embaixada, os diretores da fábrica fizeram-nos um abatimento enorme no preço do novo automóvel.

Tentando vender armas brasileiras ao Peru

Nos anos 80, chefiava a embaixada do Brasil em Lima, Peru, quando o adido militar, coronel Dário Montilla, veio informar-me de que estávamos prestes a fazer uma vultosa venda de armas às Forças Armadas peruanas. Na semana seguinte acompanhei-o até uma área de exercícios militares vizinha à capital e lá assisti a diversas demonstrações de armamentos brasileiros a serem vendidos ao exército peruano. Os tes-

tes foram perfeitos e depois fomos levados até uma praia vizinha, em frente à qual estavam dois grandes tanques brasileiros modelo "Urutu", do tipo anfíbio. O ministro do Exército peruano estava entusiasmado e me louvava a qualidade do armamento brasileiro, quando observei com surpresa que soldados peruanos entravam nos tanques brasileiros. O mar estava forte e as ondas que arrebentavam na praia eram bastante altas. Nosso adido militar deu a ordem para iniciar a exibição e os tanques avançaram contra as ondas. Passaram com dificuldade a linha de arrebentação e foram afundando. Confesso que fiquei apavorado e me dizia que os soldados iam morrer afogados, se os tanques não boiassem. Os carros de combate foram entrando devagarzinho e à distância já mal se viam, pois tinham apenas uns 10 centímetros fora d'água. Felizmente estavam boiando e as hélices os impeliam para longe da praia. Deram uma ampla volta e regressaram à praia sob os aplausos dos militares peruanos e o ufanismo dos nossos oficiais. Suspirei aliviado quando vi as tripulações saírem dos "Urutus" e meu susto passou ao receber os cumprimentos do ministro do Exército peruano. Ficou ali acertada a venda dos armamentos previstos e tudo parecia encerrado satisfatoriamente. Não foi bem assim.

Semanas depois o coronel Montilla informou-me de que o negócio não fora realizado porque os peruanos queriam um financiamento a longo prazo e a nossa empresa desejava pagamento à vista em moeda forte. Meu tremendo susto fora em vão. Até hoje me recordo com um arrepio a imagem dos tanques "Urutus" avançando contra as ondas do Oceano Pacífico e desaparecendo aos poucos...

II

O MÉXICO A CAMINHO DO PRIMEIRO MUNDO?

"Tan lejos de Diós y tan cerca de Estados Unidos" foi o pesadelo do México há mais de um século. E tinha motivo, pois a grande nação anglo-saxã ampliou consideravelmente seu território às custas de guerras de moralidade muito duvidosa contra os mexicanos. Desde a nossa juventude temos visto dezenas de filmes norte-americanos que justificam amplamente todos os ressentimentos dos mexicanos. Províncias riquíssimas como a Califórnia, o Texas, Nevada, Colorado, Arizona e Novo México são hoje prósperos estados norte-americanos, onde labutam imigrantes mexicanos em situação por vezes humilhante, como cidadãos de terceira classe. Mas os tempos mudaram e a vizinhança com os EUA hoje representa a salvação do México, país pobre de mais de 100 milhões de habitantes e uma dívida externa mais elevada do que a nossa.

O Brasil tem queixas históricas dos Estados Unidos, mas a verdade mesmo é que, no passado, fomos mais mal-tratados pelos ingleses do que pelos norte-americanos, que aliás nos deram a mão em momentos delicados de nossa história, a começar pelo reconhecimento da nossa independência antes das potências européias. Já as queixas mexicanas contra os EUA, no passado remoto e mais recentemente também, são plenamente justificadas.

No entanto, o comportamento do governo mexicano em relação ao governo norte-americano e ao *big business* do seu gigantesco vizinho tem sido muito curioso. Internamente, o PRI (Partido Revolucionário Independente), que vinha dirigindo o México há muitas décadas, foi até demasiado flexível às investidas do poderoso capitalismo americano, cuja influência na economia mexicana raramente está ao lado dos anseios dos trabalhadores daquele país. O original nas atitudes externas do México é que, para mascarar essa forte influência interna dos EUA, a chancelaria mexicana em sua política externa interamericana adota posturas nitidamente "progressistas". Com esse tipo de *lip service*, o governo mexicano tenta aplacar as dificuldades na política interna com os grupos nacionalistas e esquerdistas descontentes. Essa tática dupla tem dado bons frutos, dentro e fora do país, e Fidel Castro muito deve aos dirigentes mexicanos nos últimos 40 anos. A habilidade da diplomacia mexicana na OEA e na ONU tem sido fator significativo na evolução da política interamericana em relação a Cuba. Sem o auxílio mexicano, talvez Fidel já tivesse desaparecido há muito. Só que nós, diplomatas, achávamos graça nessa duplicidade mexicana de enfrentamento com Washington, enquanto que, internamente, no mundo dos negócios, os dois governos se entendiam muito bem, quase sempre em desvantagem para o México.

As recentes celebrações do *North American Free Trade Agreement*, ou NAFTA, como já está conhecido mundialmente, trouxeram-me à mente um curioso episódio que ocorreu comigo em Washington, em 1961, quando trabalhava como 1º secretário da embaixada do Brasil, encarregado do setor de imprensa e temas culturais. Estava eu convidado para um almoço na Universidade de Georgetown em homenagem a Robert Kennedy, o irmão do presidente Kennedy, um brilhante intelectual que também morreria assassinado anos depois. Por cortesia do reitor da universidade, fiquei sentado à direita de Robert Kennedy, que aproveitou a vizinhança para crivar-me de perguntas sobre a chamada "política externa independente" de Jânio Quadros, nosso presidente naquele momento. Procurei explicar-lhe dizendo que o Brasil, indubitavelmente, pertence ao mundo ocidental, mas deseja ter suficiente autonomia para divergir em algum assunto importante, assim como procedia o general De Gaulle em relação à OTAN. Ninguém tinha dúvidas de que a França estava com o mundo ocidental contra a União Soviética, embora o presidente francês sempre insistisse por manifestar alguma opinião divergente, em temas internacionais. Kennedy retrucou-me friamente que o Brasil não podia se comparar à França. Aí eu apelei para uma comparação com o México, afirmando que os EUA não duvidavam da lealdade dos mexicanos, os quais, no entanto, protegiam abertamente Cuba e causavam problemas delicados para a política externa americana na OEA e na ONU.

Sucedeu então algo que me deixou estupefato: Bob Kennedy "cresceu" para cima de mim, dizendo enfaticamente que Jânio Quadros se equivocava se pensava adotar atitudes semelhantes às do México. Perguntei-lhe por que, uma vez que o México e o Brasil são dois países com peso político equivalente e características socioeconômicas bem parecidas. Explicou-me então o irmão do presidente Kennedy que a elite norte-americana sempre teve um complexo de culpa em relação ao México. Sobretudo os intelectuais norte-americanos, os professores universitários, enfim os *scholars* não perdoam seus antepassados pelos desmandos e espoliações que os EUA cometeram em relação aos mexicanos no século XIX. Assim sendo, afirmou Robert Kennedy, parecia-lhe perigoso para o Brasil adotar certas atitudes que o governo norte-americano só poderia relevar dos mexicanos, em conseqüência daquele velho complexo de culpa.

Confesso que, na hora da conversa, fiquei surpreso e mais tarde procurei confirmar a informação com um diplomata mexicano. Este não se espantou com a minha consulta e, ao contrário, disse-me com simplicidade que seu governo manipula com habilidade essa utilíssima fraqueza norte-americana. Em suma, trata-se de um sentimento semelhante ao que certa elite intelectual brasileira apresenta em relação ao Paraguai, que aliás também sabe explorar muito bem esse nosso complexo de culpa pelos estragos excessivos que lá fizemos no século passado, embora a iniciativa da guerra tenha sido culpa dos paraguaios. Aliás os paraguaios fazem a mesmo tipo de chantagem emocional com os argentinos.

Gostaria de lembrar alguns aspectos interessantes do NAFTA, a Associação de Livre Comércio da América de Norte, o tratado que reuniu comercialmente os EUA, o Canadá e o México, pois vão nos esclarecer aspectos importantes que teremos de examinar com vistas à eventual aprovação do ingresso do Brasil em alguma organização semelhante à ALCA. O NAFTA, ao contrário do que muitos pensam, não foi iniciativa dos EUA e sim do próprio México em 1990. Após intenso debate nacional, tal como fizemos em nosso país em relação à ALCA, o tratado do NAFTA foi aprovado pelo Senado mexicano em 1993. Recordo-me que, a 17 de julho de 1991, escrevi um artigo na página "Opinião" do *Jornal do Brasil*, ao qual dei o mesmo título deste ensaio, "México a caminho do primeiro mundo?", onde antevia o sucesso que ocorreria depois. Alguns amigos julgaram que eu exagerava e viam o NAFTA com a maior desconfiança.

Quinze anos depois, já podemos considerar o NAFTA um aparente sucesso. Digo "aparente sucesso" porque a princípio julgava-se que o tratado beneficiaria sobretudo as empresas norte-americanas e canadenses, que se utilizariam do território mexicano para se expandirem e exportarem seus produtos, estabelecendo no México indústrias poluentes que nunca seriam autorizadas no território dos EUA. Devemos recordar que antes da existência do NAFTA, mais de 70% das exportações mexicanas já tinham como destino os EUA, com a diferença que, na época, o comércio era mal regulamentado e não contava com instrumentos adequados de solução de controvérsias. Os temores no México eram os mesmos que tivemos aqui em relação à ALCA.

No entanto, em 12 anos as exportações do México aumentaram quatro vezes, deixando longe os números do Brasil. De menos de

US$ 40 bilhões em 1993 subiram para US$ 165 bilhões em 2004, um resultado espetacular. No entanto, seu comércio exterior foi deficitário, pois importaram quase US$180 bilhões. Em 2007 exportaram ainda mais: US$ 250 bilhões e continuaram deficitários, pois importaram US$258 bilhões. Em 1993 o México exportava menos do que o Brasil e agora exporta quase o dobro. Entretanto, temos de considerar também o reverso da medalha: embora o NAFTA tenha dado emprego a milhões de mexicanos, toda essa montanha de dinheiro acabou elevando relativamente pouco a riqueza *per capita* do trabalhador mexicano. Há muito mais gente empregada, mas os salários subiram relativamente pouco. A maioria do dinheiro fica pelo caminho, nos bolsos dos empresários e da classe média alta. Esclareço que das atuais exportações mexicanas somente 10% são petrolíferas e 87% são de manufaturados, em grande parte (47%) das empresas chamadas *maquiladoras*. As reservas do México em 2007 chegaram de US$68,5 bilhões, enquanto o Brasil terminou 2007 com US$180 bilhões, o que aliás foi auspicioso.

E o comércio trilateral dentro do NAFTA cresceu 150%, o que parece mostrar que é possível construir uma relação comercial na qual todos possam ganhar. Em matéria de investimentos, o México também já superou o Brasil – em 2004 tivemos a entrada de apenas US$ 20 bilhões e o México recebeu US$ 27 bilhões. Em 2007 foi melhor para os dois: o México recebeu US$ 28 bilhões e o Brasil US$ 32 bilhões. Lembro porém que a situação do México é privilegiada, porque tem fronteiras diretas com os EUA, o país mais rico do mundo, o que não é o caso dos países que integrariam a ALCA. Já vai longe o tempo em que os mexicanos se queixavam: *tan lejos de Diós y tan cerca de Estados Unidos!* Entretanto, os mexicanos parecem descontentes com os resultados do NAFTA: nas eleições municipais de junho de 2003, o governo do presidente Fox foi derrotado de maneira espetacular e a avaliação das causas dessa derrota está sendo feita com muito cuidado. O que está acontecendo naquele país é um verdadeiro laboratório para a avaliação dos negociadores brasileiros.

Com a intensificação do relacionamento México-EUA, em breve o México poderá ultrapassar o Canadá como o melhor cliente dos EUA. Se Bush e Calderón conseguirem resolver os problemas que ainda perturbam essa *relação carnal*, como diria o ex-presidente argentino Carlos Menem, o século XXI será o século das Américas e a fronteira poderá até desaparecer completamente. Entretanto, apesar do progresso obtido, os dois países ainda desconfiam um do outro. Ainda não há certeza de que a fronteira deva ser uma ponte ou uma barreira. Por ora o governo americano está construindo um verdadeiro muro entre os dois países para impedir a chegada ilegal de imigrantes latino-americanos, inclusive brasileiros. Já se disse que a região fronteiriça, a Améxica, é onde as duas nações se misturam (*blend*) – *mi Casa Blanca és su Casa Blanca*. Há mais de 20 milhões de mexicanos vivendo nos EUA.

Mas a União Européia não quer ficar atrás e tenta aproximar-se mais do México. Os países mais ativos são a Espanha, a potência colonial, e a França, que teve laços históricos com o México, em meados do século XIX, através do imperador Maximiliano, criatura de Napoleão III, que governou o México por algum tempo. A UE assinou com o México um acordo de livre-comércio a 1º de julho de 2001, mas as relações comerciais permanecem ainda relativamente modestas e os investimentos europeus diminuíram. Recente medida do governo mexicano abriu os imensos campos de gás *off-shore* a empresas importantes européias como a Totalfina, Alstom e Gaz-de-France e as perspectivas são animadoras.

O México é hoje considerado a 10ª potência comercial do mundo (o Brasil já foi a oitava) e já atingiu o 15º lugar entre os países maiores exportadores do mundo. No entanto, não podemos esquecer que 40% da população do México ainda vive com menos de três dólares por dia. É um paradoxo: a saúde do país é boa, mas a saúde do mexicano médio ainda é preocupante, embora a produtividade tenha aumentado cerca de 40%. Vicente Fox, presidente de dezembro de 2000 a 2006, esforçou-se por melhor repartir os frutos do crescimento. Infelizmente, a crise recente não só estancou esse progresso extraordinário, como ainda o país parece haver entrado em estagnação.

O jornal norte-americano *The New York Times*, em 10 de julho de 2005, publicou que o México vem sendo arrastado para uma recessão pela hesitante economia americana, que faz com que milhões de mexicanos paguem um alto preço por essa parceria. O presidente Fox assumira o poder prometendo criar 1,4 milhão de empregos, mas isso provou ser apenas uma miragem. Em vez, centenas de milhares de pessoas – talvez meio milhão – perderam o emprego neste período. No Brasil, o presidente Lula prometeu 10 milhões de empregos e cinco anos depois ainda não chegou à metade.

O sofrimento econômico é difícil de calcular, mas num país em que quase a metade da população é pobre, é fácil de se imaginar que alguns milhões de pessoas têm menos dinheiro e talvez menos o que comer hoje do que há 10 anos. O México, ao contrário dos EUA, não oferece benefícios a desempregados. Fox afirmou que poderia sustentar o crescimento econômico, que chegou a ser de 7,7% no início do ano 2000, mas aquilo também era uma ilusão. Com sorte, o produto interno bruto do México terá crescido em torno de 3% no fim de 2007. Entre 80% e 90% das exportações do México vão para os EUA desde que o NAFTA entrou em vigor, em 1994. Portanto, se há um desaquecimento da economia americana, isso forçosamente resultará em fechamento de empresas e de férias temporárias nas fábricas mexicanas.

Mas o que está mudando na conjuntura política interamericana é que o México, dentro de poucos anos, talvez já esteja com um pé no "Primeiro Mundo". Além de se tornar o primeiro pólo econômico latino-americano, poderá também o México vir a ser uma espécie de árbitro político na América Latina, como mandatário dos EUA. Até lá, porém, os nacionalistas mexicanos vão espernear com os prejuízos que terão muitas de suas empresas estatais e privadas, à medida que vão entrando em vigor todas as cláusulas do NAFTA. Em compensação, outros setores da vida mexicana vão auferir enormes vantagens. Nos três países (EUA, Canadá e México) está ocorrendo bastante desemprego por causa do NAFTA, mas por outro lado numerosíssimos novos empregos estão sendo criados. É claro que centenas de companhias norte-americanas vão esmagar suas congêneres mexicanas em vários campos. Examine-se o que aconteceu, com imenso sofrimento, na antiga Alemanha Oriental, agora colonizada por seus irmãos ocidentais.

Afinal, o que será o casamento de economias tão díspares (o PIB dos Estados Unidos é 30 vezes maior que o do México), pois por ainda muitos anos haverá uma série de cláusulas especiais de proteção recíproca para numerosos produtos. Para os EUA é a garantia do fornecimento de petróleo, já que as suas reservas estão acabando, e têm de importar mais da metade do seu consumo, no valor astronômico de US$ 50 bilhões anuais. Aceitariam os EUA o México como parceiro, sem a sua riqueza petrolífera? Duvido muito. Seja como for, para o México surge a certeza de uma qualidade de vida mais digna para o cidadão mexicano, tão sofrido, a médio prazo. Desde já o comércio entre os dois países está dando um salto enorme, quadruplicando os índices de 1991.

Os arquitetos desse milagre foram os ex-presidentes Salinas Gortari e George Bush pai, cidadão do Texas, antigo território mexicano, arrancado à força da mãe-pátria pelos pioneiros americanos. O curioso é que alguns economistas no México compararam as reformas do ex-presidente Salinas à *perestroika* soviética. A conjuntura é bem diferente, mas o desafio não deixa de recordar a fórmula de Gorbachev. Salinas eliminou quase todas as cláusulas protecionistas, cortou abruptamente os gastos públicos, extinguiu ou privatizou mais de mil empresas estatais e conseguiu vantajoso acordo de financiamento da dívida externa (quase igual à nossa). A inflação baixou de 200% ao ano para só 30%. Um sucesso cruel para o povo mexicano, mas um enorme benefício para a nação, a médio e longo prazo. Esta geração terá de sacrificar-se em favor das próximas gerações, de seus filhos e netos, o que é uma dolorosa consolação. O NAFTA é chamado hoje de *salinastroika* e os primeiros anos de sua vigência indicam que está tendo mais êxito do que o famoso plano soviético.

Em 2005, o México enveredou por um caminho menos brilhante, já que o presidente Fox, freado pelo PRI, não conseguiu avançar nas reformas liberais que prometera e perdeu as eleições parlamentares. Muitas das empresas *maquiladoras* instaladas no norte do país para explorar a mão-de-obra barata migraram para a China e para a Índia. O salário real da maioria dos trabalhadores diminuiu, aumentou a desigualdade e os trabalhadores do campo viram recair sobre suas costas o preço dos ajustes fiscais. Os norte-americanos reforçaram a fiscalização na fronteira e o entendimento com o presidente Bush (filho) pouco avançou. Por isso, Fox estava dependente para governar de acordos com o velho e sempre poderoso PRI e com os partidos de extrema esquerda. No ínterim, a diplomacia mexicana negocia a associação com o Mercosul, tal como o Chile e Venezuela, e isso já está beneficiando a exportação de manufaturados brasileiros, como sapatos e têxteis. Em 2004, o México já foi o sexto cliente do Brasil e nos comprou US$ 3,9 bilhões, vendendo apenas US$ 700 milhões. Em 2007 continuou sendo o nosso sexto cliente, comprando US$ 4,2 bilhões e vendendo apenas US$ 1,9 milhões. Como vemos, o comércio bilteral nos é altamente favorável.

A 5 de setembro de 2005 assisti na TV Bandeirantes entrevista de importante professor universitário mexicano, que fez comentários interessantes sobre a atual conjuntura política no México. Afirmou ele que as perspectivas otimistas em relação ao NAFTA estão agora estagnadas, pois muitas das promessas não foram cumpridas. Confirmou que a situação política no México estava muito tensa devido à inabilidade política do presidente Fox, ao tentar impedir a candidatura do prefeito da Cidade do México, Lopez Obrador, à sua sucessão. Uma multidão de mais de um milhão de pessoas protestou contra as medidas políticas de Fox, que teve de ceder e ficou enfraquecido para designar seu sucessor nas eleições de 2 de julho de 2006. Por outro lado o PRI, que deteve o poder por mais de 70 anos, venceu eleições regionais e se fortaleceu com perspectivas de retomar a presidência. As relações com os EUA estão abaladas em conseqüência da crise de 2002 no Conselho de Segurança da ONU, quando o representante do México foi humilhado pelo embaixador norte-americano por haver manifestado voto desfavorável à iniciativa de atacar o Iraque. O presidente Bush cancelou visita ao México previamente acordada e várias questões importantes ficaram pendentes. Embora o comércio exterior do país tenha aumentado sensivelmente, a situação econômica do país continua pouco satisfatória, tanto que aumentou ainda mais a onda emigratória de cidadãos mexicanos que vão trabalhar nos EUA. O México já exportou 20% de sua população para os EUA, legal e ilegalmente, atingindo hoje mais de 20 milhões de emigrantes residentes naquele país. Em comparação com o Brasil, isso signifcaria que 37 milhões de brasileiros tivessem emigrado para os EUA, uma enormidade. Por ora, só temos por lá cerca de dois milhões, o que já é muito.

A 7 de abril de 2006, a embaixadora Cecília Soto, que regressava ao seu país após longa estada em Brasília, concedeu interessante entrevista a Miriam Leitão, em *O Globo*. Comentando a atual conjuntura econômica e política do México, a diplomata sublinhou que, tal como o Brasil, seu país está com inflação baixa e crescimento também muito baixo. O NAFTA é hoje um fato consumado e deixou de ser motivo de debates de candidatos à eleição de 2006. As pesquisas de opinião anunciavam resultados apertados para os candidatos principais: o ex-prefeito da capital, Andrés López Obrador, o candidato do presidente Vicente Fox, Felipe Calderón, e o candidato do velho PRI, Roberto Madrazo. O mandato presidencial é de seis anos e o financiamento da campanha eleitoral é público, podendo apenas 10% vir do setor privado. A embaixadora acredita que o financiamento público diminui a fraude, tema em debate no Brasil.

López Obrador colocou em prática uma política que agradou aos numerosos pobres: cada cidadão ao atingir a idade de 70 anos passa a receber do governo quantia equivalente a US$ 70 (cerca de 130 reais). A aprovação do presidente Fox ainda era excelente, cerca de 63%, talvez devido ao fato de que seu governo construiu 800 mil moradias populares e modernizou as escolas. Seu candidato Felipe Calderón, ex-ministro da Energia, não tem muito carisma e estava demorando a subir nas pesquisas de opinião. O receio dos opositores de López Obrador era que, uma vez eleito, ele adotasse medidas semelhantes às de Hugo Chávez na Venezuela, ou de Evo Morales na Bolívia. As forças políticas mexicanas estavam equilibradas: o velho e poderoso PRI deteria 30% do eleitorado e o PAN e o PRD têm cerca de 35% cada. Os três candidatos tinham programas semelhantes: maior crescimento da economia, menor desemprego, redução da violência, urgência de acertar o problema da imigração com os EUA. A embaixadora terminou a entrevista dizendo: "Não queremos mais subsidiar mexicanos para os Estados Unidos. Estamos exportando milhões de pessoas, com oito anos de escolaridade, vacinas tomadas e, em sua maioria, hábeis operários".

Em maio de 2006, dois meses antes das eleições de 2 de julho, a situação começou a inverter-se: Calderón passou ligeiramente à frente de López Obrador nas pesquisas de opinião. O candidato esquerdista cometeu o erro de ausentar-se de um debate televisivo e com isso perdeu pontos. Infelizmente, a campanha baixou de nível, com ênfase apenas nos aspectos negativos dos dois candidatos. Consta que Hugo Chávez teria contribuído financeiramente em favor do ex-prefeito da Cidade do México e a maior apreensão era que o vencedor do pleito pudesse tomar posse com menos de 40% de aprovação nacional, pois não haveria segundo turno, segundo a legislação mexicana. Essas apreensões se confirmaram.

Esta não foi a primeira vez que a esquerda era favorita para ganhar a presidência do México. Em 1988, Cuautemoc Cárdenas, filho do importante ex-presidente Lázaro Cárdenas, que nacionalizou o petróleo e fez a reforma agrária nos anos 30, teve sua vitória literalmente roubada por meio de um suspeitíssimo corte de luz. Ao voltar a energia, o candidato do governo, Salinas de Gortari, do PRI, apareceu na frente! Outro ex-presidente Miguel de la Madrid comentou, em seu livro de memórias, que não era possível deixar que vencesse o candidato do PRD, a oposição de esquerda, justamente na hora em que se iria colocar em prática uma política neo-liberal e assinar o Tratado de Livre Comércio com os Estados Unidos!

Como escreveu o sociólogo Emir Sader, no *Jornal do Brasil*, de 2 de julho último, "Salinas foi o Menem do México". Salinas fez o trabalho sujo que lhe foi encomendado e acabou exilado na Suécia. O resultado imediato foi aquela brutal crise financeira, que abalou o mundo, causou prejuízos ao Brasil e obrigou o presidente Clinton a fornecer ao México enorme crédito especial. O custo foi humilhante: o México teve de depositar todas as rendas de exportação em bancos norte-americanos para que o país pudesse pagar aos credores norte-americanos.

Em 1990, o PRI foi derrotado pela nova direita, chefiada por Vicente Fox, ex-gerente-geral da Coca-Cola, do partido PAN, pelo qual se apresentou agora Felipe Calderón e venceu também, desta vez por insignificante margem: 0,56% dos votos. As relações com os Estados Unidos se estreitaram, mas Fox não conseguiu aprovar no Congresso mexicano as reformas que desejava. Nem a reforma energética, nem a reforma financeira. Até mesmo o problema dos zapatistas e de Chiapas continua em suspenso, sem solução. Sader comentou que nas recentes eleições a polarização se deslocou do PRI para a luta entre o PAN e o PRD. O PAN não mudou muito a máquina eleitoral do PRI e a velha oligarquia continuou mandando no país. Calderón é uma "versão liberal ainda mais ortodoxa que Fox", escreveu Emir Sader. O país está partido em três partes, mas o PRI continuará tendo o voto de Minerva do parlamento. Calderón vai ter as mesmas dores de cabeça do que Fox, com desvantagem de haver ganho por menos um 1% dos votos.

Lembram-se do que aconteceu no Chile? Allende foi eleito presidente com 27% dos votos apenas e deu no que deu. Essa fórmula de eleição única é um absurdo. A direita suspirou aliviada, pois por um triz o país quase caiu nas mãos de outro demagogo do gênero de Evo Morales ou Hugo Chávez. Em compensação, o México estará cada vez "más cerca de Estados Unidos y más lejos de Diós". A velha frase volta à baila.

No entanto, López Obrador, "o candidato dos pobres e dos esquecidos", disse muitas coisas certas que caíram bem nos ouvidos do povo mexicano. Disse bobagens também, como por exemplo, que não iria morar no palácio presidencial, que não iria casar-se com sua namorada só porque agora se tornaria presidente, que iria reduzir o salário do presidente da República à metade (Fox recebia US$ 20 mil mensais, bem mais do que Lula). Afirmou porém que iria combater a evasão de impostos, que no setor industrial se estima em 50%, e que, entre profissionais liberais e pequenos proprietários de negócios, chega a 70%. Exclamou López Obrador: "A maior causa da desigualdade no México é a desonestidade". Prometeu aproximar-se do socialista Zapatero, primeiro-ministro da Espanha, para modernizar o México. Recebeu apoio explícito de Hugo Chávez, que insultou Vicente Fox e despertou o patriotismo do povo mexicano. Grave erro.

Mas o velho PRI, que esteve 70 anos no poder (1929-2000), continua fortíssimo, apesar de só haver chegado em terceiro lugar, com 27% dos votos. Dezessete dos 31 governadores e 70% dos prefeitos mexicanos são do PRI. A obstrução vai continuar e Calderón vai ter de negociar duro, o que Fox não soube fazer com a devida habilidade. O PRI obstruiu Vicente Fox sob a alegação de que "era melhor nada fazer do que fazer algo mal feito". Mas vai haver luta interna no PRI: uma facção quer reestruturá-lo, os idealistas querem um partido totalmente novo, e os nostálgicos querem manter o partido com os velhos métodos e tradições. O governo de coalizão é indispensável e está funcionando bem em países como a Alemanha. A atmosfera é de tensão e decepção: o historiador Carlos Monsivais afirmou que "no México não se confia mais na política, nem nos políticos. A desconfiança é generalizada. É um salve-se quem puder!" Estaria ele falando de um outro grande país da América do Sul? Calderón também fez sua pequena demagogia: seguro médico para todos, remédios gratuitos, milhões de empregos novos, 20% de aumento nas pensões, etc., etc.

O cientista político Amorim Neto pensava que o desafio maior seria montar um governo nos próximos meses. A eleição foi a mais monitorada da história do México e por instituições internacionais. O recurso de López Obrador não prosperou e no início de setembro de 2006 Calderón soube que era mesmo o novo presidente do México. A posse foi em dezembro e conseguiu organizar um governo estável de coalizão. Não está funcionando bem na Alemanha, onde as eleições também tiveram resultados tão estreitos? Nos Estados Unidos, Bush ignorou a votação majoritária dos democráticos e abrigou-se atrás da decisão da Suprema Corte, onde havia maioria de ministros republicanos. Seu oponente Al Gore foi roubado, mas não teve a coragem de se opor à decisão e contestar a eleição.

Seria um erro Calderón cair nos braços do PRI, com suas velhas raposas políticas impiedosas e intransigentes? Teremos então uma nova versão do governo Fox, em que tudo ficou travado e o México continuará na mesma crise. Já se fala que Calderón terá de abandonar seu melhor projeto: a reforma energética do país, que é indispensável. Outro especialista, Alberto Aziz Nassif, escreveu que "o presidente terá margens menores de negociação e um cenário mais complexo para buscar acordos". É claro que um presidente com 36% dos votos e um Congresso dividido em três blocos poderosos são indícios nada animadores. Um presidente eleito com uma vantagem mínima de 0,58%, ou seja de 236 mil votos, em um total de 42 milhões, é um presidente com um mandato claro? A eleição foi limpa e transparente, sentenciou o IFE, o Instituto Federal Eleitoral, que é geralmente considerado respeitável. Mais do que a Suprema Corte norte-americana. Curiosamente essa derrota de López Obrador é muito parecida com a que ele sofreu em 1994, quando perdeu a eleição para governador de Tabasco, do PRI. Naquela época ele tentou impugnar as eleições, lançou o povo às ruas e nada conseguiu.

Desta vez o país votou de maneira bastante clara: a metade norte do México, a região mais rica, votou 47% em Calderón e a metade sul, em López Obrador (44%). Calderón ficou com o eleitorado masculino e a oposição com a preferência das mulheres. Os jovens curiosamente ficaram com Calderón e os eleitores de mais de 50 anos apoiaram López Obrador. O candidato de Fox conseguiu o apoio de 42% dos eleitores com educação superior e recebeu apoio dos que ganham mais de US$ 800,00 e de 43% dos que ganham entre US$ 600 e US$ 800. Quase 52% dos que acreditam que López Obrador seria um perigo para o México, apoiaram Calderón. Depois das eleições houve um alívio geral nos países do Primeiro Mundo e a bolsa mexicana fechou com alta de quase 5%. Seja como for, essa eleição foi uma novidade histórica no México: pela primeira vez o anúncio do vencedor dependeu da contagem total dos votos. Viva a democracia!

Um mês após as eleições, comentou-se que a campanha de insultos contra López Obrador teria sido decisiva para a vitória de Calderón. O mote de que ele era um perigo para o México funcionou e o beijo da morte foi ser o candidato de Hugo Chávez, o que ajudou bastante a alta de Calderón nos últimos dias antes da eleição, ganhando os indecisos. López Obrador teria cometido o erro de falar apenas para os pobres, esquecendo a classe média, que votou em massa em Calderón. Faltou ao primeiro debate e prometeu cancelar o acordo do NAFTA com os Estados Unidos. Em suma, a campanha do medo contra López Obrador teve pleno êxito, mas as cicatrizes das eleições vão tardar a fechar e o novo presidente terá dificuldade de governar.

Encerro este comentário sobre as recentes eleições no México reproduzindo palavras do grande escritor mexicano Carlos Fuentes, em entrevista que concedeu ao jornal *O Globo*, em 6 de julho de 2006. Salientou que "o presidente precisará de um grande negociador político, um intermediário de primeira linha, para poder passar a legislação no Congresso. (...) Calderón deverá tentar resolver os problemas desde cima, a partir de investimentos privados, nacionais e estrangeiros e da ação indispensável do governo (...) Ele tem a ver com o fato de que neste país de 110 milhões habitantes, cerca de 50 milhões vivem em diferentes etapas de subemprego, desemprego, pobreza e miséria. (...) Não se pode mais falar em emigração para os EUA e assim em êxodo. Temos de encontrar uma maneira de radicar toda a força trabalhadora do México mediante a construção de uma infra-estrutura. (...) Necessitamos de serviços de saúde, escolas, comunicações, que têm de vir de baixo e não por um decreto presidencial (...) Outro grande problema é a delinquência. Nos transformamos em fornecedores de droga para o grande mercado dos Estados Unidos e os norte-americanos nada fazem para impedir. (...) É indispensável modificar a Constituição de modo a criar o segundo turno, a fim de que o presidente eleito tenha uma maioria viável. (...) Não há motivo para duvidar da imparcialidade do Instituto Federal Eleitoral. Todos os partidos estão representados nessa entidade". Carlos Fuentes terminou com um claro elogio ao presidente Fox: "Ele não manchou as suas mãos com sangue e isso é muito. Não houve repressão. Não é o homem mais brilhante de nossa terra, mas é digno. Não é um bom político e não soube negociar com o Congresso. Mas sobretudo é um homem respeitável porque não reprimiu. Isso é muito importante na história do México".

O candidato perdedor não aceitou o resultado das eleições e apresentou recurso ao Instituto Federal Eleitoral do México. No início de agosto de 2006, esse tribunal rejeitou por unanimidade o recurso, afirmando que não houve fraude e que as eleições respeitaram os princípios de imparcialidade estabelecidos pela Constituição.

López Obrador não se conformou e instigou manifestações de protesto em todo o país, colocando o presidente Fox diante do dilema de mandar prendê-lo como agitador e perturbador da paz pública. O vencedor recebeu um país dividido em três partes equivalentes e vai depender de uma coalizão para governar o México. Uma coalizão com o PRI limitaria as possibilidades de o novo presidente realizar as reformas necessárias. O impasse político vai continuar. A 1º de dezembro de 2006 Calderón assumiu a presidência do México. O ano de 2007 não trouxe grandes novidades ao México. Como era previsto, o presidente Calderón se aliou ao PRD, embora por vezes tenha recebido apoio do PRI em alguns projetos de relativa significação. A grande reforma energética continua em estudos no Congresso. López Obrador segue fazendo oposição, mas perdeu respaldo popular. Os antigos colaboradores do ex-presidente Fox têm divergido de várias decisões do presidente Calderón. O comércio do Brasil com o México continua excelente e nossas exportações em 2007 atingiram US$4.260 bilhões e as importações não passaram de US$1.979 bilhões. Em 2008 o governo mexicano tem tido muitas dificuldades para controlar a violência no país e as atividades dos narcotraficantes.

(Publicado na página "Opinião" do *Jornal do Brasil*, do Rio de Janeiro, a 17 de julho de 1991 e atualizado em novembro de 2006. Texto ampliado para a palestra realizada no Conselho Técnico da Confederação Nacional do Comércio a 29 de novembro de 2006, publicada na Carta Mensal nº 622, de janeiro de 2007. Atualizado em junho de 2008).

VARIAÇÕES: RECORDAÇÕES DE ALGUNS PRESIDENTES LATINO-AMERICANOS

O general Eduardo LONARDI, *o homem que derrubou Perón*.

Um período agradável da minha mocidade foi quando chefiei o consulado do Brasil em Rosário de Santa Fé, a segunda cidade da Argentina, de 1951 a 1954. Estávamos em plena ditadura Perón, em período de considerável agitação política no país. Havia crise econômica e Eva Perón, já doente, ainda continuava bastante ativa. Discursava com veemência e sua voz áspera causava um *frisson*. Rosário é uma excelente cidade, rica e de alto nível de vida, porto fluvial importante, centro econômico do comércio de grãos e de mate. Posso compará-la a Belo Horizonte ou a Curitiba. Nosso consulado tinha notável renda comercial e a cidade oferecia boa vida cultural em torno da entidade intitulada "El Circulo", que possuía um belo teatro onde assisti a concertos de alguns dos maiores solistas mundiais. O consulado possuía um Centro de Estudos Brasileiros muito atuante, que tinha mais de 200 alunos.

Entre as autoridades locais de Rosário com quem mantive freqüentes relações pessoais, recordo o cardeal Caggiano, depois primaz da Argentina, candidato ao papado em competição com Paulo VI, e o comandante da região militar, general Eduardo Lonardi. Ele conversava comigo com muita franqueza e era evidente que não aprovava os desmandos do governo Perón. Lembro que ao despedir-me dele em 1954, ao deixar a cidade e regressando ao Brasil, Lonardi demonstrou bastante apreensão com o futuro do governo, havendo mesmo deixado transparecer que o exército argentino estava cada vez mais descontente com o presidente.

Eva Perón havia falecido poucos meses antes e estavámos em uma fase tensa em que todas as noites, às 20h25m, o país inteiro era obrigado a ficar de pé em silêncio por cinco minutos, em homenagem à memória de Evita. Certa noite estive preso em um elevador com várias pessoas e tivemos de ficar imóveis e em silêncio por cinco minutos, uma eternidade! Ninguém tinha coragem de protestar, pois havia perigo de delação.

Em setembro de 1955, pouco mais de um ano depois da minha partida de Rosário, houve um levante militar e foi deposto o presidente Perón. Quem foi o líder? O general Eduardo Lonardi! Francamente fiquei surpreso ao ler nos jornais cariocas um discurso de Lonardi, no qual ele prometia que nenhum país do mundo gozaria de mais autêntica liberdade do que a Argentina. Recordo que na época eu estava encarregado do "desk" dos Estados Unidos, na Divisão Política do Itamaraty, e fui chamado pelo secretário geral para dar minhas impressões pessoais sobre Lonardi. Ele durou pouco porém, pois cerca de três meses depois, em novembro do mesmo ano, Lonardi foi deposto pelos políticos liberais, que não queriam manter as conquistas sindicais implantadas pelo governo de Perón. O general foi aposentado, mas acabou asilando-se onde? Na embaixada do Brasil em Buenos Aires! Enviei-lhe uma mensagem amável, mas não obtive resposta. Tinha muita simpatia por ele, mas confesso que jamais pensei que viria a chefiar uma revolução para derrubar o poderoso Perón. Se os liberais tivessem aceito as conquistas sindicais peronistas, que Lonardi sabiamente tentou manter, provavelmente ele se teria mantido muito mais tempo no poder e teria sido talvez evitada a volta de Perón à presidência.

SALVADOR ALLENDE, PRESIDENTE ELEITO COM APENAS 27% DOS VOTOS

Conheci Allende em Quito, em 1972, durante sua visita oficial ao Equador. A cidade estava toda engalanada para recebê-lo e, por um feliz acaso, tive ocasião de conversar bastante com ele após o banquete no palácio presidencial em sua homenagem.

Em 1969, durante a campanha eleitoral no Chile, eu estava em Santiago para uma conferência da OEA e, em companhia de João Gonçalves de Souza (depois ministro do Interior do presidente Médici), fomos a Valparaíso especialmente para assistir a um comício de Allende, pois estávamos curiosos por sentir a atmosfera da campanha. Tudo corria bem, quando alguns começaram a gritar: "Que saquen el gringo!". Olhamos para os lados e a gritaria continuava. Foi quando João entendeu o que se passava e puxou-me pelo braço, dizendo: "Vamos embora! O povo está olhando para você, que é muito alto, e o tomam por um norte-americano". Saímos apressadamente. Contei este episódio a Salvador Allende em Quito e ele se divertiu muito com a história. Não podia prever que, dois anos depois, em Brasília, eu estaria acompanhando o homem que o depôs, o general Pinochet...

GENERAL AUGUSTO PINOCHET

Pouco depois de regressar do Equador e por ocasião das cerimônias de posse do presidente Geisel, em 1974, fui designado pelo chanceler Azeredo da Silveira para acompanhar o novo presidente do Chile. Isso aconteceu algum tempo após os sangrentos episódios em Santiago. Confesso que imaginava tratar-se de um militar grosso, mas enganei-me totalmente. Pinochet era um homem educado, afável, encantador, sempre gentil com todos, inclusive paciente com os jornalistas brasileiros que lhe faziam perguntas indiscretas ou agressivas. Logo à chegada, avisou-me que estava com um problema no calcanhar direito e que deveria evitar subir ou descer escadas ou rampas. Isso criou-me um problema porque no Palácio do Planalto e no Congresso Nacional, ele teria de circular várias vezes em níveis diferentes nas cerimônias de posse. Conversei com o administrador do palácio e combinamos que Pinochet e eu utilizaríamos o elevador de serviço nos fundos do Palácio, a fim de evitar escadas e rampas.

Outro pequeno problema foi o elevador do hotel Eron, onde se hospedaria em Brasília o presidente chileno: era um elevador externo, com paredes de vidro, e quem estivesse na rua poderia facilmente atirar em quem estivesse utilizando o elevador. O risco era considerável, pois no Brasil havia numerosos asilados chilenos que detestavam Pinochet. Como não era possível mudar de hotel, sugeri improvisar rapidamente cortinas a serem colocadas nas paredes do elevador, o que solucionou o impasse.

Eu estava sempre a seu lado, explicando as cerimônias e identificando personalidades, e criou-se uma atmosfera de simpatia recíproca. Tudo correu bem até que os embaixadores da Bolívia e do Chile me informaram de que eu deveria levar o presidente chileno à casa de meu colega Dário de Castro Alves, na península dos ministros, Lago Sul, onde eles teriam uma reunião confidencial para negociar uma possível reconciliação entre os dois países, que estavam de relações cortadas havia muitos anos. No dia seguinte, às 9h da manhã, lá estávamos, mas na viagem de automóvel do hotel ao Lago Sul, Pinochet manifestou-me sua apreensão com aquele encontro, talvez inútil, tão intransigentes julgava os políticos bolivianos. Lembro que no século XIX os dois países estiveram em guerra e a Bolívia perdera o acesso ao mar.

Ao entrarmos na residência de Dário, já lá estava o presidente Hugo Banzer, da Bolívia, e os dois presidentes fecharam-se no escritório a sós. No regresso, contou-me Pinochet que, após muitas tergiversações, marcaram encontro de delegados para tentar dirimir as dúvidas. Os dois países reataram relações meses mais tarde, mas depois as coisas azedaram de novo. Recentemente, em 2005, houve séria crise política na Bolívia porque suas autoridades planejavam exportar gás boliviano pelo porto chileno de Arica e a oposição protestava. Entretanto, em março de 2006, o novo presidente boliviano Evo Morales compareceu à posse da sra. Bachelet, a nova presidente do Chile.

Em uma das noites em Brasília ocorreu um problema ginecológico com a esposa de Pinochet, que obrigou sua internação no Hospital Militar de Brasília. Passamos grande parte da noite conversando a sós no hospital, o presidente e eu, enquanto não se definia a situação da sra. Pinochet. Falamos longamente dos problemas históricos e atuais entre o Peru e o Chile e entre o Peru e Equador, onde eu acabara de terminar minha missão como embaixador do Brasil. Conversamos com toda a franqueza e Pinochet relatou-me que conhecia muito bem nosso embaixador em Santiago, Câmara Canto, com quem trocava idéias com freqüência antes da deposição de Allende. Saíam a cavalo a passear de manhãzinha, com outros colegas militares, e se consultavam com o embaixador sobre as possíveis reações internacionais a um eventual golpe militar, e indagavam do diplomata brasileiro como o nosso governo militar resolvera certos problemas internos, em 1964. Explicou-me Pinochet que os militares chilenos foram obrigados a tomar a iniciativa do golpe devido aos desmandos e correrias que os militantes socialistas e comunistas de Allende estavam fazendo em seu país. Pinochet minimizou o auxílio norte-americano para o êxito da revolução chilena e lamentou a morte de Allende, a quem ele pessoalmente considerava um político moderado manipulado por extremistas. Isso criou um mártir desnecessário que agravou a situação internacional do Chile na época e também prejudicou a imagem de Pinochet.

Ao despedir-se, Pinochet abraçou-me afetuosamente e agradeceu a boa companhia que lhe havia feito naqueles quatro dias de permanência em Brasília. Presenteou-me com uma bela pasta de couro, que me acompanhou durante muitos anos, e uma foto autografada com amável dedicatória. Pouco antes de minha partida para Israel como embaixador do Brasil, fui notificado pelo embaixador do Chile que o presidente Pinochet havia me condecorado com a Ordem de O'Higgins, em grau de Grã-Cruz, distinção máxima a um diplomata.

Ao visitar o embaixador chileno em Israel, disse-me ele que recebera a condecoração e marcou logo a cerimônia de entrega para poucos dias depois. A situação ficou meio embaraçosa para mim, pois soube em Tel Aviv que o embaixador chileno, brigadeiro Berdichevsky, era personalidade altamente controvertida do regime militar chileno e para lá fora designado para afastá-lo de Santiago. Ele teria sido responsável pelo massacre de comunistas no estádio de futebol de Santiago e estava correndo perigo de vida na capital. Por isso Pinochet transferiu-o para Israel, onde a segurança é muito rígida. Tudo isso criou uma certa reserva em torno a ele entre os chefes de Missão acreditados em Jerusalém.

A cerimônia da condecoração foi muito formal, com discursos do embaixador e resposta minha, e para ela foram convidados todos os embaixadores da América Latina e algumas personalidades israelenses. Preocupava-me como diplomata o meu discurso de agradecimento: Pinochet não era popular no exterior e era prudente abster-me de elogiá-lo diretamente ou o seu Governo, para não parecer que eu era adepto do regime militar chileno. Saí pela tangente, mencionando que fora designado para acompanhar Pinochet na posse do presidente Geisel, e era grande admirador do Chile, onde já havia estado duas vezes, lembrei a figura notável de O'Higgins, os próceres da história chilena, elogiei os poetas Gabriela Mistral e Pablo Neruda, lembrei uma palestra que fizera na Universidade de Santiago, enfim enveredei pelo setor cultural sem aludir ao regime militar chileno. Ao final, fui felicitado pelo embaixador argentino pela habilidade como conduzi aquele discurso...

Tenho acompanhado os acontecimentos mais recentes em torno a Pinochet, sua prisão domiciliar na Inglaterra, a exagerada perseguição que lhe moveu o juiz espanhol dr. Garzón. É claro que Pinochet tomou em sua longa presidência muitas decisões autoritárias, mas não se pode imputar-lhe *pessoalmente* muitos dos desmandos que seu regime militar praticou no Chile. Tal como no Brasil e na Argentina, é sabido que os militares de nível médio é que tomaram a iniciativa de praticar a maioria dessas violências, em zelo excessivo, muitas vezes até contra a vontade dos presidentes. Em 2004 foi publicado um livro da série sobre os

nossos quatro governos militares, escrita pelo jornalista Elio Gaspari
– *A ditadura encurralada* – e ali lemos como o presidente Geisel lutou
persistentemente contra o "grupo do porão" de São Paulo, que prendia
e torturava indiscriminadamente. Outros ditadores praticaram excessos semelhantes e não são incomodados em outros países, inclusive o
simpático Stroessner, que até bem pouco tempo viveu tranqüilamente
em sua chácara no Lago Sul de Brasília. E o que dizer de Fidel Castro,
que sancionou o massacre de mais de 20 mil cubanos opositores do
seu regime, e até recentemente passeava impunemente pelas capitais
latino-americanas, inclusive no Brasil, e sempre é louvado pelo presidente Lula? Em 2003 Fidel mandou fuzilar três pobres coitados que
foram apanhados fugindo em uma lancha para Miami. Por tudo isso,
considero um exagero boa parte do que se tem dito sobre Pinochet na
imprensa mundial, que é de viés esquerdista. Bem se expressou a famosa escritora Isabel Allende, a sobrinha do presidente morto: deixem
o Pinochet morrer em paz!

Depois de 35 anos, voltei ao Chile em 2006. Encontrei o país em
notável progresso e confirmei minha convicção que a melhor das ditaduras militares do continente foi mesmo a de Pinochet. A escolha da
fórmula econômica e financeira dos Chicago Boys deu ótimo resultado,
que os seguintes governos democráticos têm continuado sabiamente e
obtido pleno sucesso. Um país pobre, o Chile tem feito maravilhas que
comprovam o dinamismo de seus dirigentes e a capacidade de trabalho de seus cidadãos. É hoje o país latino-americano mais avançado,
com melhor estrutura social e distribuição de renda. Deu-me gosto
passear pelo centro de Santiago, limpo e cheio de gente bem vestida,
com caras de confiança no seu futuro, o que não acontece na Avenida
Rio Branco, nem na Avenida Paulista. Isso sem falar nos bairros novos
e elegantes de Santiago, os hotéis moderníssimos e os *shoppings* luxuosos. Obviamente, não fui visitar meu velho conhecido Pinochet, então
incapacitado e desmoralizado pela descoberta de contas vultosas no
exterior. Estive na Plaza de Armas, defronte ao Palácio de la Moneda

reconstruído, junto ao qual está um pequeno memorial a Allende, que também conheci, mas não admirei.

Em novembro de 2006, Pinochet finalmente veio a falecer e o país voltou a dividir-se com vivas manifestações em prol e contra ele. Confesso que fiquei chocado com as afirmações de que ele teria transferido para o exterior dezenas de milhões de dólares, mas essas acusações não foram confirmadas, sendo depois arquivadas pela justiça. Em 2007 membros da família Pinochet foram presos sob acusação de evasão de divisas, mas em seguida liberados.

O presidente ALFREDO STROESSNER, BOM AMIGO DO BRASIL

O general Pinochet era sincero admirador do Brasil e grato pelo auxílio inicial que lhe demos. Isso posso assegurar pelas nossas longas conversas em Brasília. O presidente Stroessner, do Paraguai, também era grato ao Brasil e continuou a ser, pois viveu discretamente em Brasília por muito tempo. Pedidos de extradição não foram atendidos pelos nossos tribunais. Conheci-o bem e ele foi um mandatário paraguaio que não tinha complexos de inferioridade em relação ao nosso país e freqüentemente adotou posições que favoreceram nitidamente os interesses brasileiros. Por isso lhe demos asilo.

Em 1955 estive em Assunção para proferir duas palestras no Instituto Paraguaio-brasileiro, a convite de seu diretor Albino Peixoto. Nosso embaixador na época era Moacir Briggs, meio diplomata, meio burocrata do DASP, que ele dirigira nos tempos de Getúlio Vargas. Fui visitá-lo e ele fez questão de levar-me ao palácio para conhecer Stroessner. Para minha surpresa, o presidente paraguaio, de origem alemã, era um entusiasta da música e dos *lieder* alemães. Nossa conversa foi quase exclusivamente sobre música e como havia levado a Assunção um álbum de canções de Schubert, que na época eu cantava bastante bem, ele insistiu em ouvir-me e combinamos outra visita só para fazermos música juntos. No dia seguinte compareci ao palácio com uma acompanhadora paraguaia arranjada pelo embaixador e passei várias horas conversando com Stroessner e cantando Schubert. A conversa girou também para a política e o embaixador brasileiro, presente à reunião, ficou satisfeitíssimo porque nesse encontro conseguiu resolver uma delicada questão comercial pendente.

Passei 20 anos sem ver Stroessner e em 1975 o chanceler Azeredo da Silveira, a quem relatara aquela visita ao Paraguai, designou-me para acompanhar o presidente paraguaio em sua visita oficial à cidade paulista de Presidente Prudente, para a inauguração de importante feira de gado. Quando Stroessner me viu, reconheceu-me imediatamente e deu-me um grande abraço. Acompanhei-o nas cerimônias previstas e depois convidou-me a acompanhá-lo até Paranaguá. Não havia como recusar o gentil convite. Stroessner era dono de uma bonita casa na praia, nos arredores de Paranaguá, onde passava temporadas de férias. Conversamos sobre temas variados e ele fez questão de sublinhar que ali se sentia um pouco em terra paraguaia porque, afinal de contas, aquela costa paranaense, menos de três séculos atrás, pertencera ao Grande Paraguai. Por acaso eu conhecia bem o assunto e ponderei-lhe que a Espanha não pôde, nem se interessou em defender e povoar aquela região, que era sua pelo Tratado de Tordesilhas. O presidente respondeu-me que Madri andava tão enredada com as guerras européias nos séculos XVII e XVIII que deixou à administração de Assunção a iniciativa de colonizar e proteger a região. A distância entre a capital paraguaia e a costa do Atlântico é tão grande, mais de mil quilômetros, que não tinham meios para desenvolver o nosso atual Paraná. Mesmo assim, disse-me ele, o caminho entre Cananéia e Assunção era muito freqüentado, apesar das enormes dificuldades topográficas. Os paraguaios não puderam fazer na região implantações suficientes para que, nas negociações do Tratado de Madri de 1750, a Espanha pudesse comprovar a sua posse efetiva da terra pela teoria do *uti possidetis* e assim aquela enorme área ficou com o Brasil.

Antes de regressar a Brasília, fizemos um belo passeio de lancha para pescar na baía de Paranaguá, e em determinado momento Stroessner fez-me uma proposta estranhíssima, que comprovou sua simpatia por mim. Perguntou-me ele: "Você conhece o Roberto Marinho?" Respondi afirmativamente, esclarecendo que o conhecia há muito tempo, mas não era seu íntimo. O presidente explicou-me que estava na hora de instalar a televisão a cores no Paraguai e não gostaria de entregar a nova emissora a uma empresa argentina, que o estava assediando. Recordo que o Paraguai sempre teve uma política de pêndulo, oscilando entre as influências brasileira e argentina. Uma TV a cores no Paraguai poderia ser um fator político importante para Brasília. Disse-me ele: "Vá conversar com o dr. Roberto e diga-lhe que eu lhe darei a concessão para a TV a cores com exclusividade, mas ele deve decidir isso com certa urgência, em poucas semanas. E desde já convido você para ser o presidente dessa nova empresa no Paraguai. Poderá ganhar muito dinheiro. Meu homem de ligação é do dr. Pappalardo (e deu-me o telefone dele). Não perca tempo!" Ao partir, deu-me um retrato seu autografado com amável dedicatória.

Confesso que fiquei estupefato e disse-lhe que iria pensar no assunto e depois lhe faria saber a resposta. Ao chegar a Brasília, pedi audiência ao chanceler Silveira, meu velho amigo desde os tempos em que ele era cônsul em Florença e eu em Nápoles, e contei-lhe a conversa que tivera com Stroessner. Silveira riu-se muito e disse mais ou menos o seguinte: "Não se meta nisso. Você acaba de ser promovido a embaixador e tem mais de 10 anos de carreira pela frente com boas perspectivas. No entanto, a oferta é importante para o Brasil e vamos estudar o assunto em termos oficiais". Telefonei a Pappalardo agradecendo o convite e dizendo-lhe que o chanceler trataria do assunto pessoalmente com o presidente Geisel. Nunca soube de mais nada a respeito, mas presumo que Roberto Marinho não se interessou pelo convite. Anos depois, já aposentado, tentei visitar o ex-presidente em Brasília, há muito tempo domiciliado no Lago Sul, mas ele estava adoentado e nunca mais o vi.

Estive uma segunda vez em Assunção, em setembro de 2002, para representar o Instituto Histórico e Geográfico Brasileiro em uma conferência de academias de história latino-americanas. Tive ocasião de proferir uma palestra sobre a formação histórica da fronteira Brasil-Paraguai, que parece haver agradado, apesar da delicadeza do tema. Diplomaticamente detive-me apenas no período colonial, encerrando com uma referência rápida ao Tratado de Paz de 1872, após a guerra da Tríplice Aliança.

Nessa ocasião em Assunção, em 2002, ocorreu um episódio divertido em um almoço informal na residência da vice-presidente da Academia Paraguaia de História. Fui dos primeiros convidados a chegar e no salão principal estavam a brincar três ou quatro crianças, talvez netos da proprietária. Ao ver-nos entrar, a dona de casa gritou para as crianças: "Vão brincar no jardim! Agora mesmo! Senão mando chamar o Conde d'Eu!" Tive de conter-me para não rir, ao realizar que, 130 anos depois, o marido da princesa Isabel ainda era o bicho papão no Paraguai! Lembro que o Conde d'Eu sucedeu ao Duque de Caxias no comando do exército brasileiro, no período final da guerra do Paraguai, e teria cometido excessos condenáveis e até mesmo mandado incendiar um hospital paraguaio, onde morreram dezenas de pessoas. Assim, ao que parece, em pleno século XXI, o brasileiro mais detestado no Paraguai é ... o francês Conde d'Eu!

Em agosto de 2006 falecia em Brasília aos 93 anos o ex-presidente Stroessner. Para minha supresa, o fato teve repercussão mundial, a começar pela BBC de Londres. Seu governo ditatorial de mais de 30 anos foi escrutinado e condenado outra vez, mas o que nos importa mais é que o ex-presidente foi um bom amigo do Brasil, ajudou nossos interesses na região, o que as autoridades de nosso país souberam retribuir, concedendo-lhe o tranqüilo asilo à beira do lago Paranoá.

DANIEL ORTEGA, O SANDINISTA

Nunca tive simpatia por Ortega, que vim a conhecer em Berlim durante sua visita oficial à RDA. Aliás nenhum outro chefe de estado latino-americano visitou a Alemanha Oriental durante a minha permanência. Daniel Ortega era o líder da Frente Sandinista para Liberação Nacional e seu único mérito foi derrubar o legendário ditador Anastázio Somoza, em 1979. Infelizmente, ele era o "braço de Moscou" e deu imenso trabalho a Washington para defender os interesses norte-americanos na Nicarágua. Nos anos 80, Ortega significava o perigo de contaminação comunista nos países da América Central. Em 1984 foi eleito presidente com mais de 60% dos votos, sofreu o assédio da guerrilha dos famosos "contra", que tanta dor de cabeça e escândalo deram depois ao presidente Ronald Reagan.

Ortega esteve em Berlim em 1986 e foi recebido com toda a pompa pelo *establishment* comunista. O embaixador da Nicarágua era um parente seu, jovem simpático que tinha a eficaz ajuda de uma bela esposa. No banquete oficial sentaram-me ao lado de Ortega, talvez porque falo bem o espanhol, e conversamos bastante. Ele ainda era jovem, com pouco mais de 40 anos, e tinha um certo encanto pessoal no trato. Simpatizei com ele e conversamos amenidades, pois não quis cair na sua propaganda política. Lembro-me que durante o banquete o embaixador norte-americano não despregava os olhos de nós e logo depois perguntou-me sobre o que havíamos falado tanto. Tranqüilizei-o, pois realmente nossa conversa foi pífia.

Como presidente, Ortega não conseguiu realizar o que havia prometido, apesar do apoio de Fidel Castro e dos países comunistas. Em 1990 Ortega foi derrotado em sua pretensão de reeleição. Perdeu para Violeta Chamorro, que teve monumental suporte financeiro norte-americano. Seja como for, Ortega tem seu lugar na história de seu país e preocupou seriamente os presidentes Reagan e Carter, pois sua projeção regional crescente estava contaminando toda a América Central. Tantos anos depois e para surpresa minha, em 2006 ele foi novamente candidato à presidência de seu país, com ajuda financeira do presidente da Venezuela, Hugo Chávez, padrinho inconveniente, mas acabou sendo eleito com folga. Sua retórica agora é menos agressiva. O presidente Lula não compareceu à sua posse em janeiro de 2007, no que fez bem.

Na tristemente famosa conferência hispânica de Santiago em 2007, quando o rei Juan Carlos, da Espanha, deu um "cala boca" no presidente Hugo Chávez, da Venezuela, Ortega não deixou passar a oportunidade de defender o amigo. Ao que parece, Ortega não amadureceu.

Para Ortega esse foi um mau começo no campo internacional. Parece que não aprendeu nada com a idade. Em 2008 explodiu nos jornais o escândalo de que ele teria estuprado repetidamente uma jovem de sua própria família.

III

A JANELA PARA O CARIBE, DE JÂNIO QUADROS

Uma ocorrência interessante, que aconteceu quando chefiava nossa Missão na OEA, refere-se à crise, em 1968-1969, entre a Venezuela e a Guiana, ex-inglesa, recém-independente. Recordo que a Venezuela ambicionava (ou ainda ambiciona), com base em mapas antigos da região, abiscoitar uma grande área do território da Guiana, a oeste do rio Essequibo, vizinha ao que chamamos de Campos Gerais, ao nordeste do nosso Estado de Roraima. O governo de Caracas mantinha uma velha disputa com os ingleses e nos anos 10 do século XX o presidente dos EUA, chamado a arbitrar o diferendo, afinal decidiu em favor da Grã-Bretanha, potência colonial, após demorados estudos da documentação histórica. Depois da independência da Guiana, nos anos 60, a Venezuela voltou a reivindicar aquela área. Como importante fornecedor de petróleo dos EUA, o governo venezuelano pressionava Washington pela revisão da sentença arbitral, aproveitando que o presidente Johnson era texano.

Era tempo de reivindicações territoriais no mundo inteiro e a Indonésia acabara de ocupar militarmente a Nova Guiné e o Timor. Pouco antes da sua renúncia, Jânio Quadros planejou a incorporação de Angola ao Brasil e pleiteou uma janela para o Caribe, tentando armar perigosas jogadas imperialistas. A questão de Angola está comentada na página 171 e aqui nos limitamos a recordar a planejada aventura no Caribe. A Venezuela ficaria com a Guiana Essequiba, o Brasil com a rica parte sul da Guiana em continuação dos Campos Gerais (que antes pertencia ao Grão-Pará) e a república da Guiana ficaria reduzida a 1/3 do seu território. Jânio pensava provocar uma revolta no Suriname, que foi fundado por judeus holandeses provenientes do Recife no século XVII, e esperava que seus habitantes aspirassem juntar-se ao Brasil. Jânio julgava que a França estaria disposta a vender a Guiana francesa ao Brasil e assim teríamos uma grande janela para o Caribe.

A embaixada em Washington, em meados de 1961, recebeu telegrama secreto de Brasília instruindo-a a informar a grande multinacional norte-americana ALCOA, de grande influência no Suriname, sobre o golpe político a ser lançado, dando-lhes todas as garantias de operação. O diplomata Ronald Small foi encarregado pelo embaixador de realizar a delicada sondagem informal com o vice-presidente da ALCOA, o qual ficou indignado com a proposta e ameaçou movimentar o Congresso norte-americano contra a iniciativa de Jânio Quadros. A situação estava nesse pé quando nosso presidente renunciou. Consta também que, sondado formalmente pela embaixada em Paris, o general De Gaulle não concordou com a venda da Guiana francesa. Se houve algo de positivo na renúncia de Jânio Quadros, credite-se o fim dessa malfadada jogada imperialista, capaz de destruir a imagem do Brasil no continente. A tentativa de incorporação de Angola, em 1961, foi outra loucura política.

Quanto à Venezuela, ela não desistia de seus desígnios e persistiu em seus esforços para incorporar a Guiana Essequiba. Sete anos depois, em 1968, ocorreram gestões secretas nesse sentido. Estava na chefia interina de nossa Missão na OEA, quando recebi instruções para acompanhar de perto o que se passava em Washington, pois eu já havia alertado a Secretaria de Estado para o problema. Eu mantinha estreito contato com o conselheiro Samuel Insanally, *chargé d'affaires* da Guiana, e soube que as pressões dos petroleiros texanos por uma revisão do laudo arbitral estavam se tornando perigosas. Lembro que os petroleiros texanos têm grandes interesses financeiros na Venezuela e desejavam agradar o governo desse país. O Itamaraty olhava com preocupação tais manobras, pois se os EUA aceitassem a revisão do laudo arbitral, isso poderia desencadear uma série de pedidos de revisão de outros tratados de fronteiras na América do Sul.

Certo dia, Insanally telefonou-me aflito, pedindo-me que comparecesse com urgência à embaixada da Guiana, onde se encontrava o primeiro-ministro Forbes Burnham, que teria uma importante entrevista no dia seguinte com o presidente Johnson. Ao chegar fui apresentado ao líder guianês, que me deu ótima impressão como homem educado e formado em universidade inglesa. Ele perguntou a minha opinião sobre o diferendo e lhe dei as várias razões pelas quais o governo norte-americano deveria resistir às pretensões venezuelanas. Além do perigo da revisão de um laudo arbitral, era preciso fazer ver ao presidente Johnson que isso importaria na desmoralização do próprio presidente norte-americano que o outorgou, um democrata como ele. Burnham ficou impressionado com alguns de meus argumentos e pediu-me que me sentasse à máquina de escrever e redigisse um projeto de memorando que ele entregaria a Lyndon Johnson no dia seguinte. Incluí o que mais interessava ao Brasil: eventual revisão de laudo arbitral representaria, mui provavelmente, reabrir a caixa de Pandora de todos os acordos de fronteiras no continente americano, com conseqüências gravíssimas. Redigi o projeto de memorando, Burnham gostou, fez algumas modificações e mandou rebater o documento. No dia seguinte, Insanally telefonou-me para dizer que o memorando tivera ótimo efeito e que o assunto parecia encerrado. O diplomata agradeceu-me efusivamente em nome do primeiro ministro guianês, que teve a gentileza de enviar uma bela cesta de flores à minha mulher.

Mas o caso não terminou por aí: dias depois encontrei na OEA o embaixador norte-americano Sol Linowitz, que brincou comigo: *"Writing memos to president Johnson, hein?"*. Em sério, depois disse-me que eu fizera bem em ajudar Burnham, porque se a Venezuela conseguisse reabrir a questão, seria um verdadeiro pandemônio no continente. É claro que a embaixada guianense estava *bugged*, como aliás todas as outras. A chancelaria de nossa Missão na OEA está instalada no edifício Watergate, que ficaria famoso anos depois, no escândalo que provocou a renúncia do presidente Richard Nixon. Eu mesmo costumava brincar com meus colegas da Missão brasileira na OEA, em reuniões de serviço, dizendo alto: "*Gentlemen of the CIA, you may start recording!*" (Senhores da CIA, podem começar a gravar!)...

NOTA: Pouco antes de fechar este livro, soube que Jânio Quadros chegou a ordenar ao comandante militar da Amazônia fazer o planejamento para a invasão do Suriname.

TEMAS GERAIS DE POLÍTICA INTERNACIONAL

I
SESSENTA ANOS DE POLÍTICA EXTERNA (1945-2002)

Para melhor entender a condução da política externa brasileira é preciso conhecer o ministério que a inspira e a implementa. O Itamaraty tem sido bastante injustiçado, pois vem levando a culpa de algumas iniciativas infelizes, promovidas por presidentes, outros órgãos do governo ou políticos de renome. Na diplomacia bilateral tem sido freqüente a necessidade de os embaixadores desenvolverem um trabalho persistente para desfazer gafes de altos personagens do governo, que chegam às capitais estrangeiras e negociam, por vezes, atabalhoadamente. E depois as embaixadas levam meses para consertar os estragos.

O Itamaraty possui um plantel de funcionários de alta categoria, um dos conjuntos melhor preparados do serviço público. Por isso, goza no exterior, e sobretudo na América Latina, de considerável respeito profissional. Alguns países vizinhos e africanos enviam jovens diplomatas para fazer estágios no Instituto Rio Branco, nossa academia diplomática. Na diplomacia multilateral, freqüentemente diplomatas brasileiros têm exercido clara liderança nos debates mais difíceis na ONU, OEA, GATT, UNCTAD, OMC, UNESCO ou FAO. Já a Secretaria de Estado, o Itamaraty, antes no Rio de Janeiro e agora em Brasília, nem sempre funcionou com a firmeza ou a clareza que deveria ter, devido aos caprichos de presidentes mal informados ou dos chanceleres políticos de plantão. Daí resultaram, por vezes, instruções equivocadas ou inexeqüíveis às embaixadas ou às missões multilaterais.

Infelizmente, no cenário político interno, o Itamaraty tem pequeno peso específico, porque não é um ministério que pode dar empregos às mãos cheias aos partidos políticos. Por isso, em nossa história recente, partidos importantes recusaram a pasta de Relações Exteriores. No entanto, em países como os EUA, a França, a Grã-Bretanha ou a Alemanha, o cargo de chanceler é muito disputado e prestigioso. Esse desinteresse político brasileiro de certo modo debilita o Itamaraty e o faz vulnerável a pedidos e exigências de políticos e até da grande imprensa. Por todas essas razões, nossa política externa tem feito alguns ziguezagues decepcionantes perante o mundo e, em especial, diante das Américas. Seja como for, de um modo geral os profissionais do Itamaraty têm-se desempenhado com muita competência, às vezes cumprindo instruções pouco hábeis, guinando demasiadamente à direita ou à esquerda, conforme os ventos de Brasília. Exemplificando: o desgaste que o Brasil sofreu nos anos 60 defendendo a política colonial portuguesa nos isolou nas Nações Unidas e até hoje ainda é lembrado na política bilateral com as nações africanas. Mas examinemos rapidamente o que foi a política externa brasileira no período de 1945-2002.

Grosso modo podemos concluir que o Brasil teve seis períodos com orientação nitidamente diferente em sua política externa, nos últimos 60 anos, a saber: 1º) alinhamento moderado com os EUA (1945-1961); 2º) política exterior independente (1961-1964); 3º) alinhamento excessivo com os EUA (1964-1966); 4º) alinhamento moderado com os EUA (1967-1993); 5º) maior independência e excessivo apoio a Cuba (1993-1994) e 6º) alinhamento moderado com os EUA, com crescentes divergências em matérias comerciais (1995-2002). Passo a comentar em separado cada um desses períodos.

As vitórias alemãs no final dos anos 30 e no início da 2ª Guerra Mundial levaram o presidente Getúlio Vargas, influenciado pelos meios militares, a uma política oportunista favorável ao Eixo. No entanto, depois da entrada dos EUA na guerra, nosso hábil ditador, instado por Osvaldo Aranha, soube tirar partido do território brasileiro como porta-aviões para a ofensiva aliada na África do Norte. Cedemos bases no Nordeste, enviamos tropas à Itália e demos apoio à criação da ONU. Nessa época tivemos considerável peso específico, já que a América Latina representava o bloco mais numeroso da ONU (cerca de 25%), posição essa que fomos perdendo à medida que foram sendo admitidos dúzias de novos países da África e da Ásia.

Coube-nos por sorteio falar em primeiro lugar na 1ª Assembléia Geral da ONU e essa ordem dos discursos transformou-se em tradição. Mas como o segundo orador é sempre o presidente dos EUA, ou o secretário de estado, em geral a imprensa pouca atenção dá às palavras do representante do Brasil.

No início do funcionamento da ONU, em 1947, o Brasil teve ocasião de presidir a 2ª Assembléia Geral em momento dramático, quando Osvaldo Aranha agiu com habilidade ao fazer aprovar, em instante crucial, a criação do Estado de Israel, fato que até hoje é recordado anualmente com gratidão naquele país. Em várias ocasiões teve o Brasil oportunidade de desempenhar papel de relevo nas Nações Unidas afirmando-se como uma das melhores lideranças do Terceiro Mundo. Em uma das vezes que ocupamos a presidência do Conselho de Segurança, em 1964, na pessoa do embaixador José Sette Câmara, a famosa resolução 242, até hoje importante para a estabilidade política do Oriente Médio, foi em grande parte elaborada pela delegação brasileira.

Logo depois do fim da 2ª Guerra Mundial, de um modo geral nossos chanceleres, o diplomata Pedro Leão Veloso e o político gaúcho João Neves Fontoura duas vezes, não tiveram ocasião para destacar-se, embora este último tenha conseguido normalizar as relações com a Argentina de Perón. Na realidade, estávamos em plena Guerra Fria e não havia muito espaço de manobras políticas para a diplomacia do Terceiro Mundo. A seguir, o jurista Raul Fernandes organizou e presidiu a chamada Conferência da Quitandinha, em 1947, durante a qual foi aprovado o Tratado Interamericano de Assistência Recíproca, o famoso TIAR, concebido para conter alguma aventura militar soviética em nosso continente. Nessa mesma linha, em 1948, na Conferência de Bogotá, o Brasil apoiou a criação da Organização dos Estados Americanos, como reestruturação da antiga União Pan Americana. Nessa conferência de Bogotá, Roberto Simonsen propôs aos EUA o lançamento de uma espécie de Plano Marshall para a América Latina, como haviam feito para a Europa. Raul Fernandes obteve ainda expressiva vitória nas Nações Unidas ao capitanear a candidatura da Iugoslávia ao Conselho de Segurança, contra as pressões de Stalin, que insistia em destruir o deviacionismo do marechal Tito. Os chanceleres seguintes – o jurista Vicente Rao e o político paulista José Carlos de Macedo Soares – tampouco tiveram oportunidades de se alçar acima da mediania.

A explosão da primeira bomba atômica soviética, em julho de 1949, aumentou a tensão internacional, já agravada pela recente vitória das forças de Mao Tsé-Tung e a criação da República Popular da China. A Alemanha dividira-se em dois Estados e o bloqueio de Berlim demonstrava a decisão de Moscou de confrontar o Ocidente. Nas Nações Unidas, o Brasil acompanhava com atenção, no Conselho de Tutela, a evolução política para o advento dos povos coloniais à independência. Durante a invasão da Coréia do Sul, em 1950, o Brasil esquivou-se ao pedido norte-americano para enviar soldados brasileiros, mas em 1952 foi assinado um controvertido Acordo Militar Brasil-EUA, só denunciado pelo presidente Geisel, 25 anos depois.

A partir dessa época, começaram as pressões de Portugal e as nossas ambivalências na ONU, em relação à política da descolonização. Entretanto, já parecia claro que o alinhamento com os EUA não estava rendendo as vantagens esperadas e o Itamaraty ensaiou os primeiros passos de uma diplomacia econômica e comercial mais independente, que tomaria impulso no período JK. Desapontada com os programas de assistência técnica dos EUA, a diplomacia brasileira passou a dar preferência a medidas de caráter multilateral.

O governo Juscelino Kubitschek, em seus primeiros dois anos, não se preocupou muito com a política externa e endividou-se demasiadamente para construir Brasília, com isso incorrendo na ira do Fundo Monetário Internacional e do Banco Mundial. Pressionado pelos credores, JK ameaçava romper com o FMI e nomeou o banqueiro mineiro Walter Moreira Salles (depois Ministro da Fazenda) para embaixador em Washington, numa tentativa de reaproximação com os meios bancários norte-americanos. No entanto, na Assembléia Geral da ONU de 1957, no discurso inaugural de Osvaldo Aranha, o Brasil pela primeira vez se apresentou claramente como membro do mundo em desenvolvimento, abandonando afinal seu excessivo alinhamento aos EUA. Em 1958, o político mineiro Francisco Negrão de Lima foi o primeiro chanceler brasileiro a expressar nosso inconformismo em aceitar um *statu quo* injusto no continente e a formular nossa decisão de desempenhar um papel de liderança no desenvolvimento harmônico das economias da região. Eram os primeiros passos da Operação Pan-Americana, que daria muito o que falar. Lembro ainda que, em 1959, foram restabelecidas as relações diplomáticas e comerciais com a União Soviética, suspensas em 1947 por motivo fútil.

O início formal da Operação Pan-Americana foi uma carta pessoal do presidente Kubitschek ao presidente Eisenhower, seguida do discurso do orador oficial na Assembléia Geral da ONU, Augusto Frederico Schmidt, em setembro de 1959, fazendo um apelo enérgico e veemente pelo desenvolvimento econômico do continente. O curioso é que, em 1959, o banqueiro paulista Horácio Lafer assumiu o Itamaraty dividindo funções com o poeta Augusto Frederico Schmidt, que acabou ocupando a cena interamericana no final do governo JK. A Operação Pan-Americana almejava atrair auxílio maciço norte-americano para a região, a fim de compensar a falta de um Plano Marshall para a América Latina. Afinal, a Alemanha e a Itália, ex-inimigos dos EUA, estavam recebendo importante ajuda e o Brasil, aliado que participara na 2ª Guerra Mundial, nada recebera.

A mensagem da diplomacia brasileira no *podium* da ONU, em 1960, foi proferida pelo chanceler Horácio Lafer e ele reiterou nossos pontos de vista anteriores. Obtivemos, pela primeira vez, bastante ressonância na imprensa graças a importante editorial do jornal *New York Times* sobre o tema principal do seu discurso. John F. Kennedy, então candidato à presidência norte-americana, solicitou de nossa Missão o texto completo do discurso de Lafer. Disso sou testemunha pois estava na Missão quando foi feito o pedido telefônico. É inegável que teses brasileiras provocaram, indiretamente, a criação do Banco Interamericano do Desenvolvimento (BID) e a famosa Aliança para o Progresso. Em suma, a OPA era demasiado atraente para que prosperasse sozinha: Washington apropriou-se da iniciativa e relançou-a pouco depois como sendo de sua própria lavra. Recordo ainda que, naquela época, o Brasil participou das operações militares da ONU no Congo e no Oriente Médio. Durante o governo JK, o grupo de diplomatas economistas (Roberto Campos, Dias Carneiro, Barbosa da Silva, Miguel Osório de Almeida e João Batista Pinheiro), a turma dos "secos e molhados" como era chamada jocosamente, acabou com a chamada diplomacia de "punhos de renda" e iniciou a era da diplomacia comercial.

O advento de Jânio Quadros como presidente da República teria considerável repercussão na política externa brasileira. Foram seis meses agitadíssimos com o político paulista buscando uma desmesurada projeção continental. Chegou até a planejar a conquista e a aquisição das Guianas, a fim de obter para o Brasil uma controvertida "janela para o Caribe". Seu plano era adquirir a Guiana francesa, provocar uma revolta na Guiana holandesa para incorporá-la ao Brasil e, finalmente, partilhar a Guiana inglesa com a Venezuela, que pleiteava a Guiana Essequiba. Gestões secretas foram realizadas em Washington sem sucesso. Outra iniciativa secreta de Jânio foi tentar a incorporação de Angola ao Brasil, iniciativa abortada pela sua renúncia. Nosso agitado presidente tentava imitar a Indonésia de Sukarno, que acabava de ocupar militarmente a Nova Guiné holandesa e o Timor português, sem qualquer reação das grandes potências. Também a Índia ocupou os enclaves portugueses de Goa, Damão e Diu.

Teve Jânio Quadros um chanceler da melhor qualidade: Afonso Arinos de Melo Franco, que criou a famosa "política externa independente", depois também adotada por João Goulart, a qual visava obter dos EUA uma relativa autonomia de atuação política, sem entretanto afetar nossa posição ideológica ocidental. Em suma, uma política externa que se assemelhava à posição do general De Gaulle, na França. Infelizmente, elementos esquerdizantes no Brasil radicalizaram e o rápido governo Quadros foi cheio de incidentes diplomáticos, que culminaram com a infeliz condecoração a Che Guevara em Brasília. Numerosas embaixadas foram abertas nos novos países africanos com alguma precipitação, iniciando uma agressiva política diplomática para a África, que até hoje não deu dividendos suficientes. A política externa independente, nos termos em que a esquerda festiva proclamou no Brasil, não poderia dar certo porque nossa margem de manobra em relação às diretrizes norte-americanas continuava bastante limitada.

A inesperada ascensão do gaúcho João Goulart, tão inexperiente e imaturo, à Presidência da República foi amenizada pela notável atuação de Francisco Clementino San Tiago Dantas como chanceler, aliada à habilíssima embaixada de Roberto Campos em Washington. Ambos realizaram excelente trabalho em defesa e esclarecimento do que se pretendia realmente com a política externa independente. Na época era chefe do setor de imprensa de nossa embaixada em Washington e por ocasião da delicada crise da 2ª conferência de Punta del Este, em 1962, Roberto Campos e eu utilizamos as divergências entre a Casa Branca e o Departamento de Estado, em relação a Cuba, para neutralizar na imprensa americana os efeitos da dúbia posição brasileira. Ao final da conferência conseguimos direcionar os mais importantes colunistas americanos contra as trapalhadas de sua própria delegação em Punta del Este. Com isso mal se falou no Brasil, cuja atitude em defesa de Castro era difícil explicar. Vide o ensaio "Na corte de J. F. Kennedy", a começar da página 187.

A chamada política externa independente foi uma etapa da maior significação para obtermos mais *elbow room* em nossas posições internacionais. A revolução de 31 de março de 1964 pôs ponto final a essa tentativa de conseguir maior autonomia dentro dos limites do mundo ocidental da época, sem buscar a confrontação com os EUA. Infelizmente, nossos desavisados políticos esquerdistas haviam empurrado Jânio e Jango a adotarem posturas exageradas que comprometeram a valiosa iniciativa aos olhos de Washington. O desvio durou três anos apenas, de 1961 a 1964, mas permaneceram várias sementes proveitosas, que depois foram discretamente revividas pelo Itamaraty nos governos Médici, Geisel e Figueiredo.

Depois de Arinos e San Tiago Dantas, o presidente Goulart teve ainda mais três chanceleres em rápidas administrações de poucos meses cada, todos sem tempo para marcar sua atuação. Os primeiros foram dois ilustres juristas, Hermes Lima e Evandro Lins e Silva. Saliento, porém, o curto mandato do diplomata João de Araújo Castro. Seu discurso na Assembléia Geral da ONU, em 1963, é um dos melhores textos da era da política externa independente, ainda hoje digno de estudo.

Após a intervenção militar de 1964, o governo Castelo Branco teve por chanceler o competente diplomata Vasco Leitão da Cunha. O curioso é que, pela primeira vez, o próprio presidente da República preocupou-se em definir pessoalmente as diretrizes de nossa política externa, talvez para melhor esclarecer as ambigüidades e distorções da administração anterior. Assisti ao discurso pronunciado pelo marechal Castelo Branco no Palácio Itamaraty, em julho de 1964, com alguma apreensão para quem simpatizava e havia defendido a política externa independente. Cito alguns trechos:

"A política externa não deverá mais ser qualificada de independente, pois a dependência adquirira valor terminal e perdera sua utilidade descritiva num mundo dominado pela confrontação do poder bipolar, com radical divórcio político-ideológico entre os dois respectivos centros (...) O nacionalismo havia-se transformado em opção disfarçada em favor dos sistemas socialistas, mas a posição do Brasil decorre da fidelidade básica da sociedade ao sistema democrático ocidental (...) Cada questão será examinada à luz do interesse nacional e, em cada caso, far-se-á a distinção entre políticas destinadas a salvaguardar interesses básicos do sistema ocidental e políticas destinadas a satisfazer interesses *individuais* das potências guardiãs do mundo ocidental".

Naquela cerimônia de diplomação dos alunos do Instituto Rio Branco, o presidente Castelo Branco arrematou definindo para o Brasil uma política de *círculos concêntricos,* priorizando as relações com os países limítrofes. Com essas palavras voltava o alinhamento com Washington, embora ligeiramente qualificado.

Não foi culpa de instruções do Itamaraty quando nosso novo embaixador nos EUA, o general Juracy Magalhães, exagerou ao afirmar: "O que é bom para os Estados Unidos é bom para o Brasil". Se Jango se havia desviado por demais à esquerda, agora Juracy exorbitava. A esse respeito, o embaixador Pio Corrêa, seu secretário-geral, assegurou-me que as palavras de Juracy foram deliberadamente deturpadas pela imprensa brasileira. Jocosamente, Juracy quis parafrasear a frase de um magnata norte-americano: "O que é bom para a Standard Oil é bom para os Estados Unidos". Em verdade, só foram permitidas pelo governo militar apenas divergências decorrentes de interesses nacionais específicos. Em conseqüência, o Brasil rompeu relações diplomáticas com Cuba em 1964 e participou com tropas da Força Inter-Americana de Paz, que assegurou a ordem na República Dominicana. No entanto, já em 1965, o governo brasileiro recusou-se a enviar tropas para o sudeste asiático e não assinou o Tratado de Tlatelolco, de proscrição de armas nucleares na América Latina. Assim sendo, o alinhamento não era total. Juracy Magalhães depois foi chanceler e fez um esforço para convencer o governo português de que a independência das províncias ultramarinas era uma fatalidade inelutável e ofereceu a cooperação do Brasil na fase de transição. Seu secretário geral, Manuel Pio Correa, esteve em Lisboa sem sucesso.

No governo Costa e Silva esteve à frente do Itamaraty o hábil político mineiro José de Magalhães Pinto, que soube dar rédeas à sua assessoria com sua "diplomacia da prosperidade". Tentou e conseguiu obter para o Brasil mais espaço, pelo menos dentro da política interamericana. Baseado em instruções suas, coube a mim, como representante do Brasil junto OEA, a iniciativa de tentar obter do primeiro governo Nixon um maior auxílio econômico e financeiro para o continente, através da CECLA (Comissão Econômica da América Latina). No plano bilateral, entretanto, crescia uma sombra à nossa fronteira sul: a construção da usina hidroelétrica de Itaipú, que criaria sérios problemas com a Argentina. Magalhães Pinto continuou a recusar-se a assinar o Tratado de não-proliferação nuclear e resistiu ao Governo norte-americano na sua reivindicação de direitos compensatórios (*countervailing duties*) sob a alegação de *dumping* de produtos brasileiros.

É indispensável sublinhar que o governo brasileiro, sobretudo o Itamaraty, agiu com extrema cautela e habilidade nas delicadas negociações com a Argentina, visando acomodar os receios e ressentimentos do país vizinho, que se estenderam até as Nações Unidas, onde a chancelaria argentina chegou a tentar fazer condenar o Brasil pelos níveis propostos para a represa de Itaipú. A querela atravessou um período de mais de 10 anos e foi um desafio às administrações dos chanceleres Mário Gibson Barboza e Azeredo da Silveira, só sendo resolvida em definitivo pelo ministro Saraiva Guerreiro. É de louvar-se a prudência com que reagiram os presidentes Médici, Geisel e Figueiredo, bem assessorados pelos três experimentados diplomatas que conduziram nossa política externa nesses 11 anos. Mais de uma vez, estivemos à beira de uma verdadeira crise militar com a Argentina. Mário Gibson Barboza se distinguira como embaixador em Assunção, onde conduziu com habilidade as difíceis negociações com o Paraguai para a aprovação do projeto binacional de Itaipú. Em crucial impasse, ajudou a impor a única solução que restava, defendendo a fórmula binacional.

Mais tarde, já como chanceler, Mário Gibson Barboza enfrentou situações delicadas criadas pelos emigrados políticos brasileiros nos países vizinhos, pelo terrorismo e seqüestros políticos. Visitou vários países da África, superando a injusta oposição interna no Brasil fomentada por Portugal, e esteve também no Oriente Médio tentando uma fórmula conciliatória para os problemas da região. Em seu discurso na ONU em 1971, Gibson defendeu a decisão do Brasil de estender seu mar territorial até 200 milhas da costa brasileira, no que foi apoiado por numerosos países. Nossa teoria acabou por prevalecer anos depois.

Já Azeredo da Silveira teve a sorte de ser apoiado por um chefe de alto calibre intelectual, o general Ernesto Geisel, que muito se interessou pela política exterior. Silveira denominou sua orientação política de "pragmatismo responsável" e deu grande impulso à nossa política africana, iniciada por Jânio Quadros e continuada por Gibson Barboza. Mas Silveira enfrentou três momentos difíceis em que recebeu todo o respaldo de Geisel: a crise com a Argentina (insolúvel no seu mandato), o controvertido reconhecimento da independência de Angola e a condenação do sionismo na ONU como doutrina racista.

O Brasil pouco havia feito pela independência de Moçambique, pois ainda estávamos pressionados por Portugal e pela comunidade portuguesa em nosso país, que utilizaram todos os meios para atrapalhar nossa política africana, iniciada por Jânio Quadros. Por isso, o Itamaraty não quis ficar para trás por ocasião da independência de Angola, país muito mais importante para nós. Assim, o chanceler Silveira timbrou em que o Brasil fosse o primeiro país a reconhecer o governo comunista do MPLA em Angola. Depois do Brasil somente os países socialistas estabeleceram relações diplomáticas com Angola e isso em conseqüência da presença de tropas cubanas naquele país. Antes da independência, só era conhecida a notícia da chegada de alguns conselheiros russos e cubanos. Dias depois do nosso reconhecimento, desembarcaram milhares de tropas cubanas no país e o chanceler Silveira ficou em situação embaraçosa. Só foi salvo pelo presidente Geisel, que tinha opinião própria e estava ao corrente de todos os meandros da questão. Passaram-se vários meses em que o Brasil foi a única embaixada ocidental em Luanda, até que a França e outros países europeus reconhecessem o controvertido regime de Angola. Por outro lado, é inegável que o Brasil foi realista e independente, já que com o tempo o governo comunista angolano acabou sendo reconhecido por numerosos países, inclusive pelos EUA.

Certamente houve equívoco do Itamaraty e do presidente Geisel na votação nas Nações Unidas do projeto árabe de condenação ao sionismo como um movimento racista. Cedendo às pressões árabes, o Brasil apoiou o projeto de resolução na votação em nível de comissão da ONU. A repercussão foi enorme, dentro e fora do Brasil. A comunidade judaica brasileira tudo fez junto ao general Geisel para mudar nosso voto na sessão plenária e o presidente estava disposto a ceder e a abster-se na votação final da matéria. Infelizmente, o Departamento de Estado americano complicou tudo: os jornais de Washington publicaram que o governo americano estava tentando convencer o governo brasileiro a mudar o voto. Depois dessa notícia, logo reproduzida na imprensa brasileira, alterar a posição seria uma humilhação para nosso governo e assim, no plenário da ONU, a contragosto, o Brasil confirmou a condenação ao sionismo. A celeuma foi considerável e, mais uma vez, a boa estrela de Azeredo da Silveira bruxuleou, mas Geisel respaldou-o, pois dirigira pessoalmente as negociações. Por acaso, eu estava no gabinete de Silveira quando veio a ordem telefônica de Brasília para o embaixador Sérgio Corrêa da Costa votar naquele sentido. Estava de partida para Israel como o novo embaixador do Brasil e o presidente Geisel pediu-me para explicar o ocorrido ao primeiro ministro Menachem Begin e ao chanceler Moshé Dayan, que entenderam nosso dilema e lamentaram a inabilidade do Departamento de Estado.

Os chanceleres Gibson, Silveira e depois Saraiva Guerreiro fizeram muito pela nossa política externa, pois aproveitaram a abertura política internacional que o presidente Kennedy encorajara, ao dar força efetiva aos chamados países do Terceiro Mundo, que a partir de 1963 criaram uma saudável alternativa à tremenda polarização resultante da crise dos mísseis em Cuba. Daí surgiu o famoso grupo dos "não-alinhados", que procurou tirar partido dos erros e fraquezas de Washington e Moscou. Assim, o Brasil adotou gradualmente uma posição mais flexível nas Nações Unidas, mais próxima desse grupo de "não-alinhados", embora sem aderir formalmente. Registre-se que o Brasil participava das suas reuniões apenas com o caráter de observador. Não exagero ao dizer que, nos anos 60 e 70, o Brasil dividiu com a Índia a liderança do Terceiro Mundo. Nossa atuação na ONU foi brilhante, sobretudo na política anticolonial e também na luta por vantagens comerciais no GATT e UNCTAD. Os três mencionados chanceleres nem pareciam representar um regime militar conservador e elevaram o Brasil, no plano mundial, talvez ao mais alto nível histórico de nossa política externa, agindo com independência e, ao mesmo tempo, mantendo excelente diálogo com os EUA. Os chanceleres Gibson, Silveira e Guerreiro foram incansáveis e visitaram numerosos países africanos e do Oriente Médio, onde outros chanceleres brasileiros jamais haviam estado. Nessa época, já se começava a falar do Brasil como uma nova "potência emergente".

É preciso sublinhar, no entanto, que esse trabalho persistente e continuado, por mais de 20 anos, só foi realizado graças à estabilidade política do regime militar, que – neste caso – teve o mérito e o bom senso de conceder liberdade de ação a seus competentes chanceleres, seja no campo bilateral, seja na diplomacia multilateral. Gibson Barboza dirigiu a diplomacia brasileira por quatro anos e meio, Silveira por cinco anos exatos e Saraiva Guerreiro por seis anos. Essa proveitosa continuidade foi determinante para a obtenção dos numerosos êxitos conseguidos por nossa diplomacia na época.

Aliás, ilustres cidadãos brasileiros se destacaram de várias maneiras na constelação dos organismos internacionais e marcaram época pela sua eficiência nos períodos de sua atuação. Entre eles, o embaixador Edmundo Barbosa da Silva que presidiu o GATT em 1960 e 1961, o dr. Marcolino Candau, que foi diretor-geral da Organização Mundial da Saúde, o dr. Paulo Berredo Carneiro, que desfrutou de notável prestígio na UNESCO, o dr. Josué de Castro, que se celebrizou na FAO, e o embaixador João Clemente Baena Soares, que por 10 anos foi eficiente secretário-geral da Organização dos Estados Americanos.

Parece-me oportuno sublinhar que, a partir dos anos 50 e 70, o Itamaraty já desempenhava papel importante nas negociações internacionais de caráter econômico e comercial. Não só no Conselho Econômico e Social das Nações Unidas (ECOSOC) e nas conferências da ONU para o comércio e o desenvolvimento (GATT e UNCTAD), mas também na negociação de acordos comerciais de transporte aéreo, trigo, café e açúcar, e no Clube de Haia. As delegações brasileiras quase sempre eram chefiadas por diplomatas especializados. Nas comitivas de diversos ministros de Estado havia sempre um diplomata em posição de destaque, de modo a assegurar um perfeito entrosamento entre os diversos ministérios e dar continuidade aos temas em pauta. Até mesmo nas reuniões do Fundo Monetário Internacional (FMI) pontificaram diplomatas do porte de Roberto Campos, Otávio Dias Carneiro, Sérgio Frazão e outros. A elaboração do famoso Plano de Metas de JK tivera a participação de vários diplomatas. Recordo que mais tarde Dias Carneiro foi ministro da Indústria e Comércio durante o governo João Goulart, Campos foi ministro do Planejamento de Castelo Branco, Sergio Frazão foi presidente do Instituto Brasileiro do Café (IBC), Edmundo Barbosa da Silva foi presidente do Instituto do Açúcar e do Álcool (IAA) e Paulo Nogueira Batista foi presidente da NUCLEBRÁS, que ele ajudara a criar no governo Geisel. No terreno cultural, destacaram-se os diplomatas Sérgio Paulo Rouanet, Antônio Houaiss e Jerônimo Moscardo que nos governos Collor e Itamar

Franco foram Ministros da Cultura. Rubens Ricúpero foi um brilhante ministro da Fazenda de Itamar Franco, ajudando habilmente a explicar à opinião pública as vantagens do plano Real. O governo FHC teve três ministros do Itamaraty: o chanceler Luiz Felipe Lampreia, José Botafogo Gonçalves no Ministério da Indústria e Comércio, e Ronaldo Sardenberg na Secretaria de Temas Estratégicos e depois no Ministério de Ciência e Tecnologia. Nos anos 80, o Itamaraty também teve participação significativa na negociação da moratória e da dívida externa, durante o governo Sarney, com o diplomata Jório Dauster, depois presidente da Cia. Vale do Rio Doce. No atual governo Lula tivemos os embaixadores Celso Amorim como chanceler e, por algum tempo, José Viegas como ministro da Defesa.

Azeredo da Silveira soube colocar o Brasil numa posição bastante independente em plano internacional e promoveu oportunamente o reconhecimento da China comunista. Saraiva Guerreiro também teve atuação importante ao negociar e finalmente concluir, em outubro de 1979, o acordo com a Argentina sobre Itaipu-Corpus. Pouco depois, o presidente Figueiredo visitou Buenos Aires normalizando completamente as relações entre os dois países e pavimentando assim o caminho para a intensa cooperação que o Brasil e a Argentina têm nos dias de hoje. Na guerra das Malvinas, o Itamaraty atuou habilmente, apesar da estreita margem de manobra, e conseguimos manter excelentes relações com a Argentina, sem indispormo-nos com os ingleses. Saraiva Guerreiro foi o primeiro chanceler brasileiro a fazer visitas à China, Índia e Paquistão.

Ainda no regime militar ocorreram importantes fatos paralelos ao Itamaraty na política externa brasileira: uma política comercial agressiva do Ministério da Fazenda concedeu vultosas linhas de créditos a países estrangeiros pouco confiáveis que avolumaram perigosamente nossa dívida externa. Os créditos abertos à Polônia, Iraque, Peru, Bolívia, Moçambique e outros, no valor de vários bilhões de dólares, dificilmente nos serão reembolsados. Essas iniciativas em geral não foram estimuladas pelo Itamaraty, que mais de uma vez advertiu o governo militar dos riscos que estávamos correndo, apenas para benefício de empreiteiras brasileiras.

Outro item que perturbou nossas relações internacionais durante os governos militares foi a venda de armas por empresas brasileiras semi-estatais, que chegaram a obter expressiva parcela das vendas mundiais de equipamentos pesados e sofisticados. Eu mesmo, mais de uma vez, no Equador, Israel, Chipre e Peru, fui instruído a apoiar e até mesmo a negociar vultosas vendas de armas. Aliás, algumas dessas empresas criaram problemas delicados em vários pontos do mundo, como no Iraque, onde o Itamaraty foi chamado a tentar solucionar. Outro aspecto controvertido tem sido a atuação de algumas empresas construtoras brasileiras no exterior. Infelizmente, elas nem sempre se comportam a contento e alguns embaixadores tiveram problemas delicados com as autoridades locais.

O restabelecimento da democracia no Brasil acabou levando o político maranhense José Sarney ao poder. Homem de vivência internacional, convidou o banqueiro paulista Olavo Setúbal para chanceler, que só se demorou no cargo seis meses. Setúbal tentou fazer o que denominou uma "política de resultados", mas não chegou a implementá-la, passando o ministério ao ex-governador de São Paulo, Roberto de Abreu Sodré. Embora Sodré fosse um homem do mundo, não chegou a demonstrar verdadeiro interesse pelo cargo. Fez bem, entretanto, em restabelecer relações diplomáticas com Cuba, pois afinal de contas o Brasil não podia ser o último país latino-americano a reatar com Fidel Castro. Abreu Sodré ficou com Sarney até o fim de seu governo, conduzindo uma política internacional morna durante mais de três anos. O presidente Sarney impulsionou as conversações sobre o MERCOSUL, e conseguiu remover os obstáculos que retardavam a terminação da importante rodovia Boa Vista-Caracas, que nos deu acesso direto à região do Caribe. Iniciou também a construção da ferrovia Ferro-Norte, que ora permite a significativa exportação de minérios pelo Maranhão.

Após a abertura democrática, nossa política externa foi obrigada a encolher-se bastante em conseqüência dos problemas criados pela dívida externa, embora os motivos das divergências com os credores europeus e dos EUA fossem diferentes. A declaração unilateral da moratória, os protestos provocados pela divulgação internacional das queimadas na Amazônia, a morte de Chico Mendes, puseram o Brasil na defensiva e isso afetou nossa atuação diplomática. Felizmente, pouco a pouco a dívida foi sendo negociada e foi possível virar essa triste página, que até hoje é recordada nos meios financeiros internacionais. Continuaram porém as questões pendentes de pirataria da propriedade intelectual, pois o governo brasileiro combateu de maneira pouco eficaz essas violações das regras do jogo internacionais. Em 1996 foi afinal aprovada uma satisfatória lei de patentes, que solucionou alguns problemas pendentes.

O presidente Collor de Mello soube contornar habilmente as questões ecológicas com o auxílio do Itamaraty, convocando para o Rio de Janeiro a grande conferência das Nações Unidas para o desenvolvimento sustentado e ecologia, a ECO-92, que foi um sucesso internacional. Persistem, porém, alguns problemas como a chamada "cláusula social", sobretudo o trabalho infantil, que ainda nos poderá criar confrontações delicadas na Organização Mundial do Comércio.

O presidente Fernando Collor tentou impregnar modernidade em nossa política interna e externa, aproveitando o fim da Guerra Fria e a queda do muro de Berlim. O jurista Francisco Rezek foi seu chanceler por ano e meio, mas pouco se distinguiu, embora o Itamaraty tenha brilhado na organização da ECO-92. Seu sucessor foi o cientista político paulista Celso Lafer, que deu prioridade a uma política exterior voltada para a nova ordem mundial, com ênfase nos temas econômicos e comerciais. Lafer esteve no cargo apenas seis meses.

Com a renúncia de Collor, assumiu o vice-presidente Itamar Franco, que convidou para seu chanceler o senador Fernando Henrique Cardoso. Estabeleceu relações diplomáticas com algumas das novas repúblicas que se desprenderam da União Soviética e deu impulso às relações bilaterais com os países vizinhos, com vistas à entrada em vigor do MERCOSUL. Esteve poucos meses à frente do Itamaraty, antes de ser nomeado ministro da Fazenda, e passou a pasta a seu secretário-geral, o diplomata Celso Amorim, que teve positiva atuação ao organizar uma ofensiva diplomático-comercial no Extremo-Oriente, que conhecia bem. Como chanceler brasileiro, Amorim visitou os chamados tigres asiáticos, além da China e Japão, com boas perspectivas comerciais para o futuro. Menos feliz foi seu apoio reiterado a Fidel Castro em reuniões interamericanas, talvez por instruções de Itamar Franco.

Em janeiro de 1995 entrou em vigor o MERCOSUL e assumiu a presidência da República o senador Fernando Henrique Cardoso, que escolheu para chanceler o competente diplomata Luis Felipe Lampreia, ex-assessor de Azeredo da Silveira. O presidente inaugurou uma espécie de diplomacia presidencial, que deu bons resultados graças ao seu carisma pessoal, preparo intelectual e fluência em vários idiomas. O governo Cardoso tentou renovar e revitalizar nossas principais parcerias externas e aprofundar novas e importantes parcerias com a China, Índia e África do Sul. Cardoso visitou, em 1996, Angola, África do Sul e a China. No entanto, decepcionou-me o envio de tropas brasileiras a Angola, decisão que vários presidentes anteriores se esquivaram acertadamente.

Ao bilateralismo clássico, ativado com a chamada diplomacia presidencial, somava-se o intenso multilateralismo dos anos 90. A nova Organização Mundial do Comércio foi o palco de intensa atividade de defesa dos nossos interesses comerciais, e a integração hemisférica passou a ser área prioritária da diplomacia multilateral brasileira.

E chegamos finalmente à ALCA, Área de Livre Comércio das Américas, lançada em discurso de 3 de setembro de 1990, em Washington, pelo ex-presidente George Bush, com o título provisório de "Enterprise for the Americas", ou seja "Empreendimento para as Américas".

A justificativa principal era que a prosperidade das Américas depende do comércio, de uma nova parceria econômica e não do eventual auxílio financeiro norte-americano. Bush pai prometeu reduzir as tarifas alfandegárias e as barreiras não-tarifárias de interesse especial para os países do hemisfério. Acenou ainda com o perdão parcial de dívidas, em troca de uma melhor proteção da natureza. Infelizmente nada disso se concretizou e o Brasil avisadamente não apoiou as negociações da ALCA, que caíram em ponto morto.

Tivemos no passado alguns períodos de política bastante independente, como por exemplo na época da Operação Pan-Americana, de Juscelino Kubitschek, que acabou indiretamente redundando na criação do BID e da Aliança para o Progresso. Já a promissora "política externa independente" de Jânio Quadros e João Goulart, embora com aspectos positivos, foi mal manejada. No entanto, durante o regime militar tivemos a surpreendente implementação de muitas daquelas metas da dita "política externa independente". Os militares deram quase completa autonomia ao Itamaraty e até o indigesto acordo militar com os EUA foi denunciado unilateralmente pelo governo Geisel. A política externa dos chanceleres Mário Gibson Barbosa, Azeredo Silveira e Saraiva Guerreiro foi muito mais arrojada e autônoma do que a de seus sucessores.

Novidade mesmo foi a política externa presidencial que o presidente Fernando Henrique Cardoso realizou, com êxito nem sempre completo, apesar do seu carisma pessoal e preparo intelectual. Curiosamente, ele assumiu a presidência com viés esquerdizante, derivando depois para o centro visando agradar ao FMI e aos investidores estrangeiros. Seu antecessor Itamar Franco havia ido mais longe, assumindo a defesa de Fidel Castro em conferências interamericanas. Podemos também nos perguntar: os Estados Unidos da América têm uma política externa coerente? As guerras do Golfo, do Afeganistão e agora do Iraque foram acertos diplomáticos?

O que se poderá dizer é que na admnistração FHC cometemos alguns erros diplomáticos, tais como contribuir com US$400 milhões para ajudar empresa brasileira a participar da construção de uma represa na China, ou enviar tropas para Angola, Timor e Haiti, só para agradar às Nações Unidas, em busca de um duvidoso lugar permanente no Conselho de Segurança. A viagem presidencial ao Oriente, para levar auxílio ao Timor Leste, foi até considerada um acinte aos nordestinos, que na época estavam enfrentando forte seca. Aliás, nunca soube de um presidente que tenha atravessado o mundo só para visitar um pelotão de 70 soldados!...

Entretanto, no que concerne às diretrizes principais de política externa: a luta tenaz pelo sucesso do MERCOSUL, o combate persistente em favor dos interesses brasileiros na Organização Mundial do Comércio e o esforço pelo repúdio da ALCA – nesses temas essenciais o Itamaraty e FHC estiveram absolutamente certos. Em entrevista a jornal paulistano, o ex-chanceler Luiz Felipe Lampreia comentou que o Brasil tinha "uma política externa muito principista, voltada para a visão do Itamaraty, mais do que para a sociedade brasileira". Não ficou clara essa distinção. Seja como for, sou a favor de princípios, desde que eles sejam da conveniência do Brasil... Esclareceu Lampreia que "continuamos a ter como tônica a não-intervenção, mas não podemos recusar a idéia de que, em certas situações, nem tudo possa ser tratado como problemas internos, que não nos concernem". Lembro que, quando os EUA quiseram intervir nas tumultuadas eleições peruanas, os países latino-americanos na OEA, inclusive o Brasil, recusaram-se a autorizar essa intolerável iniciativa. Ponderou ainda Lampreia, o eficiente chanceler de FHC, na citada entrevista, que "não precisamos estar proclamando nossa liderança e que ela significa encargos e preços a pagar". Nos últimos meses do governo FHC, Celso Lafer voltou a ocupar a pasta de Relações Exteriores por alguns meses.

O que se pode pedir à opinião pública brasileira e, sobretudo, a qualquer presidente da República é que confiem no patriotismo e na experiência do Itamaraty na luta pelos melhores objetivos do Brasil no exterior. Nestes tempos árduos, com os EUA atuando como única e agressiva potência mundial ao frio serviço de seus interesses comerciais, devemos agir com a maior cautela e sem demagogias.

Podemos concluir que, nos últimos 60 anos (1945-2002), o Brasil teve uma política externa bastante oscilante. Se no século XIX ficamos à mercê dos ingleses, depois da 2ª Guerra Mundial estivemos espremidos entre a rivalidade russo-americana. De 1945 a 1960, nossa política externa foi moderada e tímida devido à Guerra Fria. Já de 1961 a 1964, ela foi demasiado ousada e pouco realista com Jânio Quadros e João Goulart. Nos primeiros anos do regime militar esteve também por demais alinhada aos Estados Unidos da América, mas nos governos Médici, Geisel e Figueiredo prevaleceu a experiência do Itamaraty em busca de uma maior autonomia internacional sem confrontações com os EUA. Com a volta da democracia em 1985, nossa política externa foi seriamente perturbada pela moratória unilateral e pela negociação da dívida externa. A queda do muro de Berlim em 1989, e pouco depois o desmantelamento da União Soviética, instalaram um mundo unipolar sob a forte influência dos EUA. Nossos diplomatas vêm lutando por uma maior independência política e para empreender uma mais enérgica promoção dos interesses comerciais brasileiros.

Está na moda escrever que o Brasil não tem política externa e culpa-se o Itamaraty por isso. Em verdade, o papel do Ministério das Relações Exteriores é apenas de planejar e formular, submetendo sugestões ao presidente da República. Se a proposta não é aceita, ela morre no Planalto sem culpa do Itamaraty, que, afinal de contas, se limita a executar o que lhe ordena o presidente. Em suas críticas ao Itamaraty, a mídia se vale, por vezes, de opiniões de talentosos analistas políticos e professores universitários, que não têm a indispensável vivência do dia-a-dia da diplomacia. É fácil para professores universitários fazer críticas ásperas à política externa, enquanto contemplam os belos jardins de um *campus* universitário.

Não me parece ainda oportuno julgar a política externa do governo Lula da Silva, que vem despertando debates e controvérsias. Necessitamos maior recuo para avaliar friamente as suas iniciativas, que têm levantado sérias objeções de importantes analistas políticos e até de ilustres diplomatas aposentados. Melhor será aguardar o final do segundo mandato presidencial para então melhor julgarmos os eventuais acertos e erros de sua política internacional.

(Palestra pronunciada no Conselho Técnico da Confederação Nacional do Comércio a 28 de novembro de 1996 e publicada na Carta Mensal dessa entidade de nº 503, de fevereiro de 1997 e também na revista do Ministério do Exército *A Defesa Nacional*, nº 777, de setembro de 1997. Esta conferência também foi repetida na Escola Superior de Guerra, a 15 de junho de 1998, e publicada na *Revista da ESG*, ano XII, nº 37, de 1998. O texto foi revisto em dezembro de 2007).

A DIPLOMACIA MULTILATERAL

I

UM JOVEM DIPLOMATA NAS NAÇÕES UNIDAS

Durante os quatro anos em que trabalhei na embaixada em Washington (1959-62) fui designado três vezes para integrar a Missão junto às Nações Unidas, nas Assembléias Gerais de 1960, 61 e 62. Eram cerca de três meses em Nova York, de meados de setembro a meados de dezembro, vivendo em hotel, comendo em restaurantes, sem muito conforto, mas o investimento na carreira, a experiência que estava ganhando, os políticos importantes com quem convivi, justificaram o sacrifício da separação da família. Quase todos os fins de semana eu viajava para Washington, onde estava lotado como diplomata na embaixada brasileira. Minha carreira diplomática, que andava meio emperrada, deu um salto. Em quatro anos tive duas promoções: passei de 2º secretário a conselheiro de Embaixada e oito anos depois já era embaixador no Equador, o mais jovem chefe de Missão no momento. Na realidade, as duas permanências em Washington, na embaixada e mais tarde na Missão junto à OEA, foram decisivas para a minha carreira.

Esses três estágios na ONU foram extremamente instrutivos, pois até então não tivera oportunidade de atuar na diplomacia parlamentar e acompanhar de perto os fatos importantes da época. Um ano antes, exercia a função de cônsul do Brasil em Nápoles, sede agradabilíssima, mas longe de tudo de maior significação internacional. Em 1960, graças a meu saudoso amigo, embaixador Ciro de Freitas Vale, fui requisitado da embaixada em Washington para colaborar na Missão na ONU, em uma Assembléia Geral que seria uma das mais importantes da história, com a participação de dezenas de chefes de estado dos novos países africanos e asiáticos, que acabavam de alcançar a independência. Houve sessões memoráveis, como aquela em que Kruschev interrompeu o discurso do primeiro ministro inglês Harold Mac Millan, golpeando a bancada com a sua sandália. Os jornais mencionaram que ele havia batido com o sapato na mesa, mas minha mulher, que estava presente, disse-me que foi mesmo uma sandália. É muito comum na Rússia e em países da Europa Oriental o estranho hábito de usar no verão sandálias com meias.

Como era inexperiente na ONU, o embaixador colocou-me no plenário com a tarefa de acompanhar os discursos dos presidentes ou chefes de delegações, anotar pontos de interesse para o Brasil e fatos inusitados, fazendo-lhe depois rápido relatório ao fim da tarde e, quando fosse o caso, preparar um telegrama para o Itamaraty. Recordo hoje, 45 anos depois, que fiquei impressionado com o discurso de Fidel Castro, ao pronunciar eloqüente catilinária contra os EUA. Recém-vitorioso, era um excelente orador e conseguiu prender o auditório por quase duas horas. A delegação cubana havia provocado escândalo nos jornais novaiorquinos pelo seu original comportamento no hotel onde estava hospedada. Os cubanos compravam galhinhas vivas, as depenavam nos corredores do hotel e as cozinhavam nos quartos! Os discursos mais eficazes no plenário da ONU foram os de Nehru, Nasser, Tito e Sukarno, líderes famosos na época, que depois vi de perto no *Delegate's lounge*.

Ao terminarem os discursos dos chefes de Estado, Freitas Vale designou-me para assessorar nosso delegado na 2ª Comissão, de assuntos econômicos. Ali fiz estréia como orador na ONU, apresentando um ingrato projeto brasileiro de cooperação nuclear, que meu chefe me deu para defender, porque já sabia de antemão ser de aprovação difícil. Solicitávamos às potências nucleares a transferência de tecnologia aos países emergentes. O delegado francês caiu em cima de mim sem piedade, dizendo que o Brasil não tinha nada que desenvolver programas nucleares e foi apoiado logo em seguida pelos delegados dos EUA e da Inglaterra. Recebi, entretanto, vivo apoio dos delegados da Iugoslávia, Índia e Argentina, além de outros países em desenvolvimento. Não conseguimos maioria, é claro, e à noitinha Ciro consolou-me. Foi meu batismo de fogo. Mais divertida foi a conversa que tive com Gilberto Amado na biblioteca da Missão, quando ele me afirmou que eu devia aprender a perder, pois todo homem deve ser humilde, como Jesus Cristo e... ele, Gilberto! Que comparação! Que modéstia! Dei uma boa gargalhada e passou o aborrecimento...

Aprendi também que, na diplomacia parlamentar, as instruções difíceis de cumprir ou defender ficam sempre nas mãos dos jovens assessores, pois os chefes não gostam de se arriscar a fracassos, que seus competidores poderão utilizar contra eles. Na OEA, em 1969, aconteceu-me fato semelhante, mas tive a habilidade e a sorte de superar todos os obstáculos e conseguir a aprovação de uma resolução difícil. Na última hora o ministro do Planejamento Hélio Beltrão, que a defenderia, não pôde ou não quis comparecer. Mas valeu o esforço: consegui a aprovação do Conselho da OEA e acabei recebendo elogioso telegrama do Itamaraty.

Esse estágio na 2ª Comissão da ONU em 1960 valeu-me a amizade de um dos membros mais influentes da Delegação, o jornalista Manoel Francisco do Nascimento Brito, diretor-presidente do *Jornal do Brasil*, que me convidou a colaborar no jornal, na prestigiosa página "Opinião", com artigos semanais sobre a política norte-americana e interamericana. No capítulo intitulado "Na corte de J. F. Kennedy" mencionei detidamente essa colaboração no JB, que durou dois anos e renasceu em 1991 depois da minha aposentadoria. Alguns artigos daquela época estão incluídos neste livro, a título de curiosidade, pois ainda me parecem válidos.

Mas a Assembléia Geral da ONU de 1960 proporcionou-me também curiosa experiência: privei com alguns famosos políticos brasileiros, que lá estavam como observadores parlamentares, experiência que o Congresso Nacional continua até hoje a proporcionar a meia dúzia de privilegiados. Para alguns, é uma recompensa que o governo deseja oferecer, para outros o investimento em jovens parlamentares brilhantes que vão a Nova York ampliar seus horizontes. Hospedava-me no Hotel Blackstone, na rua 58, quase na esquina de Park Avenue, hoje derrubado. Era conveniente, pois pela manhã eu devia sempre passar pela chancelaria da Missão, duas quadras mais abaixo na Park Avenue, para buscar documentação e receber instruções do chefe de nossa delegação. Em 1960 hospedaram-se no Hotel Blackstone três senadores importantes: Benedito Valadares, Vitorino Freire e Mário Martins, e costumávamos tomar o *breakfast* juntos. Ouvi histórias divertidas e confidências políticas surpreendentes. Benedito, com fama de pouco iluminado, me pareceu espertíssimo e dono de amplo repertório de anedotas mineiras. Vitorino era notável contador de *causos* do folclore político maranhense. Fiz amizade com Mário Martins, jornalista experiente, o que me valeu, no ano seguinte, a reconvocação para a Assembléia Geral de 1961. Aliás, eu era bastante popular entre os parlamentares, pois estava motorizado com um velho "Buick" que trouxera de Washington e lhes dava caronas freqüentes, fazíamos passeios pelos arredores de Nova York e lhes fornecia esclarecimentos sobre o dia a dia da ONU e da grande metrópole. Em suma, foi uma convivência instrutiva e divertida para mim, que me abriu os olhos para as várias facetas de nossa vida política e me rendeu algumas boas amizades, que seriam úteis mais tarde à minha carreira diplomática. No final deste capítulo o leitor encontrará entre as *Variações* o relato da cotovelada que eu dei involuntariamente no peito do ex-*prémier* russo Nikita Kruschev.

Em 1961 estava de novo em Nova York a convite do chanceler Afonso Arinos, com quem estabeleci boa amizade que se prolongou até sua morte. Fui designado para a 3ª Comissão, de direitos humanos, para assessorar duas personalidades bem díspares de fora do Itamaraty:

o jurista Lineu de Albuquerque Melo e o sociólogo Alberto Guerreiro Ramos, homem de esquerda, mulato, uma inteligência brilhante. Depois da revolução de 1964, ele teve de asilar-se nos EUA, onde ensinou na Universidade da Califórnia, lá falecendo prematuramente. O observador parlamentar era o jovem deputado José Sarney, muito interessado por tudo na ONU e que freqüentou nossa Comissão com assiduidade, o que não era comum entre os congressistas. Habitualmente eles preferiam ir a museus e fazer compras nas lojas elegantes da cidade com as esposas ou namoradas, em vez de acompanhar os trabalhos de suas respectivas comissões.

Eram muito vaidosos os meus dois chefes, gostavam de chegar cedo à sala da nossa Comissão e sentar-se na primeira cadeira de nossa delegação, onde estava a placa BRAZIL. Divertia-me com o desapontamento do retardatário, vendo o outro já instalado na cadeira principal e sendo obrigado a sentar-se atrás dele. Curiosamente, quando era necessário intervir nos debates, saíam da poltrona principal e me pediam para participar das discussões, com a desculpa: "Você fala melhor inglês do que eu". Trocando em miúdos: se as instruções recebidas do Itamaraty não fossem aprovadas pela Comissão, o fracasso era meu e não deles... Mas fiz boa camaradagem com os dois delegados, especialmente com dr. Lineu, reitor da UFRJ, homem educado e culto, que evoluiu muito bem na Comissão e acabou seu presidente em 1962, prestigiado pelo seu saber jurídico.

Uma curiosidade de Guerreiro Ramos: certa vez durante uma sessão da Comissão ele passou todo o tempo preenchendo cartões postais para amigos e correligionários no Brasil. Escrevia ele: "Quem diria que eu – um negro – estaria aqui na ONU sentado entre os delegados da Inglaterra e da França representando o nosso Brasil?". E comentava comigo rindo: os meus amigos não sabem que, aqui na ONU, estou mesmo é entre o delegado da Bolívia e o da Bulgária... Certa vez, Guerreiro Ramos, Sarney e eu fomos, com nossas esposas, a uma boate no Harlem ouvir Lena Horne. Tivemos de sair logo depois do "show" porque o público totalmente negro estava inquieto com a nossa presença. Lembro ao leitor que só depois do governo Kennedy é que melhorou bastante a convivência de raças nos EUA.

Em 1961 debatia-se na 3ª Comissão o texto da Carta dos Direitos do Homem e os problemas relativos ao matrimônio, em especial a idade mínima para o casamento da mulher, tema muito delicado para os numerosos delegados dos países muçulmanos. Eles exigiam uma idade mínima para o casamento muito baixa, de 11 anos apenas. Nesses países de clima quente são comuns os matrimônios com meninas de 11 ou 12 anos, já que elas atingem a puberdade muito cedo. Isso escandalizava sobretudo os delegados dos países escandinavos, onde devido ao frio intenso de seu clima as mulheres atingem a puberdade somente aos 18 anos. Passamos semanas debatendo exaustivamente esses problemas e, a muito custo, conseguimos razoável consenso em estabelecer a idade mínima em 15 anos, e isso mesmo com reservas de vários delegados muçulmanos, que insistiam em afirmar que as jovens em seus países "amadureciam para o amor mais cedo"...

Existia na ONU naquela época um representante permanente da Arábia Saudita que era uma verdadeira memória ambulante da entidade. O dr. Baroody estava em sua delegação desde a primeira Assembléia em 1946 e ainda sabia tudo de cor 15 anos depois... Os países sempre acabam evoluindo de posição em certos temas mais delicados e Baroody gostava de interromper os colegas de Comissão nos debates, recordando-lhes opiniões incômodas de seus predecessores, que os novos delegados prefeririam esquecer. Isso os irritava, até que chegou o dia em que se vingaram do falante representante da Arábia Saudita. Fiz boa camaradagem com o dr. Baroody, que tinha primos em São Paulo, e dele me servi para obter apoio dos países muçulmanos em projetos de nosso interesse na 3ª Comissão.

Certa vez, no meio de um debate, Baroody pediu a palavra como *point of order* e anunciou solenemente algo que deixou estarrecidos os seus colegas: o rei Saud, da Arábia Saudita, acabava de assinar naquela manhã a abolição da escravatura em seu país! Todos ficaram boquiabertos e se entreolharam, fazendo um silêncio sepulcral. Um ou dois minutos depois, o presidente da sessão deu prosseguimento aos debates sem tomar conhecimento da comunicação do saudita. Ao fim da reunião, ele veio falar comigo indignado com o silêncio dos colegas. Repliquei-lhe indagando sobre o que pretendia que fizéssemos? Exclamou: "Pelo menos podiam dar uma salva de palmas e um voto de louvor pela decisão do rei!". Respondi que ele deveria antes ter combinado isso com seus colegas muçulmanos para puxar o aplauso. Lembrei-lhe que o Brasil foi um dos últimos países a abolir a escravatura, no final do século XIX, e assim mesmo fomos censurados por só havê-lo feito em 1888. Curiosamente, em 2004, li em nossos jornais que vários fazendeiros do nosso interior profundo foram flagrados e presos por manter trabalho semi-escravo em suas propriedades...

VARIAÇÕES

NIKITA KRUSCHEV, A COTOVELADA

Vim a conhecer Kruschev em Nova York, durante a célebre Assembléia Geral da ONU de 1960, quando importantes chefes de Estado assistiram às sessões. Era a primeira vez em que compareceram os chefes de Estado e embaixadores dos países africanos e asiáticos recentemente independentes. Foi uma grande Assembléia, uma das mais importantes da história da ONU. Eu era um jovem 2º secretário da embaixada em Washington, deslocado para integrar nossa Missão na ONU. Ciro de Freitas Vale ficou como chefe da delegação, após o regresso do chanceler Horácio Lafer.

Ainda inexperiente dos trabalhos da ONU, Ciro designou-me para o plenário da Assembléia Geral e eu deveria anotar os fatos importantes que lá ocorriam. Durante aquelas semanas em que estive no plenário quem estava sempre imediatamente atrás de nós era a delegação soviética. Na primeira poltrona atrás das cadeiras ocupadas pela delegação brasileira estava o chefe da delegação russa, nem mais nem menos do que Nikita Kruschev. Sempre nos cumprimentávamos amavelmente, mas nunca ousei dirigir-lhe a palavra, é claro. Até que aconteceu o impensável!

No intervalo entre dois discursos, Kruschev e outro delegado soviético ergueram-se e ficaram de pé conversando ao meu lado, mas eu não me havia dado conta de que estavam tão perto. Por minha vez ergui-me para esticar as pernas e, ao ouvir vozes ao lado, virei-me subitamente para a esquerda e... dei uma cotovelada no peito de Kruschev, que levou um susto e levantou os braços. Fiquei apavorado e escusei-me em várias línguas. Kruschev fez um gesto de entender o acontecido e continuou a conversar com seu interlocutor. No dia seguinte, cumprimentei-o e desculpei-me outra vez e ele sorriu e encerrou o incidente.

Mas a coisa não ficou por aí, pois ocorreu dias depois um fato curiosíssimo, que bem demonstrou o lado histriônico de Nikita Kruschev. O primeiro-ministro inglês Harold MacMillan acabava de falar e Kruschev precipitou-se para o pódio para responder-lhe. O ambiente estava tenso e Nikita falou aos berros, vermelho de raiva. Eu me assustei com o incidente e decidi levantar-me para ir telefonar ao chefe da nossa delegação sobre o que estava acontecendo no plenário. Kruschev terminou o seu furibundo aparte e nos cruzamos: ele voltava à sua poltrona e eu saía da sala. O que aconteceu? Ao ver-me, Kruschev abriu um sorriso amabilíssimo! E eu fiquei espantado, pois se a raiva que ele demonstrara no pódio dois minutos antes era sincera, como poderia ele dar-me aquele sorriso tão descontraído que me brindou? Concluí que o tom agressivo em que ele estivera falando no pódio, poucos minutos atrás, era puro teatro! Corri para relatar o que presenciei ao chefe da delegação, que se divertiu com a estória.

23 DE OUTUBRO DE 1962 — A NOITE EM QUE O MUNDO NÃO ACABOU

Em 1962, voltei a Nova York para a 18ª Assembléia Geral, por gentil intervenção de San Tiago Dantas e aprovação de Afonso Arinos. Continuei na 3ª Comissão, onde havia me firmado bem e feito bons amigos entre os delegados, o que é importante na ONU. O dr. Lineu de Albuquerque Melo, então o nosso único delegado, havia melhorado o seu francês, o que lhe assegurou a presidência da Comissão, desempenhando-se com segurança e agrado de todos. Em momentos em que ele se ausentou da sala, presidi a 3ª Comissão em seu lugar.

Foi durante essa Assembléia que ocorreu a grande crise dos mísseis em Cuba. Recordo aquela noite histórica de 23 de outubro de 1962, na qual o mundo quase acabou. Já pela tarde em Nova York o pânico era total: o presidente Kennedy ameaçava bombardear os navios russos carregados com mísseis a serem instalados em Cuba. O impasse era gravíssimo! Consciente do tremendo risco, Kruschev ordenou que seus navios navegassem em círculo para dar tempo a que ele e Kennedy chegassem a um acordo.

Minha esposa estava comigo em Nova York, pois aquele dia era o aniversário de nosso casamento. Nossas filhas permaneciam em Washington em seu colégio, cuidadas pela empregada portuguesa. Deixei-a na tribuna do Conselho de Segurança e fui para a 3ª Comissão, onde trabalhava. Pouco depois, ela veio prevenir-me que a atmosfera do Conselho estava pesadíssima. As emissoras de rádio locais aconselhavam a população a comprar tudo o que fosse líquido nas lojas. Caso houvesse bombardeio nuclear russo de Nova York, certamente o fornecimento de água seria interrompido. A sessão do Conselho de Segurança foi relativamente curta, pois todos os insultos já haviam sido disparados e a situação estava então sendo decidida na Casa Branca, em Washington, e no Kremlin, e não mais na ONU.

Lembro-me que saímos do prédio da ONU com o embaixador Araújo Castro, preocupadíssimo e ansioso por regressar depressa a seu hotel para telefonar para o Rio de Janeiro e dar instruções a sua mulher Myriam. Encontramos no portão o embaixador da Suécia e Araújo Castro deu-lhe um "Até amanhã!" O sueco voltou-se para nós e disse: *You are an optimist. There is no tomorrow!* (Você é um otimista. Não há amanhã). Já era noite fechada e a 1ª Avenida de Nova York estava literalmente vazia. Não havia viv'alma nas ruas, pois todos esperavam a bomba atômica russa a qualquer momento. Fomos caminhando em direção ao Hotel Blackstone, na rua 58, e encontramos um restaurante ainda aberto. De lá telefonamos para Washington para dar instruções a nossas filhas e à empregada. Ao sair do restaurante, dei uma gorgeta ao garçon de US$ 20. Afinal o mundo ia acabar, por que não dar uma alegria final ao rapaz?...

No hotel encontramos Gilberto Amado no *hall* conversando com o *concierge*. Estava apavorado e falava sem cessar. É claro que nós estávamos muito tensos também, sobretudo preocupados com nossas filhas em Washington, outro provável alvo dos russos. Pensamos em regressar à capital, mas era tarde demais. Enfim era inútil tomar qualquer outra providência diante da anunciada fatalidade e isso nos deixava em uma estranha calma. Gilberto convidou-nos para tomar um *drink* na sua suíte e lá ficamos até tarde, à espera de alguma notícia pela televisão ou rádio. Às duas da madrugada, exaustos, resolvemos nos retirar para o nosso apartamento. Tomamos tranqüilizantes, rezamos um pouco e conseguimos dormir.

E o mundo não acabou, como naquela marchinha de carnaval cantada por Carmen Miranda. O presidente Kennedy comprometeu-se a não atacar Cuba e a retirar os mísseis da fronteira da Turquia, e o Kremlin ordenou o regresso de seus navios carregados de mísseis. No dia seguinte, a vida retomou o seu curso normal. No Brasil mal se falou do assunto. Jamais esquecerei aquela noite de 23 de outubro de 1962, de tão angustiosa espera.

Ao final daquele ano fui transferido para a Secretaria de Estado, ainda no Rio de Janeiro. Lá comecei a trabalhar na Divisão da ONU, a convite de meu amigo Ramiro Saraiva Guerreiro, depois chanceler do presidente Figueiredo. Não fiquei mais de dois meses naquela repartição, pois fui indicado por meu colega Braulino Botelho Barbosa a sucedê-lo à frente da Divisão de Política Comercial, que iria dirigir por quase dois anos.

II

TRABALHANDO NAS AGÊNCIAS ESPECIALIZADAS DA ONU

Recordações da UNESCO

Algumas palavras finais neste capítulo sobre a diplomacia multilateral para comentar minha participação na UNESCO, a Organização das Nações Unidas para a Educação, Ciência e Cultura, sediada em Paris. A entidade, fundada em 1945, despertou grande entusiasmo entre intelectuais e artistas brasileiros nos primeiros anos de suas atividades. Em 1946 foi criada a seção brasileira e dela participaram alguns de nossos melhores intelectuais e cientistas, mas cedo se verificou que a ação da UNESCO seria forçosamente limitada por falta de recursos e, hoje em dia, a comissão nacional tem mínima projeção. Quando chefe do Departamento Cultural do Itamaraty (1969-70) fui um dos vice-presidentes dessa comissão nacional, mas hoje só é notada a cooperação realizada pela UNESCO na restauração de monumentos históricos brasileiros e a sagração de uma vintena deles como patrimônio histórico da humanidade.

Em 1970, estive em Paris para a conferência geral da UNESCO, acompanhando o então ministro da Educação Jarbas Passarinho. Dei-lhe por acaso útil contribuição para seu discurso oficial, ao sugerir-lhe destacar o fato de que o Brasil, naquela época, já estava gastando mais de US$ 1 bilhão com a educação nacional. Conversara a respeito com um delegado francês e surpreendi-me quando ele me assegurou que o Brasil era um dos países que mais gastavam com a educação no mundo.

Relatei o fato a Passarinho e ele decidiu dar relevo a essa informação em seu discurso, por isso recebendo muitos elogios. Infelizmente, a educação no Brasil, 35 anos depois e após tanto dinheiro gasto, continua extremamente precária e assunto dos mais vivos debates.

Ajudando a formular a política comercial brasileira no GATT e UNCTAD. Gatófilos versus Gaticidas

Como chefe da Divisão de Política Comercial em 1963 empenhei-me muito na preparação da grande conferência em Genebra para a criação da UNCTAD, a Organização das Nações Unidas para o Comércio e Desenvolvimento. Nos últimos 10 anos ela foi presidida pelo embaixador Rubens Ricúpero, meu talentoso secretário da embaixada em Quito, em 1970. A atmosfera era tensa entre os países em desenvolvimento e as grandes potências comerciais estavam ciosas de manter seus privilégios bem administrados pelo GATT (*General Trade and Tariffs Council*), em Genebra. Curiosamente, na época havia no Brasil duas tendências que se chocavam vivamente: uma que defendia o GATT como a melhor maneira de conseguir vantagens paulatinas para o nosso comércio internacional e a outra, muito agressiva, disposta a arrancar à força dos países desenvolvidos importantes concessões comerciais. Tínhamos no momento em Genebra um excelente delegado, o ministro Alfredo Valadão, que militava há anos naquela organização, onde tinha amigos preciosos, e ele nos aconselhava prudência na preparação da conferência da UNCTAD.

Tal como hoje em dia no governo Lula, na época de João Goulart o Itamaraty estava infectado por radicais, jovens e menos jovens, como o ministro Jaime de Azevedo Rodrigues, chefe do Departamento Econômico, que nas reuniões preliminares no Rio de Janeiro divergira vivamente de altos funcionários do Ministério da Fazenda, *habitués* das reuniões do GATT, tais como José Knack de Souza e Jaime Magrassi de Sá, este mais tarde presidente do BNDES, que advogavam uma tática cautelosa e não acreditavam na viabilidade de atropelar as grandes potências a curto prazo, preferindo uma política de *petits pas*, que estava rendendo bons resultados. Sergio Frazão, brilhante diplomata, não exatamente um economista, foi nomeado chefe da delegação brasileira e acabou cooptado por Jaime de Azevedo Rodrigues, adotando a linha de confrontação com os países do Primeiro Mundo, e em especial com os EUA. Nem Frazão nem Rodrigues jamais haviam participado em reuniões do GATT e não conheciam a atmosfera, o que me preocupava como chefe da Divisão competente do Itamaraty. Os veteranos das reuniões da organização de Genebra opunham-se a essa radicalização defendida pelos dois diplomatas.

Estávamos em 1963, na vigência do governo João Goulart, e o chanceler Araújo Castro acabou cedendo à linha dura em Genebra. Os agricultores norte-americanos e europeus recusavam-se a ceder um milímetro de seus privilégios tarifários e subsídios comerciais de que desfrutam até hoje e por isso mesmo os *Gatófilos* não se deixavam enganar pela retórica extremada dos *Gaticidas,* como foram batizados os adeptos da UNCTAD. Tal dicotomia foi azedando os debates preliminares aqui no Rio de Janeiro entre os dois lados de nossa delegação, que ora oscilava para um lado, ora para o outro. Como chefe da DPC, assistia a tudo com apreensão, pedia moderação aos *gaticidas* e imaginava como seria o ambiente dessa delegação ao chegar à Suíça.

Fui designado secretário geral da delegação e ocupei-me de sua instalação em várias salas de elegante prédio comercial perto do lago, contratamos algum pessoal local e tivemos o apoio logístico da nossa Missão permanente em Genebra. A conferência começou tomando o Brasil a dianteira no ataque aos privilégios e subsídios dos países desenvolvidos. A papelada era imensa e deu-me grande trabalho para municiar nossos delegados nas diversas comissões técnicas.

Relato um episódio cômico: o ministro Jaime de Azevedo Rodrigues, o mais agressivo de nossos representantes, chamou-me certo dia e pediu-me um favor delicado: naquela manhã ele pronunciara discurso muito violento contra o delegado norte-americano, que se sentiu ofendido e protestou. Jaime, homem inteligente e encantador, *charmeur* das moças bonitas do Itamaraty, me pedia que visitasse o chefe da Secretaria da conferência e solicitasse permissão para "amaciar" o seu discurso. Temia que a embaixada norte-americana em Brasília protestasse contra os termos de sua intervenção no plenário, o que poderia prejudicá-lo em suas aspirações à promoção a embaixador. Prometi tentar e, na mesma tarde, visitei o chefe do setor administrativo do Secretariado da ONU, que aliás eu já conhecia, e expliquei-lhe minha delicada missão. Ele sorriu e me tranqüilizou: "Isso é muito comum na ONU. Os delegados se excedem no plenário e depois vêm suplicar-me para abrandar os textos das atas". Ele deu-me a fita do discurso e eu passei uma boa hora extraindo dela os adjetivos inconvenientes. A mensagem ficou enxuta, praticamente a mesma, embora sem as grosserias do orador. Jaime Rodrigues, muito grato e aliviado, convidou-me a ir com ele a Milão, naquele fim de semana, assistir a um grande prêmio no hipódromo local. Infelizmente, um ano mais tarde, ele acabou sendo excluído do Itamaraty pela Revolução de 1964, após lamentável episódio.

A conferência da UNCTAD durou mais de um mês e os progressos foram mínimos, como eu previra. No final, Frazão lançou-me no plenário e recomendou-me moderação nos debates, pois já era grande o desgaste de nossa delegação, enquanto outros países importantes do Terceiro Mundo, como a Índia e o México, se acomodaram rapidamente à realidade e nos abandonaram.

Em junho de 2004, Jaime Magrassi de Sá pronunciou uma palestra no Conselho Técnico da Confederação Nacional do Comércio relembrando as lutas entre *gatófilos* e *gaticidas*, e lá estava também outro defensor do GATT, o embaixador Edmundo Barbosa da Silva, que chegou a presidir o organismo por dois anos. Curiosamente, 45 anos depois ainda são bem atuais aquelas disputas comerciais nas conferências da Organização Mundial do Comércio, que sucedeu ao GATT. Aquela velha luta de política comercial continua até hoje e está emperrando as negociações da rodada de Doha com os EUA e a União Européia.

Cito alguns comentários do dr. Magrassi em sua exclente palestra no Conselho Tércnico da Confederação Nacional do Comércio[1]:

"O advento da OMC trouxe em seu bojo alguns traços do GATT, mas tornados pouco efetivos em termos operacionais. Desprezou a mecânica do capítulo 13 do Acordo Geral, que previa a consideração da realidade estrutural dos países menos desenvolvidos. Adotou a verificação de prejuízos no intercâmbio, o sistema de *panels,* em que são analisados coletivamente casos específicos de excesso de protecionismo, de danos a interesses de terceiros por desrespeito às regras da Organização, ou de prejuízo de concessões recíprocas outorgadas sob a égide do GATT, ou mesmo fora dele. (...) Em Doha, no Qatar, não se processaram negociações tarifárias, mas um número razoável de recursos pertinentes a prejuízos, práticas *unfai*r de comércio, e tratamento desrespeitoso ao condicionamento tarifário. Muito ruído, pouco trabalho, de reduzida eficácia".

Depois disso o Brasil venceu, nos *panels* da OMC, a disputa com a empresa aérea canadense Bombardier, uma outra importante questão do aço com os EUA, e também a guerra do algodão. Dirá o leitor: vencemos, mas levamos muito pouco...

Também em junho de 2004 reuniu-se em São Paulo a 11ª conferência quadrienal da UNCTAD, que continua a sonhar com uma nova geografia mundial do comércio. Seu ex-presidente, Rubens Ricúpero, esperava reabilitar o velho Sistema Global de Preferências Comerciais, capaz de reduzir barreiras comerciais entre as nações em desenvolvimento, sem que fossem esses benefícios estendidos aos países ricos.

---

[1] Jaime Magrassi de Sá – "Gatófilos e Gaticidas", in: *Carta Mensal da CNCO*, nº 594, setembro de 2004.

Afirmou Ricupero que uma redução de 30% nas tarifas alfandegárias implicaria no aumento de fluxo de comércio na ordem de US$8,5 bilhões entre esses países em desenvolvimento. Seria uma boa alternativa, pois não há esperanças de que a União Européia venha a abrir mão, a curto prazo, dos subsídios agrícolas. O ex-presidente Chirac contradisse o representante da França, Pascal Lamy, que dera sinais positivos aos países em desenvolvimento. Sintomaticamente, a reunião de São Paulo da UNCTAD não mereceu a menor atenção da imprensa norte-americana. Enquanto isso a ALCA continuava em banho-maria. Por ora, o secretário do comércio dos EUA não está perdendo tempo e adotou a hábil tática de negociar acordos bilaterais com vários países do continente. O Uruguai, membro do MERCOSUL anda muito tentado a enganar-nos e acertar-se com os norte-americanos. Uma notícia promissora: em dezembro de 2005, na conferência da OMC de Hong Kong, a União Européia comprometeu-se a diminuir os subsídios até 2013. Veremos. Em 2008, tivemos outro retumbante fracasso.

Negociando as contribuições do Brasil aos organismos internacionais

Após quase dois anos à frente da Divisão de Política Comercial fui chamado por meu amigo e colega de turma, Carlos Calero Rodriguez, então secretário geral adjunto para Organismos Intenacionais, para chefiar a DOA, ou seja a Divisão de Organismos Internacionais. Minha atuação na chefia da DOA, sucedendo a Italo Zappa, foi muito interessante e variada como trabalho, pois ocupava-me de todas as agências especializadas da ONU, exceto as Nações Unidas, coberta pela Divisão da ONU. O Brasil em 1963/64 estava em débito com quase todas as agências e minha primeira missão foi buscar um acerto para nossas contribuições em atraso. Por instruções de Calero, peregrinei por quase todos os organismos internacionais, exceto a ONU, que não era da minha jurisdição, em busca de um acerto para nossas contribuições anuais. Em algumas delas devíamos várias anuidades e corríamos o risco de ter cassado o direito de voto. Em outras, sobretudo aquelas que exerciam intensa atividade no Brasil, foi possível celebrar acordos provisórios vantajosos, no sentido de pagarmos nossas anuidades em moeda nacional, economizando assim preciosas divisas.

O trabalho na DOA ensejou-me várias viagens a Roma para atuar na Comissão de Produtos de Base da FAO e na Assembléia Geral dessa meritória organização. Lembro-me que em certa reunião na Bélgica fui substituir o nosso delegado especializado que, na última hora, adoeceu e não pôde viajar. Estava em pauta nosso comércio com o grupo BENELUX (Bélgica, Holanda e Luxemburgo), muito significativo para o Brasil. Pouco familiarizado com o assunto, fui lançado às feras, embora portador de instruções pormenorizadas que o delegado habitual me entregou pouco antes da minha partida. Passei a noite no avião estudando as estatísticas e memorizando as instruções. Nos debates, saí-me tão bem a ponto de o delegado holandês vir cumprimentar-me pelo conhecimento profundo do mercado BENELUX! Agradeci a gentileza com a maior cara-de-pau e pensei que 72 horas antes era quase ignorante no assunto... Recordo que naquela época os funcionários do Itamaraty eram freqüentemente chamados a representar o país em reuniões técnicas, o que hoje não ocorre mais, pois os diversos ministérios dispõem agora de gente especializada, mais ou menos fluente em idiomas estrangeiros.

Defendendo Portugal na FAO

Muito apreciava as reuniões da FAO, que me permitiam rever a Itália onde vivera de 1956 a 1958 como cônsul em Nápoles. Tive na FAO dois chefes que recordo com saudades: o embaixador Antônio Corrêa do Lago, recentemente falecido, e o famoso sociólogo Josué de Castro, personagem curiosíssimo, verdadeira *vedette* na FAO, graças a seus livros sobre a geografia da fome. Assisti a cenas estranhas como aquela em que um delegado africano se aproximou de Josué, saudou-o respeitosamente e beijou-lhe a mão. A Assembléia Geral da FAO de 1963 foi agitadíssima porque os africanos e asiáticos tentaram a expulsão de Portugal daquele organismo internacional. Josué disse-me francamente que não desejava desgastar-se com seus amigos afro-asiáticos para defender Portugal e resolveu ir passar uns dias em Paris até que a atmosfera se desanuviasse. Deu-me, porém, mão livre para ajudar e defender Portugal, na medida do possível, e apresentou-me com elogios aos delegados dos países africanos mais moderados. Minha tática se concentrou em convencê-los de que a FAO não era o foro adequado para expulsar um Estado-membro, já que isso implicava em uma decisão política importante, que deveria ser tomada exclusivamente pela Assembléia Geral da ONU, em Nova York, e não por um organismo especializado. A muito custo fui ganhando votos entre os países africanos moderados e, com auxílio dos europeus e latino-americanos, afinal conseguimos derrotar os mais extremados. Recordo-me que o delegado português, ao final da votação, abraçou-me e beijou-me! Curiosamente, os norte-americanos se abstiveram...

O mais cômico ocorreu dias depois da vitória. O Itamaraty felicitou-nos e Josué, ao regressar, teve a gentileza de mostrar-me o telegrama do chanceler louvando nossa delegação. Dias depois passou por Roma o herdeiro presuntivo do trono de Portugal, o duque de Bragança, e o embaixador português na Itália ofereceu-lhe uma grande recepção. Fui convidado e, ao ser apresentado ao duque, o embaixador relatou-lhe o esforço que eu fizera para defender Portugal na FAO e cobriu-me de elogios. O rotundo e pequenino herdeiro do trono português abraçou-me e pronunciou esta frase extraordinária: "Se eu fora rei, Vossência seria visconde!". Confesso que tive de fazer um grande esforço para não rir na cara dele. De qualquer modo, minha posição na FAO fora correta, estava satisfeito por ter podido defender a terra de meu pai e fiquei grato por aquele gesto de reconhecimento do herdeiro do trono de Portugal, cujo governo mais tarde condecorou-me como Grande Oficial da Ordem do Infante Dom Henrique.

Na Chefia da Missão junto à OEA

Os comentários sobre a minha atuação na OEA devem vir em separado porque a Organização dos Estados Americanos não faz parte diretamente da ONU. Como é sabido, a OEA está sob forte influência dos EUA, a começar porque é sediada em Washington, capital do principal Estado contribuinte. No entanto, os EUA têm tido sérios problemas na OEA, tal como aconteceu em 1962, por ocasião da tentativa de expulsão de Cuba da organização, ou pela invasão do Panamá, quando foram condenados pela Assembléia Geral da OEA.

As crises que ocorrem regularmente no continente geralmente encontram suas soluções regionais, isto é, elas são decididas a portas fechadas pelos EUA, os países da região interessada e o secretário geral da OEA. Enquanto isso acontece, habitualmente os outros países são marginalizados das negociações e da decisão. Assim sendo, problemas na região do cone sul do continente são resolvidos por nós e pelos EUA, e os demais ficam fora da sala. Em problemas que surgem na região do Caribe ou na América Central, nós do cone sul não nos metemos. É estranho, mas assim acontece, ou pelo menos acontecia no meu tempo de OEA (1967-69).

Ofereço agora claro exemplo de como trabalhava na época o Conselho da OEA. Em 1968 ocorreu a chamada guerra do futebol entre Honduras e El Salvador, assim chamada porque se iniciou em um campo de futebol e depois os dois mini-exércitos se enfrentaram. Foi convocada a Assembléia Geral da OEA e, em conversa com Galo Plaza, o secretário geral, percebi logo que nem o Brasil nem a Argentina tinham nada a ver com o assunto, e deveríamos nos abster de intervir.

O diferendo seria decidido pelos EUA, pelo presidente da Assembléia, um colombiano, e pelos representantes do México (a potência regional), os dois contendores e o secretário geral da OEA. As reuniões seriam a portas fechadas. No momento estava como chefe interino de nossa delegação e recomendei ao chanceler Magalhães Pinto que não comparecesse à Assembléia Geral porque ele certamente ficaria marginalizado. De Brasília veio para chefiar nossa delegação o embaixador Lauro Escorel de Morais, chefe do Departamento das Américas do Itamaraty. No entanto, na véspera da abertura da conferência recebi um telefonema pessoal de Magalhães Pinto insistindo em comparecer, pois soubera que os colegas argentino e chileno estariam em Washington.

Confirmei meu ponto de vista, com risco até de me incompatibilizar com o nosso chanceler, e ele relutantemente aceitou meu conselho. O que aconteceu? A crise foi resolvida em várias reuniões secretas só com os representantes daqueles cinco países mais interessados, enquanto os outros chanceleres ficaram horas a fio vagando pelos corredores ou jogando cartas na sala do Conselho. O chanceler argentino abriu-se comigo: "O Itamaraty não se equivoca, pois não submete o seu chanceler a este papel humilhante!". Dois dias depois, o presidente da Assembléia apresentou ao plenário o prato feito com as decisões que os cinco representantes haviam tomado. Lauro Escorel relatou ao chanceler o que aconteceu e, quando mais tarde estive no Rio de Janeiro, Magalhães Pinto agradeceu-me o bom conselho de não comparecer.

Meu chefe na OEA primeiramente foi o embaixador Ilmar Penna Marinho, bom jurista e hábil negociador, embora um pouco tímido. Com sua partida para Moscou fiquei nada menos de sete meses à frente da delegação até a chegada de Henrique Rodrigues Vale, excelente diplomata, mas já com a saúde muito abalada. Durante a minha interinidade ocorreu o interessantíssimo episódio da convocação da CECLA, logo após a posse do presidente Nixon, que está relatado com pormenores na página 207 deste livro.

Saindo de uma fria

Eis outro momento de certa importância que aconteceu por ocasião de uma reunião do Conselho da Educação, Ciência e Tecnologia da OEA em 1968, à qual nosso delegado habitual, o ministro do Planejamento Hélio Beltrão, na última hora não compareceu. Havia um item de especial interesse para o governo brasileiro, mas que se nos afigurava de difícil aprovação. Tudo indicava que o ministro não quis se arriscar a perder e não compareceu, cabendo a mim defender a nossa tese. Embora o assunto não fosse tão importante assim, confesso que temi ser fritado pelo eventual fracasso e decidi cair lutando.

Apelei para meus amigos e colegas das outras delegações na OEA e tentei convencê-los da nossa proposta. Antes de tudo visitei o embaixador dos EUA, Sol Linowitz, ex-presidente da Xerox, com quem tinha boas relações, pois eu era dos poucos chefes de delegações que falavam bem o inglês e mantínhamos um ótimo diálogo. Consegui seu apoio valioso e parti para ver o embaixador Guillermo Sevilla Sacasa, representante da Nicarágua, que controlava os numerosos votos dos países centro-americanos. Consegui sua promessa de dar-me os votos da região e a seguir fui conversar com o embaixador de Barbados, Valerie McComie (mais tarde secretário-geral adjunto da OEA) em busca do apoio dos países do Caribe, o que também consegui. Nesta altura eu já tinha maioria assegurada e abordei então o embaixador do Chile, Alejandro Magnet, bom amigo e ótimo orador, para que me ajudasse a puxar o debate. Não tive dificuldades e logo a seguir fui à casa do ilustre Rafael de la Colina, notável delegado mexicano, que aderiu logo e se comprometeu a apoiar-me com vigor. O embaixador argentino foi mais difícil de convencer, mas acabou se rendendo. Naturalmente pedi apoio às demais delegações, mas nessa altura já estava pronto para ir ao plenário. O projeto brasileiro foi aprovado quase por unanimidade, com três ou quatro abstenções apenas, e fui muito cumprimentado pelos colegas.

Devo dizer que nessas manobras fui auxiliado pelo meu competente colaborador Carlos Alberto Pimentel, depois embaixador nas Filipinas. O Itamaraty vibrou com o resultado, pois era do interesse pessoal do chanceler Magalhães Pinto, que me felicitou vivamente. Eles estavam irritados com a omissão do ministro Hélio Beltrão. Lembro esse episódio para demonstrar que o bom relacionamento pessoal entre os delegados na ONU e nos organismos especializados pode produzir resultados surpreendentes, salvo em casos muito especiais em que as delegações recebem instruções estritas e não têm flexibilidade para votar. É claro que mais tarde tive de retribuir alguns daqueles favores aos colegas que me apoiaram em projetos de seu interesse.

Em matéria de eleições na OEA, tive outra intervenção feliz um ano depois, já em Brasília, como chefe do Departamento Cultural do Itamaraty. O Brasil havia perdido as eleições para o Comitê Jurídico Interamericano e o chanceler Mário Gibson Barboza estava ansioso por uma vitória triunfal nas eleições para o Conselho Interamericano para a Educação, Ciência e Cultura, da OEA. Sabedor do meu sucesso em eleições na OEA, chamou-me e pediu que comandasse as gestões para conseguir votos para aquela eleição. Pedi-lhe carta branca para negociar votos em todos os organismos internacionais ao mesmo tempo e expedimos circulares nesse sentido. Negociei votos com vários países latino-americanos interessados em eleições na OEA e em outros organismos internacionais da ONU, em troca de apoio na reunião de Santiago do Chile, onde se realizariam as eleições para o CECC. Os resultados foram excelentes e elegemos nossos candidatos a todas as comissões a que nos candidatamos. Recordo-me que o embaixador dos Estados Unidos veio felicitar-me pelo êxito e disse-me, brincando, que nas próximas eleições na OEA iria me contratar para dirigir as negociações dos EUA... O chanceler Mário Gibson Barboza exultou com o bom resultado de nossas gestões, pois a derrota de Vicente Ráo fora lamentável.

APÊNDICES

I

O ASSESSOR PARLAMENTAR DO ITAMARATY NO CONGRESSO NACIONAL (1974-1977)

Ao terminar a missão como embaixador no Equador, em fevereiro de 1974, visitei o futuro chanceler Azeredo da Silveira em sua residência de Ipanema, uns 15 dias antes da posse do general Geisel como presidente da República. Silveira e eu éramos bons amigos desde os tempos da Itália, quando ele era cônsul em Florença e eu em Nápoles e nos encontrávamos freqüentemente. Graças a ele como novo chefe da Divisão do Pessoal, em 1959 fui removido de Nápoles para a embaixada em Washington, onde finalmente a minha carreira diplomática deslanchou. Bem informado por Luís Felipe Lampreia, Silveira felicitou-me pela minha atuação em Quito, mas disse que só poderia me oferecer uma chefia de Departamento no Itamaraty alguns meses mais tarde, depois que fizesse as alterações que pretendia no Ministério. No ínterim, ele convidou-me a acompanhar o general Pinochet, presidente do Chile, que compareceria à posse de Geisel. Nesse período de espera, decidi acelerar o desenvolvimento da minha fazenda perto de Santo Antônio do Descoberto, Goiás, que havia adquirido incentivado por Roberto Campos e Miguel Osório de Almeida, vizinhos imediatos. O empreendimento não deu certo nem para mim, nem para os dois colegas: a guerra do Yom Kippur, no Oriente Médio, decuplicou o preço dos fertilizantes e inviabilizou o cultivo de nossas propriedades, que exigiam grandes investimentos para melhorar a qualidade da terra. Mais tarde Campos e eu tivemos nossas fazendas invadidas por centenas de posseiros, liderados por petistas, e acabamos perdendo quase tudo o que havíamos investido. (No capítulo "Na corte de J. F. Kennedy" mencionei o fato no final).

Em meados de 1974, Silveira ofereceu-me trabalhar no seu ganbinete como assessor parlamentar, cargo que tinha o mesmo nível de chefe de Departamento. Surpreendeu-me a oferta, mas aceitei o desafio. A movimentação diplomática estava pronta para ser lançada quando o presidente Geisel embaralhou tudo, ao ordenar a Silveira que colocasse na embaixada em Paris o ex-ministro Delfim Neto e Roberto Campos em Londres. Isso redundaria em mais alguns meses de espera até a minha posse na Assessoria Especial de Relações com o Congresso. Meu antecessor no cargo só pôde partir para seu novo posto, a embaixada em Copenhague, em novembro.

Graças à gentileza de Geraldo Holanda Cavalcanti, obtive uma das mais belas salas do lindíssimo Palácio Itamaraty de Brasília e comecei as minhas visitas regulares ao Senado e à Câmara dos Deputados. Visitava quase diariamente as salas dos presidentes das comissões de Relações Exteriores das duas Casas, os chefes dos setores administrativos do Senado e da Câmara, e os líderes do governo e da oposição, também nas duas Casas. O ano legislativo estava no fim e não havia problemas maiores a enfrentar imediatamente. Fui-me fazendo conhecido dos parlamentares principais e inteirando-me das rotinas e das idiossincrasias que convinha contornar. No final de 1974, ocorreu um fato altamente desagradável que quase me fez apresentar demissão do cargo. Graças à intimidade e confiança que gozava junto ao chanceler Azeredo da Silveira, afinal consegui superar o impasse, que aliás não era meu, afinal de contas.

Certo dia estava em meu escritório do Senado (confortabilíssimo, aliás e igual ao de todos os senadores, recebido graças à gentileza de meu parente distante senador Dinarte Mariz, 1º secretário da

Mesa do Senado), quando irrompeu na minha sala o deputado Flávio Marcílio, presidente da comissão de Relações Exteriores, acompanhado de dois deputados do Rio Grande do Sul. Explicaram-se: um importante personagem da ARENA do Rio Grande do Sul precisava urgentemente de um cargo em Nova York, na missão da ONU ou no consulado geral brasileiro. Insistiram de tal modo que prometi-lhes falar no mesmo dia com o chanceler Silveira. Este preferiu consultar o presidente Geisel antes de tomar qualquer providência. No dia seguinte apareceu-me novamente Flávio Marcílio falando em tom quase ameaçador: eu *tinha* que resolver o problema imediatamente ou o governo teria sérias conseqüências. Estranhei que um importante deputado governista ameaçasse o próprio governo, o que naquele tempo não era muito realista. Na realidade, Flávio Marcílio poderia atrapalhar e muito a tramitação de projetos de nosso interesse, pois era o presidente da Comissão de Relações Exteriores da Câmara. O que importava é que me senti realmente coagido, como nunca antes em minha vida funcional. Respondi-lhe que já havia transmitido o assunto ao chanceler, que ficara de consultar o presidente da República. Se ele duvidava do meu empenho, que lhe telefonasse. Ao voltar ao Itamaraty, estive outra vez com Silveira e disse-lhe francamente que se o trabalho no Congresso ia ser assim, eu estava demissionário. O chanceler acalmou-me e afirmou já ter conversado com Geisel, que lhe prometera por sua vez conversar com o general Golbery, encarregado de supervisionar o Congresso. Dias depois, o próprio Golbery me chamou e confidenciou: a aflição de todos devia-se ao fato de que um importante político gaúcho estava jurado de morte em seu Estado, devido a um caso amoroso, e devia sair do Brasil com urgência. Deram-lhe afinal um cargo provisório nos EUA, onde ficou alguns meses. Felizmente nos três anos em que trabalhei no Congresso Nacional aquele tipo de pressão não se repetiu. Tempos depois, Flávio Marcílio tornou-se um bom amigo e acabou padrinho de meu segundo casamento, em 1983.

Minhas funções no parlamento eram múltiplas: devia acompanhar a tramitação dos acordos internacionais nas diversas comissões técnicas, o que nem sempre era fácil. Preparava as sabatinas dos novos embaixadores, orientando os candidatos e informando-os sobre os senadores que poderiam tumultuar o debate com perguntas resvaladiças. Por vezes eu chegava até a sugerir perguntas aos senadores para animar os debates, pois seria humilhante para o embaixador se nada lhe perguntassem. As sessões eram em princípio secretas, mas várias nomeações tinham aspectos políticos delicados que não deviam ser divulgados. Os senadores eram assediados pelos jornalistas e não resistiam à tentação de ter o seu nome nos jornais no dia seguinte. Por isso sempre recomendei ao chanceler Silveira e aos diplomatas a serem sabatinados que evitassem entrar em pormenores delicados e falassem sempre de forma genérica. Um colega, que me sucedeu no Peru como embaixador, teve mais tarde sua nomeação cancelada porque fez críticas a personalidades importantes do país onde iria servir, e tudo saiu nos jornais no dia seguinte. Em casos mais graves, eu me esforçava até por evitar a sabatina, para não expor às feras o candidato, pois estávamos temerosos das conseqüências, se viessem a lume certas notícias embaraçosas para o Itamaraty ou para o governo.

Minhas funções eram variadas e entre as quais estava a de fornecer subsídios a deputados e senadores para eventuais discursos sobre temas complexos ligados à política externa. Conforme a importância desses subsídios, eles eram obtidos por mim pessoalmente ou por meus colaboradores da Assessoria Especial (depois Secretaria de Assuntos Legislativos). Tive dois eficientes e dedicados subchefes, Luís Cláudio Pereira Cardoso e Sérgio Nabuco de Castro, mais tarde respectivamente embaixadores na Síria e na Jordânia.

Para exemplificar minha atuação, relato episódio tragicômico passado com importante senador, depois personalidade nacional e ainda em atividade. Eramos vizinhos de escritório no Senado e conversávamos amiúde, e certa vez me chamou para solicitar informações sobre o problema da interligação das bacias hidrográficas brasileiras. Pretendia fazer discurso sobre a ligação da bacia amazônica com a do Prata e também sobre a ligação do rio Negro com o rio Orinoco, da Venezuela, através do Cassiquiare. Ele gostaria sobretudo de comentar a possibilidade de ligação dos afluentes do rio Amazonas com o rio Paraguai e portanto com Buenos Aires. Como isso implicaria em pormenores técnicos confidenciais, resolvi ir consultar diretamente o chefe do gabinete do ministro da Marinha, que conhecia bem. Dias depois o almirante entregou-me os dados com a recomendação de que algumas daquelas informações eram confidenciais, apenas para conhecimento do senador e não para serem divulgadas em discurso. Ao passar os dados ao senador, salientei os motivos da cautela. As informações eram bastante claras: a ligação da bacia da Amazônia com a bacia do Prata, embora possível a médio prazo, não convinha ao Brasil naquela época (meados dos anos 70), pois se a integração viesse a ocorrer, o Brasil teria de conceder livre navegação internacional. A Marinha não desejava que corvetas argentinas cruzassem livremente o teritório brasileiro. Sublinhei bem ao senador esse aspecto delicado e confidencial e ele ficou muito satisfeito com o material que lhe levara para seu discurso em plenário.

Dias depois, anunciou-me que falaria tal dia e a tantas horas e lá estava eu para fazer a *claque*. Pois o excelentíssimo senhor senador, em seu discurso, afirmou que não entraria em detalhes sobre a interligação da bacia do Prata com a bacia amazônica, porque a Marinha não queria ver navios argentinos passeando dentro de nosso território! Fiquei indignado e temi imediatamente aborrecimentos com a Marinha, cujo assessor parlamentar estava sentado perto de mim e me olhou atravessado. De volta ao Itamaraty mais tarde, já tinha recado do chanceler que queria ver-me. Silveira estava aborrecido porque o ministro da Marinha lhe havia telefonado, dizendo que eu não havia prevenido o senador sobre a confidencialidade daqueles documentos. Expliquei o ocorrido a Silveira com pormenores e ele imediatamente telefonou, na minha frente, ao seu colega da Marinha, relatando o ocorrido e lamentando a irresponsabiidade do parlamentar. Felizmente, a imprensa não noticiou o caso, nem a embaixada argentina deu sinais de haver tomado conhecimento do assunto.

Outro exemplo interessante da nossa atividade no Congresso Nacional ocorreu mais tarde, na gestão de Célio Borja na presidência da Câmara dos Deputados. Tratava-se da aprovação do célebre e controvertido Acordo Nuclear com a Alemanha. O brilhante deputado da oposição Lysâneas Maciel, presidente da Comissão de Ciência e Tecnologia, havia criado inúmeras dificuldades para a aprovação do acordo no nível da comissão e prometia fazer muito mais no plenário, onde a contagem era incerta para o governo. Golbery chamou-me ao seu gabinete e pediu-me que ajudasse de alguma maneira Célio Borja a aprovar o acordo no dia seguinte. Célio foi magistral e eu dei uma ajuda bastante útil. Vejamos como foi.

O presidente da Câmara chamou vários deputados da ARENA a seu gabinete e pediu-lhes que se inscrevessem à noite, como é hábito, para falar no debate geral do plenário no dia seguinte. Eram cinco ou seis deputados e quando Lysâneas chegou para inscrever-se também, teve de ficar atrás deles na fila. Combinei com uma moça belíssima que trabalhava comigo na Assessoria que esperasse Lysâneas em seu gabinete. Ela devia fazer o possível para detê-lo no seu escritório, iniciada a sessão plenária. Célio Borja abriu a sessão e iniciou o debate geral sobre o acordo nuclear. Dada a palavra aos vários deputados inscritos, Célio fez um sinal aos que ainda não haviam falado para que saíssem do plenário. O secretário da mesa chamou rapidamente os demais deputados um por um, todos ausentes, e também Lysâneas Maciel, igualmente ausente, retido no seu gabinete. Ele seguia o debate pelo alto-falante de seu escritório, mas quando percebeu a jogada, saiu disparado para o plenário. Na realidade só os comunistas e o *lobby* dos EUA se opunham ao acordo nuclear, que foi aprovado sem dificuldade. Lysâneas nunca mais falou comigo, nem com a bonita moça do meu gabinete... Infelizmente, nosso esforço foi em vão: o Brasil gastou bilhões de dólares em um projeto cuja eficácia não estava comprovada e quem lucrou em publicidade pessoal foi o diplomata que convecera o presidente Ernesto Geisel do mérito do projeto alemão.

Outro exemplo curioso das minhas atividades para solucionar problemas delicados no Congresso Nacional ocorreu em 1977 quando Marco Maciel era o presidente da Câmara dos Deputados. Chamou-me a seu gabinete para ajudar a solver um problema espinhoso: um modesto deputado paranaense, eleito com poucos votos, havia feito na véspera um discurso violento no plenário da Câmara sobre temas de fronteira, utilizando palavras ofensivas contra o governo do Paraguai e o presidente Stroessner. No dia seguinte houve violenta manifestação defronte à embaixada do Brasil em Assunção, que foi apedrejada. Maciel contou-me que o general Golbery lhe telefonara minutos antes, dando-lhe 24 horas para convencer o deputado a se retratar em discurso no plenário, pois se não o fizesse, o seu mandato seria cassado. Estávamos em plena era do AI-5. Mandamos chamar o tal deputado, que chegou com ar desafiador, mas murchou depressa quando lhe demos o recado de Golbery. Eu já havia lido o discurso e havia boa possibilidade de suavizar a mensagem, torcendo-a um pouco. A pedido de Marco, sentei-me à máquina de escrever e escrevi um pequeno discurso de duas páginas apenas, contornando os pontos agressivos e esclarecendo melhor a posição do parlamentar. O deputado leu pausadamente em voz alta o "meu" discurso e à medida que seguia a leitura, abanava a cabeça afirmativamente. Afinal concordou em pronunciá-lo no plenário naquela mesma tarde. Maciel telefonou ao chefe da Secretaria e mandou inscrevê-lo com prioridade. O paranaense leu o texto no plenário e, ao final, ainda acrescentou: "Viva o Paraguai, viva o presidente Stroessner!". Golbery telefonou-me para agradecer, pois lhe repugnava cassar parlamentar tão insignificante. O deputado ficou gratíssimo a mim e após o episódio sempre me cumprimentava efusivamente...

Tive a sorte de fazer bons amigos no Congresso Nacional, muitos dos quais até hoje ainda me brindam com a sua amizade. Fiquei até assaz popular no parlamento, por iniciativa da minha eficiente chefe de gabinete no Itamaraty, Regina Helena Câmara, que montara uma espécie de farmácia internacional para atender aos pedidos de deputados e senadores para aquisição no exterior de remédios não disponíveis no Brasil. Solicitávamos à nossa repartição no país de fabricação do citado remédio que o adquirisse e nos enviasse pela mala diplomática. Ao receber a encomenda, o deputado ou senador pagava o preço do remédio e nós reembolsávamos a embaixada ou o consulado pelo gasto realizado. Fazíamos isso – é claro – com plena autorização do chanceler Silveira. Dava bastante trabalho, mas nossa "farmácia internacional" foi uma arma extraordinária para quebrar resistências de toda a sorte e rendeu maravilhas. Os "durões" da oposição rendiam-se aos serviços de nossa farmácia e nos ajudavam a vencer resistências de toda a sorte. Para minha surpresa, meu sucessor no cargo não quis se dar ao trabalho de manter a farmácia. Sempre procurei não fazer distinções entre parlamentares do governo e da oposição em termos pessoais com relação à farmácia. Só queríamos prestar serviço aos parlamentares com nossa farmácia internacional, mas quando necessário, cobrávamos...

Um personagem que nunca consegui conquistar foi Ulisses Guimarães. Isso talvez porque ele sabia que eu era amigo de Tancredo Neves, seu desafeto. Eles se digladiavam na época, pois ambos tinham como alvo maior a Presidência da República. Tancredo aspirava lá chegar pela conciliação e negociação com Geisel, enquanto Ulisses preferia a confrontação. Tancredo ganhou, mas não levou. Ulisses tentou depois a Presidência e teve baixíssima votação. Presidiu a Assembléia Constituinte e produziu o monstrengo que é a nossa Constituição de 1988, onde estão incluídos até artigos que nunca chegaram a ser debatidos e votados em plenário. Morreu em desastre de helicóptero perto de Angra, por culpa dele próprio, pois o piloto não queria levantar vôo, já que se aproximava uma tempestade. Nunca tive bons fluidos com Ulysses e quase tudo o que lhe pedia era negado, mas eu tinha um trunfo na mão: Franco Montoro, líder do MDB no Senado. O futuro governador de São Paulo era um *gentleman,* homem culto e viajado, grande orador, tinha uma visão objetiva das questões que interessavam ao país, acima das pequeninas querelas partidárias da oposição. Contornando Ulisses, mais de uma vez Montoro conseguiu dobrar vários deputados e senadores da oposição que obstruíam a tramitação de algum acordo do interesse do Itamaraty para aprová-lo com urgência.

A conquista do apoio dos congressistas exigia imaginação e senso de oportunidade. Sempre atento a problemas eventuais, antecipava soluções aos impasses que se anunciavam. A farmácia produziu ótimos resultados, mas os convites sociais também ajudaram muito. Sempre que possível, colocava deputados ou senadores, que podiam auxiliar-nos em determinado assunto em pauta, em almoços ou jantares oficiais do chanceler oferecidos a importantes personalidades estrangeiras de passagem por Brasília. Os parlamentares se sentiam prestigiados e ficavam gratos. Silveira às vezes se surpreendia com os nomes que lhe sugeria, mas ao explicar-lhe o motivo, ria-se muito e aprovava o convite.

Terminada a minha atuação no Congresso Nacional em meados de 1977, a sabatina para embaixador em Israel foi concorridíssima pelos senadores, que vieram abraçar-me e desejar-me boa viagem. Na Câmara dos Deputados fui surpreendido com rápidas homenagens no plenário, a mim e à minha mulher, por quatro deputados do Ceará, que se congratularam com a nova embaixatriz cearense em Tel Aviv. Em resumo, a minha permanência no Congresso Nacional, se começou mal com aquela experiência desagradável que relatei a princípio, terminou muito bem, dando-me a sensação do dever cumprido e de que havia feito novos amigos. Voltei a vê-los com prazer por ocasião da minha designação para embaixador no Peru, em 1982, e para a Alemanha, em 1984. Nesses países tive ocasião de acolher vários parlamentares de passagem pelas capitais onde representava o Brasil, de homenageá-los e facilitar seus contatos com as autoridades locais.

RECORDANDO ALGUNS PRESIDENTES BRASILEIROS

GETÚLIO VARGAS

Conheci Getúlio Vargas ainda rapazinho. No início dos anos 30, costumava eu passar no verão temporadas em casa do meu tio José da Cunha Vasco na rua Paissandú. Era freqüente estar na janela logo depois do almoço, quando diariamente passava pela calçada o presidente Vargas caminhando a pé pausadamente, proveniente do Palácio Guanabara e em direção ao Palácio do Catete. Naquela época não havia preocupações de segurança e Vargas geralmente caminhava acompanhado apenas por uma ou duas pessoas, amigos ou oficiais de gabinete. Sempre que ele passava pela minha janela eu o saudava respeitosamente: Boa tarde, senhor presidente! Ele respondia sorridente e às vezes me acenava com a mão. Uma tarde parou diante da minha janela e indagou como me chamava, o que estava estudando e que carreira pretendia seguir. Aquele jovem de 13 ou 14 anos nunca se esqueceu da imagem daquele grande homem pequenino, que caminhava tranqüilamente com os braços atrás nas costas e usando sempre aquele mesmo chapéu a que davam jocosamente o nome de "peço a palavra".

Em 1959, cinco anos após o suicídio de Getúlio, o destino me levou a trabalhar em Washington com seu genro, almirante Amaral Peixoto e sua filha Alzira, então embaixadores do Brasil nos EUA. Contei-lhes minha recordação de juventude do Presidente Vargas e eles se emocionaram. Em 2004, por acasião do 50º aniversário da morte de Getúlio, o economista Carlos Lessa, presidente do BNDES, promoveu a edição de um belo livro de homenagem à efeméride, intitulado *Getúlio Vargas e seu tempo*, organizado por Raul Mendes e com a colaboração de diversos autores. Elaborei dois capítulos: um sobre a música no Brasil no seu tempo e outro sobre a Secretaria do Patrimônio Histórico e Artístico Nacional (SPHAN).

JUSCELINO KUBITSCHEK, O MODERNIZADOR DO BRASIL

Conheci Juscelino muito bem, sobretudo antes de assumir a Presidência da República e posso dizer sem jactância que influí diretamente na formação do seu primeiro Ministério. A explicação é simples: era eu amigo do vice-governador de Minas Gerais, dr. Clóvis Salgado, que assumira o governo do Estado quando Juscelino se desencompatibilizou do cargo de governador para se candidatar à Presidência, em abril de 1955. O papel de Clóvis Salgado como governador foi decisivo para a posse de Juscelino como presidente. Nos meses após a eleição ocorreram fatos políticos graves promovidos pela UDN para impedir a sua posse e não fosse a lealdade de Clóvis e a firmeza do general Lott, é provável que Juscelino não tivesse chegado à Presidência. Por isso, a posição de Clóvis era fortíssima nos últimos dias que precederam a posse. Mas voltemos um pouco atrás.

Na época ocupava o cargo de chefe do Serviço de Informações do Itamaraty, o que me dava acesso diário à cúpula da casa. Como amigo de Clóvis Salgado fui várias vezes recebido por JK durante a campanha eleitoral e levei-lhe recados e informações interessantes, a pedido do governador de Minas Gerais. Certa vez, acompanhei o futuro presidente a seu convite em viagem aérea a Diamantina.

Quando Clóvis me disse que seria o ministro da Saúde no primeiro ministério de JK, inadvertidamente fiz um gesto de decepção. Clóvis, médico ginecologista, era o candidato natural ao posto, mas aquele ministério na época recebia verbas modestas e tinha pouco prestígio político. Clóvis perguntou-me por que me desagradava a idéia de que ele ocupasse o Ministério da Saúde. Eu lhe respondi que ele era um grande educador e verdadeiro mecenas das artes em Minas Gerais, tinha experiência de professor universitário e poderia ter papel muito mais importante como ministro da Educação e Cultura do que na pasta da saúde. Lembro que na época as duas pastas, educação e cultura, ainda estavam unidas.

Diante dessa minha ponderação, Clóvis deixou-se facilmente convencer e autorizou-me a procurar Álvaro Lins, futuro chefe da Casa Civil de JK, e expressar sua preferência pelo MEC. Fui visitar Álvaro, que já conhecia dos meios literários cariocas e autor de um belo livro sobre o barão do Rio Branco, e lhe transmiti o desejo de Clóvis Salgado. Álvaro Lins coçou a cabeça e achou que já era um pouco tarde, mas pediu-me para esperar. Minutos depois, chamou-me e disse que JK queria me ver. Juscelino, que me conhecia bem, pediu-me que repetisse a mensagem de Clóvis, à qual adicionei vários argumentos meus. JK sorriu, ficou pensativo por um momento e disse: "Eu não posso negar nada ao Clóvis. Ele será o ministro da Educação e Cultura". Dias depois encontrei Abgar Renault, que era o principal candidato ao cargo e ele insinuou: "O jovem diplomata começa bem. Já está até fazendo ministros!". Desconversei, é claro, mas 32 anos depois, em 1987, comentando o fato com Abgar, então meu colega no Conselho Federal de Cultura, rimos muito. Abgar foi posteriormente ministro da Educação, pasta que Clóvis Salgado ocupou com brilhantismo durante os cinco anos do governo JK.

Durante a campanha eleitoral de JK ocorreu um fato realmente auspicioso: o 1º Festival de Ouro Preto em 1955, inspirado por mim ao governador Clóvis Salgado. Vendi-lhe a idéia de que Ouro Preto era um cenário perfeito para um festival de arte, como os que acontecem anualmente na Europa. Não participei diretamente de sua organização, pois trabalhava no Rio de Janeiro, mas influí decisivamente na participação de algumas personalidades como Cecília Meireles, Camargo Guarnieri, Eleazar de Carvalho e outros. E foi minha a idéia de realizar o casamento de Marília e Dirceu. Acabavam de chegar os restos mortais de Tomás Antônio Gonzaga de Moçambique e imaginei trazer os restos de Marília da igreja de Antônio Dias, onde repousavam, e levá-los em *marche aux flambleaux*, pela rua Direita acima, até o Palácio da Inconfidência, onde seriam colocados ao lado de seu namorado

Dirceu. Menotti Del Picchia foi o inspirado orador. A cerimônia foi belíssima e emocionou JK e todos os presentes. Na sessão de encerramento do festival, JK entregou-me a Medalha da Inconfidência e me fez assim cidadão mineiro honorário. O festival continua até hoje com altos e baixos, o que é natural.

Em meados de 1956, ainda como chefe da Serviço de Informações do Itamaraty, enfrentei um problema curioso. Nessa época somente o Corpo de Bombeiros tinha o direito de usar carros vermelhos. Certo dia surgiu em meu escritório Tad Szulz, novo representante do *New York Times* no Brasil, depois famoso jornalista. Uma de minhas funções era facilitar o trabalho e manter satisfeitos os correspondentes estrangeiros para que enviassem matérias favoráveis ao Brasil a seus jornais. Tad Szulz estava furioso porque não conseguia liberar da alfândega seu conversível vermelho. Fizera duas tentativas em vão e esbarrava no veto do Corpo de Bombeiros. Resolvi então apelar para a instância superior, já que não se devia desagradar representante do mais importante jornal do mundo.

Contactei meu colega Sette Câmara, subchefe da Casa Civil, e pediu-me que fosse ao Palácio do Catete. Ele próprio telefonou para o Corpo de Bombeiros sem resultado. Estava eu já ficando angustiado, quando Sette Câmara resolveu levar-me ao presidente, a quem expliquei em poucas palavras o problema. Juscelino mandou fazer ligação telefônica para o coronel comandante do Corpo de Bombeiros e pediu-lhe que autorizasse a liberação do carro do jornalista. O coronel resistiu, alegando que seria um ato contra a lei, precedente perigoso e – o lado cômico – o bombeiro nem sequer sabia o que era o *New York Times*! JK então ordenou-lhe quase aos gritos, como presidente da República, que liberasse o carro, com a justificativa que sugeri de que a capota do conversível era branca. Ao final do telefonema, JK irritado exclamou: "Veja só você, é preciso ordem do presidente da República para liberar um automóvel da alfândega!". A verdade é que o precedente ficou e hoje há milhares de automóveis vermelhos emplacados. Tad ficou feliz, deu excelente cobertura ao governo JK e ficamos bons amigos. Foi a última vez que vi o presidente, pois pouco depois fui nomeado cônsul do Brasil em Nápoles e parti para a Itália.

Curiosamente, em 2003, então membro do Conselho Empresarial da Cultura da Associação Comercial do Rio de Janeiro, por ocasião do centenário de nascimento de JK, o presidente Ricardo Cravo Albin encarregou-me de comentar a viagem de JK ao exterior, realizada pouco tempo antes de sua posse. Foi montado um belo filme documentário dessa viagem, do qual fui o comentarista. Prestei também o meu depoimento, ao lado de outros amigos e ex-colaboradores. Emocionei-me ao fazer essas gravações, vendo aquele homem dinâmico e sorridente que virou uma página da nossa história e modernizou o Brasil. Embora ainda tenha reservas sobre o *modus faciendi* da construção de Brasília e condene o abandono em que deixou as ferrovias brasileiras em benefício das rodovias, é inegável que Juscelino marcou época na história de nosso país. Em 2006, o seriado da TV Globo sobre JK, aplaudido por muitos, não conseguiu prender minha atenção.

JOÃO GOULART, O DESPREZADO

Só conheci o presidente João Goulart em Washington em 1962 por ocasião de sua visita aos EUA. Sugiro a leitura do ensaio "Na corte de J. F. Kennedy", onde comento pormenores da viagem (vide página 187). Eu havia preparado cerca de 90 fichas com perguntas e respostas para suas entrevistas com jornalistas e na noite de sua chegada a Washington, Roberto Campos e eu fizemos uma verdadeira sabatina com Jango, por mais uma hora, e ele tinha feito seu *homework* muito bem. Tive boa impressão dele, pareceu-me interessado e inteligente, ao contrário do que se dizia. Acompanhei-o em todas as suas entrevistas em Washington, Nova York e Chicago e devo dizer que se portou com desenvoltura em todos os contatos com a imprensa. Ao final da visita, satisfeito com meu trabalho junto à imprensa norte-americana, perguntou a Roberto Campos o que podia fazer por mim. O embaixador respondeu-lhe que poderia promover-me a conselheiro da embaixada. E Jango virou-se para San Tiago Dantas e disse: "Mande preparar o decreto".

SAN TIAGO DANTAS, O HOMEM MAIS INTELIGENTE DO BRASIL

Já ouvi dizer que San Tiago Dantas foi o brasileiro mais inteligente de sua geração e concordo com isso. Conheci-o de perto, bem antes de ele ficar famoso. Grande advogado, de muito prestígio no Rio de Janeiro, freqüentei sua casa da rua D. Mariana nos anos 50. Meu pai, Joaquim Mariz, era um dos diretores do Jóquei Clube quando San Tiago resolveu candidatar-se à presidência do prestigioso clube. Fiz parte do comitê de sua campanha eleitoral, pois conhecia bem os meandros da casa. No Jóquei Club naquele tempo havia dois grupos de sócios: os que freqüentavam o hipódromo e os que só se interessavam pela nova sede no centro da cidade, com sua conveniente garagem. Hoje em dia as eleições no Jóquei Clube são ainda mais complicadas porque formou-se um terceiro grupo de sócios, que desejam carrear o dinheiro do clube para a nova sede social da Lagoa.

O que importa é que a facção comandada por San Tiago Dantas perdeu as eleições para o grupo tradicional comandado pela família Paula Machado. Mas aquelas semanas de convivência com San Tiago Dantas me seriam úteis no futuro, quando ele se tornou ministro das Relações Exteriores e depois primeiro-ministro de João Goulart. No capítulo deste livro, intitulado "Na corte de J. F. Kennedy", o leitor encontrará comentários na página 190 sobre a atuação de San Tiago Dantas no Itamaraty e na viagem de João Goulart aos EUA, em 1962.

Eu havia sido designado para trabalhar nas Assembléias Gerais da ONU de 1960 e de 1961, gostara da experiência e, por ocasião da viagem de Jango a Washington, pedi a San Tiago para ser novamente indicado para servir na Assembléia, de setembro a dezembro de 1962, ao que ele prontamente atendeu. Recordo que em Nova York, no "Council of Foreign Relations", ouvi com admiração uma palestra de San Tiago Dantas, de improviso e em excelente inglês, sobre a política externa do Brasil. Sua morte prematura foi enorme perda para o país.

CASTELLO BRANCO, O PRESIDENTE MILITAR INTELECTUAL

Castello era um militar muito especial, homem de elevado espírito, cultura eclética e preocupado com as artes, freqüentava teatros e admirava as estrelas do palco da época, como Tônia Carrero. Certa manhã fui surpreendido com um chamado telefônico de Sua Excelência. Chegava ao meu gabinete de chefe da Divisão de Difusão Cultural do Itamaraty, quando minha secretária Maria Helena Junqueira informou-me de que o presidente havia me telefonado. Perguntei: "Presidente de quê?" Não sei, respondeu ela, mas informou-me que chamaria de novo. Minutos mais tarde, aquela voz roufenha tão conhecida na televisão chamou-me diretamente – era o presidente Castello Branco! Assustei-me e ele me perguntou: por que o senhor mandou recolher o passaporte do pianista fulano de tal? Respondi-lhe que era hábito da Divisão de Difusão Cultural do Itamaraty inscrever os melhores solistas brasileiros nas grandes competições internacionais, como uma maneira de divulgar a nossa música e nossos intérpretes, em suma, ter a presença do Brasil naqueles concursos. O pianista em questão havia sido convidado e aceitou participar do famoso Concurso Internacional de Chopin, em Varsóvia, e uma semana antes do início da competição veio dizer-me que não se julgava preparado o suficiente para participar e não viajaria. Tarde demais para indicar um substituto, fiquei indignado com sua irresponsabilidade e resolvi dar-lhe uma lição. Era um jovem pianista de talento, mas para benefício de sua futura carreira, devia ser punido para encarar seus compromissos com responsabilidade. Creio que a lição foi útil, pois é hoje ainda um bom recitalista (embora não goste de tocar música brasileira). Telefonei ao chefe da DSI e combinei com ele que mandasse apreender o passaporte do pianista por um ano. Lembro que estávamos no regime militar e isso era possível. Mas o jovem pianista tinha boas relações políticas e chegou até o presidente Castello Branco, que na sua simplicidade resolveu telefonar-me diretamente e indagar os motivos da minha providência. Para minha surpresa, após minha explicação, Castello disse-me "O senhor fez bem em dar uma lição a esse rapaz. Da próxima vez ele será mais responsável" e desligou.

Minha outra relação com Castello foi automobilística. Na época possuía um belo conversível "Mercury" amarelo, de capota preta, que trouxera dos EUA. Certo dia, telefonou-me o ilustre xará Vasco Leitão da Cunha, então ministro de Estado, e pediu-me que emprestasse meu carro ao presidente Castello Branco para desfilar em carro aberto em cerimônia oficial. Naquele tempo a segurança era bem mais frouxa, embora estivéssemos em regime de exceção. É claro que emprestei envaidecido o "Mercury", mas ao recebê-lo de volta fiquei triste: alguém que não gostava do presidente, fez grandes riscos no capô do carro, o que me deu trabalho e despesa para retocar.

Outra vez que vi Castello pessoalmente foi por ocasião da minha promoção a ministro, no início de 1967, quando o chanceler Juracy Magalhães levou-me à sua presença, com outros colegas também promovidos, para agradecer-lhe a distinção. Fez-nos uma pequena preleção e cumprimentou-nos um a um com palavras amáveis.

ERNESTO GEISEL, O MAIS COMPETENTE DOS PRESIDENTES MILITARES

Conheci o presidente Geisel durante a minha estada no Equador, em 1972, e ele era o presidente da PETROBRAS. Em Quito, eu estava ajudando a BRASPETRO a entrar no Equador e encontrava resistência do ministro da Energia local, possivelmente influenciado pelo embaixador da Argentina. Enfronhei-me bastante em assuntos petrolíferos e empenhei-me junto ao próprio presidente do Equador, Rodriguez Lara, para auxiliar as gestões da BRASPETRO. Estando em férias no Rio de Janeiro fui chamado por Geisel para conversar e creio haver deixado boa impressão. Da vez seguinte que vim ao Rio, tomei a iniciativa de contatar o general e ele amavelmente convidou-me a almoçar a sós na PETROBRAS. Surpreendeu-me com o convite para ser um dos diretores da BRASPETRO, que é o braço internacional da PETROBRAS, o que implicaria deixar o Itamaraty. Agradeci muito e recusei, esclarecendo que ainda tinha muito tempo de carreira no Itamaraty e estava só na minha primeira embaixada. Geisel entendeu perfeitamente e presenteou-me com um certo número de ações da BRASPETRO. Não previa na época que seria ele o futuro presidente da República.

Em 1973 diante de graves problemas no Iraque, onde empresas brasileiras estavam trabalhando intensamente, Geisel ordenou ao então chanceler Mário Gibson Barboza que me nomeasse embaixador em Bagdá. Gibson, meu amigo até sua morte recente, resistiu à sugestão, dizendo-lhe que, se eu estava me saindo bem no Equador, não era justo que deixasse o posto. Seria despir um santo para vestir outro. Geisel aceitou o argumento e foi nomeado para o Iraque Mário Dias Costa, chefe do gabinete do chanceler. Suspirei aliviado, embora lisonjeado pela indicação de Geisel.

Cada vez que eu vinha ao Rio almoçava ou entrevistava-me demoradamente com ele, estabelecendo-se assim amizade cordial, embora sempre bastante formal, pois esse era o seu feitio. Quando foi designado para dirigir o país, pedi a Gibson para voltar ao Brasil, pois senti que essas boas relações com o futuro presidente poderiam ser de muita utilidade para a minha carreira. Era apenas um embaixador comissionado e faltava-me ainda galgar o último degrau da carreira.

Cheguei ao Rio de Janeiro poucas semanas antes da posse e naturalmente procurei o futuro presidente, então sediado no edifício do antigo Ministério da Agricultura, ora demolido, junto ao Museu Histórico Nacional. A pedido de Geisel, em uma só semana estive três vezes em seu escritório e o jornal O Globo chegou a publicar que eu era um dos possíveis chanceleres. Nessas entrevistas conversamos sobre vários temas de política internacional e, por solicitação de Geisel, preparei dois *papers* sobre política externa para sua apreciação. Recordo-me que insisti em dois itens: o reconhecimento da China comunista e o reatamento de relações com Cuba, que eu considerava inadiáveis. Curiosamente, ele me solicitou outro estudo sobre o papel dos adidos militares no exterior, pois eu lhe havia feito várias observações sobre o despreparo de alguns adidos com os quais convivera.

O mais divertido foi a conseqüência da pequena notícia em O Globo de que eu era um dos candidatos mais fortes para o cargo de ministro das Relações Exteriores. Recebi vários pedidos de promoção e remoção da parte de colegas e o embaixador Hélio Cabal convidou-me a almoçar em sua casa. Fez-me uma verdadeira preleção como eu deveria agir como chanceler, sugerindo-me transferências de embaixadores e, naturalmente, um bom lugar para ele... Relatei tudo isso a Geisel e nos divertimos bastante. Ele sabia que como ministro de 2ª classe eu não poderia ser nomeado chanceler, pois isso criaria uma gritaria no Itamaraty. Seria o mesmo que nomear ministro do Exército um general de três estrelas.

Já em Brasília antes da posse presidencial, fui logo designado pelo chanceler Silveira para acompanhar o general Pinochet durante as cerimônias oficiais, e tempos depois, fui nomeado secretário de Assuntos

Legislativos, uma espécie de assessor parlamentar de luxo. Durante os três primeiros anos de Geisel na presidência servi junto ao Congresso Nacional e fui promovido a ministro de 1ª classe em 1975, ou, como se diz na casa, a *full ambassador*. Fui agradecer ao meu amigo Silveira, pois era membro do seu gabinete, e ele me disse que havia levado meu nome a despacho para a promoção, entre outros nomes, e o presidente Geisel tinha feito questão de promover-me.

Em meados de 1977, pedi posto a Silveira e ele levou meu nome ao presidente para a embaixada na Iugoslávia, entre outras remoções de colegas. Geisel não gostou da indicação e, para minha surpresa, preferiu nomear-me para Israel. Silveira contou-me depois que Geisel me escolhera porque me considerava "um diplomata de linha de frente" e não devia desperdiçar-me em um posto tranqüilo como a Iugoslávia de então. Pouco antes de partir, fui despedir-me dele e tivemos uma entrevista de quase uma hora. Deu-me uma verdadeira aula sobre o Oriente Médio, que conhecia tão bem desde a época em que dirigia a PETROBRAS. O momento era delicado, pois o Brasil acabara de votar contra o sionismo na ONU e ele fez questão de explicar-me os meandros da votação. E mandou um recado divertido para Bégin e Dayán: "diga-lhes que se os judeus brasileiros devolverem Teresópolis ao Brasil, votarei sempre a favor de Israel"... Recordo que Geisel tinha uma casa na serra e estava brigando com um vizinho judeu. Ao encerrar a conversa, avisou-me: "Estarei lendo seus telegramas confidenciais às seis horas da manhã. Lembre-se disso!".

Depois dessa audiência de despedida em Brasília, só vi o presidente Geisel em 1988, quando de volta ao Rio de Janeiro já aposentado. Visitei-o na NORQUISA, empresa que passou a presidir após o fim de seu mandato. Anos depois de sua morte, li com certa decepção as entrevistas que concedeu a documentaristas do CPDOC. Os textos escolhidos não deixam uma imagem positiva da personalidade que conheci bastante bem. No entanto, em 2004, o livro *A ditadura encurralada*, de Elio Gaspari, resgatou sua imagem como presidente.

Geisel foi o mais competente dos presidentes militares. Teve a pouca sorte de que estourou durante o seu governo a enorme crise mundial do petróleo, encarecendo extraordinariamente o preço do combustível no Brasil e desequilibrando nossas finanças que iam muito bem. No governo Médici o Brasil chegara a alcançar o 8º lugar entre as maiores potências econômicas mundiais. Hoje estamos em 15º. Em conseqüência da crise financeira, Geisel centralizou poderes em demasia e estatizou excessivamente a economia. Lutou durante todo o seu mandato contra a *linha dura* e iniciou a abertura para a democracia, afinal realizada por Figueiredo. O livro de Gaspari acima citado dá um panorama bastante objetivo das dificuldades que Geisel teve para governar o país e faz também uma rápida citação de um dos meus *papers* solicitados pelo presidente.

JOÃO BATISTA FIGUEIREDO, MEU AMIGO

O futuro presidente João Figueiredo era amigo de família e meu sogro, general Edgar Soares Dutra, fora companheiro de lutas de seu legendário pai, Euclides Figueiredo, herói da revolução paulista de 1932. Conheci João em 1956, quando estava por embarcar para o Oriente Médio no batalhão Suez, mas afinal não viajou. Almoçamos juntos com seu irmão Guilherme — que se tornaria um de meus melhores amigos — e conversamos muito sobre a conjuntura internacional da época e, em especial, sobre a chamada "Guerra dos Seis Dias". Nos anos subseqüentes nos vimos algumas vezes, porém sem oportunidade de conversar com calma, mas acompanhei de longe, com interesse, a sua carrera brilhante no Exército.

Em outubro de 1969, assumi a chefia do Departamento Cultural do Itamaraty e, por ocasião da posse do general Médici na Presidência da República, ocorreu um episódio desagradável do qual tomei parte indireta. Na véspera da posse, Guilherme Figueiredo procurou-me na minha residência no Rio de Janeiro para pedir-me um delicado favor: desejava que eu transmitisse ao novo chanceler Mário Gibson Barboza, a ser empossado no mesmo dia do presidente Médici, que ele, Guilherme, era candidato à chefia da Missão do Brasil na UNESCO, em Paris, e seu irmão João, chefe da Casa Militar do novo presidente, estava ao corrente de sua candidatura. Naquele dia Gibson já estava em Brasília para a cerimônia de posse, de modo que só pude falar-lhe no dia seguinte e transmitir o recado de Guilherme.

Ao conversar com Gibson, ele ficou desolado e me contou que, logo depois da posse, teve ocasião de conversar com o presidente e ficara decidido que o embaixador Everaldo Dayrel de Lima, então na Grécia, iria para a UNESCO. Surpreendi-me com tão rápida decisão e Gibson explicou o motivo da urgência: era chefe de Departamento da África e Oriente Médio o embaixador Hélio Cabal, seu desafeto, que não estava em seu plano de chefias no Itamaraty. Ofereceu por isso a Everaldo a UNESCO e a Cabal, a Grécia e ambos aceitaram, evidentemente. Submeteu o assunto ao presidente, que concordou com as mudanças, sendo logo expedido o telegrama de pedido de *agréement* para Cabal. Gibson ficou aborrecido porque Guilherme também era seu amigo e prometeu explicar-lhe pessoalmente o acontecido: João Figueiredo não podia ter tido conhecimento do fato, pois estava em outra ala do palácio do Planalto e, em princípio, nada tinha a ver com o Itamaraty, nem podia supor que a candidatura de seu irmão viria à baila tão depressa.

Ao regressar à minha sala no Itamaraty, apressei-me a chamar Guilherme e contei-lhe o ocorrido com todos os pormenores. Ouviu-me em silêncio e ficou mudo durante alguns segundos. Explodiu depois censurando violentamente o irmão, malgrado minha insistência em esclarecer-lhe que João não podia ter sabido de nada e nem tinha culpa alguma no caso. Guilherme estava furioso e dias depois acabou enviando uma carta terrível ao irmão, cortando relações. Sempre que o via, eu lhe assegurava que estava fazendo uma grande injustiça. As explicações que Mário Gibson também lhe deu tampouco o fizeram mudar de atitude.

Passaram-se quase oito anos e os irmãos continuavam brigados. Quando João foi escolhido sucessor do general Ernesto Geisel na Presidência da República, estava eu em férias no Rio de Janeiro e tive ocasião de encontrar-me com Guilherme. Aproveitei para tentar convencê-lo a fazer as pazes com o irmão. Pediu-me então que solicitasse audiência a João, então chefe do SNI, para me despedir e tentasse uma reconciliação. João recebeu-me amavelmente e recordamos vários fatos do período em que servira no Itamaraty no governo Geisel, quando ele e Dulce estiveram no meu apartamento de Brasília duas vezes para jantar. Abordei depois o problema do Guilherme e João ficou irritadíssimo, contou-me pormenores de sua longa briga e depois de muito esbravejar e dar murros na mesa, exclamou: "Diga ao Guilherme que venha almoçar comigo no sábado, na granja do Torto". Felizmente reconciliaram-se após tormentosa discussão.

Durante a entrevista aconteceu o imprevisível: João perguntou-me se voltaria a Israel, onde era o embaixador do Brasil, via Paris. Respondi afirmativamente. Pediu-me que transmitisse a Delfim Neto, então embaixador na França, o convite para ser ministro da Agricultura de seu governo. Estranhei a mensagem e exclamei: "Da Agricultura, João?" "É isso mesmo", replicou o futuro presidente, e explicou: "o Delfim tem ótimas relações nos meios financeiros internacionais e poderá atrair bons investimentos para esse setor, que pretendo desenvolver muito".

De passagem por Paris, dias depois, visitei Delfim, que conhecia pessoalmente desde os tempos de Washington. Transmiti-lhe o recado de Figueiredo e Delfim ficou de boca aberta. "Agricultura?", exclamou Delfim. Confirmei. Dei-lhe a explicação que João me oferecera em Brasília e o embaixador em Paris prometeu pensar no assunto e comunicar-se com Figueiredo. Semanas depois li nos jornais a nomeação de Delfim para o Ministério da Agricultura, onde aliás permaneceria poucos meses.

A presidência de João Batista Figueiredo não me rendeu nada na carreira, apesar de nos conhecermos bem havia tantos anos. Por ocasião de sua posse tive duas surpresas: o chanceler previsto, Expedito Rezende, que me telefonara para Israel sondando-me para ser embaixador na Bélgica, foi desconvidado por Figueiredo à última hora e assumiu o cargo outro amigo de juventude, Ramiro Saraiva Guerreiro, com quem estudara para fazer o concurso de ingresso no Itamaraty. Guerreiro transferiu-me de Tel Aviv para o Peru e, para terminar a carreira, do Peru para a Alemanha. Naturalmente o fez com assentimento de Figueiredo. Portanto, devo essas duas embaixadas muito mais a Guerreiro do que ao presidente.

Guilherme havia sondado o irmão sobre a possibilidade de me nomear para Roma, e o presidente teria concordado em princípio, mas como o ex-chanceler Mário Gibson Barboza lá estava havia pouco mais de um ano e continuava contente no posto, não se justificava a mudança. Guilherme nunca me relatou sua generosa iniciativa, mas muitos anos depois o próprio Gibson contou-me que o presidente indagou se estava feliz em Roma, pois eu era candidato ao posto. Confesso que fiquei embaraçado ao saber daquela inesperada gestão, pois não teria passado pela minha cabeça tirar o posto do ilustre colega e amigo que, quando ministro de Estado, me convidara para a minha primeira embaixada no Equador.

Do Peru vim a Brasília em 1984, acompanhando o presidente Belaúnde Terry em visita oficial ao Brasil e tive ocasião de estar várias vezes com Figueiredo, que sempre me tratou mui afetuosamente. Em duas longas conversas de trabalho entre os dois presidentes, fiquei ao lado do chanceler Guerreiro, a fim de prestar-lhe assessoria sobre os diversos temas em pauta. Achei o presidente bem disposto, já recuperado da operação cardíaca, mas observei um certo desinteresse de sua parte. Afinal tanto ele quanto Belaúnde estavam em fim de mandato e a visita oficial, sem questões graves pendentes, significou relativamente pouco para ambos. Na recepção oferecida por Belaúnde na embaixada peruana, minha mulher e eu conversamos com João sobre temas leves e ele nos convidou para almoçar no sítio do Dragão, em Itaipava. Isso aconteceria dias mais tarde, em companhia de Guilherme Figueiredo e de nosso amigo comum Hélio Scarabôtolo, embaixador no Iraque.

Por sugestão do chanceler Guerreiro, pouco depois Fgueiredo nomeou-me para a chefia da embaixada do Brasil em Berlim. Ao voltar a Brasília novamente, um mês depois, para a sabatina no Senado, em outubro, perante a Comissão de Relações Exteriores, aproveitei para visitar o presidente Figueiredo no Palácio e agradecer a designação. Achei-o ainda mais distraído, embora sempre cordial.

Já aposentado, em meados de 1987, visitei Figueiredo em seu belo apartamento de São Conrado. Havia na sala outros amigos e a conversa não foi tão boa quanto esperava, pois não foi possível falar-lhe a sós. Entretanto, ouvi uma frase do ex-Presidente que me impressionou: um amigo queixava-se amargamente de decisão judiciária, ao que Figueiredo respondeu dizendo que teria gostado muito de fazer uma "limpeza em regra no judiciário" no seu mandato, mas não o deixaram. Sem dizer quem se opôs.

TANCREDO NEVES, O QUASE PRESIDENTE

Conhecia Tancredo Neves há muitíssimos anos, mas só vim a ter maior intimidade com ele no período 1974-77, quando servi como secretário de Assuntos Legislativos do Itamaraty, uma espécie de assessor parlamentar graduado. Nessa época Tancredo estava claramente *em baixa* e poucos parlamentares se recordavam dos *golden days* em que ele fora primeiro-ministro do presidente João Goulart, logo após a renúncia espetacular de Jânio Quadros. Em 1974 Tancredo não tinha sequer um escritório pessoal como deputado e pousava em uma salinha nos fundos do gabinete do presidente da Comissão de Economia da Câmara, Rubem Medina. Eu fazia a ronda diária pelos principais gabinetes da Câmara dos Deputados e do Senado Federal e encontrava Tancredo com freqüência no gabinete de Medina e isso me deu oportunidade de uma reaproximação. Eu o tratava com todo o respeito merecido, como se ele ainda fosse primeiro-ministro e isso lhe agradava. Certa vez convidou-me para almoçar, debatemos os temas políticos da época e depois, sempre que nos víamos, conversávamos animadamente como velhos amigos.

Tancredo Neves foi eleito presidente da República quando eu era embaixador do Brasil no Peru (1982-84) e já estava transferido para Berlim. De passagem pelo Rio de Janeiro, encontrei em reunião social o seu genro Ronaldo do Vale Simões, entusiasmado com a eleição do poderoso sogro. Disse-me logo que o futuro presidente certamente teria muito prazer e interesse em ver-me e consultar-me. Dei-lhe meu telefone, sem muita esperança de que o encontro pudesse ocorrer. Para minha surpresa, dias depois a secretária de Tancredo, d. Antônia, telefonou-me para dizer que ele me receberia em Brasília tal dia e a tantas horas. Saí para Brasília no primeiro avião e às 11h estava pontualmente na sala de espera de Tancredo, cercado por verdadeira multidão de políticos e militares conhecidos, que conversavam animadamente. Logo que a famosa d. Antônia recebeu meu cartão de visita, veio buscar-me pessoalmente e atravessei a sala guiado por ela, por entre velados protestos de alguns dos presentes. Sentei-me na pequena ante-sala e após poucos minutos de espera, o próprio Tancredo veio ao meu encontro e me abraçou afetuosamente, embora não nos víssemos desde 1977.

Como estava ele? Péssimo. Tinha profundas olheiras escuras e uma barriga enorme, inchada. Sentiu o meu olhar e justificou-se exclamando: "Não agüento mais essa vida política! Há dias que tenho de almoçar três vezes! É inevitável, senão zangam-se". Perguntou-me se gostaria de trabalhar junto a ele no Palácio do Planalto, afirmando que precisava de uma pessoa como eu ao seu lado. Expliquei-lhe que estava designado para a Alemanha e seria descortesia para com o governo alemão a suspensão da minha ida. Esclareci, como motivo principal, que a minha bagagem já estava viajando por mar de Lima a caminho de Hamburgo e ficaria muito caro mandar buscá-la de volta. Ele então fixou-me afetuosamente e disse: "Então daqui a um ano, você virá trabalhar comigo, mas antes disso, gostaria que desse uma olhada neste volume e me desse sua opinião". Entregou-me um livro grosso datilografado com o título de "Lista de brasileiros trabalhando para o governo no exterior". Exclamou: "Não lhe parece um absurdo?" Retirei-me para a saleta vizinha para a leitura, enquanto Tancredo retomava as entrevistas.

A tal lista era realmente volumosa e continha os nomes, profissão, entidade em que serviam, tempo no exterior, missão específica e outros dados. Fiquei estudando o livro por quase uma hora e dei-me conta de que havia um número excessivo de militares em missões de todo o gênero, algumas de alta significação, mas a maioria nem tanto. Havia numerosos bolsistas também e, em alguns casos, para estudar matérias que me fizeram sorrir. Voltei a conversar com o presidente eleito e disse-lhe que, embora a lista fosse grande, somente a metade daquela lista era de gente que ele deveria mandar regressar. Sugeri-lhe que designasse uma pequena comissão para melhor avaliar os diversos grupos de funcionários e bolsistas. Despedi-me dele, prometendo manter contato.

Voltei imediatamente ao Rio de Janeiro e só comentei o estado lamentável em que encontrei Tancredo com minha mulher Regina, que me recomendou não revelar minhas observações a colegas e amigos. Ao invés de encetar aquela longa e cansativa viagem ao exterior, se ele se tivesse feito operar, teria podido talvez tomar posse e até terminar seu mandato. Recebi a notícia de sua morte na Espanha, onde passávamos alguns dias, e nos apressamos a regressar a Berlim para receber as condolências das autoridades alemãs e do corpo diplomático. Minha mulher colocou na porta da chancelaria uma bela fotografia de Tancredo com uma faixa preta e as autoridades e diplomatas, que vinham assinar o livro de condolências, inclinavam-se em saudação. Foi uma pequena homenagem que lhe prestamos. Guardo de Tancredo excelente recordação como homem político e bom amigo, que comentava com argúcia e humor os acontecimentos da época. Teria sido um grande presidente, que não se deixaria enrolar pelas maquinações de Ulisses Guimarães.

JOSÉ SARNEY, O JOVEM DEPUTADO NA ONU

Conheci e convivi com José Sarney no início dos anos 60, quando éramos jovens ainda. Na época era hábito do Itamaraty designar um ou dois secretários da embaixada em Washington para reforçar a equipe da Missão na ONU durante as Assembléias Gerais. Em 1960, 61 e 62 fui um dos felizardos, graças à proteção de, respectivamente, Ciro de Freitas Vale, do senador Mário Martins e de San Tiago Dantas, que me honravam com sua amizade e confiança. Eram três meses em Nova York com bastante trabalho, boas oportunidades de aprender, conhecer gente importante e ir ao teatro, a concertos e à ópera.

Em 1961 fui colocado como principal assessor do delegado brasileiro na 3ª Comissão da ONU, o professor Lineu Albuquerque Melo, reitor da Faculdade de Direito do Rio de Janeiro, que não tinha experiência da diplomacia parlamentar e me ouvia muito. Como é costume até hoje, o Congresso Nacional envia às Assembléias Gerais da ONU deputados e senadores como observadores parlamentares, que são distribuídos pelas diversas comissões da Assembléia e assistem aos debates, sem no entanto, participar deles. José Sarney, então nos seus 30 anos, era o nosso observador parlamentar e devo dizer que ele freqüentava as sessões com assiduidade, o que não era comum a seus colegas políticos, que prefeririam passear com as esposas e fazer compras na Quinta Avenida. Freqüentemente, eu me sentava na poltrona principal do Brasil e algumas vezes pedi a Sarney a gentileza de dar um pulo até o secretariado da 3ª Comissão para obter um documento ou uma proposta que me faltava. Ficamos amigos e várias vezes saímos à noite com nossas esposas. Sarney me deu a impressão de ser um político hábil e interessado, o que se viria a confirmar espetacularmente.

No período em que representei o Ministério das Relações Exteriores junto ao Congresso Nacional (1974-77) retomamos nossa boa amizade. Quando ele chegou à presidência em 1985, nas dramáticas condições que todos sabemos, eu estava na Alemanha em meu último posto na carreira diplomática e ele nada podia fazer por mim, pois eu já estava à beira da aposentadoria. No Rio de Janeiro, ao final de 1987, por intermediação de nosso comum amigo Marco Maciel, Sarney nomeou-me para o Conselho Federal de Cultura, onde respondia pela música e artes plásticas.

Em 2007, por ocasião do lançamento do meu livro *La Ravardière e a França Equinocial*, Sarney amavelmente me escreveu felicitando e deu pleno apoio ao lançamento do livro em São Luís.

FERNANDO COLLOR DE MELLO, A GRANDE DECEPÇÃO

Na verdade, não cheguei a conhecer o presidente Collor de Mello como tal. Em 1954 hospedei-me em casa de seu pai, meu amigo Arnon de Mello, então governador de Alagoas, quando lá fui com Eleazar de Carvalho e a Orquestra Sinfônica Brasileira. Em Maceió proferi uma conferência sobre música. O pai apresentou-me o filho, então apenas um menino, e conversamos ligeiramente. Não podia prever que estava falando com um futuro presidente da República, é claro.

Quando Collor foi eleito presidente no final de 1989, estava eu já aposentado e era membro do Conselho Federal de Cultura, para onde Sarney me nomeara por sugestão de Marco Maciel. Eram de assustar os primeiros boatos sobre a política cultural no novo Governo. Como eu tinha uma amiga conterrânea de Collor, encarreguei-a de sondar o futuro presidente sobre a sua política cultural. Ele respondeu-lhe com uma frase magistral: "No meu governo, cultura só de batatas!". E foi isso mesmo, pois logo ao assumir nomeou um tal senhor Ipojuca e, por sugestão dele, fechou o Conselho Federal de Cultura e a FUNARTE, e realizou profundas mudanças em outras entidades culturais. Um desastre de grandes proporções, do qual depois tentou redimir-se. Eu tinha um livro em curso na FUNARTE, *Francisco Mignone, o homem e a obra*, do qual era o organizador, e me precipitei para retirar os originais de lá, pois soubera que Ipojuca enviaria um caminhão para levar todos os arquivos da FUNARTE para lugar desconhecido. Outros autores fizeram o mesmo e só restituíram os originais muito mais tarde, depois que a FUNARTE foi reorganizada com outro nome. Esse episódio dá bem uma idéia do caos que Collor instalou no setor cultural brasileiro na época.

Nunca cheguei a conversar com ele pessoalmente como presidente. No entanto, reconheço que ele começou uma reforma profunda no Brasil e muitas de suas idéias modernizadoras, ou de seus assessores, estão frutificando hoje em dia, embora não se mencione que foi Collor quem as lançou. Em 2006 elegeu-se senador e tem atuado com discrição.

ITAMAR FRANCO, O INEXPLICÁVEL

Na época em que fui assessor parlamentar do Itamaraty no Congresso (1974-77), conheci muito bem o senador Itamar Franco no Senado Federal. O senador Dinarte Mariz, meu parente longínquo, teve a amabilidade de ceder-me um belíssimo escritório no Senado, entre os senadores, o que foi motivo de muita ciumeira de outros assessores parlamentares, sobretudo dos militares, que ficavam sediados no 10º andar do prédio administrativo. O escritório de Itamar estava situado quase ao lado do meu e assim tive oportunidade de conversar com ele diversas vezes sobre os temas mais variados e de lhe proporcionar subsídios para seus discursos. Jamais poderia imaginar que algum dia viesse a ocupar a Presidência da República, tão regional, ingênuo e despreparado me parecia. Quando assumiu o poder, com a renúncia de Collor de Melo, eu já estava aposentado. Não o procurei, pois nada tinha a ganhar e desconfiava de sua competência para desempenhar cargo de tal importância.

O que ouvi depois sobre a sua atuação como embaixador em Portugal, na OEA e na Itália só confirmou o juízo que dele fazia anteriormente. Continua sendo um bom político regional, preocupado apenas com os problemas de Juiz de Fora e do seu estado. No entanto, não devemos esquecer que ele terminou seu período na Presidência com alta aprovação popular, graças ao sucesso do Plano Real. Nenhum outro presidente terminou o mandato com índices tão elevados de popularidade.

FERNANDO HENRIQUE CARDOSO, o DOUTO

Acompanhei de longe a carreira política de Fernando Henrique Cardoso e tinha por ele simpatia e admiração. Só o conheci pessoalmente em uma noitada em casa de Celso Furtado, em 1992, quando ele era chanceler de Itamar Franco. Tivemos oportunidade de conversar longamente sobre política externa e insisti com ele sobre a abertura de uma embaixada brasileira na Ucrânia. Ele não sabia que a Argentina acabava de instalar uma missão diplomática em Kiev e disse-lhe que o Brasil não deveria ficar atrás, pois temos numerosa comunidade ucraniana no sul do Brasil. Informei-lhe de que o embaixador argentino designado para Kiev era casado com uma brasileira, filha do embaixador Francisco de Assis Grieco. Ponderei ainda que a Ucrânia era membro das Nações Unidas desde a sua fundação e possui forte estoque de armas atômicas. Fernando Henrique concordou comigo e poucas semanas depois a embaixada foi criada.

O comportamento de FHC em relação aos militares e funcionários públicos em geral realmente deixou muito a desejar e não o dignifica perante a história. Em vez de cortar os grandes salários dos marajás, preferiu atacar os aposentados e as viúvas, tentando quebrar uma cláusula pétrea da Constituição. No seu mandato, os ministros do Supremo Tribunal souberam resistir à sua avidez. Infelizmente no atual governo, em 2004, recordo com desprezo o espetáculo deprimente de ouvir alguns dos titulares do STF arrotando erudição e rompendo a Constituição. Um deles chegou a dizer que, se não se quebrasse a cláusula pétrea, teríamos a escravidão até hoje! Do mesmo modo, a atitude de FHC em relação aos militares demonstra que parece ter pouco apreço pela carreira do próprio pai, ilustre militar.

Não mais apareceram oportunidades de conversar com Fernando Henrique. Ao diplomata aposentado as ocasiões de encontrar as mais altas autoridades diminuem sensivelmente. Apesar de tudo, guardo simpatia pelo ex-presidente, embora faça restrições à sua vaidade excessiva. Foi o único presidente do Brasil a ser tratado como um igual pelas maiores autoridades mundiais. Seu *charme* pessoal, cultura e razoável fluência em várias línguas estrangeiras granjearam-lhe bom prestígio no plano internacional e agora nos deixa saudades, sobretudo diante das *gaffes* de seu sucessor. FHC foi o único presidente brasileiro a ser convidado para um fim de semana na intimidade pelo presidente Clinton e depois pelo primeiro-ministro Tony Blair.

O SINDICALISTA LULA NA RDA, OU SAUDADES DE UMA BONITA GRAVATA FRANCESA

Lula sempre foi um grande viajante, por conta da CUT e do PT, ao que não faço objeções, uma vez que uma de suas funções na época era manter contato com sindicatos e partidos de esquerda do mundo inteiro. O que me parece estranho é que Lula, nesses 20 anos de aprendizado internacional, não se tenha dado ao trabalho de aprender o inglês ou outra língua estrangeira. Para um presidente ou primeiro-ministro de país do Terceiro Mundo não manejar bem pelo menos um idioma estrangeiro importante é um tremendo *handicap*, falha imperdoável. Por isso surpreendeu-me que, ao assumir a Presidência da República na quarta tentativa, ele continuasse um monoglota. Ora, isso lhe acarreta risco considerável de ficar à mercê de maus tradutores brasileiros ou estrangeiros, com o risco de distorcer o que ele diz. Soube que Lula, já como presidente, teve sérios problemas com seu tradutor brasileiro ao chegar ao Cairo, em 2003.

Mas o que agora desejo recordar foi a visita que me fez em Berlim, em 1986, o atual presidente da República. Pediu-me para recebê-lo e acedi imediatamente, curioso por conhecer o personagem *en tête à tête*. Conversamos uma boa meia hora sobre a RDA, as relações comerciais entre os dois países, problemas de momento no Brasil e fiz-lhe algumas sugestões. Foi uma entrevista cordial e, ao despedir-se, recomendei-lhe que fosse à audiência com o presidente do Conselho Erich Honecker trajando terno e gravata, pois as altas autoridades alemãs eram extremamente formais. Lula coçou a cabeça e disse-me: trouxe um terno completo, mas tenho de comprar uma gravata. Diante disso, tirei a minha gravata e ofereci-lhe para usar na entrevista oficial. Lula aceitou, agradeceu e prometeu devolvê-la no dia seguinte. Nunca mais ouvi falar na minha bonita gravata francesa...

A segunda vez que o vi pessoalmente foi no *hall* do luxuoso Hotel Plaza de Nova York, nos anos 90. Saíamos com amigos do restaurante *Oak Room* e estávamos no *hall* do hotel quando, repentinamente, abriu-se a porta de um dos elevadores e apareceu o Lula, trajando *jeans*, em companhia de dois amigos ou colegas. Confesso que nos admiramos com a aparição do grupo, que falava alto e gesticulava bastante. Por um momento, pensei em ir cumprimentá-lo e cobrar a minha gravata emprestada em Berlim anos antes, mas eles deixaram as chaves na portaria do hotel e saíram apressados. Nós ficamos imaginando quanto seria a diária dos apartamentos que ocupavam naquele fabuloso hotel novaiorquino.

ANEXOS

I

RECORDANDO ALGUNS GRANDES ESCRITORES E ARTISTAS BRASILEIROS

Durante a minha longa carreira diplomática (42 anos e meio) militei freqüentemente no setor cultural e isso me deu oportunidade de conhecer pessoalmente e até conviver com grandes personalidades da nossas letras e artes. Dirigi a Divisão Cultural do Itamaraty (1964-65) e, mais tarde, chefiei o Departamento Cultural e Cooperação Técnica (1969-70). Tive assim ocasião de fazer bons amigos entre algumas personalidades culturais brasileiras da época. Acho que eles viam em mim um colega escritor ou um artista, e não apenas um simples burocrata interessado.

GUIMARÃES ROSA

Conheci Guimarães Rosa no início de 1946, pouco depois que ingressei na carreira diplomática, após concurso de provas no DASP. Eu trabalhava na Divisão Cultural e ele chefiava a Biblioteca do Itamaraty. Como lá ia amiúde fazer consultas, tomei o hábito de conversar com Rosa sobre música e literatura. Ele bondosamente dava atenção às minhas jovens idéias e por vezes ríamos muito. Certa vez tirou da gaveta algumas folhas de papel datilografado e disse: leia este conto que acabei de escrever. Leia-o com atenção e faça a sua crítica amanhã. O título do conto era "O burrinho pedrês", que ficaria famoso mais tarde como o primeiro da série do livro *Sagarana*.

Até hoje, após haver lido com largos intervalos *Corpo de baile* e *Grande sertão: veredas* ainda considero aquele livro inicial de contos como o Guimarães Rosa mais autêntico, menos sofisticado, menos preocupado com efeitos literários, que mais tarde dominariam a sua prosa.

Anos depois, aí por 1952 ou 1953, cônsul do Brasil em Rosário de Santa Fé, a segunda cidade da Argentina, eu havia feito amizade com escritores e editores. Sempre entusiasmado por *Sagarana*, emprestei meu exemplar, com dedicatória amável do autor, a um editor rosarino, que não tardou a procurar-me interessado em publicar a versão espanhola. Escrevi ao autor falando-lhe da iniciativa e comentando que o tradutor seria um conhecido escritor e influente jornalista local, Adolpho Casablanca, que conhecia bem o português. Sua filha Marta era minha secretária no consulado e falava correntemente o português. Minha proposta era que a tradução seria feita a quatro mãos por pai e filha e, em caso de dúvida, eu trataria de resolver o problema. Se houvesse dúvida maior, eu lhe telefonaria para escolher a palavra ou expressão apropriada. Rosa escreveu-me recusando a proposta, dizendo-me que o texto era regional e muito difícil de ser traduzido. Tempos depois, soube que assinara contrato com uma grande editora de Buenos Aires. Em parte ele tinha razão, pois a editora portenha tinha muito melhor distribuição do que a modesta editora rosarina.

A história teve seqüência, pois em fins de 1969 fui nomeado chefe do Departamento Cultural do Itamaraty e meu vizinho de sala no terceiro andar era Guimarães Rosa, então chefe da Divisão de Fronteiras. Certo dia me confessou ter-se arrependido de não ter feito a tradução argentina de *Sagarana* com minha supervisão direta em Rosário. Reconheceu que a tradução feita em Buenos Aires não lhe agradou nada e que se aborreceu bastante com isso.

Nessa época tive ocasião de recepcionar e homenagear o tradutor alemão das obras de Guimarães Rosa, o dr. Curt Meyer-Clason. Em

1985, ao assumir a embaixada em Berlim travei conhecimento com alguns escritores locais e tive o prazer de saber por eles que Rosa e Clarice Lispector gozavam de grande prestígio na Alemanha. No terreno de traduções é essencial a qualidade dos tradutores para o sucesso de um livro no exterior. Tenho livros traduzidos para o inglês, francês, espanhol, italiano e até mesmo russo e nem sempre fiquei satisfeito com o trabalho dos tradutores. Já me disseram que o sucesso inicial dos livros de Paulo Coelho no exterior se deveu a bons tradutores.

Outra recordação importante de Guimarães Rosa teve um aspecto afetivo de amizade e confiança, e revela uma faceta menos conhecida do temperamento do escritor. Em dezembro de 1969 me procurou para conversar sobre as próximas promoções no Itamaraty. Ambos fazíamos parte da Comissão de Promoções e éramos assediados pelos candidatos. Disse-me ele aproximadamente o seguinte: detesto essa Comissão de Promoções, mas é uma das minhas obrigações. Sinto-me angustiado com o assédio dos candidatos, freqüentemente aflitos e até desesperados com medo de preterição na carreira. Fico pensando que aquele candidato possa vir a suicidar-se, ou sua esposa poderá deixá-lo se ele não entrar na lista dos promovíveis. Não quero prejudicar ninguém, nem ser responsável indireto por algum drama familiar. Assim – disse-me ele – venho pedir a você que me forneça a sua lista de beneficiados e votarei em todos os seus candidatos. Não terei, portanto, mais preocupação com essa Comissão, que me atormenta todo fim de ano. Confesso que fiquei muito surpreso e hesitei em aceitar essa responsabilidade, mas acabei concordando. Oportunamente, entreguei-lhe a lista e ele depois me afirmou que votara em todos os meus candidatos. Isso me havia transformado no "grande eleitor" da Comissão, pois tinha dois votos. A cada postulante que o procurava, Rosa respondia: "Procure o Vasco Mariz. Vou votar nos candidatos dele". Isso vigorou em 1969 e 1970. Mostrei este texto à sua filha Vilma, a escritora e membro do PEN Club do Brasil, e ela gostou muito e me pediu uma cópia para o seu arquivo.

MANUEL BANDEIRA

Conheci Manuel Bandeira em 1951, de regresso ao Brasil procedente de Belgrado e a caminho da Argentina. Na Iugoslávia, meu chefe Ribeiro Couto, amigo íntimo do poeta pernambucano, falava freqüentemente em Bandeira. Tive em mãos várias cartas de Manuel a Couto e assim fui conhecendo pormenores de sua vida e de seu temperamento, sem sequer havê-lo encontrado pessoalmente. Cresceu dentro de mim uma admiração e um afeto pessoal curioso. Reli a sua obra e era raro não descobrir alguma faceta nova, um encanto que passara despercebido, um aspecto de sua poesia que Ribeiro Couto se apressava em interpretar e esclarecer. No início dos anos 20 viveram juntos em uma pensão de Santa Tereza e foram amigos até a morte. Ao ingressar na Academia Brasileira de Letras, seu apresentador oficial foi Ribeiro Couto. Não poderia eu, portanto, ter melhor introdutor à obra de Bandeira do que o poeta santista.

Recebeu-me fugazmente em 1951, com a maior amabilidade, e tinha em mãos o exemplar de *A canção brasileira* que eu lhe enviara dois anos antes. Reiterou os parabéns e o incentivo já expressos em efusiva cartinha e iniciamos frutífera amizade no período de 1954 e 1956, em que vivi no Rio de Janeiro. Nessa época fui várias vezes à sua casa, um pequeno apartamento na Avenida Beira-Mar 406, nº 806 (telefone 22-0832, confiro em meu antigo carnê). Conversávamos muito sobre música, pois, nessa época estava revisando meu livro acima referido. Encontrava Manuel em concertos e em reuniões sociais nas casas de Luiz Heitor Correa de Azevedo e de Francisco Mignone. Uma vez deu-me até a honra de vir jantar em minha residência, em Ipanema.

Em agosto de 1956, estava eu de partida para Nápoles, onde iria assumir a chefia de nosso consulado. Fui despedir-me de Bandeira e no decorrer da conversa falamos da Suíça. Manuel fitou um ponto distante no espaço e fez-se um silêncio. E disse-me ele: "Se você for a Davos, peço-lhe que dê um salto a Clavadel. É pertinho. Jamais poderei esquecer aquela paisagem. Tenho medo de lá voltar, pois não desejo quebrar o encantamento das minhas recordações. Cheguei a Clavadel cheio de esperança, em pleno verão. O verde intenso da paisagem me impressionou desde o primeiro momento. Depois lá veria a neve pela primeira vez. Não deixe de ir lá, e me mande um postal!". Estas foram aproximadamente suas palavras e sublinhou-me que lá consolidou a cura de sua tuberculose e renasceu para a vida. Infelizmente, não me foi possível ir a Clavadel enquanto viveu Manuel Bandeira.

Naquela entrevista, no apartamento da Avenida Beira-Mar, Manuel deu-me um pacotinho para uma amiga brasileira residente em Nápoles. Não tardei a procurar a dra. Giovanna Aita, professora de literatura latino-americana na Universidade de Nápoles, e a fazer amizade com ela e sua irmã Zina Aita, ceramista de primeira ordem, autora de moderna Nossa Senhora que está na minha cabeceira até hoje. Giovanna deu-me a entender que tinha tido um caso amoroso com Manuel Bandeira e quando falava nele suspirava saudosa... Na verdade, parece que, inconformada com a separação, Giovanna resolveu expatriar-se para a Itália, onde se transformaria em centro de irradiação da cultura brasileira. Em 1960, escreveu-me Manuel, para Washington, onde então eu servia em nossa embaixada, para pedir-me a compra de um livro. Ao fim da carta, comentava ele a mudança da capital para Brasília: "Venha ao Rio agora gozar o sabor de ser provinciano..."

Estava em Berlim em 1986 e, ao receber os jornais de 19 de abril, li com surpresa vários artigos que celebravam o centenário de Manuel Bandeira. Pouco antes havia tido a visita de Giovanni Pontiero, com quem recordara minha fugidia amizade com Manuel. Decidi então escrever um estudo sobre o poeta e a música, que foi publicado no suplemento "Cultura" de *O Estado de S. Paulo*, de 26 de julho de 1986. Esse longo artigo mereceu republicação em duas importantes obras sobre Manuel Bandeira: uma coligida por Telê Ancona Lopez (*Manuel Bandei-*

ra – *verso e reverso*, editora Queiroz, São Paulo, 1987) e uma *Homenagem a Manuel Bandeira*, organizada por Maximiano de Carvalho e Silva, e publicada pela Presença Edições, Rio de Janeiro, 1989.

Mas a minha peregrinação a Clavadel, em atenção ao pedido de Manuel Bandeira em 1956, só se realizaria em agosto de 1990. Em viagem de turismo à Europa, já aposentado, este velho diplomata programou uma estada de cinco dias em Davos, a fim de buscar um antídoto à cidade ruidosa e violenta de São Sebastião do Rio de Janeiro. O guia da Suíça da editora Hachette é pouco eloqüente: "A três quilômetros de Davos está Clavadel, estação climática a 1.664 metros de altura, ligada por estrada asfaltada, a 10 minutos de Davos, por linha de ônibus regular".

Ao entrar no sanatório, conversei com a secretária, que logo me perguntou: Bandeira? Drogado ou alcoólatra? Em 1990 o sanatório não era mais para poetas tuberculosos... Depois dessa visita, escrevi um estudo sobre a poesia de Bandeira no período em que residiu em Clavadel, que publiquei em jornais do Rio de Janeiro e São Paulo e na revista *Convivência*, do PEN Club do Brasil Era o meu cartão postal de Davos, com tantos anos de atraso...

Em dezembro de 1998, voltamos a Davos e a Clavadel para passar o Natal e Ano Novo, e talvez despedir-me da neve e das alturas. Esses oito anos e meio, entre minhas duas visitas, modificaram mais a região do que o longo período entre 1913 e 1990. O sanatório de Manuel Bandeira agora estava fechado e disseram-me que aguardava demolição. Novo sanatório e outras construções ergueram-se nesse intervalo. No entanto, essa segunda visita a Clavadel encheu-me de encantamento: em agosto de 1990 lá estivemos em pleno verão com céu azul brilhante; em dezembro de 1998 era inverno, tudo estava coberto de neve, a temperatura chegou a cinco graus negativos e o céu era cinzento e nebuloso. Afinal, esses foram os dois panoramas que o bom Manuel pintara em seus poemas de 1913 e 1914. Portanto, nossa segunda visita a Clavadel completava a anterior.

Trinta centímetros de neve cobriam o caminho deserto até o sanatório que foi de Antônio Nobre, Paul Éluard, Gala e Manuel Bandeira. Subimos com dificuldade os degraus da escada para a varanda do prédio, cobertos de neve e gelo. Todas as portas e janelas do sanatório abandonado estavam fechadas. Tentei penetrar no salão, forcei uma porta, duas, e desisti. Veio-me à mente o poema de Carlos Drummond de Andrade sobre Manuel e então compreendi que aquele mundo mágico dos três grandes poetas estava chegando ao fim. Minha mulher tirou-me uma fotografia debruçado na balaustrada da varanda e lancei um último olhar a toda aquela melancólica beleza que dali se descortinava. Na viagem de volta de ônibus para Davos, mal trocamos quatro palavras.

(O artigo "Manuel Bandeira em Clavadel" foi publicado na revista do Instituto Histórico e Geográfico Brasileiro, nº 370, de 1991, na página "Opinião" do *Jornal do Brasil*, de 25/10/1991 e meu estudo sobre a poesia desse período saiu na revista *Convivência* do PEN Club do Brasil, nº 11, julho/dezembro de 2000).

CARLOS DRUMMOND DE ANDRADE

Ao preparar a quinta edição de *A canção brasileira*, em 1985, fiz um levantamento cuidadoso das canções e outros tipos de trabalhos vocais de cerca de 60 compositores clássicos brasileiros de todos os tempos. Os 10 poetas mais freqüentemente musicados eram os seguintes: Manuel Bandeira (87 vezes), Cecília Meireles (72 vezes), Carlos Drummond de Andrade (49), Mário de Andrade (43), Vinicius de Moraes (37), Guilherme de Almeida (32), Ribeiro Couto (28), Cassiano Ricardo (21), Augusto Frederico Schmidt (18) e em décimo lugar um português, Fernando Pessoa (16 vezes).

Esta estatística — hoje bastante superada, mas que deve continuar em proporção semelhante — é eloqüente, pois as poesias de Bandeira e Cecília apresentam características extremamente atraentes e acessíveis para o compositor. Os versos desses dois poetas freqüentemente são dotados de natural musicalidade, o que não ocorre com poetas *difíceis* como Carlos Drummond, Mário de Andrade ou João Cabral de Melo Neto, cujos versos tersos, torturados e contundentes, por vezes utilizando palavras "pouco musicáveis", representam um desafio temível para compositores pouco ousados. Se muitos versos de Cecília Meireles e Manuel Bandeira são espontaneamente musicais, com a melodia a saltar do texto, de um modo geral os poemas de Drummond encontraram resistência de compositores mais conservadores. Por tudo isso, o terceiro lugar de Drummond nessa estatística me pareceu muito expressivo e até surpreendente.

Por ocasião dos festejos do centenário de Manuel Bandeira, em 1986, preparei para *O Estado de S. Paulo* um longo artigo sobre a contribuição musical do grande poeta pernambucano. Esse artigo obteve boa repercussão e foi incorporado a dois livros de homenagem a Bandeira. O próprio Drummond, encontrando-me em um "Sabadoyle", felicitou-me generosamente e conversamos bastante sobre o seu lado musical. Mais tarde, tive a idéia em Berlim, onde vivia no momento, de elaborar um estudo semelhante a seu respeito, o qual veio à luz no mesmo prestigioso jornal paulista a 4 de julho de 1987. Foi um agradecimento ao poeta, a quem devia muitas linhas de incentivo e aplauso a minhas obras sobre a música brasileira, e sobretudo por uma emotiva crônica no *Jornal do Brasil*, em 1982, sobre a exposição de aquarelas do Rio antigo para comemorar o centenário de nascimento de minha mãe, Anna Vasco, a aquarelista do Leme.

Carlos Drummond de Andrade é, de longe, hoje em dia, o poeta mais querido e admirado do Brasil. Sua longevidade deu-lhe um destaque extraordinário que Bandeira, também octogenário, não chegou a gozar. Digo isso porque a idade provecta de Manuel, envolta pelo carinho e admiração de muitos, não lhe dava a *exclusividade* do amor dos leitores brasileiros. A partir dos anos 50, a grandeza de Manuel Bandeira começara a sofrer a cerrada competição de Drummond. Ao publicar seu quinto livro de versos, *A rosa do povo*, em 1942, alçava-se já ao nível do poeta pernambucano e não eram poucos os que o preferiam. Na realidade, os últimos versos de Bandeira já não causavam o mesmo encantamento. Assim, após o desaparecimento de Bandeira, o bardo de Itabira não teve mais rivais em nosso coração. Vinte anos depois de sua morte, em 1987, Drummond hoje ainda reina soberano.

O curioso é que, pouco antes de morrer, no carnaval de 1987, ele obteve uma consagração popular difícil de prever. Foi glorificado pela escola de samba da Mangueira, aliás vencedora do desfile, utilizando temas de Drummond. Quem poderia supor que um poeta introspectivo, francamente intelectual, poderia chegar até o povo carioca dessa maneira? E o conseguiu através da música, através do carnaval. Não recordo homenagem semelhante, nem tão justa. Drummond virou até nota bancária, como Cecília Meireles, distinção essa que Bandeira injustamente não mereceu.

Mas tal como Bandeira, que era bom violonista, Drummond demonstrou sensível afinidade com a música. Além de despertar o interesse artístico de compositores clássicos, foi amigo de alguns dos nossos melhores compositores, como Villa-Lobos e Francisco Mignone. O curioso é que encontramos em sua obra poética numerosas referências à música. Somente examinando os títulos dos poemas, já percebemos insistentes alusões à música: *Toada do amor*, *Bolero de Ravel*, *Nova canção do exílio*, *A música barata*, *Beethoven*, *Concerto*, *Música protegida*, *Música*, *Orquestra*, *Viola de bolso* (título de um livro de poemas), *A nova canção sem rei de Thule*, *A banda guerreira*, *A música da terra*, etc. Tudo parece demonstrar, como é verdade, que a música, desde a sua juventude, desempenhou papel importante no seu cotidiano.

Reconhecido e sensibilizado pelo citado artigo publicado em *O Estado de S. Paulo*, em que analisava pormenorizadamente a sua obra posta em música, Drummond escreveu-me a carta abaixo, com data de 16 de julho de 1987. Telefonei-lhe para agradecer a gentileza e ele me convidou a visitá-lo em sua casa para conversarmos mais sobre o assunto, assim que a sua filha Julieta, que estava doente, melhorasse. Dias depois, Julieta faleceu e Drummond, uma semana após, também nos deixou. A carta abaixo deve ter sido uma das últimas que escreveu. Cito:

"Meu caro Vasco Mariz: Um amigo enviou-me o suplemento do *Estadão* que publicou o seu artigo sobre as interpretações musicais de meus versos. Foi surpresa grande e boa. Comoveu-me o interesse benévolo, a forte simpatia intelectual já manifestada outras vezes, de maneira espontânea e generosa. Ao contrário do que talvez suponha, não tive a menor formação musical, o que considero uma das grandes falhas da minha vida. Sou duro de ouvido, e os exercícios burgueses de minhas irmãs, em dois pianos lá de casa, não contribuíram para melhorar a minha percepção dos segredos da música...
Por isso mesmo, sempre me surpreendi com a iniciativa dos compositores que lograram captar em minhas poesias matéria para suas criações. Tive poucas oportunidades de lidar com eles, mais no terreno burocrático do que na convivência artística. E a maioria dos que me honraram com seus trabalhos me é totalmente desconhecida. Isso explica porque, de muitas peças musicais inspiradas no que escrevi, eu só tenha notícia vaga pelos jornais. Por sua vez, os compositores me parecem um pouco tímidos, ou desinteressados, de comunicação direta com o autor a quem homenagearam. Não lhe parece curiosa essa parceria à distância, e silenciosa? Desejo esclarecer-lhe que a mudança de Brederodes para J. Pinto Fernandes não foi iniciativa de nosso saudoso Mignone. Eu é que substitui o nome original Brederodes, a meu ver demasiado grotesco, pelo outro, que me pareceu mais humorístico, sugerindo um comerciante português abastado. Mignone musicou os versos antes dessa troca de nomes.
Caro amigo e embaixador, sou gratíssimo à sua bondade e mando-lhe, com um abraço afetuoso, meus votos de saúde, paz e novas realizações culturais. Muito cordialmente, CARLOS DRUMMOND".

O meu ensaio "Carlos Drummond de Andrade e a música" foi depois incorporado à edição de obras completas do poeta, publicada pela editora Nova Aguilar, em 2002, o que muito me desvaneceu. Em 2008, a editora Nova Fronteira anunciou nova edição das obras completas de Drummond e pediu autorização para reproduzir meu texto acima referido.

CECÍLIA MEIRELES

Conheci Cecília Meireles em meados dos anos 50 e convidei-a a ler o seu belíssimo *Cancioneiro da Inconfidência* no 1º Festival de Artes de Ouro Preto, em 1955, que ajudei a organizar a convite de Clóvis Salgado, então governador de Minas Gerais. Cecília escolheu proferir a palestra na Casa dos Contos, linda construção colonial restaurada pelo Banco do Brasil. Ao final da conferência estávamos todos com lágrimas nos olhos. Depois ficamos bons amigos e freqüentei amiúde sua casa da rua Smith Vasconcelos, no Cosme Velho, defronte à estação do trenzinho do Corcovado.

Em 1959, eu estava trabalhando em Washington e fizemos uma longa viagem de automóvel juntos. Saímos de Denver, onde fôramos participar de um congresso da UNESCO, atravessamos o deserto – eu ao volante – visitamos Los Angeles e chegamos até São Francisco da Califórnia, onde iríamos participar de um seminário na Universidade de Stanford. Tenho de Cecília numerosa correspondência (na época ainda se escrevia muito...), de onde retirei uma carta de 25 de novembro de 1959, na qual ela me contava:

> "Uma coisa que eu não compreendo é porque os compositores sempre dão preferência a letras literariamente fracas. Os poemas escolhidos para serem musicados nunca são os melhores. É como se os músicos tivessem sensibilidade musical, mas não sensibilidade literária. O Villa-Lobos disse-me um dia que a música nada tinha com a letra. A palavra era só para apoiar a voz! Engraçadíssimas aquelas teorias dele!..."

Um aspecto pouco conhecido da obra poética de Cecília Meireles é o notável aproveitamento de seu poemas pelos compositores clássicos brasileiros. Ao lado de Manuel Bandeira, Cecília é o segundo poeta mais freqüentemente musicado na história da música no Brasil. O sucesso de sua poesia na música erudita nacional reside no fato de que a sua obra poética, tal como a de Bandeira, possui uma musicalidade inata. A música virtualmente salta de seus versos com espontaneidade e, naturalmente, isso atrai os compositores.

Cecília tinha grande interesse pela música: debatemos várias vezes assuntos musicais, sobretudo problemas estéticos relativos à criação da música nacional. Recordo porém que Cecília teve um bom músico em sua família, pois era sobrinha-neta de Glauco Velasquez, notável rival de Villa-Lobos, morto em 1913, aos 31 anos de idade de tuberculose, quando despontava como extremamente promissor. Cecília Meireles está tão ligada à música clássica que a principal sala de concertos do Rio de Janeiro leva o seu nome.

Lembro sempre com carinho e admiração aquela mulher extraordinária, de olhos verdes-cinzentos, que enfeitiçava a todos... O meu estudo sobre as canções inspiradas na poesia de Cecília Meireles foi publicado em *O Globo*, caderno "Prosa e Verso", de 6 de novembro de 2002, por ocasião do centenário de seu nascimento.

JOÃO CABRAL DE MELO NETO

João Cabral foi meu colega de concurso para o Itamaraty em 1943 e esteve entre os primeiros classificados de nossa turma. Logo no início fomos trabalhar juntos na velha Divisão Cultural do Itamaraty (hoje Divisão de Difusão Cultural), que então era uma potência cultural, pois dispunha de uma verba polpuda em dólares para as atividades culturais no exterior. Todos os artistas nos assediavam com projetos por vezes mirabolantes. Era preciso saber dizer *não* com gentileza, o que aprendi em breve tempo.

Quando para lá fui, João estava arrastando a asa para uma jovem e bela funcionária da repartição, que mais tarde viria a casar-se comigo. Curiosamente, ele me disse: "Não fique embaraçado por haver-me roubado a namorada. Eu sou um homem profundamente ciumento e a minha vida com ela seria um tormento contínuo. Espero casar-me com uma mulher com muitos predicados, mas feia, pois não quero ficar atormentado por ciúmes. Não tenho tempo para isso!" Sempre mantivemos boas relações e tenho todos os seus livros iniciais com afetuosas dedicatórias. Quando fomos para o exterior, em 1948, nossas vidas se separaram e passamos anos sem ver-nos, embora nos escrevêssemos de tanto em tanto.

Em 1964 dirigia eu a Divisão Cultural do Itamaraty quando tive de tomar uma delicada decisão administrativa em relação à excelente peça teatral de João Cabral *Morte e vida severina,* indicada para o Festival de Nancy, na França. Os responsáveis pela peça, o grupo TUCA de São Paulo – se não me falha a memória – me pediam que a Divisão Cultural pagasse as passagens e hospedagem na França para os 13 integrantes da companhia teatral. Fui ver a peça, gostei muito, mas minha dúvidas continuavam, pois aquela despesa vultosa seria apenas para *uma* apresentação em Nancy. Esse festival abrangia peças em línguas estrangeiras apenas, o que certamente dificultava a compreensão do público francês, apesar de resumos publicados no programa. Nossa peça tinha porém uma vantagem especial que facilitava sua compreensão pelo público, pois a montagem era semelhante à das peças gregas clássicas, com os personagens declamando o texto ao centro de um círculo, cercados por uma espécie de coro, que representava o povo.

Era uma pena não enviar a peça de João Cabral ao festival só por uma questão financeira difícil de justificar, mas isso representava um precedente perigoso que outros grupos poderiam alegar para obter igual apoio. Resolvi então apelar para o mais alto nível, o chanceler do momento, Vasco Leitão da Cunha, que eu sabia ser um aficionado do teatro e ele mesmo um ator na mocidade. A meu pedido, ele viu a peça, gostou e me deu luz verde para conceder o auxílio de viagem.

Embora estivesse confiante no mérito da peça, a *chance* de ela vencer o festival era diminuta. E... nossos atores venceram a competição, fizeram considerável sucesso e de Nancy foram contratados para uma semana no famoso teatro parisiense Olympia, onde repetiram o êxito. Vibrei de entusiasmo e, ao mesmo tempo, fiquei aliviado, pois a vitória justificara o gasto.

A volta ao Brasil foi triunfal e o autor foi catapultado para a fama, isso sem esquecer que o compositor da música de cena, o Chico Buarque, também obteve o seu primeiro sucesso internacional e foi lançado no Brasil. João Cabral nunca esqueceu o feito e 30 anos depois, no início dos anos 90, em visita que lhe fiz no seu apartamento do Flamengo, ele me disse: "Você é, em parte, o responsável pela minha fama de hoje. Sem Nancy, eu hoje seria talvez um obscuro poeta, lido apenas por um pequeno grupo de intelectuais"...

VINICIUS DE MORAES

Vinicius era oito anos mais velho do que eu, mas o que nos aproximou foi o fato de que estudamos no mesmo colégio, o Santo Inácio, do Rio de Janeiro. Não fomos contemporâneos, no entanto isso estabeleceu um cordão umbilical de simpatia que nos acompanhou até a sua morte, em 1980. Ambos cariocas, diplomatas e músicos, creio que eu compreendia bem o seu amor pelo Rio e sua música, enfim, as relações do poeta e sua cidade. Aliás ele me disse que pensava escrever um dia uma espécie de itinerário poético da metrópole, não um livro sobre o Rio, mas uma série de impressões e experiências concatenadas. Disse-me isso lá pelos anos 60 e nunca conseguiu ultimar o projeto, que poderia ter sido muito interessante.

Do Vinicius diplomata pouco se tem escrito. Como é sabido, serviu no Itamaraty por mais de 25 anos, mas outros mais severos dirão que ele mais se serviu das vantagens que o Itamaraty lhe proporcionou para a sua arte e sua boemia. A Revolução puniu-o com rigor, degolando-o funcionalmente em 1968 pelo famoso AI-5. Depois da anistia, o aposentado à força pediu reintegração, mas não demonstrou entusiasmo por reverter à atividade diplomática ou consular. Aliás nem poderia fazê-lo, pois já havia superado a idade funcional para trabalhar. Obviamente, não fora um bom funcionário no sentido tradicional da palavra, uma vez que não conseguia cumprir horários. Sua vida boêmia não lhe permitia trabalhar pela manhã: sempre chegava tarde à repartição e isso era um mau exemplo para os seus subordinados. No entanto, nas noites de Los Angeles, Paris e Montevidéu, onde trabalhou na diplomacia, fez amigos utilíssimos ao Brasil, privou com algumas das mais altas personalidades das artes e das letras mundiais. De Hollywood ao Quartier Latin era querido e respeitado.

Quando chefiava a Divisão Cultural do Itamaraty, utilizei Vinicius em várias missões específicas e o encarreguei de representar o Brasil em certames internacionais de poesia, onde sempre se saiu muito bem. Certa vez, escreveu-me: "Você é a única pessoa no Itamaraty a me levar a sério e confia em mim"... Bem, as missões que lhe confiei eram mais de relações públicas do que de verdadeiro trabalho sério diplomático, pois conhecia as suas boas qualidades e as suas limitações também.

Em uma entrevista em Buenos Aires, em 1978, Vinicius disse: "A música apareceu no momento em que eu senti que os limites do livro eram estreitos". A música para ele sempre fora importante e disso me recordo bem, pois discutimos muitas vezes os problemas da criação musical. A princípio julgava que a música popular era uma "forma menor da arte", mas vivendo no estrangeiro por longos anos a música aproximava-o do Brasil e do seu povo, como acontece a tantos diplomatas no exterior. A parceria de Vinicius com Tom Jobim foi decisiva para a consolidação do sucesso internacional da bossa nova. Curiosamente, ele era muito ciumento do seu título de poeta e, na citada entrevista na Argentina pouco antes de morrer, ele fez questão de sublinhar: "Chico Buarque não é um poeta, me parece. É um letrista, um grande poeta das letras"... Recordo-me bem de sua apresentação no teatro parisiense Olympia perante um público entusiasta. Lembro que grandes cantores internacionais interpretaram e gravaram as suas músicas: Frank Sinatra, Tony Bennett, Nat King Cole, Tony Martin, Yves Montand e outros.

Ferreira Gullar escreveu que "Vinicius realizou o sonho de todo o poeta – chegou ao povo sem mediação. Ele não se contentou em escrever poesia, escolheu viver como poeta". Na realidade, terminou como o "poeta sujo" com tudo o que a vida tem de sórdido e de sublime. Por isso a sua música e a sua arte foram entendidas por todas classes sociais no Brasil. Foi o poeta que mais se aproximou do povo, reconheceu Carlos Drummond de Andrade, que compareceu ao seu velório, em julho de 1980, junto com as personalidades mais díspares do Brasil. Faleceu numa banheira, não como Marat, mas onde gostava de escrever, bebericar e telefonar aos amigos. Tinha 66 anos demasiado gastos por desregrada vida noturna, muitos amores e vinhos de todas as cepas. Há tempos virou rua na sua Ipanema querida, onde tantas vezes o encontrei olhando para trás, à espreita de alguma figura esguia de garota, talvez em busca de uma receita de mulher...

(Texto condensado de longo artigo publicado no suplemento "Cultura" de *O Estado S. Paulo,* a 16 junho de 1985).

CLARICE LISPECTOR

Clarice era uma moça alta e bonita, com olhar estranho, cabelos castanhos esvoaçantes e rosto de maçãs salientes de eslava. Conhecia-a de perto na Faculdade de Direito do Rio de Janeiro em 1939. Ficamos logo amigos naquela cerimônia de batismo dos calouros, quando fomos obrigados a procurar os nossos sapatos na água suja do pequeno lago do Campo de Sant'Ana, onde havíamos sido obrigados a atirá-los. Tive sorte e consegui encontrar os sapatos de Clarice, o que a deixou muito contente e me agradeceu efusivamente. Daí partimos para um namorico inocente e passamos a nos sentar juntos no mesmo banco na nossa classe na faculdade. Fizemos passeios juntos e fomos ao cinema mais de uma vez.

Confesso que seus comentários me assustavam um pouco e o nosso recatado namorico não prosperou, esfriou aos poucos. Ela tinha uns silêncios prolongados que me intrigavam. Não havia muita afinidade, embora sentíssemos atração física um pelo outro. Não cheguei a beijá-la. Quando muito deixava-me pegar na mão ou no braço. De namorada ela em breve tornou-se apenas amiga. Reconheço, porém, que aos 18 anos de idade eu era ainda bastante imaturo e ela uma moça já vivida e sofrida, que chegara ao Brasil da Ucrânia ainda menina e passara anos difíceis em Pernambuco. Naquela época Clarice me falava de seus planos literários, deu-me textos para ler, mas confesso que não os levei muito a sério. Em suma, tudo ficou por aí, mas lembro-me muito bem daquele nosso convívio inocente que durou alguns meses.

Clarice conheceu na mesma faculdade aquele que seria seu marido e pai de seus filhos, o diplomata Maury Gurgel Valente, que faria uma boa carreira no Itamaraty e chegou a embaixador na Polônia. Passaram-se os anos e li pelos jornais que o casal havia se separado. Eu chegara a Washington em abril de 1959 para trabalhar em nossa embaixada. Curiosamente fui designado para colaborar com Maury Gurgel Valente, então o chefe do setor cultural e de imprensa da embaixada e a quem mais tarde sucederia. Logo nos primeiros dias de convívio conversamos sobre Clarice e Maury me disse que ela continuava na capital americana com seus filhos na residência do casal, ao passo que ele passara a viver sozinho em apartamento. Clarice sabia que eu havia chegado a Washington e estava trabalhando junto a seu marido. Em pouco tempo Maury e eu ficamos bons amigos e certo dia me fez um pedido embaraçoso. Confessou-me que não agüentava mais a separação da mulher e dos filhos e me pediu que fosse visitar Clarice e lhe pedisse para deixá-lo voltar ao lar. Hesitei um pouco, mas não podia recusar-me a tentar. Nossa velha relação de amizade desde os tempos da Faculdade de Direito, 20 anos antes, poderia facilitar a reconciliação.

Lá fui visitá-la e ela me recebeu festivamente, beijou-me no rosto e nos sentamos a conversar. Quando entrei no pedido do marido, elogiei sinceramente as suas qualidades, que eram muitas, e apelei para a reconciliação. Ela ouviu-me atentamente e depois fez-se um silêncio. Clarice começou também por elogiar Maury, dizendo como ele era carinhoso, como gostava dela, como era bom pai e chefe de família, mas... senti logo a atmosfera negativa. Depois de dizer-me tudo aquilo em favor do marido, ela desatou a chorar! "Desculpe, Vasco, mas não o agüento mais".

Fiquei muito embaraçado por aquela cena tão dramática, tentei consolá-la e despedi-me rapidamente. Na viagem de volta para minha casa, ocorreu-me a idéia de que se eu me tivesse casado com ela, essa cena talvez estivesse acontecendo comigo. O temperamento especial de Clarice, que de certo modo me havia assustado 20 anos antes, tinha exigências de autonomia que o matrimônio com um diplomata não parecia comportar. Ela nunca mais se casou, mas manteve boas relações com o ex-marido e foi visitá-lo quando chefiava a embaixada em Varsóvia, no final dos anos 60. Maury casou-se novamente com a filha do embaixador Leitão da Cunha. Nunca mais vi Clarice depois daquela cena dramática em sua casa de Washington, em meados de 1959.

Acompanhei pelos jornais o sucesso de sua carreira literária e visitei até uma exposição de suas obras, na qual ela aparecia em boa foto ao lado de Maury, ainda jovens. Em 1985 conheci em Berlim dois professores universitários alemães de literatura latino-americana e ambos me disseram que Clarice Lispector e Guimarães Rosa eram os escritores brasileiros mais traduzidos, lidos e apreciados na Alemanha. Tive em mãos dois ou três livros dela, em edições bem cuidadas. Creio que *Perto do coração selvagem* era o seu livro mais louvado na Alemanha. Seu coração já era selvagem desde aqueles anos 40 tão distantes, na Faculdade de Direito, e continuava igual também em Washington, 20 anos depois... Clarice faleceu no Rio de Janeiro em 1977, relativamente jovem ainda, com menos de 60 anos.

No final de 2007 foi publicado interessante livro com numerosas cartas de Clarice às suas irmãs, que revelam a complexidade de seu temperamento.

ANTÔNIO HOUAISS

Conheci Antônio Houaiss durante a realização das provas do concurso direto promovido pelo DASP, em 1944, para preencher vagas na carreira diplomática. Dirigia ele na época um cursinho de preparação para o concurso de diplomata e antes das provas se reunia com seus alunos para dar-lhes as últimas instruções. Tinha eu apenas 23 anos e ele já era um *senior* de mais de 29 anos, professor experiente e de grande dinamismo. Uma vez aprovados – ele em 3º lugar e eu em 14º – fui trabalhar a princípio na Divisão do Pessoal e pouco tempo depois na Divisão Cultural, e ele no Departamento de Administração, onde realizou belo trabalho organizando um manual de serviço que esteve em vigência por muitos anos. Sempre tivemos relações cordiais, mas não houve oportunidade de um convívio mais estreito.

Em 1948, foi transferido para nossa delegação junto à ONU, mas o governo norte-americano não lhe concedeu visto de entrada no país por suas conhecidas tendências esquerdizantes. Estávamos no sinistro período MacCarthy nos EUA. O impasse foi desagradável, mas seus amigos e admiradores acharam solução melhor: foi removido para a delegação em Genebra. Encontramo-nos em Paris, em 1949, no saguão do Hotel Lutétia, e no dia seguinte almoçamos juntos com nossas esposas. Em Genebra ele ganhou experiência na diplomacia multilateral, culminando nos anos 60 com a sua atuação brilhante nas Nações Unidas.

Só viemos mesmo a conviver em 1960/62, ambos como assessores dos delegados principais: ele na 4ª Comissão e eu na 3ª. Naquele ano ingressaram na ONU numerosas delegações africanas e asiáticas que não tinham experiência alguma de como votar nos numerosos projetos de resolução. Recordo Antônio cercado de delegados africanos que vinham buscar nele orientação como votar na Assembléia Geral. Os representantes dos novos países africanos não queriam consultar os delegados franceses ou ingleses, que talvez os aconselhariam com interesse e parcialidade.

Nossas vidas se cruzaram mais intensamente por ocasião da crise em Angola e Moçambique. A situação do Brasil era ambígua e embaraçosa, pois tínhamos instruções para apoiar Portugal, mas com isso nos desgastávamos e nos arriscávamos a ficar isolados. Mas atrás do delegado oficial brasileiro estava o brilhante assessor, que nas ausências do titular votava contra Portugal. Os jornais brasileiros davam destaque à argumentação de Houaiss e a pressão da comunidade portuguesa, na época muito influente, aumentava. Meu pai, Joaquim Mariz, um dos líderes da comunidade lusa e presidente da Real Sociedade de Beneficência Portuguesa, enviou-me recortes de jornais alarmantes, inclusive um severo editorial de O Globo condenando diretamente a atitude de Houaiss. Tivemos longa conversa na biblioteca da sede da Missão brasileira, quando mostrei-lhe os recortes recebidos e sugeri cautela. Antônio ponderou que eu estava reagindo como filho de português, pois sabia muito bem que a política colonial portuguesa era insustentável. Dizia-me ele: "Eu vejo as coisas friamente e só penso na imagem do Brasil na ONU, que está ficando péssima. Sou filho de árabes e não tenho romantismo por Portugal, como você". As conseqüências não tardaram: ele foi afastado do posto e promovido a ministro de 2ª classe, sendo transferido para o consulado-geral em Montreal, onde ficaria esquecido por alguns anos. Mas não seria só isso.

Em 1964 ocorreu a revolução dita Redentora e Antônio foi submetido a um processo especial presidido por um general que fora adido militar em Lisboa. Na época eu estava servindo na Secretaria de Estado, na chefia da Divisão de Organismos Internacionais, e fui chamado a depor. Espantei-me porque em nenhum momento participara dos trabalhos da 4ª Comissão da ONU, durante os três anos em que lá servi nas Assembléias Gerais. Logo na primeira entrevista, o general me explicou que não se tratava de um processo ideológico e sim de um processo administrativo motivado por desobediência a instruções do Itamaraty. Ora, pensei eu, se assim fosse o presidente do inquérito não seria um general e sim outro diplomata...

O interesse do militar comigo era saber exatamente como funcionava o mecanismo operacional na delegação na ONU com relação a discursos e votações. Contei-lhe que o Itamaraty, bem antes do início das Assembléias, enviava à delegação instruções pormenorizadas sobre cada um dos itens da agenda da conferência. O assessor de cada comissão preparava a documentação e antecedentes para estudo do delegado principal, em geral um político pouco afeito aos temas da ONU e que freqüentemente deixava ao seu assessor o privilégio de preparar os discursos pertinentes e pequenas intervenções no decorrer dos debates. Sempre que havia um assunto importante, o assessor levava o discurso pessoalmente ao chefe da delegação – no caso o ex-chanceler Afonso Arinos de Melo Franco – que dava luz verde, ou não, para votar e pronunciar os discursos que fixavam a posição do Brasil. Assim procedi eu nas três Assembléias Gerais a que compareci. Enfim, se Houaiss estava errado, a responsabilidade foi partilhada com Arinos. Defendi a atitude de Houaiss e sublinhei o fato de que ele certamente tivera aprovação do chefe da delegação em suas votações em plenário. E afirmei que não parecia haver razão para esse inquérito, uma vez que ele já havia há tempos sido transferido para Montreal e nada mais tinha a ver com a ONU.

O general inquisidor cresceu para cima de mim aos gritos e exclamou: "Então o senhor quer colocar este homem dentro de uma redoma de vidro?". Procurei acalmá-lo e justifiquei meu raciocínio, mas foi em vão. Respondeu-me abruptamente que o meu depoimento estava terminado e levantou-se. Dias depois vim a saber que Houaiss fora afastado da carreira. Ora, se o processo fosse apenas administrativo, ele seria advertido apenas, ou punido com suspensão por um mês, ou coisa que o valha.

Na realidade, embora Antônio estivesse certo em relação ao colonialismo português, o Brasil dificilmente poderia mudar de posição naquela conjuntura em que a presença portuguesa no Brasil ainda era muito importante. Ao ler recentemente as memórias de Alberto da Costa e Silva, em *Invenção do desenho*, encontrei uma excelente explicação da relutância do governo brasileiro em abandonar Portugal. Leiam o que disse o presidente Juscelino Kubitschek aos diplomatas brasileiros, em sua visita a Lisboa, naquela época:

"A maioria do povo brasileiro era anticolonialista e desejava que os portugueses concedessem a independência às suas colônias, mas essa mesma imensa maioria não aceitaria um só gesto que pudesse ser interpretado como de hostilidade a Portugal. Além disso, sendo rara nas grandes cidades brasileiras uma família sem o seu português, um voto contra Portugal representaria centenas e centenas de milhares de votos contra quem o autorizasse. A imprensa, com pouquíssimas exceções, sairia contra ele de norte a sul do país. E não viesse eu com o argumento dos laços históricos com a África, sobretudo com Angola. Poucos eleitores tinham consciência disso. E em menor número ainda aqueles que seriam capazes de pôr Angola num mapa. O que lhe estávamos propondo era uma insensatez política." (p. 180).

Lembro que ao assumir a Presidência da República, Jânio Quadros enviou Afonso Arinos a Lisboa expor a Franco Nogueira as razões de nossa mudança de posição na ONU. Não durou muito a guinada, pois semanas depois, pressionado pela imprensa e pela poderosa comunidade portuguesa, Jânio voltaria atrás. Hoje tudo seria muito diferente, pois com o fim da imigração portuguesa e a diminuição da imagem de Portugal em nosso país, o assunto não teria a mesma significação.

Soube que Antônio passara sérias dificuldades financeiras, que só foram superadas graças ao seu amigo e editor Abrahão Koogan, que o contratou para produzir o hoje famoso *Dicionário Koogan – Houaiss*, de cuja atualização participei anos mais tarde. Em 1983, por indicação de Antônio, recebi o Prêmio José Veríssimo da Academia Brasileira de Letras, pelo meu livro *História da música no Brasil*, considerado o melhor ensaio histórico do ano. Em 1985, Abrahão e Antônio vieram visitar-me em Berlim e ao levá-los a passear no lago vizinho à capital, ele se surpreendeu com os veleiros socialistas... Disse-nos: "Como eu gostaria que os nossos operários pudessem ter barquinhos como estes e pudessem velejar na Guanabara..."

De volta ao Rio de Janeiro já aposentado, em 1987, passei a almoçar semanalmente com Abrahão e Antônio e em 1996 fizemos juntos, de automóvel, uma bela viagem pela Espanha e Portugal, país a que ele depois se afeiçoara muito. Houaiss foi presidente da ABL e do Partido Socialista Brasileiro, para o qual convidou-me a ingressar. No governo Itamar Franco, Antônio foi ministro da Cultura e dei-lhe freqüente assessoria em matéria de música. A seu convite, preparei nada menos de 1.200 verbetes sobre música e folclore musical para seu famoso *Dicionário Houaiss*, o que o deixou surpreso. Antônio foi, em seguida, nomeado embaixador junto à UNESCO, mas a sua saúde já estava periclitante e não pôde assumir o cargo. Ao festejar seus 80 anos, integrei o comitê de festejos pela efeméride e fui o coordenador do livro de depoimentos, intitulado *Antônio Houaiss, uma vida*, publicado pelo amigo comum Ênio Silveira, da Civilização Brasileira. Abrahão Koogan e eu fomos seus amigos inseparáveis até o final daquela vida tão rica. Dias antes de sua morte, visitei-o no hospital e ele se queixou comigo dizendo: "Os médicos estão judiando muito comigo..."

Certa vez, Antônio se irritou: como tínhamos toda a intimidade e cheguei até a tratar de seus assuntos financeiros, disse-lhe francamente que ele deveria tentar concentrar-se na preparação de um grande livro pelo qual ficaria famoso na posteridade. Ele havia dispersado seus variados trabalhos literários e filológicos em numerosos pequenos livros, artigos e conferências, e não havia escrito o *grande livro* sobre a literatura brasileira, que ele certa vez me havia mencionado desejar produzir. Respondeu-me um pouco irritado: você sabe muito bem que não tenho tempo para nada, sou solicitado por mil pessoas para mil assuntos diversos, desde a culinária até a obra de Camões. Como vou poder ter tranqüilidade para fazer uma obra como essa que você sugere? Bem, nos últimos anos de sua vida ele se dedicou afincadamente ao grande *Dicionário Houaiss*, que está hoje em muitas bibliotecas brasileiras e foi terminado por seu sobrinho. Até hoje tenho saudade dos nossos almoços com Abrahão Koogan, nos quais nos ríamos tanto dos fatos políticos e literários quotidianos.

HEITOR VILLA-LOBOS

Meu relacionamento com Villa-Lobos é bem conhecido nos meios musicais e literários brasileiros, pois a minha biografia do mestre, a primeira e única a ter sido escrita após longas entrevistas com o compositor, já chegou a 12 edições, seis delas no exterior. E curiosamente, tive até uma edição pirata russa, publicada em 1977 em São Petersburgo pela editora Musyka, traduzida sem autorização minha da edição francesa da editora Seghers, de Paris. Desejo lembrar porém um episódio curioso que prejudicou minhas relações com Villa-Lobos após o aparecimento da primeira edição do livro, em 1949.

Quando jovem de 14 ou 15 anos conheci o compositor como escoteiro-do-mar do clube Botafogo, do Rio de Janeiro, durante os ensaios corais na Urca para as grandes concentrações orfeônicas da época

Vargas. Eram milhares de meninos e meninas e como jovens sadios e alegres, brigavam, brincavam e se distraíam das ordens do maestro no *podium*. Certa vez Villa-Lobos irritou-se com uma desordem localizada, desceu do *podium* e distribuiu cascudos a torto e direito. Eu que lá estava para ajudar a manter a ordem com os outros escoteiros, levei um cascudo também, mas não fiquei aborrecido com o mestre. Tanto que no início da minha biografia relatei a maneira como conheci Villa-Lobos. As conseqüências seriam duradouras, pois nunca mais nos falamos com a mesma cordialidade inicial.

Quando o livro foi publicado em 1948 já estava eu em Portugal no meu primeiro posto diplomático e não soube da reação negativa do maestro ao livro. Escreveram-me depois que ele não gostara da obra, onde lhe faço algumas restrições, e atribuí a isso a sua falta de aprovação. Tempos depois nos encontramos no Rio de Janeiro e ele foi muito frio comigo. Como a crítica musical fora muito generosa com o livro, não dei muita importância ao seu desagrado. Cerca de 20 anos depois, encontrei-me com sua viúva Arminda em reunião social e ela me fez muita festa e pediu-me que a procurasse no Museu Villa-Lobos. Lá fui visitá-la... e caí das nuvens! Relatou-me Arminda que o Villa se zangara comigo não pelo livro, de que gostou, mas pela anedota inicial na qual eu contara que ele, às vezes, batia nos jovens para manter a ordem nos ensaios para as concentrações orfeônicas! Interpretou que eu insinuava no livro que as crianças só cantavam porque ele batia nelas! Um absurdo completo. Arminda pediu-me que preparasse uma nova edição brasileira do meu livro, que seria editada pelo próprio Museu Villa-Lobos, o que ocorreu meses depois, em meados de 1977. Devo dizer porém que dei nova redação ao episódio dos cascudos nas crianças na Urca, para evitar qualquer outro mal entendido...

Villa-Lobos foi uma personalidade que recebeu todo o tipo de homenagens, no Brasil e no exterior, e sem dúvida é um dos grandes brasileiros da história. O Instituto de França recebeu-o com toda a pompa e mandou cunhar uma moeda com a sua efígie. Em Paris, na elegante rua Jean Goujon, há um edifício com o seu nome. No Boulevard Saint Michel de Paris há uma placa em um prédio onde ele residiu. Também na capital francesa, no Hotel Bedford, onde ele costumava hospedar-se no final de sua vida, existe outra placa que recorda as suas estadas. O mais importante jornal do mundo, o *New York Times*, publicou um editorial por ocasião de seu 70º aniversário. O prefeito da cidade de Nova York criou o "Villa-Lobos's Day" para recordar o primeiro aniversário de sua morte. Leipzig, a cidade de Bach, homenageou o autor das *Bachianas* por ocasião do seu centenário de nascimento, em 1887, com dois concertos pela famosa orquestra do Gewandhaus. O Conselho Internacional da Música da UNESCO decretou que o ano de 1987 seria o "Ano Villa-Lobos", para festejar a efeméride. O Vaticano, o Teatro alla Scala de Milão e outras importantes entidades internacionais encomendaram-lhe obras especiais. Quarenta e nove anos depois de sua morte, Villa-Lobos continua presente a nível mundial. Quatro anos atrás, em uma rápida permanência na cidade de Berlim, visitei uma grande loja de música e lá tive a grata surpresa de encontrar em um *stand* de discos, nada menos de 24 CDs que continham faixas com obras de Villa-Lobos. Contei-os um a um. Nosso compositor permanece como um dos grandes mestres da música contemporânea, um dos mais freqüentemente gravados e editados no mundo inteiro, ao lado de Ravel, Prokofiev, Stravinsky, Hindemith, De Falla e outros de sua geração.

O que representa Villa-Lobos no século XXI, no panorama mundial da música? Não só ainda resta muito dele no mercado musical internacional, como também seu prestígio mundial não parece ter sofrido desgaste com o tempo. Os catálogos internacionais de discos CDs continuam relacionando dezenas de gravações disponíveis. Em matéria de biografias, tem sido notável a proliferação do que poderíamos chamar de coleção Vilalobana. Desde o aparecimento do primeiro livro sobre Villa-Lobos, de minha autoria, em 1948, foram publicados 76 livros de vários formatos. Em idioma espanhol; cinco livros; em francês, sete livros; em alemão dois livros; em inglês, treze livros; em italiano, um livro; em russo (uma edição pirata da minha biografia traduzida do francês); e, finalmente, em finlandês, um livro, o maior de todos com mais de 500 páginas. São pouquíssimos na história mundial da música os compositores estudados com tanta freqüência.

Surgiram não somente no Brasil, mas também no estrangeiro, sociedades ou conservatórios com o nome de Villa-Lobos. Recebi recentemente um folheto de propaganda da "Orquestra de Violoncelos Villa-Lobos", da cidade de Pádua, na Itália. Nos Estados Unidos da América funciona uma "Villa-Lobos Society", dedicada exclusivamente à música para violão, e no Japão, uma "Associação de Amigos de Villa-Lobos", dedicada à música vocal e coral do mestre. No Brasil, existem bustos, estátuas, aviões, barcos, ruas, praças, edifícios, teatros, conservatórios e institutos com o nome do compositor. Os festejos do centenário de nascimento de Villa-Lobos em 1987 foram numerosos no Brasil e no exterior, e na época o governo brasileiro homenageou-o com uma nota bancária de 500 cruzeiros levando a sua efígie. É indiscutível sua popularidade no Brasil e no exterior.

ROBERTO BURLE-MARX, O JARDINEIRO GENIAL

Conheci Roberto em Quito, Equador, onde ele fora procurar plantas selvagens nos contrafortes dos Andes. Ele saía de jipe com um ajudante e voltava carregado de espécimes exóticos. A dificuldade era enviar tudo para o Rio de Janeiro, mas acabei convencendo o coronel adido militar de que aquelas plantas eram do interesse do Brasil. Assim, fizemos diversas remessas pelos aviões da FAB que operavam o correio aéreo mensalmente.

Roberto hospedava-se na embaixada e a sua chegada era sempre uma festa. Ele cantava, bailava, contava anedotas picantes, imitava personalidades. Ficamos amigos e no Rio de Janeiro íamos freqüentemente ao seu sítio em Guaratiba. Minha filha Ana Tereza casou-se na bela capelinha de sua magnífica propriedade, hoje uma fundação.

Roberto era um companheirão e lamentamos muito a sua morte. Em 2003 minha neta Alexandra também casou-se na capelinha do sítio Burle Marx, que continuava bem cuidado e exibindo notável coleção de plantas exóticas, muitas delas provenientes do Equador.

Burle Marx foi o maior paisagista do Brasil e obteve também reconhecimento no exterior, onde foram publicados nos EUA e na Europa livros de arte com seus projetos principais e a reprodução de seus melhores trabalhos. A meu pedido, Roberto projetou a bela Praça Brasília em Quito, Equador. Foi ainda um bom pintor abstrato e seus quadros continuam se vendendo bem. Creio que sua obra máxima como pintor é o grande painel retangular que decora o salão de banquetes do novo Palácio Itamaraty, de Brasília. Em 1957 foi laureado em Paris com o Prêmio Floralie. Faleceu no Rio de Janeiro em 1994 com 86 anos.

II

VASCO MARIZ, UM POUCO

Nasceu no Rio de Janeiro a 22 de janeiro de 1921. Fez seus cursos primário e secundário no Colégio Santo Inácio. Formou-se em Direito em 1943 e entrou para a carreira diplomática em 1945, após concurso de provas no DASP. Serviu em Portugal (1948-49), Iugoslávia (1949-51), Argentina (1951-54), Itália (1956-58), Estados Unidos da América (Washington, 1959-62, e nas Nações Unidas, 1960-62). Foi representante do Brasil na Organização dos Estados Americanos (OEA, 1967-69) e embaixador do Brasil no Equador (1970-74), Israel – Chipre (1977-82), Peru (1982-84) e da República Democrática da Alemanha (1984-87). De 1974 a 77, foi o representante do Ministério das Relações Exteriores junto ao Congresso Nacional.

Como escritor, foi presidente do Conselho Inter-Americano de Música, OEA (1967-69); chefe do Departamento Cultural do Itamaraty (1969-70); membro da Academia Brasileira de Música (1981; que presidiu em 1991-93); membro do Instituto Histórico e Geográfico Brasileiro (1982; sócio emérito em 2002); membro titular do PEN Clube do Brasil (1987; benemérito em 1996) e da Academia Brasileira de Arte; membro do Conselho Federal de Cultura (1987-89; encarregado dos assuntos musicais); e a partir de 1991, membro do Conselho Técnico da Confederação Nacional do Comércio; membro do Conselho Editorial da Biblioteca do Exército (1999-2004); membro do

Conselho Empresarial de Cultura, da Associação Comercial do Rio de Janeiro (2002-2004), membro da diretoria da Academia Brasileira de Música (reeleito para o período de 2008 e 2009).

Como lexicógrafo, além de seu *Dicionário biográfico musical*, Vasco Mariz contribuiu com numerosos verbetes para os seguintes dicionários e enciclopédias nacionais e estrangeiras: *Diccionário Enciclopédico de la Música*, Barcelona, 1946; *Brockhaus Riemann Musik Lexikon*, Mainz, Alemanha, 1979; *New Grove Dictionary of Music and Musicians*, Londres, 1980; *Baker's Biographiocal Dictionary of Musicians*, Nova York, 7ª edição, 1984; *Koogan / Houaiss enciclopédia e dicionário ilustrado*, Rio de Janeiro, 2000; *Enciclopédia ENCARTA*, Madrid, 2001 (CD-Rom); *Dicionário Houaiss da língua portuguesa*, Rio de Janeiro, 2001; *Minidicionário da língua portuguesa Caldas Aulete*, Rio de Janeiro, 2004, e *Diccionário Biográfico Español*, da Real Academia de História, Madri, edição de 2005. Sua biografia de Villa-Lobos foi adaptada para um CD-Rom pela LN Comunicações e Informática, Rio de Janeiro, 1998.

A revista musical norte-americana *Inter-American Music Review*, de Los Angeles (volume 13, nº 2, de 1995), publicou um longo *Tribute to Vasco Mariz*, de autoria de Robert Stevenson. Em 1999, a Comissão Nacional para os festejos do V Centenário do Descobrimento do Brasil incluiu seu livro *História da música no Brasil* na "Biblioteca dos 500 anos" entre os 100 melhores livros já publicados no Brasil. Em dezembro de 2000, a Associação Paulista dos Críticos de Arte (APCA) concedeu a Vasco Mariz o "Grande Prêmio da Crítica" pelo conjunto de sua obra musicológica. Prêmios Clio de história, da Academia Paulista de História (2003, 2006 e 2007). Vinte e seis dicionários e enciclopédias literárias e musicais, nacionais e estrangeiros, contêm verbetes sobre a obra de Vasco Mariz.

Recebeu numerosas condecorações brasileiras e estrangeiras, entre as quais as de Grande Oficial do Mérito Militar (Exército), Grande Oficial do Mérito Naval (Marinha) e Medalha Santos Dumont (Aeronáutica), Grã-Cruzes do Chile, Peru, Equador, Panamá, Itália, Portugal, Espanha e Romênia; Comendador da Ordem da Coroa da Bélgica, da Ordem de Malta e da Cruz de Ferro da Alemanha Federal; e oficial da *Légion d'Honneur* da França. Medalha da Inconfidência Mineira, Grã-Cruz da Ordem do Rio Branco, Grã-Cruz do Mérito de Brasília, Medalha da Paz Israel/Egito, Medalha Villa-Lobos, Medalha Sílvio Romero, Medalha Imperatriz Leopoldina, Medalha Carlos Gomes, Medalha Juscelino Kubitschek, Medalha do Pacificador, Medalha Franklin Dória, insígnia Antônio Carlos Villaça (do Pen Club do Brasil), etc.

LIVROS PUBLICADOS PELO AUTOR

A) NO BRASIL

1. DICIONÁRIO BIO-BIBLIOGRÁFICO MUSICAL, Rio de Janeiro: Editora Kosmos, 1949, prefácio de Renato Almeida.
2. HEITOR VILLA-LOBOS, COMPOSITOR BRASILEIRO, Rio de Janeiro, edição do Ministério das Relações Exteriores, prefácio de Luiz Heitor Corrêa de Azevedo, 1949.
3. A CANÇÃO BRASILEIRA, Rio de Janeiro, edição do Ministério da Educação e Cultura, 1959. 2ª edição muito ampliada de *A Canção de câmara no Brasil*, publicada em Portugal em 1948, contendo nova parte com longo estudo sobre a canção popular brasileira, o primeiro trabalho sério sobre a MPB.
4. VIDA MUSICAL (2ª série), Rio de Janeiro, edição do Ministério da Educação e Cultura, 1970. A 1ª série foi publicada em Portugal em 1950.
5. FIGURAS DA MÚSICA BRASILEIRA CONTEMPORÂNEA, edição da Universidade de Brasília, 1970. Trata-se da 2ª edição ampliada do mesmo livro publicado em Portugal em 1948.

6. HEITOR VILLA-LOBOS, COMPOSITOR BRASILEIRO, Rio de Janeiro: (5ª edição), publicada pelo Museu Villa-Lobos, 1977. O mesmo livro já havia tido três edições no exterior, duas nos EUA e uma na França. Edição atualizada.
7. A CANÇÃO BRASILEIRA (3ª edição), Rio de Janeiro: Editora Civilização Brasileira, 1977. Edição atualizada.
8. A CANÇÃO BRASILEIRA (4ª edição), Rio de Janeiro: Editora Cátedra, 1980. Edição atualizada.
9. HISTÓRIA DA MÚSICA NO BRASIL, Rio de Janeiro: Editora Civilização Brasileira, 1982. Prefácio de Luiz Heitor Corrêa de Azevedo.
10. HEITOR VILLA-LOBOS, COMPOSITOR BRASILEIRO, Rio de Janeiro: Editora Zahar, 7ª edição atualizada, 1982.
11. TRÊS MUSICÓLOGOS BRASILEIROS, Rio de Janeiro: Editora Civilização Brasileira, 1983. Estudos sobre Mário de Andrade, Renato Almeida e Luiz Heitor Corrêa de Azevedo.
12. HISTÓRIA DA MÚSICA NO BRASIL, 2ª edição, Rio de Janeiro: Editora Civilização Brasileira, 1983. *Prêmio José Veríssimo da Academia Brasileira de Letras, 1983.*
13. DICIONÁRIO BIOGRÁFICO MUSICAL, 2ª edição atualizada e ampliada, Rio de Janeiro: Editora Philo-Biblion, 1985.
14. A CANÇÃO BRASILEIRA, 5ª edição, Rio de Janeiro: Editora Nova Fronteira, 1985.
15. HEITOR VILLA-LOBOS, COMPOSITOR BRASILEIRO – 8ª edição, Rio de Janeiro: Museu Villa-Lobos, 1986. Republicação da 5ª edição sem alterações, feita sem autorização do autor.
16. HEITOR VILLA-LOBOS, 11ª edição, Belo Horizonte: Editora Itatiaia, 1989. Atualizada e ampliada para o centenário.
17. DICIONÁRIO BIOGRÁFICO MUSICAL, 3ª edição revista e atualizada, Belo Horizonte: Editora Villa-Rica, 1991.
18. HISTÓRIA DA MÚSICA NO BRASIL, 4ª edição atualizada e ampliada, Rio de Janeiro: Editora Civilização Brasileira, 1994.

19. CLAUDIO SANTORO, Rio de Janeiro: Editora Civilização Brasileira, 1994.
20. VIDA MUSICAL (3ª série), Rio de Janeiro: Editora Civilização Brasileira, 1996, *Prêmio Clio, da Academia Paulista de História, 2007.*
21. HISTÓRIA DA MÚSICA NO BRASIL, 5ª edição, atualizada e ampliada, Rio de Janeiro: Editora Nova Fronteira, 2000, *Grande Prêmio da Crítica da Associação Paulista de Críticos de Arte (APCA).*
22. VILLEGAGNON E A FRANÇA ANTÁRTICA – UMA REAVALIAÇÃO (de parceria com o Cte. Lucien Provençal), Rio de Janeiro: Editora Nova Fronteira / BIBLIEX, 2000.
23. A CANÇÃO POPULAR BRASILEIRA (6ª edição aumentada), Rio de Janeiro: Francisco Alves Editora, 2002. Apresentação de Ricardo Cravo Albin.
24. A CANÇÃO BRASILEIRA DE CÂMARA (6ª edição ampliada), Rio de Janeiro: Francisco Alves Editora / Academia Brasileira de Música, 2002. *Prêmio Clio de História pela Academia Paulista de História, 2003.*
25. A MÚSICA CLÁSSICA BRASILEIRA, São Paulo: Andrea Jakobsson Estudio, 2002. Edição de luxo fartamente ilustrada.
26. ENSAIOS HISTÓRICOS, Rio de Janeiro: Francisco Alves Editora, 2005.
27. HISTÓRIA DA MÚSICA NO BRASIL (6ª edição), Rio de Janeiro: Editora Nova Fronteira, 2005.
28. HEITOR VILLA-LOBOS: O HOMEM E A OBRA (12ª edição), Rio de Janeiro: Editora Francisco Alves / Academia Brasileira de Música, 2005. *Prêmio CLIO de História de 2006, da Academia Paulista de História.*
29. VILLEGAGNON E A FRANÇA ANTÁRTICA: UMA REAVALIAÇÃO (2ª edição), Rio de Janeiro: Editora Nova Fronteira, 2005.
30. A CANÇÃO POPULAR BRASILEIRA (7ª edição), Rio de Janeiro: editora Francisco Alves, 2006. Prefácio de Ricardo Cravo Albin.
31. LA RAVARDIÈRE E A FRANÇA EQUINOCIAL: *os franceses no Maranhão (1612-1615).* Em parceria com Lucien Provençal. Rio de Janeiro: Topbooks, 2007.

32. A MÚSICA NO RIO DE JANEIRO NO TEMPO DE D. JOÃO VI, Encomenda da Prefeitura do Rio de Janeiro para os festejos do 2º Centenário da chegada da família real portuguesa ao Brasil. Rio de Janeiro: Editora Casa da Palavra, 2008.
33. CARTAS DE VILLEGAGNON E OUTROS DOCUMENTOS, Rio de Janeiro: Fundação Darcy Ribeiro, a sair em 2008. Apresentação de Vasco Mariz e longos comentários às cartas e outros documentos incluídos. No prelo. Editora Topbooks.

B) NO EXTERIOR

34. FIGURAS DA MÚSICA BRASILEIRA CONTEMPORÂNEA, Porto, Portugal: Editora Imprensa Portuguesa, 1948.
35. A CANÇÃO DE CÂMARA NO BRASIL, Porto, Portugal: Livraria Progredior, 1948.
36. VIDA MUSICAL (1ª série), Porto, Portugal: Editora Lello & Irmãos, 1950.
37. ALBERTO GINASTERA, Rosário, Argentina: edição do Centro de Estudios Brasileños, 1954. *Em espanhol*.
38. HECTOR VILLA-LOBOS, Gainesville: edição da Universidade da Flórida, 1963. *Em inglês*. Edição condensada.
39. HECTOR VILLA-LOBOS, Paris: Editions Seghers, 1967. *Em francês*. Edição condensada.
40. HECTOR VILLA-LOBOS, BRAZILIAN COMPOSER, Washington: edição condensada do Brazilian-American Institute, 1970. *Em inglês*. Prefácio de Gilbert Chase.
41. VILLA-LOBOS (6ª edição), Leningrado (São Petersburgo), União Soviética: Editora Musyka, 1977. *Em russo*. Traduzida da edição francesa, sem atualização pelo autor, que não foi consultado sobre a publicação.

42. HISTORIA DE LA MUSICA EN EL BRASIL (3ª edição), Lima, Peru: publicada pelo Centro de Estudios Brasileños, 1985, ligeiramente condensada. *Em espanhol*.
43. HECTOR VILLA-LOBOS: EL NACIONALISMO MUSICAL BRASILEÑO, México-Bogotá: Editorial Siglo XXI, 1987. 9ª edição. Prefácio de Otto de Greiff. *Em espanhol*.
44. HEITOR VILLA-LOBOS, Parma, Itália: Editora Azzali, 1989. *Em italiano*. 10ª edição atualizada.
45. VILLEGAGNON – UN CHEVALIER DE MALTE AU BRÉSIL, em parceria com Lucien Provençal. Paris: Editions Rive Droite, 2002

c) EDIÇÕES ORGANIZADAS POR VASCO MARIZ

46. BRASIL CULTURAL (ano 2, nº 4) número especial dessa revista, dedicado à música brasileira. Porto, Portugal, 1948. Coordenação e vários artigos de Vasco Mariz.
47. MUSICA BRASILEÑA CONTEMPORANEA, Rosário, Argentina: Editorial Apis, 1952. *Em espanhol*. Coordenação e vários capítulos de Vasco Mariz.
48. QUEM É QUEM NAS ARTES E NAS LETRAS DO BRASIL, Rio de Janeiro: edição da Divisão de Difusão Cultural do Ministério das Relações Exteriores, 1966. Prefácio, artigos, verbetes e coordenação de Vasco Mariz.
49. RIBEIRO COUTO, edição do Centro de Estudios Brasileños de Lima, Peru, *em espanhol*, 1985. Antologia de poemas em português e em espanhol, com longa introdução de Vasco Mariz.
50. RIBEIRO COUTO, 30 ANOS DE SAUDADE, Santos, São Paulo: edição da Universidade de Santa Cecília dos Bandeirantes, 1994. Coordenação e dois estudos de Vasco Mariz.

51. ANTÔNIO HOUAISS, UMA VIDA, Rio de Janeiro: Editora Civilização Brasileira, 1995. Coordenação de Vasco Mariz e depoimento sobre o homenageado.
52. FRANCISCO MIGNONE: O HOMEM E A OBRA, Rio de Janeiro: Edição da FUNARTE, 1998. Com a colaboração de especialistas nos diversos setores da obra de Mignone, e coordenação de Vasco Mariz, que elaborou três capítulos.
53. RIBEIRO COUTO NO SEU CENTENÁRIO, Rio de Janeiro: Edição da Academia Brasileira de Letras, coleção Afrânio Peixoto, 1998. Antologia de poemas, contos e crônicas selecionados por Vasco Mariz e com sua apresentação e introduções às três partes.
54. MARICOTA, BAIANINHA E OUTRAS MULHERES – antologia de contos de Rui Ribeiro Couto. Rio de Janeiro: Editora Topbooks, 2001, com patrocínio da ABL. Seleção e longa introdução sobre os contos de Ribeiro Couto por Vasco Mariz.
55. VILLEGAIGNON, O REI DO BRASIL, de Chermont de Britto – Rio de Janeiro: editora Francisco Alves, 2002, 2ª edição. Longo prefácio e numerosas notas por Vasco Mariz.
56. BRASIL / FRANÇA: AS RELAÇÕES HISTÓRICAS NO PERÍODO COLONIAL – Ensaios sobre diversos temas redigidos por cinco especialistas. Apresentação, organização e quatro ensaios de Vasco Mariz. Rio de Janeiro: Edição da Biblioteca do Exército, 2006.

ÍNDICE ONOMASTICO

A

ABBAS, Mahmoud – 30, 36, 41, 43
ABREU SODRÉ, Roberto de – 314
AGUIAR, Braz Dias de – 224, 225, 227, 231, 233, 234
AITA, Giovanna – 389
AITA, ZINA – 389
ALBUQUERQUE MELLO, Lineu de – 327, 331, 376
ALLENDE, Isabel – 286
ALLENDE, presidente Salvador – 8, 243, 275, 281, 284
ALMEIDA, Guilherme de – 391
AMADO, Gilberto – 332, 373
AMADO, Jorge – 92, 142
AMARAL PEIXOTO, Alzira do – 358
AMARAL PEIXOTO, Ernani do – 358
AMARANTE, Stelio – 82
AMORIM, Celso – 313, 316
AMORIM NETO – 276
ANCONA LOPEZ, Telê – 389
ANDRADE, Mário de – 391, 392
ANNAN, Kofi – 128
ARAFAT, presidente Yasser – 24, 30, 31, 34, 36
ARANHA, Osvaldo – 223, 231, 301
ARINOS DE MELO FRANCO, Afonso – 171, 306, 326, 331, 405, 406
ASSAD, presidente Bashir – 45
ASSAD, presidente Hafez El – 26
ASSIS, Machado de – 55
ATATÜRK, Mustafá Kemal – 27, 132
AVRECH, Mira – 52
AZEREDO DA SILVEIRA, Antônio – vide SILVEIRA, Antônio Azeredo da

B

BACHELET, presidente Michèle – 283
BAENA SOARES, João Clemente – 14, 226, 312

BAENA SOARES, Clemente – 237
BAGDAHTIS, Marcus – 130
BANDEIRA, Manuel – 9, 388, 389, 390, 393, 396
BANZER, presidente Hugo – 283
BARAK, Ehud – 29
BARBOSA, Braulino Botelho – 333
BARBOZA, Mario Gibson – vide GIBSON BARBOZA, Mário.
BARBOSA DA SILVA, Edmundo – 304, 312, 338
BARGOUTI, Maruan – 32
BAROODY, Jamil – 328
BARZAI, Hamid – 42
BATISTA, presidente Fulgêncio – 179, 180, 181, 185
BATISTA, Paulo Nogueira – 312
BEGIN, Menachem – 7, 17, 26, 35, 43, 50, 53, 102, 103, 310, 368
BELAÚNDE TERRY, presidente Fernando – 8, 239, 251, 252, 253, 255, 256, 258, 372
BELTRÃO, Hélio – 346
BENGELL, Norma – 139
BENNETT, Tony – 400
BENTO XVI, papa – 18
BERDICHEVSKY, brigadeiro – 284
BERNARDES, Carlos Alfredo – 124, 203
BETTENCOURT, Gastão de – 96
BETTING, Joelmir – 148, 165
BIN LADEN, Osama – 38
BLAIR, Tony – 380
BONNEFOUS, Marc – 101, 103
BORJA, Célio – 354

BORJA, presidente Rodrigo – 232
BOTAFOGO GONÇALVES, José – 373
BOWLES, Chester – 182
BRAGA, Gilberto – 92
BRAGANÇA, duque de – 342
BRIGGS, Moacir – 287
BRIZOLA, Leonel – 68, 189, 193
BROOKS, David – 21
BUARQUE, Chico – 398, 400
BULCÃO, José – 246
BURLE-MARX, Roberto – 9, 245, 246, 411, 412
BURNHAM, Linden Fourbes Sampson – 295
BURNS, Findley – 229
BUSH, presidente George (pai) – 65, 270, 316, 317
BUSH, presidente George W. (filho) – 27, 36, 208, 268, 271, 272, 276
BUSH, Jeb – 184

C

CABAL, Hélio – 367, 370
CAFÉ FILHO, presidente João – 97, 98
CAGGIANO, cardeal – 280
CALDERÓN, presidente Felipe – 268, 272, 273, 274, 276, 278, 279
CALERO RODRIGUEZ, Carlos – 340
CALLAGHAN, James – 200
CÂMARA, D. Helder – 13, 101, 140, 141, 142

CÂMARA, Regina Helena – 355
CÂMARA CANTO, Antônio – 284
CAMPOS, Roberto de Oliveira – 11, 173, 187, 188, 189, 190, 191, 195, 196, 197, 198, 201, 305, 312, 349, 350, 362, 363
CAMPOS PAIVA, Paulo – 83
CANABRAVA, Ivan – 233
CANDAU, Marcolino – 312
CÁRDENAS, Cuatemoc – 273
CÁRDENAS, Lázaro – 274
CARDOSO, Luís Cláudio – 352
CARDOSO, presidente Fernando Henrique – 9, 24, 145, 146, 150, 154, 201, 229, 230, 241, 247, 249, 315, 316, 317, 379, 380
CARNAÚBA, Frederico – 172
CARNEIRO, Paulo Berredo – 312
CARREIRO, Tônia – 364
CARRINGTON, Lord – 200
CARTER, presidente Jimmy – 22, 25, 31, 291
CARVALHO E SILVA, Jorge de – 141
CARVALHO E SILVA, Maximiano – 390
CARVALHO E SOUZA, Odete de – 112
CASABLANCA, Adolfo – 386
CASOY, Boris – 196
CASTELO BRANCO – presidente Humberto de Alencar – 9, 142, 174, 306, 307, 364, 365
CASTRO, presidente Fidel – 179, 180, 182, 184, 196, 243, 286, 291, 314, 316, 317, 324

CASTRO, presidente Raúl – 184, 185
CASTRO, João de Araújo – 100, 306, 332, 337
CASTRO, Josué de – 142, 312, 342
CASTRO ALVES, Dário de – 283
CARVALHO, Eleazar de – 360, 377
CAVACO E SILVA, presidente – 95, 105
CAXIAS, duque de – 290
CEAUSESCU, presidente Nicolae – 7, 106, 107, 108
CHAMORRO, presidente Violeta – 291
CHANG KAI SHEK, presidente – 154
CHAVEZ, presidente Hugo – 273, 275, 276, 292
CHERMONT, Jaime Sloan – 97, 202
CHIRAC, presidente Jacques – 7, 108, 109, 110, 340
CHOPIN, Frederic – 364
CHRISTOFIAS, presidente Demetri – 135
CHU-en-Lai – 145, 150
CHURCHILL, Winston – 83, 99
CLERIDES, presidente Glafkos – 122, 123, 127
CLINTON, presidente Bill – 230, 380
COELHO, Paulo – 387
COLE, Nat King – 400
COLINA, Rafael de la – 345
COLLOR DE MELLO, presidente Fernando – 312, 315, 374, 378, 379

COLOMBO, Emilio – 7, 50, 102, 103
CORRÊA, Manuel Pio – 174, 307, 308
CORRÊA DA COSTA, Sergio – 47, 310
CORRÊA DE AZEVEDO, Luiz Heitor – 388
CORRÊA DO LAGO, Antônio – 341
COSTA E SILVA, Alberto da – 95, 172, 406
CRAVO ALBIN, Ricardo – 362
CUNHA VASCO, José da – 98

D
DAYAN, Moshe – 7, 17, 47, 48, 49, 52, 56, 310, 368
DAYRELL DE LIMA, Everaldo – 370
DAUSTER, Jório – 313
DE FALLA, Manuel – 410
DE GAULLE, presidente Charles – 7, 98, 99, 192, 210, 265
DELFIM NETO, Antônio – 243, 350, 371
DELORS, Jacques – 117
DENKTASH, presidente Rauf – 122, 123, 125, 127
DENG XIAO PING – 150
D'EU, conde – 290
DIAS CARNEIRO, Otávio – 304, 312
DIAZ LANZ, José – 181, 183
DRUMMOND DE ANDRADE, Carlos – 9, 391, 392, 393, 394, 400

DURÃO BARROSO, José Miguel – 94
DURÁN BALLÉN, presidente Sixto – 8, 227, 242, 245, 247
DURRELL, Lawrence – 127
DUTRA, Edgard Soares – 369

E
EBAN, Abba – 104
EISENHOWER, presidente Dwight – 181
ELISABETH da Inglaterra, rainha – 53, 200
ELUARD, Paul – 391
ERDOGAN, Tayip – 121, 129, 131, 132
ESCOREL DE MORAIS, Lauro – 344

F
FAHD, rei – 38
FANTINATO Filho, Antônio – 14
FERNANDES, Raul – 112, 113, 301, 302
FIGUEIREDO, Euclides – 369
FIGUEIREDO, Guilherme – 138, 369, 370, 371
FIGUEIREDO, presidente João Batista – 9, 146, 199, 203, 308, 319, 333, 369, 371, 372, 373
FISCHER, Oskar – 82
FOX, presidente Vicente – 268, 269, 271, 272, 275, 277
FRANCO, presidente Itamar – 9, 56, 312, 313, 315, 316, 317, 378, 407

FRAZÃO, Sergio Armando – 312, 337, 338
FREI, presidente Eduardo – 230
FREIRE, Vitorino – 326
FREITAS VALLE, Ciro de – 113, 323, 324, 330, 376
FUENTES, Carlos – 277, 278
FUJIMORI, presidente Alberto – 227, 229, 230, 231, 236, 258
FULLBRIGHT, James William – 182
FURTADO, Celso – 142, 379

G

GALA – 391
GALVEAS, Elias – 170
GALVEAS, Ernani – 145
GARCIA, presidente Alan – 258
GARZÓN, Baltazar – 285
GASPARI, Élio – 169, 368, 369
GATTI, Vicente Paulo – 100, 101
GEISEL, presidente Ernesto – 9, 47, 106, 107, 199, 244, 285, 286, 289, 302, 308, 309, 312, 319, 349, 355, 366, 367, 368, 369, 371
GIBSON BARBOZA, Mário – 12, 14, 100, 171, 206, 213, 214, 242, 243, 244, 308, 309, 311, 317, 346, 366, 367, 370, 371, 372
GIORGI, Bruno – 246
GOLBERY do Couto e Silva – 351, 354
GONÇALVES DE SOUZA, João – 282
GONZAGA, Tomás Antônio – 360
GORBACHEV, Mikhail – 63, 65, 158
GORDON, Lincoln – 188
GORE, Al – 276
GOULART, presidente João – 9, 98, 146, 173, 189, 190, 191, 193, 195, 204, 305, 312, 317, 319, 336, 337, 362, 363, 364, 373
GRIECO, Donatello – 100, 174, 248
GRIECO, Francisco de Assis – 198, 379
GOUJON, Jean – 410
GUARNIERI, Mozart Camargo – 360
GUERREIRO RAMOS, Alberto – 327
GUEVARA, Che – 305
GUIMARÃES, Alencastro – 138
GUIMARÃES, Ulisses – 356, 357
GUIMARÃES ROSA, João – 385, 386, 387, 402
GÜL, presidente Abdullah – 134
GULLAR, Ferreira – 400

H

HABASH, George – 32
HARRISON, Rex – 139
HAVILLAND, Olivia de – 139
HILLE, Joachim – 251, 259, 260
HINDEMITH, Paul – 410
HITLER, Adolph – 75, 116, 222
HOLANDA CAVALCANTI, Geraldo – 350
HONECKER, presidente Erich – 7, 64, 66, 67, 74, 78, 80, 81, 86, 87, 381
HORNE, Lena – 327

HOUAISS, Antônio – 9, 105, 312, 403, 405, 406, 408
HUMALA, Ollanta – 258
HUSSEIN, presidente Saddam – 22, 25

I
INSANALLY, Samuel – 294, 295
ISABEL, princesa – 290

J
JINTAO, Hu – 158
D. JOÃO VI – 95
JOÃO PAULO II, papa – 18, 227
JOBIM, Tom – 399
JOHNSON, presidente Lyndon – 8, 205, 206, 295
JUAN CARLOS da Espanha, rei – 230, 292
JUNQUEIRA, Maria Helena – 364

K
KARDELY, Edward – 111, 113, 114
KATZIR, presidente Efraim – 55, 56
KEHEYAN, Hagop – 125, 126
KENNEDY, Jacqueline – 204
KENNEDY, presidente John Fitzgerald – 8, 12, 119, 173, 181, 182, 183, 184, 188, 189, 190, 191, 201, 201, 203, 204, 205, 208, 209, 264, 265, 304, 305, 311, 328, 331
KENNEDY, Robert – 264, 265
KISSINGER, Henry – 8, 23, 55, 208, 209, 210
KNACK DE SOUZA, José – 336

KOHL, Helmut – 66, 67, 87
KÖHLER, presidente Hans – 74
KOOGAN, Abrahão – 109, 407, 408
KRENZ, Egon – 66, 87
KRUEL, Amaury – 194
KOURI, Walter Hugo – 139
KRUSCHEV, Nikita – 9, 191, 324, 330, 331, 332
KUBITSCHEK, presidente Juscelino – 188, 303, 317, 359, 360, 351, 405
KYPRIANOU, presidente Spyros – 125, 136, 137

L
LACOMBE, Américo Jacobina – 83
LAFER, Celso – 315, 318
LAFER, Horácio – 303, 304, 330
LAMPREIA, Luiz Felipe – 166, 313, 316, 318, 349
LAMY, Pascoal – 340
LAPID, Tommy – 41
LARA, Odete – 139
LA RAVARDIÈRE (Daniel de la Touche) – 417
LEÃO VELOSO, Pedro – 301
LEITÃO, Miriam – 168, 272
LEITÃO DA CUNHA, Vasco – 210, 211, 212, 213, 306, 365, 397, 402
LÊNIN, Vladimir Ilitch Ulianov, dito – 7, 87
LEWIS, Samuel – 57
LIEBKNECHT, Karl – 75
LILLEY, James – 157

LIMA, Hermes – 306
LIMA E SILVA, Evandro – 306
LINOWITZ, Sol – 295, 345
LINS, Álvaro – 360
LIPMANN, Walter – 196
LISPECTOR, Clarice – 9, 55, 387, 400, 401
LOBO, Carlos Leckie – 195
LOLLOBRIGIDA, Gina – 139
LONARDI, presidente Eduardo – 8, 280, 281
LOPES, Antônio Coelho – 104
LOPEZ OBRADOR, Prefeito – 271, 272, 273, 276, 277, 278, 279
LOTT, Henrique Teixeira – 359
LULA (presidente Luís Inácio Lula da Silva) – 9, 24, 30, 93, 146, 147, 150, 155, 164, 251, 269, 286, 292, 313, 320, 380, 381
LUXEMBURGO, Rosa – 75

M

MABE, Manabu – 189
MAC CARTHY, Charles – 403
MAC COMIE, Valerie – 345
MACEDO Carvalho, Luiz Paulo – 14, 216
MACEDO SOARES, José Carlos – 302
MACIEL, Lysaneas – 354
MACIEL, Marco – 355, 377
MAC MILLAN, Harold – 324, 331
MADRAZO, Roberto – 272
MADRID, Miguel de la – 274
MAGALHÃES, Juracy – 100, 142, 212, 307, 365
MAGALHÃES PINTO, José de – 206, 212, 248, 308, 344
MAGNET, Alejandro – 345
MAGRASSI DE SÁ, Jaime – 336, 338, 339
MAMMALELLA, Amedeo – 138
MANSFIELD, Mike – 193
MAOMÉ – 42
MAO TSÉ TUNG – 302
MARAT, Jean Paul – 400
MARCILIO, Flávio – 351, 352
MARINHO, Roberto – 289
MARIZ, Dinarte – 350, 378
MARIZ, Joaquim – 96, 404
MARIZ, Vasco – 8, 387, 394, 413
MARTIN, Tony – 400
MARTINS, Mário – 326, 376
MATES, Leo – 114
MASUR, Kurt – 71
MATHEWS, Herbert – 189
MAUHAD, presidente Jamil – 231, 236
MAXIMILIANO, imperador – 268
MAYER, Karl – 179, 181, 183
MAYER-CLASON, Curt – 386
MC CAIN, John – 185
MÉDICI, presidente Emílio Garrastazu – 13, 308, 319, 369
MEDINA, Rubem – 373
MEIR, Golda – 7, 24, 54, 101, 210
MEIRA PENNA, José Osvaldo – 145
MEIRA MATOS, Carlos – 49
MEIRELES, Cecília – 9, 360, 391, 395, 396

MELLO NETO, João Cabral de – 142, 393, 396, 397
MENDONÇA, Renato de – 97
MENDES, Chico – 315
MENEM, presidente Carlos – 268
MENDES, Raul – 358
MERKEL, Angela – 77
MIGNONE, Francisco – 388, 393
MILOCEVITCH, presidente Slobodan – 119
MIRANDA, Carmen – 333
MISTRAL, Gabriela – 285
MITTERAND, presidente François – 7, 24, 55, 101, 102
MONTAND, Yves – 400
MONTELLO, Josué – 142
MONTILLA, Dário – 260, 261
MONTORO, Franco – 357
MORAES, Vinicius de – 9, 391, 398, 399, 400
MORALES, presidente Evo – 275, 283
MORALES BERMUDEZ, presidente Francisco – 8, 256, 257
MOREIRA FRANCO, Wellington – 201
MOREIRA SALLES, Walter – 140, 188, 303
MOZART, Wolfgang Amadeus – 204
MUBARAK, presidente Hosni – 26, 46, 51

N

NABOR JUNIOR – 251
NABUCO DE CASTRO, Sergio – 352
NAPOLEÃO III – 268
NASCIMENTO BRITO, Manuel Francisco de – 11, 197
NASSIF, Alberto Aziz – 276
NASSER, presidente Gamal Abdel – 324
NAVON, Ofira – 55
NAVON, presidente Itzahk – 7, 55, 56
NEGRÃO DE LIMA, Francisco – 172, 303
NEGREIROS, André Vital de – 171
NEHRU, presidente Jawaharlal – 324
NERUDA, Pablo – 285
NETANYAHU, Benjamin – 34, 42
NEVES, presidente Tancredo – 9, 86, 373, 374, 375, 376
NEVES DA FONTOURA, João – 301
NEVES DA ROCHA, Pedro – 242
NIXON, presidente Richard – 8, 154, 207, 208, 214, 247, 248, 296
NOBRE, Antônio – 391
ROCKEFELLER, Nelson – 206
NOGUEIRA PINTO, Jaime – 175

O

O'BRIEN, Larry – 214
O'HIGGINS, presidente Bernardo – 284, 285
OLIVEIRA, Carlos Tavares de – 146
OLYMPIO, presidente Sylvanus – 194
OLMERT, Ehud – 35, 41, 43, 44
ORTEGA, presidente Daniel – 8, 291, 292
OSÓRIO DE ALMEIDA, Miguel – 193, 304, 349

P

PAPADOPULOS, Tassos – 135
PAPPALARDO, Rodrigo – 289
PASSARINHO, Jarbas – 335, 336
PAULO VI, Papa – 7, 100, 101
PEIXOTO, Albino – 287
PENNA MARINHO, Ilmar – 191, 205, 206, 210, 344
PENG, Li – 146
PERES, presidente Shimon – 7, 17, 34, 41, 46, 52, 53
PERETZ, Amir – 41
PERÓN, Eva – 280, 281
PERÓN, presidente Juan – 12
PICCHIA, Menotti del – 361
PIMENTEL, Carlos Alberto – 346
PINHEIRO, João Batista – 304
PINOCHET, presidente Augusto – 8, 282, 283, 284, 285, 286, 287, 367
PIRES GONÇALVES, Leônidas – 164
POLO, Marco – 160
POMPIDOU, presidente Georges – 102
PLAZA LASSO, presidente Galo – 8, 247, 248, 249, 343
PONTIERO, Giovanni – 389
PRADO VALLEJO, Julio – 232
PROKOFIEFF, Serge – 410
PUTIN, presidente Vladimir – 72, 120

Q

QUADROS, Milton – 83, 84
QUADROS, presidente Jânio – 8, 13, 171, 172, 173, 188, 203, 264, 294, 304, 305, 309, 317, 319, 373

R

RABIN, Itzahk – 7, 17, 23, 26, 34, 46, 51, 53
RABIN, Leah – 52
RAO, Vicente – 302, 346
REAGAN, presidente Ronald – 291
RENAULT, Abgar – 360
REVEL, Jean François – 65
REZEK, Francisco – 146, 315
RIBEIRO COUTO, Rui – 55, 111, 119, 137, 388, 391, 419
RICARDO, Cassiano – 391
RICÚPERO, Rubens – 313, 336
ROBBE-GRILLET, Alain – 139
RODRIGUES, Jaime de Azevedo – 336, 337, 338
RODRIGUES VALLE, Henrique – 206, 344
RODRIGUEZ LARA, presidente Guillermo – 8, 236, 244, 245
RONGYI, Zhu – 147, 163
ROOSEVELT, presidente Franklin Delano – 83, 99, 224
ROUANET, Sergio Paulo – 312
RUBIROSA, Porfírio – 181
RUMSFELD, David – 21
RUSK, Dean – 211, 212, 213, 214
RYFF, Raul – 191

S

SÁ ALMEIDA, Jorge de – 211
SADAT, presidente Anuar el – 7, 25, 49, 50, 53

SADER, Emir – 274
SALINGER, Pierre – 189, 190, 203, 204
SALAZAR, presidente Antônio – 7, 8, 72, 96, 174, 175
SALINAS GORTARI, Presidente – 270, 274
SALGADO, Clóvis – 359, 360, 395
SANTIAGO DANTAS, Clementino – 9, 173, 190, 193, 198, 213, 305, 331, 317, 333, 372, 373
SARAIVA GUERREIRO, Ramiro – 14, 49, 50, 103, 146, 200, 213, 308, 311, 313, 317, 333, 371, 373
SARDENBERG, Ronaldo – 313
SARKOZY, presidente Nicolas – 110, 153
SARNEY, presidente José – 9, 82, 146, 313, 327, 376, 377
SCARABÔTOLO, Hélio – 373
SEVILLA SACASA, Guillermo – 345
SCHMIDT, Augusto Frederico – 303, 351
SCHROEDER, Gerhardt – 71, 72, 84, 153
SCHUBERT, Franz – 287, 288
SENA, Jorge de – 97
SETTE CÂMARA, José de – 301, 361
SETUBAL, Olavo – 314
SHAMIR, Itzahk – 7, 17, 26, 53
SHARON, Ariel – 7, 32, 34, 35, 41, 42, 43, 49, 53, 54, 56, 57
SILOS, Geraldo de Carvalho – 211

SILVEIRA, Alarico – 141
SILVEIRA, Antônio Azeredo da – 106, 199, 205, 282, 288, 289, 309, 310, 311, 313, 316, 317, 349, 350, 351, 352, 353, 356, 367
SILVEIRA, Enio – 407
SIMÕES, Ronaldo Vale – 374
SIMONSEN, Roberto – 302
SINATRA, Frank – 400
SIROTSKY, Nahum – 189
SMALL, Ronald – 294
SOARES, presidente Mário – 104, 105
SOTO, Cecília – 272
SOUZA GOMES, Henrique de – 100, 101
STALIN, Jossip Djougashvili, dito Josef – 83, 99, 302
STEVENSON, Adlai – 182
STROESSNER, presidente Alfredo – 8, 106, 287, 288, 289, 290
SUCRE, general Antônio José – 222
SUED, Ibrahim – 194
SUKARNO, presidente – 304
SUPLICY, Eduardo – 24
SZULZ, Tad – 179, 181, 183, 361

T

TALAT, presidente Mohamed Ali – 123, 129, 135
THATCHER, Margaret – 200
TITO, presidente Josip Broz – 7, 12, 111, 112, 113, 114, 117, 324

TO, Le Duc – 208
TOLEDO, presidente
 Alejandro – 251, 258
TUDELA, Francisco – 232

V

VALADÃO, Alfredo – 336
VALADARES, Benedito – 326
VALENTE, Maury Gurgel – 402
VARGAS, presidente Getúlio
 Dorneles – 210, 223, 228, 300,
 358, 409
VASCO, Miguel – 252
VASCONCELOS, Dora – 194
VELASCO ALVARADO,
 Presidente – 257
VELASCO IBARRA, presidente – 8,
 225, 236, 239, 241, 243
VELASQUEZ, Glauco – 396
VIEGAS, José – 313
VIEIRA, Antônio – 94

VILLA-LOBOS, Arminda – 409
VILLA-LOBOS, Heitor – 9, 393,
 395, 408, 409, 410, 415, 418,
 419
VILLEGAGNON, Nicolas
 Durand de – 18, 417, 418, 419

W

WAGNER, Robert – 194
WAINER, Samuel – 202
WALTER, Norbert – 73
WALTERS, Vernon – 8, 216, 217
WOLFF, Marcus – 74

Y

YASSIM, Ahmed – 32

Z

ZAPATERO, José Luís – 275
ZAPPA, Italo – 340
ZEMIN, presidente Jiang – 137